国家科学技术学术著作出版基金资助出版

教育部人文社会科学重点研究基地湖南师范大学中华伦理文明研究中心资助研究成果

自我心理学
前沿研究透视

钟毅平 范 伟 著

Self-Psychology
Perspective of
Frontier Research

科学出版社

北 京

内 容 简 介

"自我"之谜一直是哲学家、心理学家以及社会学家共同关心的问题。本书立足前沿研究，系统梳理和提炼近年来心理学研究者在"自我"这一研究领域取得的丰富学术成果，旨在把握该领域的学科发展动向。本书从基本成分、自我结构和加工过程三个部分介绍了自我研究的相关成果：第一部分总结自我拥有感和自主感的前沿研究，且阐述了拥有感与自主感的病理学研究成果；第二部分分别对自我分类（物质自我、社会自我与精神自我；个体自我、集体自我与关系自我）理论与实证研究进行梳理；第三部分通过考察自我参照加工、自我正面偏差、自我-他人重叠和自我欺骗等四类加工，厘清了自我的概念并总结了研究成果。

本书用简明的语言表达出较为深厚的学术内容，凝练了自我领域的心理学研究者十多年的深入研究，一方面能为心理学乃至科学研究的创新提供新的理论和科学依据，另一方面能为社会治理以及满足人民日益增长的美好生活需要提供强大的基础理念和实证依据。本书既适用于自我心理学相关研究者，也适用于试图了解自我的非心理学读者参阅。

图书在版编目（CIP）数据

自我心理学：前沿研究透视/钟毅平，范伟著. —北京：科学出版社，2024.6.
ISBN 978-7-03-078719-4

I. B84

中国国家版本馆CIP数据核字第2024EN5808号

责任编辑：孙文影　冯雅萌／责任校对：王晓茜
责任印制：徐晓晨／封面设计：有道文化

科 学 出 版 社 出版
北京东黄城根北街 16 号
邮政编码：100717
http://www.sciencep.com
北京建宏印刷有限公司印刷
科学出版社发行　各地新华书店经销

*

2024 年 6 月第 一 版　开本：787×1092　1/16
2024 年 11 月第二次印刷　印张：18 1/2
字数：335 000
定价：128.00 元
（如有印装质量问题，我社负责调换）

前　言

　　我是谁？我怎么才能知道我是自己身体的主人？我是怎样的人？我和他人之间的关系如何？这些问题均可以在本书中得到解答。本书立足前沿研究，从三个部分对自我相关的研究成果进行了介绍。第一部分包括第一、二、三章的内容，主要总结了自我的拥有感（sense of ownership）和自主感（sense of agency）的前沿研究，并对两者的病理学研究进行了阐述。第一章介绍了自我的拥有感，包括其概念界定、产生机制、三个层级、病理性特征、与自我意识之间的关系以及测量拥有感所采用的橡胶手错觉（rubber hand illusion，RHI）范式及其变式等。第二章介绍了自我的自主感，包括其概念界定、内部的层级关系、产生理论、测量方法、神经机制、病理症状、影响自主感的因素、自主感和拥有感的关系、自主感与自我识别（self-recognition）的关系以及测量自主感的橡胶手错觉范式及其变式等。第三章介绍了与拥有感和自主感相关的病理学研究，其中包括拥有感受损、自主感紊乱，以及拥有感与自主感分离及统一时所产生的正常和反常现象。第二部分包括第四、五、六章的内容，主要从不同角度对自我分类理论与实证研究进行梳理，这有助于我们对自我形成更为全面的认识。第四章以主体我与客观我为基础对自我进行划分，将自我分为物质自我（material self）、社会自我（social self）和精神自我（mental self）。第五章以个体自身对自我的看法为基础进行划分，将自我分为现实自我（actual self）、理想自我（ideal self）与应该自我（ought self）。第六章根据个体如何看待自我与他人之间的关系来对自我进行划分，将自我分为个体自我、集体自我与关系自我。第三部分包括第七、八、九、十章的内容，从认知层面对自我有关的加工进行了详尽介绍。第七章介绍了自我参照加工，包括该效应的内涵、分类、影响因素、理论、研究范式等，以及其程度效应。第八章介绍了自我正面偏差，包括其概述、认知加工说、性质、理论模型以及不同正面自我偏差的研究。第九章介绍了自我-他人重叠，包括其概述、理论、测量、影响因素及其相关研究。第十章介绍了自我欺骗，包括其概述、理论背景、生活中的自我欺骗等相关研究。

　　本书以前沿研究为基础，对自我的基本成分、自我结构以及自我加工进行了深度分析，一方面有助于个体对自我形成更进一步的认识，另一方面有助于未来心理学领域的研究者在此基础上对自我进行进一步的探究。

目　　录

前言

◎ 第一部分　基 本 成 分

第一章　自我的拥有感 ··· 2
- 第一节　拥有感概述 ··· 2
- 第二节　拥有感与自我意识 ··· 14
- 第三节　拥有感与橡胶手错觉 ·· 23
- 参考文献 ·· 36

第二章　自我的自主感 ··· 40
- 第一节　自主感概述 ··· 40
- 第二节　自主感与自我识别 ··· 54
- 第三节　自主感与橡胶手错觉 ·· 63
- 参考文献 ·· 68

第三章　拥有感与自主感的病理学研究 ································· 74
- 第一节　拥有感的紊乱 ··· 74
- 第二节　自主感的紊乱 ··· 86
- 第三节　拥有感与自主感的分离及统一 ····························· 96
- 参考文献 ·· 104

◎第二部分　自　我　结　构

第四章　物质自我、社会自我与精神自我 ·············· 110

- 第一节　James 思想的形成 ···································· 110
- 第二节　James 的自我理论 ···································· 110
- 第三节　物质自我、社会自我与精神自我的具体分析 ······ 116
- 第四节　其他自我的发展 ······································· 126
- 参考文献 ·· 133

第五章　自我差异理论 ·· 135

- 第一节　自我与自我差异的内涵 ·································· 135
- 第二节　自我差异的产生、主要假设及影响因素 ············· 138
- 第三节　自我差异的测量 ··· 144
- 第四节　自我差异的相关研究 ··································· 148
- 第五节　自我差异的应用 ··· 162
- 参考文献 ·· 167

第六章　个体自我、关系自我与集体自我 ·············· 173

- 第一节　三重自我建构理论 ······································· 173
- 第二节　个体自我 ··· 174
- 第三节　关系自我 ··· 178
- 第四节　集体自我 ··· 179
- 第五节　个体自我、关系自我和集体自我的关系 ············· 182
- 参考文献 ·· 187

◎第三部分　加　工　过　程

第七章　自我参照加工 ······ 194
- 第一节　自我参照效应概述 ······ 194
- 第二节　自我参照加工的程度效应 ······ 207
- 参考文献 ······ 217

第八章　自我正面偏差 ······ 223
- 第一节　自我正面偏差概述 ······ 223
- 第二节　自我正面偏差的认知加工说 ······ 226
- 第三节　自我正面偏差的性质 ······ 229
- 第四节　自我正面偏差的理论模型 ······ 231
- 第五节　不同自我正面偏差的研究 ······ 240
- 参考文献 ······ 245

第九章　自我-他人重叠 ······ 250
- 第一节　自我-他人重叠概述 ······ 250
- 第二节　自我-他人重叠的理论 ······ 252
- 第三节　自我--他人重叠的测量 ······ 254
- 第四节　自我-他人重叠的影响因素 ······ 256
- 第五节　自我-他人重叠的相关研究 ······ 261
- 参考文献 ······ 269

第十章　自我欺骗 ······ 274
- 第一节　自我欺骗概述 ······ 274
- 第二节　自我欺骗的理论背景 ······ 275
- 第三节　生活中的自我欺骗 ······ 276

第四节 自我欺骗与战争 …………………………………… 279
第五节 我们常常骗自己的原因 …………………………… 281
参考文献 ……………………………………………………… 285

◎第一部分　基本成分

第一章　自我的拥有感

第一节　拥有感概述

一、拥有感的概念界定

当我决定写作时，我不需要像找笔或找纸那样寻找我的手，因为我的手总是在那里，与我同在。——William James（1890）

拥有感是指个体正在经历"属我感觉"的主观体验（Gallagher，2000）。例如，个体能够意识到自己的身体正在移动的感觉，不管这一移动是由他自己发出的还是由外界施加的（如被他人在背后推动导致的移动）。拥有感是个体对自己身体归属于"我"的感觉，是朝向自己身体的感觉以及思维体验，如这是"我"的手，是"我"正在思考。当我们通过移动手来拿某物时，我们能感知到移动的手属于自己身体的一部分，或者说感知到这个动作是由自己身体发出的，这便是拥有感。也就是说，在我们的日常行为体验中，拥有感指我们对于行为是属于自己的一种非凡体验。

我们能将自己的身体与外界环境相区别，即觉知某物是属于我们自己身体的一部分，而其他事物属于外界环境。这是个体关于自己身体的感觉和体验，它有一个专门名词，即身体拥有感（body ownership），目前的许多研究将身体拥有感作为重点研究对象。

从生理层面来讲，身体具有相当程度的稳定性，在人一生的发展过程中，身体构造基本上是不会发生改变的。对于不同的个体而言，身体构造也是高度一致的（张静，2016）。正是因为这种稳定性，研究者将身体拥有感作为主要研究对象。从心理层面上来讲，我们能够观察到身体的稳定性。例如，《爱丽丝梦游仙境》（Alice in Wonderland）的一个章节中提到，爱丽丝又一次误闯入兔子洞，将贴有"Drink Me"（喝我）标签的瓶子中的液体一饮而尽，并将贴有"Eat Me"（吃我）

标签的盒子中的蛋糕一扫而光，之后，仙境中的爱丽丝开始体验各种奇怪的感觉。她发现了一把金钥匙，然后用这把钥匙打开了一扇通往花园的门，而花园里没有哪一件东西看上去是简单的。突然出现了一只消失后只留下笑脸的柴郡猫。"哎哟，我常常看见没有笑脸的猫，还是第一次见到没有猫的笑脸呢！这可是我见过的最奇怪的事情了！"爱丽丝忍不住发出这样的感慨（尼古拉斯·汉弗莱，2015）。由此可见，哪怕是在童话里，没有身体的表情也是令人难以置信的。在宗教哲学思想中，尽管柏拉图认为人的灵魂是存在的，并且独立于身体，但从未有人真实地见过灵魂的存在。以上内容说明了为什么要将身体拥有感单独作为研究对象。

身体拥有感是个体对于自己身体属于自己的一种直接和连续体验，可以被看作一种在自己体内的自我定位和在空间中所处正确位置的定位。身体拥有感作为自己身体发生运动变化的体验，主要有两个特点：一是确实发生；二是来自自己的身体而不是别人或者环境。尽管身体拥有感来自对身体的感觉，但这并不意味着它不受其他信息的影响。身体作为一种客体，我们可以从不同的角度对其进行观察，并且能够根据其不同属性对其进行描述。身体图式（body schema）作为一个不断更新的身体感觉运动图式，负责告诉大脑身体的哪些部分属于身体，以及这些部位的具体位置（De Vignemont，2011）。因此，身体图式是一种无须知觉监控就可以运作的自动程序系统。当个体伸手去取书、在拥挤的公交车上保持身体平衡、穿过门栏或登上电梯时，身体图式在其中起到确保身体能够无意识、自动化地完成上述活动的作用。身体图式嵌入人的身体知觉中，身体拥有感是由身体的空间内容所赋予的，因此可以认为身体图式促成了身体拥有感的产生。身体拥有感在日常生活体验中十分常见，即个体在判断身体是否属于自己时会参考身体部位的视觉信息与自我本体感觉信息之间是否匹配（张静，陈巍，2017）。同时，也正是身体拥有感才使得身体感觉对于自身而言非同寻常。

以上是拥有感的概念界定及相关的表现形式，接下来将详细介绍其产生过程及其认知神经加工过程，以及与拥有感缺失相关的病理性特征。

二、拥有感的产生机制

拥有感是如何产生的？这一问题目前已经被许多学科解决，其中包括认知神经科学、现象学和心理哲学（Braun et al.，2018）。在早期的研究中，有研究者基于橡胶手错觉会受到同步性影响的结论，提出了自下而上（bottom-up）加工的解释；另有研究者基于橡胶手会受到橡胶手形状影响的结论，提出了自上而下（top-down）加工的解释。

　　拥有感的产生会受到自下而上加工的影响。橡胶手错觉反映了多感官处理过程拓宽了身体表征的延展性这一点。多感官处理过程是指整合感官信号和解决潜在冲突，在此基础上产生一种连贯一致的对于身体和世界的表征。橡胶手错觉反映了视觉、触觉和本体感觉三者间的交互，个体通过视觉将橡胶手上的触觉刺激联系到自己手上，也正是这种视觉捕捉，导致被试对自己的手所在空间位置的视觉感知进行了错误定位。视觉刺激是否是个体产生拥有感的必要条件？为了证明视觉刺激并不是唯一诱导个体对橡胶手产生拥有感的条件，实验者蒙住被试的双眼，通过移动被试的左手食指，使其抚摸橡胶手的食指关节，实验者同时抚摸被试的右手食指关节，这样，被试就会对橡胶手产生拥有感（Ehrsson et al., 2005）。橡胶手错觉实验的一大影响因素就是刺激的同步性，在同步条件下，被试能够对橡胶手产生拥有感；而在异步条件下，拥有感体验就会消失。基于此，有研究者针对拥有感的产生提出了自下而上加工的解释，认为视觉和触觉的匹配足以使个体对橡胶手进行属于自我的归因（Tsakiris，2010）。

　　Armel 和 Ramachandran（2003）提出，贝叶斯知觉学习理论（Bayesian perceptual learning theory）是对自下而上加工的最有力解释。该理论认为视觉活动的相关性对诱发橡胶手错觉是必要的，同时也是充分的。根据这个理论的观点，任何物体都可以作为身体的一部分来表征，只要来自这个物体的视觉和触觉信息在时空上是相互关联的，就可以将其解释为来自一个共同的事件。研究者在橡胶手错觉的基础上进行了修改，即不在桌子上呈现橡胶手，而是隐藏被试真实的双手，在同步或异步条件下对桌子表面进行敲击，结果发现，被试仅在同步条件下口头报告产生了拥有感，这就是桌子实验。桌子实验会让被试认为错觉主要来自所有知觉的"贝叶斯逻辑"，在构建对世界以及身体的有用知觉表征时，大脑会表现出在感知输入中检测统计相关性的非凡能力，这一能力在桌子条件（在一张空白的桌子上，实验者以相同的方式，用左手对被试的真实手以及用右手对与被试真实手相对于隔板的位置的桌面进行抚摸和敲击，图1-1）下表现得最为明显。这种奇怪的知觉表征，即将桌子同化成一个人的身体形象，体现了个体对自上而下加工信息的强烈抗拒。

　　重要的是，拥有感的产生同样会受到自上而下加工的影响。如果多感官刺激的同步条件对于拥有感而言只是一个充分条件，那么可以推测即便物体与身体部分不相似，个体对该物体也能够产生拥有感。尽管在上述实验中被试对桌子产生了橡胶手错觉,但许多研究(Tsakiris et al., 2010)表明,当橡胶手被其他物体(如木棍)取代时,橡胶手错觉现象都不会产生,如图1-2所示。Tsakiris 和 Haggard(2005)在实验中将橡胶手逆时针旋转90°之后,将橡胶手放置在与被试真实左手相反的位置上,以本体感觉偏移(proprioceptive drift)作为橡胶手错觉的测量方式。由于橡胶手放置的方向与自我真实手放置的方向偏差较大,被试对于橡胶手的拥有感强度下降,这进一步印证了拥有感与自上而下的加工方式有关。正如研究者认为的,这证明了自上而下的加工在拥有感的产生中起到了重要的作用,被观察的物体应该与个体的实际身体部分的视觉表现效果相似,以实现视觉和触觉的完全匹配,从而产生相应的拥有感。相比手的形状,其皮肤纹理的作用不大,尽管皮肤

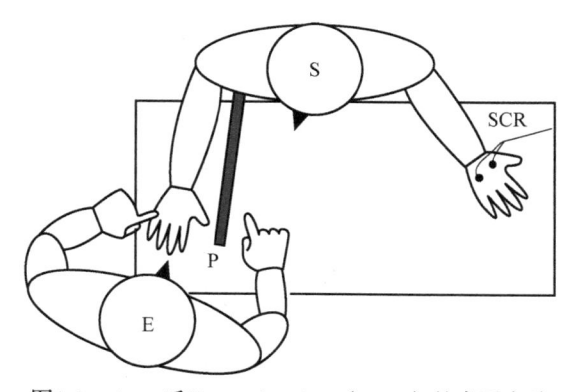

图1-1　Armel和Ramachandran(2003)的桌子实验

注:E表示experimenter,即实验者;S表示subject,即被试;P表示partition,即隔板;SCR表示skin conductance response electrodes,即皮肤电传导反应电极点

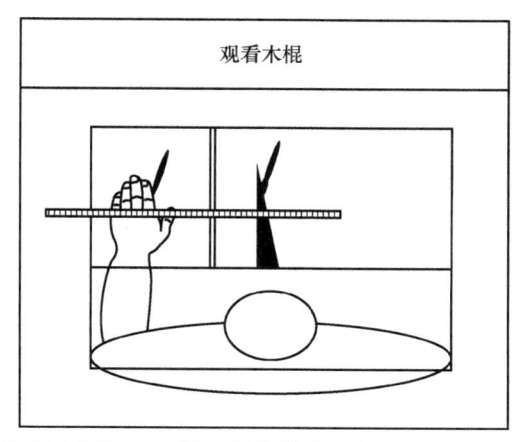

图1-2　Tsakiris和Haggard的木棍实验(Tsakiris & Haggard, 2005)

纹理的主效应不显著，但是皮肤纹理与形状的交互作用显著。具体来说，皮肤纹理会提高个体对与手的形状一致的物体所产生的橡胶手错觉的强度，而对于不像手的形状的物体则不会产生这一增强作用（Tsakiris & Haggard，2005）。

除此之外，研究者还探讨了距离对橡胶手错觉的影响，发现在水平方向上，当橡胶手距离真实手27.5厘米和37.5厘米时都能成功诱导出橡胶手错觉，如图1-3所示（Armel & Ramachandran，2003；Lloyd，2007；Zopf et al.，2010）；而在垂直方向上，橡胶手错觉能被成功诱导的最大距离是27厘米（Kalckert & Ehrsson，2014）。

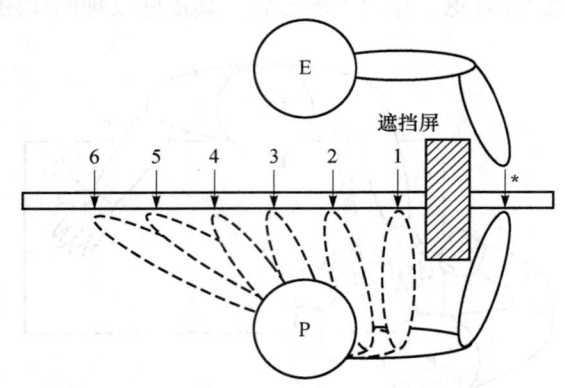

图1-3　Lloyd（2007）的橡胶手距离实验

注：E表示experimenter，即实验者；P表示participant，即被试。图中显示的是实验过程中被试（P）相对于实验者（E）的位置示意图。被试自己的右手（用实线表示）被放在遮挡屏后面看不见，并被实验者抚摸（*）。橡胶右手被随机放置在六个不同空间位置中的一个位置（用虚线表示），与被试自己的右手相距以下距离：位置1=17.5厘米（与被试的右肩对齐）；位置2=27.5厘米（被试身体中线右侧）；位置3=37.5厘米（被试身体中线左侧）；位置4=47.5厘米（与被试的左肩对齐）；位置5=57.5厘米（被试身体最左侧）；位置6=67.5厘米（在被试身体左侧右手能够到的空间极限处）

拥有感的认知神经模型（neurocognitive mode）是典型的自上而下加工模型。Tsakiris提出了有关拥有感的三层比较器机制（comparator model）：第一个比较器是将观察对象的视觉外观形象与预先存在的、跨系统稳定的身体模型进行对比，这个身体模型需要从人身体的解剖结构方面进行描述。如果观察对象的物体姿态与这个模型有足够的感知相似性，就会启动第二个比较器。第二个比较器则开始对比当前身体图式状态（即人体目前估计的姿态）与观察对象的解剖结构和姿势特征。如果观察对象的物体姿态与当前的身体图式状态有足够的感知相似性，那么第三个比较器就会开始发挥作用。第三个比较器匹配观察对象的不同感官信息，如触觉、视觉和本体感觉，如果匹配，那么对观察对象的拥有感就会出现（Tsakiris，2010）。虽然人们可能会质疑大脑是否真的执行了这样一个三层比较器机制来推断拥有感的产生，但认知神经模型的主张是，至少有一些内部身体地图构建了个体的躯体感觉输入，这一主张现在得到了实证研究的有力支持。自上而下加工模型支撑拥有感的证据来自一系列的橡胶手错觉研究，这些研究表明，个体要想产生拥有感，除了需要具有多模态的同步性外，解剖结构、空间和姿势等方面的要求也必须得到相应的满足。

自下而上加工的描述假设认为，拥有感主要依赖于多感官集成，仅略微依赖于内部身体映射；而自上而下加工的描述假设认为，内部身体映射的参与程度要高得多，其中包含抽象的身体表征。因此，大多数认知神经理论认为拥有感应该是自下而上加工和自上而下加工之间的连续统一体。橡胶手错觉产生的生理机制必须符合以下两个条件：一是橡胶手的形状必须符合人体的解剖结构；二是橡胶手摆放的位置必须与个体真实手的摆放位置接近。只有在这两个前提都满足的情况下，来自视觉的信息和来自身体的表征才会被运输到大脑的前运动表层和顶叶附近进行加工（Makin et al.，2008）。

Metzinger（2004）从现象学的角度解释拥有感，提出了自我模型主体性理论（self-model theory of subjectivity）。简而言之，根据 Metzinger 的假设，要想像"我"一样体验有意识的自我表征（self-representation），个体就必须变得透明。因此，现象学的基本观点认为心理表征是透明的，只需要它的内容属性成为内省的、可理解的，而不是它的载体属性。换句话说，当表征物的现象性内容的表征特征不再被共同表征时，透明度就产生了。如果发生这种情况，经验的主体"直接地审视"自己的心理表征，就仿佛它与表征的内容"直接而又立即地接触"（Tsakiris，2010）。因此，经验的主体把这种表征的内容看成真实的，如果它是自我表征的，那么它就是"我"的。

如何通过自我模型主体性理论解释身体拥有感？在 Ramachandran 和 Altschuler（2009）的镜盒实验中，幻肢患者的健康肢体首先呈现在镜子面前，接下来移动镜子的位置，使得患者从自己的角度来看健康肢体，即通过镜子将健康肢体的图像反射至截肢肢体上，使得患者从可能的疼痛位置移开并对该肢体图像产生拥有感。当被要求用健康的肢体进行运动并将注意力集中在镜子的反射上时，许多患者报告自身的幻肢活动性有了极大的增强，就好像手又出现了，而且手是自愿活动的。用自我模型主体性理论解释，在实验过程中，患者会现象性地"忘记"自己心理的"镜像肢体"的表征特征，从而将表征的内容解释为真实的，由于该内容是自我表征的，所以产生了身体拥有感。如果Metzinger的观点成立，那么该理论应该能解释为什么在一些临床条件下，患者的经验减少，甚至完全缺乏身体拥有感，如出现躯体失认和人格解体等情况。一种直观的解释是，这些患者的一些自我表征太不透明，他们依旧对这些表征特征进行共同表征。因此，这些表征不再是直接给予的体验，而是遥远和陌生的体验。

综上所述，基于橡胶手错觉的研究为拥有感的产生及其作用机制提供了实证证据，一系列研究发现拥有感的产生不仅依赖于多感官信息的整合，也需要身体内部模型的作用。虽然我们对拥有感所涉及脑区的具体定位尚不明确，但目前有理由相信拥有感所涉及的脑区可能会形成一个网络，在联系多感官刺激和个体身体甚至是自我感知的过程中发挥着基础性的作用（Tsakiris，2010）。

三、拥有感的三个层级

日常生活中，我们伸手拿书时可能需要寻找书在哪里，但我们从来不会寻找自己的手在哪里，这反映了哲学和心理学的一个基本问题：我是如何知道身体是我的身体，我是如何操控自己的身体的？这一问题的根本在于人的自我表征和自我识别。拥有感表面上看是一个中心统一的处理模块，但实际上它是一种在功能和表征层面都非常复杂的多模态现象。拥有感作为自我表征的一种形式，包含三个层级内容：非概念的感受水平（个体的知觉表征），即拥有性感受（feeling of ownership）；概念性的判断水平（个体的命题表征），即拥有性判断（judgement of ownership）；元表征水平，即拥有性元表征（meta-representation of ownership）。这些水平可以通过严格的个性化标准来系统识别。三个层级内容之间的联系如图1-4所示。

（一）拥有性感受

拥有性感受主要在于知觉层面，个体作为身体的拥有者，（拥有感的）非概念、低层次的表征会导致拥有性感受。之所以能产生拥有性感受，是源于Damasio（1994）所说的"背景感"，它是个体的一种暂时状态，也是个体对整个身体状态的感知。意识到自己身体的每一个部分都是自己的，而不是不断更新的，这种对于身体的感觉一直存在但又不是很明显，因为这种感觉不是某物的特定部分，而仅仅是一种全面状态而已。拥有性感受的结果是对不同感觉的"拥有指示器"（ownership indicator）进行多模态评估，包含非感觉性的自上而下的成分，即预先

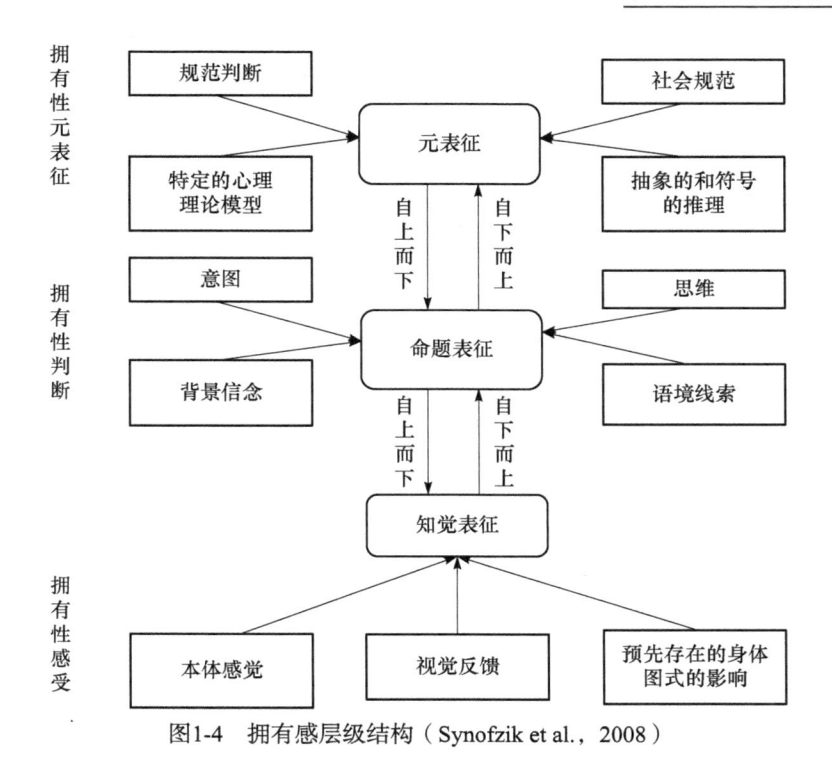

图1-4 拥有感层级结构（Synofzik et al., 2008）

存在于身体内部的图式可以调节和限制感觉自下而上的输入。当拥有指示器一致时，如本体感觉和视觉反馈匹配，作为身体的拥有者，个体会通过连贯一致的、和谐的、持续流动的身体体验的扩散感觉来体验身体拥有感；当拥有指示器不一致时，如本体感觉、身体图式以及视觉反馈不匹配，个体会产生自己的身体部位是奇怪的甚至是陌生的感觉。但这种说法也不是固定的，如当个体闭上眼睛时，手臂被别人移动，个体仅接收到本体感觉信号，而没有接收到来自视觉的信息，也可以对手臂产生拥有感。同样，也不是任何感官信息间的匹配都足以触发拥有感，有时仅靠拥有性感受是远远不够的，如口中食物的质地和味道提供了一种连贯的感官体验，但个体不会将其感知为属于自己，还需要更进一步的判断。

（二）拥有性判断

拥有性判断主要在于概念层面，作为身体部分的拥有者，个体会有一个明确的、解释性的判断。拥有性判断源于个体对不同的认知拥有指示器的评估。因此，在这一层面上，身体拥有感的非概念性感受是通过概念能力和信念立场两方面的进一步加工形成的。例如，不同的感觉拥有指示器之间的不匹配会触发个体对身体的某一部分不属于拥有者的基本感觉。不仅如此，感觉拥有指示器不匹配还会进一步触发个体去寻找一种更好的解释机制，从而形成身体部位归属的特定信仰，尽管存在不匹配，但个体也能假设某人或某些事物而不是自己拥有某一身体部位。拥有性感受仅仅是知觉层面的，不存在转向外部的判断，只有内隐的非解释性初级感受。拥有性判断的出现不仅有助于关于拥有感的神经机制的研究，还有助于关于拥有感的哲学探讨以及促进其认知神经过程和认知心理学的研究（Tsakiris et al.，2007）。

（三）拥有性元表征

在拥有性元表征层次，拥有感的概念被扩展到那些属于"我"的客体上，尽管这些客体不是身体的一部分，但在某种意义上也可被看作属于"我"的身体的一部分。这种对拥有感的扩展需要一套明确的理论，也依赖于背景信仰和社会文化规范。从广义上来讲，什么东西属于"我"，什么东西不属于"我"，这是社会问题。如果要充分表达对客体的拥有感，需要满足以下几点：第一，"我"将这一客体表示为属于"我"；第二，其他人也赞同将这一客体表示为属于"我"；第三，我们互相所表示的对对方的表示是各自的。最后一种显然是元表征的一种表现形式，也正是通过这样的方式，许多事物通过社会规范的属性被表征为属于"我"。例如，在西欧国家的社会规范中，孩子是属于父母的，但在柏拉图或者激进的共产主义的社会规范中，孩子属于整个社会而不仅是他们的父母。因此，在不同的评估规范和社会标准下，"我"不仅可以是孩子，"我"所属的家庭，甚至是社会同行和宗教群体，其实都是"我的一部分"（Synofzik et al.，2008）。由此可见，拥有性元表征不仅包括个体身体，还延伸到身体之外，作为一种多维的、心理的和社会的元表征，它构成了"我"对自我理解的基础。

因此，个体必须建立相应的计算模板，以此表示自己和他人的拥有感-归属感的社会标准和评估规范。同时，这也意味着个体还必须能够代表自己，能够代表他人对自己身体和社会环境的规范，以及能够代表相应的社会规范归因机制。

尽管拥有性感受是非概念性的、低水平的，但如果这一层级开始出现问题，之后的拥有性判断和更高层级的拥有性表征将无立足之地。接下来，我们将详细介绍拥有感的三个层级出现紊乱后，个体会出现何种病理性特征。

四、拥有感的病理性特征

Waldenfels 曾提到:"我对自己身体的体验有什么根据?一个人所经历的身体永远是他自己的,但这并不意味着他总是把它作为自己的身体来解释。"(转引自:De Vignemont,2011)身体自我是整体自我的一个部分,是在人的生长发育过程中,个体的自我意识中最先萌发的一个部分。更重要的是,身体拥有感包含个人对自己身体的特殊感知状态,它使身体的感觉对自己来说是独一无二的,即"我的身体属于我"的感觉,这种感觉永远存在于"我"的精神生活中。因此,毫无疑问,正常人始终感知到的是身体存在的经验,而无法感知到身体不存在是何种情况。为了更好地探索拥有感,需要从病理学案例中研究身体失调和自我感紊乱,以便更好地了解自我的解构和建构,以及更有力地证实拥有感和自主感的稳定统一对于自我感的重要性。正如一般情况下,拥有感和自主感是不可分割的,所以病理性自我感紊乱中的拥有感和自主感不能完全区分来看。后面的章节中会详细介绍自主感的失调,以下着重介绍拥有感的紊乱。

按照拥有感的三个层级,我们可以合理推测拥有感的紊乱是由三个层级部分受损或同时受损造成的。在此基础上,拥有感的紊乱程度大致可分为三个水平:①没有任何的幻想信念,即只是在感受层面上认为某一身体部位不属于自己,或者某脑区受损伤的患者或某些截肢伤患产生相反的感受,将某一不存在的身体部位感知为自己身体真实存在的部位。最典型的病例就是异肢现象(alien limb phenomenon)。②认为自己的身体部位不属于自己的幻想信念,即不只是在感受层面上感受不到某一身体部位属于自己,并且在拥有性判断上也出现了相应的失调。比如,个体能看到某一身体部位与自己身体之间的联系,但是在判断时依旧会对此进行否认。此类紊乱患者尚未对某一特定身体部位产生错误的归属认识信念,最典型的病例就是躯体失认症(asomatognosia)。③认为自己的身体部位属于他人的幻想信念,即不仅会在感受层面忽略某身体部位,并且在判断层面以及元表征层面都会出现紊乱,始终坚定地认为自己的某一身体部位属于他人,最典型的病例就是躯体妄想症(smoatoparaphrenia)。三种异常现象虽在临床表现上有些许不同,但在很多方面又是极其相似的,因此不可做绝对区分(张静,2016)。

异肢现象最早由 Brion 和 Jedynak 于 1972 年定义为只包括拥有感紊乱,而不包含任何自主感失调的成分。异肢现象本身不会导致任何形式的非主动移动,因此不存在任何行为的中断,没有自主性的干扰,仅仅是个体对自身肢体拥有性的主观体验的紊乱（Synofzik et al., 2008）。目前，异肢现象是指包含一切个体否认某一身体部位属于自己的现象，许多研究者用此概念泛指众多相关的病理性表现。

1908年，Goldstein首次报告了一名女性患者，她的左手强掐自己的喉咙导致本人窒息。患者认为自己的左手具有"邪恶的灵魂"（evil spirit），能控制其左手的活动。神经病理学家Bisiach和Geminiani（1991）描述患者时说道："当她被提问时，她会毫不迟疑地承认她的左侧肩膀是她身体的一部分，并且以此类推，她也承认她的左侧手臂、左侧手肘以及这些部分的明显连接处都是她身体的一部分。但是对于左侧前臂，她的态度就很匪夷所思。她坚持否认对左侧前臂的拥有性，甚至当她的左手被检查者放置于她的右侧躯体的位置时，她也依然不会产生任何有关左侧前臂的拥有感。她也不能解释为什么她的截肢就恰巧安装在了那只不是自己的手上。"上述描述表明，患者能够接受自己的异肢体验，而不是将其幻想为属于他人。这揭示了她之所以拥有这样的经验，很有可能是由非概念性的无拥有感造成的。同时，她认为左侧前臂不属于自己的这种体验很奇怪，也就是说，她能够认识到自己的这种体验是不正常的，说明她仅是拥有性感受出现了紊乱，而她的拥有性判断和拥有性元表征依然在起作用。一位脑血管破裂患者在治愈后经常会感觉到自己的身体长出了一只多余的手臂，该手臂位于她真实手臂前一两厘米所在的位置，在某次购物时，她感知到自己有三只手臂都拎着大篮子，如图1-5所示（Dieguez & Lopez, 2017）。患者本人清楚地知道自己没有第三只手臂，产生这样的幻觉是由脑部损伤所引起的。尽管上述几位患者能够意识到这样的体验是不正常的，但并不是所有的临床患者都能像他们一样清楚地判断自己的异常体验是不真实的，大部分患者会在拥有性感受丧失的同时伴有拥有性判断和拥有性元表征失调。

图1-5 异肢现象（Dieguez & Lopez, 2017）

躯体失认症，顾名思义就是一个人对四肢拥有不受控制的感受和信念（Gerstmann, 1942）。这是一种典型的拥有感缺失的疾病，常与特定的脑区受损有关，如右侧额顶叶受损的患者往往会丧失对自己左侧身体的感知，同时伴有相应的肢体运动缺失。一位胳膊麻痹的患者声称自己实际上能够移动自己的胳膊，当要求患者用胳膊指向自己的鼻子时，患者实际上做不到，但他却依旧认为自己已经做到了（Forrest，2000）。此外，也有患者宣称："我的眼睛和我的感觉是不一致的，我必须相信我的感觉而不是我的眼睛。尽管我知道它们看起来像是我的四肢，但我的感觉告诉我它们不像，我不相信我的眼睛。"（金盛华，2005）

躯体妄想症是躯体失认症的一种变体，患者主张某身体部位不属于自己而属于他人。例如，当医生询问患者这是谁的手臂时，患者声称这不是自己的，而是自己妈妈的（许安标，刘松山，2003）。神经科学家Bottini和其同事治疗过一位右脑中风后出现躯体妄想症的患者，患者的左臂不能动弹。在检查中，医生触碰患者的右手，她能感受到医生的触碰；但当医生触碰患者的左手时，患者称她不能感知到医生的触碰；而当医生声称触碰的是外甥女的左手时，患者则报告感受到了触碰（Bottini et al., 2002）。患者似乎无法感知到他人对其左臂的接触，但能感知到对外甥女左臂（实则还是患者的左臂）的接触。下面是一位右侧额颞顶叶梗死患者与医生的对话：

医生：这是谁的手臂？
患者：这不是我的。
医生：那这是谁的呢？
患者：这是我妈妈的。
医生：怎么会发生这样的事呢？
患者：我也不知道，我在床上发现的。
医生：手臂在这儿多长时间了呢？
患者：自从第一天开始就在这儿了。（Bisiach & Geminiani，1991）

这说明躯体妄想症不是简单的初级感官运动皮层受损，而是初级感官运动体验和自我联系中的某种特定功能障碍（Fotopoulou et al., 2011）。病理性症状取决于患者个人信念的形成过程，首先是没有任何的幻想信念，其次是认为自己的身体不属于自己的躯体失认，最后是认为自己的身体不属于自己而属于他人的躯体妄想。后两种情况下，患者没有将自己独特的身体体验当作一种奇怪的体验来感受，而是对这一体验形成了一种错误的拥有感假设，并且在他人的见证下依旧保持着这种错觉。

第二节 拥有感与自我意识

一、自我意识

古希腊哲学家苏格拉底曾说过:"未经审视的人生是不值得过的。"(柏拉图,2007)法国思想家蒙田认为:"世界上最重要的事情就是认识自我。"(蒙田,1996)德国哲学家卡西尔也说过:"认识自我乃是哲学探究的最高目标。"(恩斯特·卡西尔,2013)圣经中记载:"我虽然为自己作见证,我的见证还是真的。因我知道我从哪里来,往哪里去。你们却不知道我从哪里来,往哪里去。"(《约翰福音》)其中"我是谁"是一道困扰了人们数千年的永恒命题,无数哲学家夜以继日地思考着人生在世的本质是什么。正如"我是谁"这一问题一直困扰着哲学家一样,每个人是如何具有"我"的感觉这一问题也一直困扰着研究者。社会心理学家 Klein(2011)曾说过:"在心理学中,恐怕没有哪一个术语比'自我意识'应用得更为广泛却又莫衷一是。"

在心理学领域,James(1890)在《心理学原理》(*The Principles of Psychology*)一书中首次提到自我意识(self-consciousness),心理学领域对自我意识的讨论从此开始。在该书中,James 将自我意识视为心理学中"最难解的谜题",事实上也确实如此。英语中的"self"和"ego"这两个单词都被翻译成"自我",但其在意义上是完全不同的,"self"(自我)指的是个体的反身意识,或者说是自我意识,又可称作自我观念、自我概念(self-concept)。绝大多数心理学家对自我的研究是基于这个层面进行的。

James 作为"意识研究之父",是意识研究从哲学向科学过渡的最有影响力的奠基人。他认为自我意识就是一个人对自己的意识,将"我"分为"主体我"(I)和"客体我"(Me)两个方面,也可以分别称作纯粹自我和经验自我。James 等(1890)认为,"主体我"表示的是一个人所认识的自己,也就是积极地体验世界的自己,或者说是进行中的意识流;"客体我"表示的是人们对于自己的各种各样的看法,包括个人的能力、人格特征、社会性以及物质财富等,是一个人对于自己全部的关于自己所拥有的事物、所学习的知识和所持有的信念。"客体我"主要由三个要素组成,即物质自我、社会自我和精神自我。这三个要素主要包含自我评价、自我体验和自我追求。"客体我"接受来自"主体我"的认识和评价,从而对自己形成积极或消极的态度,在此基础上形成自我追求。物质自我包含与个体自身相关的对象,如个体自身的身体、衣物以及亲人和家庭等;社会自我包含个体是如何被他人看待的,如个体给他人留下的印象、个体所获得的个人荣誉以及社会地位等,社会自我主要取决于自我在其所在的社会团体中扮演的角色,随着场景的变化,个人角色也会发生相应的调整和改变;精神自我是个体内心的自我,包含个体感知到的智慧、能力、态度、经验、情绪、兴趣、人格特征等(金盛华,2005)。"我看见我自己"这句话就包含"主体我"和"客体我",其中"我"是看见的主体,"我自己"是看见的客体。尽管"主体我"和"客体我"之间的关系是模糊的、界限不明的,但在James看来,"主体我"在自我意识中占据着十分重要的位置,甚至其他自我都可以舍弃,但不可以舍弃"主体我",因为"主体我"是心理生活的主导(叶浩生,2002)。

Cooley(1902)将自我意识称作镜中自我(looking-glass self),强调个体所感知到的自我是在社会互动中形成的,个体通过人际交往来建立自我。也就是说,个体在与他人的沟通、交流过程中,想象他人对自己的看法和评价,想象自己是如何被看待的,而这些看法和评价就如同一面镜子一般,使个体获得对自己的态度,认识到现实的自己、应该的自己和理想的自己,简而言之,就是从"镜子"中认识自己。因此,在Cooley看来,与他人交往从而获得评价是自我意识形成的必经道路。Cooley将与个体有亲密交往的、能够面对面交往的群体称为初级群体或首属群体,如家庭、密友和伴侣。这是个体自我意识的开端,亲属作为首要的初级群体,为个体自我意识的建立发挥了基础性的作用。儿童通过观察父母对自己的看法和态度,继而形成初级、抽象、模糊的自我意识。此外,Cooley将不能面对面交往的群体称为次级群体,如社交网络群体。随着科学技术的发展,次级群体对自我意识的形成发挥着越来越重要的作用。Cooley认为,镜中自我的形成经历了三步:第一步是想象自己在他人眼中的形象,如外貌和身材,想象他人对此是什么感觉;第二步是想象他人对自己的看法,比如,想象在他人眼中自己的外貌是美丽还是丑陋;第三步是根据想象形成某种自我感觉,比如,因为认为他人觉得自己美丽而感到骄傲和自豪,从而形成对自己的态度和主观评价。

Mead批判地继承了James的观点,同样将自我意识分为"主体我"和"客体我"两部分。与James不同的是,Mead是从社会整体、社会和个体互动的角度来定义的。"主体我"代表的是有机体对其他人的态度及反应(乔治·H.米德,2005),是个体在社会情境中对照自己的行为举止所做出的行动,只有在个体完成了某种活动之后才会进入个体的经验之中，因此，"主体我"是不确定的，同时也是自我主动、自主的那一部分（许安标，刘松山，2003）。"客体我"代表的则是一个人自己所持有的一种有组织的、有关他人对自我的态度，是内化了的共同体的态度，是"概化了的他人"和团体规范的总和。"主体我"的反应过程和倾向会被已经形成的"客体我"所影响。换句话说，"客体我"会引导"主体我"，与此同时，"主体我"反过来也会扩展"客体我"。这样看似是相辅相成的互动过程形成了自我意识发展的基本形态（金盛华，2005）。Mead 从一个全新的视角来定义自我意识，体现了自我意识的社会性，这种社会性不仅包含自然物理环境，还包含人际交往符号（语言）环境，他认为离开了社会，自我意识也难以存在。除了自我意识是社会性的，它的形成与发展过程同样也是社会性的。Mead 将自我意识的发展分为三阶段：首先是嬉戏阶段，在这一阶段中，个体通过无意识地模仿他人的社会角色，如教师、警察、医生等，在不同的角色中获得把自己置身于他人位置的能力，但主要还是以自我为中心。由于个体在这个阶段只掌握了一些具体词语，尚不能进行流畅的沟通，因此其社会性水平很低。其次是游戏阶段，在这一阶段中，个体通过游戏角色扮演的方式演绎不同的社会角色，理解和遵守游戏规则，能够把他人的态度内化于自己心中。但由于个体在这个阶段的语言发展尚不充分，还不能够完全理解社会意义，因此其活动的范围比较小。最后是概化他人阶段，个体在这一阶段被认为有能力理解一个团体总的观念、价值和规范。随着语言发展的逐渐完善，个体活动的范围也相应扩大，对社会性有了更加深入而全面的认识，成为社会群体的一员，并能够发展出一个完整的自我。

Rogers 继承了 James 和 Mead 的观点，将自我意识定义得更加清晰，主张将"主体我"和"客体我"的概念整合到一起，其中"主体我"是自我意识中的动力部分，而"客体我"是自我意识的对象和本体（刘化英，2000）。他认为所有人都生活在只有自己才会明白的主观世界里，正是这种现象学的主观世界，而不是客观实在的物理世界决定着人们的行为（金盛华，2005）。Rogers 所指的自我意识是指个人独特的思想价值观念，包含着个体对自己的知觉，遵循着一般的知觉规律，同时也是一个组织连贯的知觉模型，具有一定的稳定性。根据临床实践经验，Rogers 还提出了真实自我（real self）和理想自我（ideal self）。真实自我是指个体对于自己的客观评价，实际上是真实的自己；理想自我是个体主观上认为自己应该是什么样的。当真实自我与理想自我接近一致时，个体会比较满意自己的状态，也更能感受到幸福；而当真实自我与理想自我区别很大时，个体容易对自身产生不满意的态度。Rogers 认为自我意识是人格形成和发展的基础，对个体的性格和行为具有重要意义。在他看来，人格不健全的人存在着因自我意识与经验的不一致而无法达到自我和谐的状态。但个体其实是有能力认识到自我意识是否存在问题的，这是因为 Rogers 相信每一个个体都有自我实现的先天倾向，即实现理想自我，当理想自我与自我意识完全一致时，个体就是一个健康的人，或者说是一个能充分发挥其作用的人。Rogers 认为，个体之所以会有自我实现这样的追求，是因为这是人的本质，即为成为一个完美的人而努力。

Gergen（1999）将自我意识定义为个体在实践中形成的对自己的认识和理解。他认为人是具有社会性的，生活在社会中，必不可少的就是与他人建立关系，自我意识也就是在这一过程中形成的。因此，Gergen 对于自我意识的主张是强调关系而非个体，如果想要正确、详细地了解自我意识，就应当从关系出发，了解自己所生活的社会背景以及与他人之间的关系。比如，如果存在一个本质的自我，那么在任何场景下个体的行为都应该是一致的，但实际情况是，在不同的场合中以及和不同的人交往时，个体的行为表现是不一样的。在 Gergen 看来，既然每个人看待世界的方式是不一致的，个体则会用一种统一的方式来建构自我意识，那就是语言。语言范畴、语法概念等为自我意识的建构提供了范畴和模型，规定了个体认识世界和自我的方式。在语言学习的过程中，个体通过与社会交流逐渐形成了自我意识，学会了以他人所认可的方式来叙述自我。语言和社会都与一定的历史文化相关，那么可以推测自我意识同样与一定的历史文化有关。在有关新西兰的土著文化研究中，一般所认为的"自我意识"在毛利人那里却被认为是来自祖先赋予的力量，他们称之为"mana"。毛利人认为个体在对抗和协商中取得胜利是其"mana"力量的显现，而不是"自我"的智慧；个体的喜怒哀乐都是由"mana"导致的，个体是不具备这样的能力的；如果行为失败，则是因为个体违反了某种规则从而导致"mana"消失。在毛利人的文化中，个体的一切均来自"mana"，尽管在外人看来这是匪夷所思并且难以置信的，但毛利人的自我意识却是与他们的文化保持一致的。由此可见，自我意识源于社会，由语言建构，与不同历史时期的文化息息相关。

Freud 从临床的角度出发，以全新的视角将潜意识带入我们的视野之中，扩大了关于自我意识的研究范围。Freud 认为自我意识包含本我（id）、自我（ego）和超我（superego）。其中，本我隐藏在潜意识之中，是人的所有精神活动所需能量的储存库，是最原始、隐藏最深和最难接触的那一部分，包含人类与生俱来的本能和基本欲望，遵循的是快乐原则，即不考虑现实情况，无论任何时间与地点，无论何种方法与手段，个体都趋于立刻满足自身的本能欲望，发泄最原始的冲动；自我是从本我中分化出来的有意识的结构部分，用于联系本我和外界环境，因为既要满足本我的即刻需求，又要考虑外界的现实环境，所以自我是理智的化身，遵循着现实原则，控制着本我；超我用来监督自我及抑制本我的本能欲望和冲动，是通过自我理想和良心两方面来实现的，自我理想代表着奖励，当儿童的行为符合社会规范和道德要求时，其会从父母那获得相应的奖励从而形成自我理想，与之相反的是，良心代表的是惩罚，当儿童的行为不符合社会规范或道德要求时，父母会给予儿童相应的惩罚，从而使儿童在心理上受到良心的谴责，因此，超我遵循的是至善原则，规定了自我应该做什么和不应该做什么。自我、本我和超我三者间是相互联系、相互制衡的，以动态的形式结合在一起，只有三者之间相互平衡，个体才能健康发展（叶浩生等，1998）。如果将本我比作野马，自我就是约束野马的缰绳，超我则是控制缰绳的骑马者，骑马者拉扯着缰绳控制住野马，不然个体就如同脱缰的野马，寻求最初本能欲望的满足。

以上列举的是心理学领域比较有代表性的有关自我意识的观点，那么自我意识与拥有感之间到底存在着什么样的关系呢？

二、拥有感与自我意识

在希腊戴尔菲神庙的入口上方有一行著名的铭文："认识你自己。"（第欧根尼·拉尔修，2010）这不仅是苏格拉底最广为流传的一句话，也象征着人类历史上第一次有关自我意识的觉醒，同时开启了智者对于自我意识的思考。笛卡儿提出"我思故我在"（笛卡儿，2014）。Locke（1853）认为，只有意识能使人成为他所谓的"自我"，能使一个人同别的一切有思想的人有所区别。Hegel（1999）认为，自我意识只有在一个别的自我意识那里才能获得满足，这才是真正的自我意识。Nietzsche（1997）认为，自我意识是权力、意志的化身。马克思主张从人的自我意识出发，并引入实践的观点（马克思，2000）。正是因为这些哲学家对自我意识的思考，人类才开启了探究自我意识的全新时代。

关于自我意识问题的思考和研究，哲学家一直在进行。

一方面，实体论观点认为，在有意识的体验和思考中，"我"始终存在，并且是整个结构中不可或缺的成分（李恒威，2011）。正如实体论观点的鼻祖笛卡儿所说，心灵之于肉体就好比船员之于船，船员能驾驶船只，但船员本身并非船，即身体能广延却不能思维，心灵能思维却不能广延，因此两者是完全不同的实体（笛卡儿，2014）。笛卡儿所主张的身心二元论的首要论点便是"自我意识是单一的、连续的、一个可被通达的精神实体"（张静，2016）。也就是说，自我意识应该是真实存在的、独立的，是一个人的本质，它相当于个体精神世界的"中心""司令部"，不仅所有的经验汇聚于此，所有的行为动作也由此开始。因此，我们难以想象没有自我意识的体验会是什么样子的。尽管很多哲学家、心理学家以及神经科学家很少严肃地对待笛卡儿所言的"精神实体"，但他们仍致力于寻找这一"实体"背后的神经生理机制，希望能够在大脑中找到有关自我意识的具体区域。

总而言之，自我意识是固有存在的，是一个人的本质。一个人持续存在所必需的就是自我意识的持续存在。如果这个观点成立，关于自我意识与身体和感知觉等心理状态的关系，目前有两种假设：一是自我意识与这些心理状态是一样的，但如果它们一样，自我意识应该与生理、心理状态一样是处于不断变化之中的，但这样其就不能再被称为"我"；二是自我意识与这些心理状态不一样，自我意识将不再拥有任何身体或心理状态的本质，但是，不能表征个体自身任何特征的事物怎么能被称为"我"（Thompson & Batchelor，2017）。这样看来，实体论貌似是自相矛盾的，无法给出一个更加合理的解释。

另一方面，错觉论认为，这一看似单一连续的自我意识似乎又并不存在，科学无须为一个内在的体验者来观察大脑活动（Blackmore，2005）。这一观点最早可以追溯到 Hume 所著的《人性论》（*A Treatise of Human Nature*）一书，他在该书中提到："当我亲切地体会到我所谓的自己时，我总是碰到这个或那个特殊的知觉，如冷或热、明或暗、爱或恨、痛苦或快乐等知觉。任何时候，我都不能抓住一个没有知觉的自我，而且我也不能观察到任何事物，只能观察到一个知觉。当我知觉到在一个时期内失去的时候，例如，在酣睡时，我便察觉不到我自己，因而真正可以说是不存在的。"（休谟，2007）Hume 从逻辑经验主义的立场出发否认自我意识作为实体存在，这种实质性、持续性的自我意识应该是一种错觉（Blackmore，2005）。支持这一观点的哲学家认为自我意识完全是一种虚构，是与理论上推测的实体完全不同的理论虚构，询问自我意识实际上究竟是什么就如同神经科学家询问自我意识究竟在哪里一样，这是一种范畴错误（Dennett，1992）。

时至今日，随着科学技术的革新，研究者试图利用脑成像技术寻找与自我意识相关的特定脑区，然而，科学技术的进步也没有进一步帮助研究者认识到自我意识背后的神经机制，研究发现，与自我意识相关的脑区十分广泛，并不存在特定的脑区。错觉论的根基在于逻辑经验主义，而逻辑经验主义的核心观点是凡是不能被经验的就是虚幻的，这种观点带有"唯感觉论"的色彩，意味着否定自我意识的存在，也否定整个感觉之外的事物。实体论和错觉论这两种观点都有其道理，但又难以自圆其说。那么，自我意识究竟是什么呢？

面对以上两种观点的困境，持建构主义观点的哲学家试图寻找折中立场，对上述两种观点既不赞同也不拒绝。他们在此基础上提出全新的观点，即如果自我意识和它所依赖的那些条件一样，它就会和这些条件一样存在及逝去；但是，如果自我意识和它所依赖的那些条件不一样，那么它便不能拥有任何那些条件的特征。实际上，自我意识既不是一个真实的、独立的事物，也不是完全不存在的事物，即自我意识既不等于身体也不等于心智状态，它是在活着的过程中被产生或生成的（Thompson，2016）。心智哲学家 Thompson 认为："自我意识就如同是镜中的镜像，镜像依赖于镜子，但始终不是镜子。自我意识也是如此，尽管依赖于心智，但却不是主观的错觉，只是自我意识的表现方式涉及错觉而已。自我意识表现出来就如同独立存在的一种错觉，归根结底就像是镜像一样表现出来的、像是存在于镜子中的一种错觉"（转引自：Gallagher，2000）。他承认了自我意识的存在，但否认了自我意识实体性的假设。他认为当我们将自我意识的概念应用于其中的事物时，我们找不到任何固有的事物或独立的实体，我们发现的是相互联系的过程的集合。这些过程有些是身体的或生理的，有些是精神的或心理的，正是这些过程产生了"我"，但所有的这些过程都是"相依缘起"的，也就是说，每一个过程的产生和停止都依据一系列相互依赖的原因与条件。Thompson 借用了印度哲学中"我是"（I am）的概念，并将其称为"我相"（I-making），意为成为一个"我"的感觉。这个"我"在时间上是持续的，是思维的思想者（thinker of thoughts）、行动的执行者（doer of deeds），同时他还提出了自我意识是"我持续进行着"（I-ing）的主张，这是一个正在进行着的过程，这一过程生成了一个"我"，并且在这个过程中，"我"和"过程"没有什么不同（张静，陈巍，2017）。上述说法可能过于抽象，用简单的话语概括就是，自我意识的独一无二不是因为"你"拥有某种与他人不同的形而上的品质，而是因为"你"是从一系列与众不同和不可复制的条件与过程中涌现出来的。因此，自我意识既不是一个实物或者实体，也不是一种错觉，而是一个正在进行的、持续的过程（张静，2016）。

由此可见，对于自我意识的理解，我们不能简单地认为自我意识是如同大脑"中央司令部"一般的存在，也不能因为找不到这一"指挥者"就否定自我意识的存在，就将其认为是一种错觉。更合理的做法应该是将自我意识看作一个有层级的系统，并将其理解为一个过程，而不是一个实体，需要从自我意识最基本的层面出发，即从与自我意识密不可分的身体着手，来探究身体过程是如何有助于自我意识的生成与建构的（Hughes，2011）。

为什么说拥有感是自我意识的基本成分呢？我们知道，关于自我意识的研究已经发现了很多效应或者特征，如自我正面偏差、自我参照效应加工、自我控制、自我欺骗等，这些效应或者特征当然是自我的重要方面，但是它们仍然不是自我意识的基本成分。

每一个个体都有"我"和"非我"的物理边界，从生理、结构等方面将个体与世界上的其他个体相隔离，那么发生在"我身上"的事情也就等于发生在"我的具身自我身上"的事情。因此，无论何时何地，无论在做什么或者思考什么，在日常生活中，我们都不可避免地会对身体进行加工，由此产生相应的自我感，这也就是为什么我们主张从具身的角度出发来审视自我。正如 Edelman 在《自我融入心智：意识脑的建构》（*Self Comes to Mind: Constructing the Conscious Brain*）一书中提出的最核心的观点——"身体是有意识心智的基础，没有身体就没有心智、没有意识、没有自我"（转引自：李恒威，董达，2015）。换句话说，理解、审视自我需要从身体的自我体验本身出发。

与前文中所讲述对自我意识的分类不同，Gallagher（2000）率先主张将自我意识划分为最小的自我（minimal self）和叙事的自我（narrative self）。Gallagher 的这种分类方式有助于研究者更好地将哲学分析和科学实证探索进行跨学科的结合，同时研究者在这样的分类下能够更容易地进行实证检验。其中，最小的自我是没有时间连续性的直接经验主体的自我意识，可以被看作行为、经验和思想的前反思起点，也是关于名称代词"我"所能识别的特有的和真实的内容；叙事的自我的含义是一个连贯的自我或者说是自我形象，是由我们和他人所讲述的关于自己各种各样的故事中那些过去、现在和未来组成的，具有跨时间的一致性、连贯性和延展性。对于自我意识这一方面，"自己到底代表着谁"，个体对于这一问题是不容犯错的（Gallagher，2008）。有学者认为作为主体的"我"，不可能会将"我"指称于错误的对象（Wittgenstein，1980）。这局限于直接的自我意识，因为这一问题不是概念性的，而是与第一人称视角有关的。一般情况下，个体对于手是自己的、腿是自己的这一类问题的回答是毋庸置疑的，但在前文提到的拥有感病理性症状中，一些患者在关于"我的手是自己的"或者"我手上的感受是自己的"这些毋庸置疑的问题上也会犯错。

当将自我意识所有不必要的成分和特征剥离之后，个体仍旧会有一种直觉，会将原始的，或者说是基本的、直接的某物称为"最小的自我"（Gallagher, 2000）。因此，要开展对自我意识的研究，就是要从自我意识最基本和最原始的成分开始研究，也就是从最小的自我开始研究，而要研究最小的自我，就需要从身体自我层面开始着手，因为最小的自我是具身的。为什么这么说呢？在提及自我参照时，我们就已经被默认是一个能够进行交流的自我意识，最起码是在第一人称代词的基础上。如果个体的语言和概念能力是同时并行发展的，这也就意味着个体对自我意识的直接接触已经涉及概念框架。那么，是否存在不依赖第一人称代词的更加原始的自我呢？答案是有的。在生态心理学中，非概念性的第一人称代词是由从感知经验中获取的自我指定的信息组成的，代表的是不在概念层面上的最原始的自我。当个体在外部环境中感知到物体或运动时，个体也就获得了关于自己的信息，这是一种前语言和非概念性的信息。这种非概念性的自我从生命的一开始就存在，这一结论是从新生儿模仿中得到证明的。出生小于一小时的婴儿无法模仿非人类的物体，但能够模仿他人的面部动作（Gallagher, 2000）。这就说明婴儿具备以下三种能力：能够区分自我和非自我；能够在没有视觉的情况下定位和使用自身某一身体部位；能够认识到自己所看的面孔和自己是否属于同一类。这三种能力使婴儿构成了一种原始的自我意识，说明最小的自我是具身化的。

　　无论是认知科学还是现象学，都将对最小的自我的研究分解为对自主感和拥有感两种现象的研究。换言之，自主感和拥有感作为身体识别最有效的基本体验，共同构成了最小的自我。一般而言，自主感和拥有感在自发的行为运动体验中是不可分割的，但在非自发的被动运动中，两者的分离是一目了然的。对此，研究者的基本观点是：拥有感内隐于自主感中，但反之并不必然。例如，安检人员抬起"我"的手臂进行安检，"我"会意识到是"我"的手臂正在被抬起（拥有感），但"我"不会产生是"我"产生手臂被抬起的感觉（自主感）。

　　个体经验的某些特征有助于一个人的自我意识的形成，如"将自己的身体和精神状态视为自己当前状态的能力"（Synofzik et al., 2008）。尽管这种能力的某些方面与现象学是类似的，但在功能和表征层面却是不同的。有关自我意识的经验现象是一个人自身经验的总和，不仅包含个体对行为的自主感和对思想的拥有感，同时也包含个体对身体的拥有感。"我"的身体与"我"的关系既不同于"我"的身体与他人的身体的关系，也不同于"我"与外部客体之间的关系，对身体拥有感赋予本体感官信号是一种特殊的现象品质，这对自我意识而言是根本的。因为它表征的是个体与属于自己身体的感觉相联系的连续体验，这种体验反过来又能促进自我的表征，因此身体拥有感有助于个体自我意识的发展。

身体表征往往与不同层次的神经活动结合在一起，如从最初的躯体感觉传入分析再到更复杂的自我意识的加工。身体表征的第一个特征是原始感觉（主要是指本体感觉）传入的完整性。因此，身体部位不仅需要将输入信息组合在一起，还需要身体储存和表征这些信息。身体表征的第二个特征是身体表征的多感官特性，与身体表征有关的认知过程有助于个体形成语义知识和对身体特有的态度。因此，身体表征包括对自己身体和一般身体的词汇语义知识、对身体结构的构形知识、对身体的情感和态度方面的知识，以及身体和自我意识之间的联系（Longo et al., 2010）。也正如 Gallese 所言："未来的神经科学研究必将更多聚焦于第一人称的人类经验"（Gallese, 2016），首要的就是身体的自我。

正如 James 所言："我们对于外部对象的知觉可从不同的视角进行，甚至这种知觉可以暂停，但是我们对于自己身体的知觉却与此相反，对'相同的不变的身体的感受总在那儿'。"（James, 1890）Merleau-Ponty 也写道："我自己身体的不变性在种类上是完全不一样的……它的不变性并不像世界上其他的不变性，而是就我而言的不变性。"（转引自：Tsakiris, 2010）也正是因为拥有感的不变性和稳定性，研究者才将其作为最小的自我的核心成分之一加以探究。因此，拥有感对于自我意识而言是十分重要的。

第三节 拥有感与橡胶手错觉

一、拥有感与橡胶手错觉

截至目前，研究者已经提出了几种能够系统地操纵拥有感的范式。部分研究范式的目标在于身体拥有感，而另一些研究范式的目标则侧重于身体自我意识更广泛的内容。关于身体拥有感的研究，最主要的范式就是橡胶手错觉。橡胶手错觉是一种知觉体验，在橡胶手错觉范式中，被试会将一个人造的橡胶手认同为自己身体的一部分，从而产生对橡胶手的拥有感，如图 1-6 所示（Haans et al., 2008）。橡胶手错觉最初是由认知心理学家 Botvinick 和 Cohen 在 1998 年发现的，它是通过视觉-本体感觉的整合（visuo-proprioceptive integration）产生的，并受到触觉刺激的调控（Blanke, 2012），以及身体表征的共同影响。

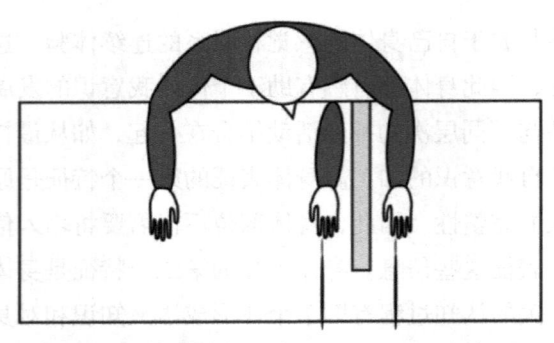

图1-6　橡胶手错觉（Haans et al., 2008）

在橡胶手错觉实验过程中，首先，主试要求被试坐在一张桌子面前，并且将双手放置在桌面上，桌面中央会被人为地放置一块竖立的挡板，这块挡板会被放置在橡胶手和被试的左手之间，使被试无法正常地观察到自己左手的动作。随后，主试会将一只人造橡皮手放置在被试面前的桌面上，而被试的左臂部分和放置在桌上的橡胶手的手腕部分则会被一块布遮挡起来，使得被试只能看到放置在自己面前的桌面上的橡胶手而无法观察到已经被挡板遮挡起来的自己真实的左手。最后，主试要尽可能地同时用两把刷子去刷放置在被试眼前的橡胶手和隐藏在他视野之外的左手。在主试用两把刷子将被试真实的左手及其视野之内的橡胶手轻刷10分钟之后，被试需要按要求填写一份问卷，这份问卷包含10个问题：1个开放式问题，要求被试描述他们在实验过程中的感受；9个封闭式问题，要求被试在与橡胶手错觉相关的9个问题中进行选择，如"似乎我感受到的触摸是由刷子触摸橡胶手产生的""我感觉橡胶手就是我自己的手""我的手变成橡胶手"等类似的9个陈述句。问卷采用7点评分，从"−3"到"+3"分别表示"强烈不同意"到"强烈同意"，以此来测量被试对橡胶手的拥有感体验和对触觉指向的体验（Botvinick & Cohen, 1998）。结果表明，被试报告他们仿佛感觉到橡胶手是自己身体的一部分，并且还报告他们在实验过程中体验到的触觉是由眼前的橡胶手被刷子轻刷造成的，而不是由处于视野之外的真实的左手被轻刷造成的。

尽管在认知层面被试能够坚定地否认橡胶手是自己身体的一部分，但在橡胶手错觉实验中，被试还是会不自觉地将橡胶手感知为自身的一部分，从而对橡胶手产生拥有感。目前的研究虽不能为拥有感提供一个明确的结论性结果，但并不妨碍橡胶手错觉范式成为拥有感研究的一种有效手段。通过操纵实验中的一些变量，该范式提供了大量有关拥有感影响因素的证据。不仅如此，在橡胶手错觉范式的基础上，学者研究了与拥有感相关的神经生理机制，在一定程度上解释了拥有感的产生。

二、橡胶手错觉的研究现状

橡胶手错觉范式被提出后，大量学者开始采用不同的方法对其进行进一步的探讨，采用的方法大多是修改一些因变量指标或者丰富和拓展不同的自变量刺激，如改变橡胶手的实验材料，或者选取不同的观测指标。

在橡胶手错觉范式的实证研究中，学者研究最多的是对橡胶材料进行改变，如选取不同质地、不同大小、不同手感和不同颜色的橡胶手来替代传统橡胶手错觉研究中的橡胶手。例如，Armel 和 Ramachandran（2003b）采用桌面取代橡胶手，发现被试也产生了橡胶手错觉。Hohwy 和 Paton（2010）的研究发现，人类还能将纸盒等外界物体当作自身的一部分。Bruno 等（1997）研究发现，改变原有的橡胶手大小也会使被试产生错觉，当呈现的橡胶手比原来的橡胶手大时，被试也会相应地感受到自己的手变大了；相反，当呈现的橡胶手比原来的橡胶手小时，被试也会相应地感受到自己的手变小了。

另外，在橡胶手错觉范式的实证研究中，橡胶手呈现方式也有了改变。原来的橡胶手错觉范式都是将客观物体直接放置在被试面前，但是近些年来，随着虚拟现实技术的发展，越来越多的人开始使用虚拟现实这一技术来对橡胶手错觉展开研究，这极大地丰富了橡胶手错觉范式。虚拟现实主要利用计算机技术来创建一种三维的立体环境。在这种立体环境中，被试可以任意进入，进行体验和观看，最重要的是可以在这种虚拟的环境中进行操作，也可以多人进行交互操作。Haans 等（2012）直接模拟传统的橡胶手错觉研究，被试报告产生了拥有感错觉，当主试采用虚拟设备让被试进入一种虚拟的环境中，运用虚拟现实技术来操作橡胶手错觉时，被试会看到一个三维的假肢，在这种情况下，被试会报告有强烈的自主感，并且这种自主感的强度会比在传统的橡胶手错觉研究中产生的强度更为强烈，甚至在某些情况下还会有"灵魂出窍"的体验。

在一系列模拟橡胶手错觉研究的范式中，研究者最常用的刺激被试真实的手和橡胶手的工具是笔、毛刷。Ehrsson 等（2005）在一个实验中使用一个能在接触人体皮肤一段时间之后发热的感应棒来对被试真实的手和橡胶手进行刺激，结果被试报告也产生了拥有感错觉。Sforza 等（2010）在一个研究中报告使用软硬不同的布料来刺激被试真实的手和橡胶手，软硬不同的布料表面的粗糙程度不一样，当同时使用粗糙和柔软的布料时，被试会报告产生了不一样的拥有感错觉。

在橡胶手错觉范式的实证研究中，拥有感的测量指标也发生了改变。上述研究改变的都是自变量，一些研究者则使用不同的因变量指标来进行研究。以往的橡胶手错觉研究都是以本体感觉偏移和主观体验作为因变量指标来加以考察，但是一些研究也指出，体验到拥有感错觉之后，个体会有一些生理指标上的变化。例如，一些研究者在被试报告产生了拥有感错觉之后测量他们的皮肤电反应，发现被试的隐藏手臂的皮肤电流显著增强（Tsuji et al., 2013）。除此之外，还有研究者考察了拥有感错觉对被试皮肤温度的影响，在被试报告他们产生了拥有感错觉之后，研究者测量被试四肢的皮肤温度，结果发现，被试呈现在桌面上的手臂的温度有所下降，但是被隐藏的手和双脚的皮肤表面温度却没有变化（Petkova et al., 2011）。Barnsley等（2011）的研究发现，拥有感错觉增强了被试双手的组胺反应活性。此外，随着科技的进步，经颅磁刺激（transcranial magnetic stimulation，TMS）、正电子发射体层成像（positron emission tomography，PET）和功能性磁共振成像（functional magnetic resonance imaging，fMRI）等技术也被运用到拥有感错觉的测量之中。

三、橡胶手错觉的评估方法

对于橡胶手错觉的评估，除了通过问卷的方法进行直接的评估外，还可以通过测量被试的本体感觉偏移来评估，如图1-7所示（Haans et al., 2008），后者是目前使用最广泛的对橡胶手错觉进行评估的方法。使用该方法测量时，主试要蒙住被试的双眼，并且要求被试将他们的右手食指放在与看不见的左手对齐的位置（左手仍然被要求放在桌子下面），结果发现，被试表现出了一种朝橡胶手方向移动的倾向，并且实验持续的时间越久，这种偏移就越明显（Botvinick & Cohen, 2008）。在Botvinick和Cohen（1998）的经典橡胶手范式研究中，他们观察到的这种现象与结果引起了很多研究者的兴趣，并且得到了很多研究者的重复与证实。除此之外，还有另一种比较客观的测量橡胶手错觉的方法，即皮肤电传导反应（skin conductance responses，SCR）测量，这是由于在不同的情绪下，个体的生理反应会导致其出汗增加，进而增强导电性，因此这项技术便是通过电极来记录人体的不同出汗情况所引起的导电性的变化（张静，2016）。Armel和Ramachandran（2003）采用皮肤电传导技术进行了研究，结果发现，当外界环境中存在的威胁性刺激直接作用于橡胶手上时，如一把刀子或者一个针头对准橡胶手，以此来创造一种威胁情境，那么人体内部的电流强度就会增大，这说明个体在人造手上会产生一种"情感反应"（affective resonance）与"情绪卷入"（emotional involvement）。与此相似的错觉也出现在其他研究中，例如，Tsakiris（2008）的研究发现，当将橡胶手换为他人的脸时，被试也会产生类似的错觉；Petkova等（2011）的实验将橡胶手替换为人的整个身体，此时被试也报告产生了这种错觉；Sanchez-Vives等（2010）的研究表明，当橡胶手出现在虚拟环境中时，被试也出现了类似的错觉。

图1-7 本体感觉偏移示意图（Haans et al., 2008）

在橡胶手错觉实验中，尽管被试在认知层面知道橡胶手不可能成为他们身体的一部分，但是在体验层面，被试还是会不可避免地对其产生拥有感，这就使得橡胶手错觉成为一种能够对拥有感及其他相关问题进行实证研究的有效手段，而对这一错觉产生原因的不断探究也为研究者阐明拥有感的作用机制提供了大量的经验证据。

四、橡胶手错觉的影响因素

一般认为，橡胶手的摆放姿势、橡胶手同真实手臂的空间距离、时间同步性以及橡胶手与真实手在外观上的差异等因素都与橡胶手错觉的出现及其强度有关系。

首先，橡胶手错觉的出现与橡胶手的摆放姿势有很大的关系。这主要表现在橡胶手的摆放位置是不是与真实手一致，如果橡胶手的摆放位置不可能出现在人体正常的解剖结构中，比如，Tsakiris和Haggard（2005）将橡胶手与肘部的位置摆放成90°，橡胶手错觉就会消失，Tsakiris等（2007）又将其摆放到180°，橡胶手错觉在这种情况下也会消失。另外，在其他一些研究中，当刺激对象发生改变（比如，将橡胶手换成气球），但是橡胶手摆放位置与真实手一致时，被试也会产生橡胶手错觉（Ma & Hommel, 2015）。因此，橡胶手的摆放位置是橡胶手错觉产生的原因之一，并且这也表明内在的身体表征会对橡胶手错觉产生影响。

其次，橡胶手错觉的产生还与橡胶手同真实手臂的空间距离有关。在 Lloyd（2007）的一项研究中，他将橡胶手放置在距离被试真实的手不同水平距离的 6 个空间位置上，然后评估被试体验到的错觉强度。结果发现，当橡胶手距离被试真实的手最近时，被试报告对橡胶手产生了拥有感；当橡胶手距离被试真实的手超过 27.5 厘米时，错觉强度会显著减小；当橡胶手与被试真实手的距离超过一定程度时，橡胶手错觉将不会产生。这可能是因为在我们平常人的身体表征中，没有远离身体的手臂，所以无法将距离身体太远的手臂看成自己的手。当然，橡胶手在距离身体多远时错觉才会消失且不再出现，以及这种距离会不会受到其他因素的影响等，这些问题还需要后续研究的进一步探讨。

再次，时间同步性也会影响被试的橡胶手错觉。具体来说，时间同步性是指视觉与触觉刺激之间的同步性，可以将其操纵为同步条件和异步条件。同步条件是指用两个刷子同时轻刷橡胶手和被试真实的手，并且轻刷的频率、强度和时间都是一致的；异步条件则是指先用刷子轻刷橡胶手，然后间隔一段时间（通常为几百毫秒）之后再去轻刷被试真实的手。在同步条件下，橡胶手上的视觉和被试在真实的手上体验到的来自刷子的触觉在时间上是一致的，因此橡胶手错觉在同步条件下会出现；但是在异步条件下，这种在橡胶手上的视觉和被试在真实的手上体验到的来自刷子的触觉之间存在明显的时间差，即当被试看到橡胶手被刷子轻刷时，被试自己真实的手并没有感觉到被触摸，这一时间差的存在使得橡胶手错觉难以产生，其可能的原因是视觉-触觉之间没有建立一个完整的连接，所以大脑对手产生了精确的知觉。Shimada 等（2009）通过操作视觉输入与触觉刺激之间的时间间隔，当时间间隔在 300 毫秒以内时，被试能够对橡胶手产生较强的拥有感；但当时间间隔延长至 400—500 毫秒时，被试对橡胶手产生的拥有感的程度会大大降低；而当时间间隔超过 600 毫秒时，被试将不再把橡胶手感知为自己身体的一部分。

最后，橡胶手与真实手在外观上的差异也可能会影响橡胶手错觉。关于两者的差异程度如何影响橡胶手错觉的产生及其强度一直在争论当中。前文中提到，当橡胶手被桌子替代时，个体也会产生橡胶手错觉，对桌子产生拥有感（Armel & Ramachandran, 2003）。在与橡胶手错觉范式类似的虚拟手错觉（virtual hand illusion, VHI）范式研究中，被试会对虚拟的气球甚至正方形的木块产生拥有感。但大量的实验研究证实，当橡胶手被木棍等与人的真实手毫无相似之处的中性物体取代时，被试不会对其产生拥有感；或者，当被试参与实验的是右手而摆放的橡胶手是左手时，橡胶手错觉也会消失（Tsakiris et al., 2010）。除了形状一致性外，研究者还探讨了皮肤质地对橡胶手错觉的影响，结果表明，当被试看到的橡胶手质地与人类皮肤质地不相似时，被试对橡胶手产生的拥有感程度会大幅度降低。因此，关于橡胶手与真实手的特征一致性会对橡胶手错觉产生怎样的影响，研究者还没有达成共识。

五、橡胶手错觉的应用

橡胶手错觉范式主要用来研究正常人的拥有感。目前常见的对拥有感的研究有两类：一类是因病理性原因而体验不到某些特定感受的研究；另一类是将外部对象知觉为自己身体一部分的研究。前者涉及的被试群体较为特殊，只有少数病理性被试符合条件。后者相对更为广泛，在这类研究中，橡胶手错觉研究范式是一种被广泛使用的研究方法，可以有效地作用于正常人身上，并且可以用于直接观察个体是否产生拥有感。视、触两类感官输入的同步性，保证了橡胶手错觉范式研究的可靠性。但是在实际应用中，研究者也发现，当视觉和触觉的时间间隔在 600 毫秒以上时，被试无法产生真正的拥有感，并且在实验中橡胶手与被试真实的手的距离一般保持在 10—15 厘米，一旦超出这个范围，被试感受到的拥有感错觉强度便会显著下降，甚至消失，这也说明个体身体周围的动态接收区是有空间限制的，一旦超过某一范围，身体感官系统对外界刺激的接受能力便会大幅下降。此外，当研究者将橡胶手弯曲至 90°时，被试报告的拥有感错觉强度也会降低，这说明橡胶手与真实手的特征一致性也是影响拥有感错觉产生的重要因素。总的来说，研究者主要通过两种方式在正常个体中采用橡胶手错觉实验范式开展研究：一种是以时间一致性为代表的自下而上的加工机制，即被试真实手和橡胶手之间在输入反馈上的同步性使得被试更容易产生错觉；另一种是以空间一致性和特征一致性为代表的自上而下的加工机制，即被试真实手和橡胶手之间在空间位置或表现形式上更相似，使得被试更容易产生错觉，这种方法和日常生活紧密相连。例如，某人可能会被询问"你身体的某一部分是怎样的"，或者可能被要求"你的手放在上面位置"，个体在回答这类问题或是做出动作时往往基于其较为稳定的内部特征，当外界输入与个体的内部特征更为匹配时，个体就会有强烈的拥有感错觉（Tsakiris & Haggard, 2005）。

橡胶手错觉的研究还为自我意识研究中的一个重要问题，即自我意识研究的生态效度问题提供了解决方式。之前关于自我的研究大多从病理性分析的角度来开展，从而揭示出自我的紊乱特征。这一传统的研究方法虽具有一定的积极意义，但是无法推广，无法得到普通民众的认同。而橡胶手错觉范式通过将多模态信息整合在拥有感的形成过程中，很好地从方法论上弥补了传统自我研究中存在的不足。另外，传统观点认为，自我是一个单一的固定不变的统一整体，但是橡胶手错觉的研究却揭示出自我表征和自我识别存在可塑性，这一观点直接动摇了传统观念。该范式直接给人们提供了一种关于自我研究的新思路，即自我是在个体与外界环境的交互过程中，以人类大脑的某些结构的活动为基础，再结合一定的原则和规律建构出来的。仅仅依靠橡胶手错觉的研究就完全否定传统观点显然有悖于科学原则且为时尚早，但是橡胶手错觉的研究却实实在在地向人们展示了拥有感是如何以可塑的方式向我们展现了稳定而统一的自我感是如何在自主体和外界互动的过程中动态形成的。

橡胶手错觉范式也被用于对身体意向的研究，身体意向究竟是一种恒定的表现还是在某些情况下会出现变化？如果它是可变的，那么它是否会对拥有感错觉产生影响？对于这些问题的回答，橡胶手错觉范式在其中扮演着重要角色。

六、橡胶手错觉的变式

Botvinick 和 Cohen（1998）最早报告了橡胶手错觉这一现象。随着橡胶手错觉范式的广泛使用，越来越多的相似范式开始出现。其中，同橡胶手错觉范式最为相似并且应用最为广泛的是基于传统橡胶手范式的虚拟手错觉范式。在虚拟手错觉范式的研究中，传统橡胶手范式中的橡胶手会被电脑屏幕中的虚拟手所替代，刷子轻刷橡胶手和被试的真实手之间的同步性被屏幕当中虚拟手和被试的真实手之间的时间上的一致性所替代。这种时间上的一致性表现在当被试的真实手发生移动时，屏幕中的虚拟手也会发生相应的移动。这种时间上的一致性是因为被试的真实手上安装了感应装置，可以将被试真实手的活动投射到屏幕当中的虚拟手的活动中。为了研究不同步的情况，研究者可以事先设置不同步的参数，以探究被试在不同步条件下的感受。除了感应装置外，在虚拟手错觉研究中，一种广泛使用的操作就是数据手套（data glove）。这种数据手套可以实时收集被试的数据信息，并将这些数据信息通过程序控制传输至电脑，从而生成相应的同步或者不同步的触觉感受或移动情况。同传统橡胶手错觉研究一致，当屏幕中的虚拟手和被试的真实手运动一致时，被试所报告的拥有感错觉的体验程度达到最大，当两者之间的同步性逐渐变得不一致时，这种体验感会减弱，直到消失不见。虚拟手错觉范式研究虽与橡胶手错觉范式研究中采用的设备不同，但得出的结论却是相对一致的，这也说明科技进步给科学研究带来了便捷。

除上述优点外，虚拟手错觉范式还可以提供更加生动形象的视觉材料，相比于橡胶手，虚拟手最大限度地还原了真实的手。橡胶手错觉范式在刺激形式上有很多局限性，但虚拟手错觉范式则能够让研究者使用更加新颖的刺激形式，如用球或者用刀击打虚拟手，而在橡胶手错觉范式中则无法做到这一点。有研究者利用虚拟手错觉范式来研究焦虑情境对自主感和拥有感的影响，实验中被试通过操纵人类手或者猫爪来捕抓电脑屏幕上方掉落的金币，并且逃避一同落下的小刀，捕抓和逃避成功则会加分，失败就会扣分。实验结果显示，在焦虑情境下，自主感受到的影响比拥有感更大（Zhang et al., 2018）。这项实验研究证明了虚拟手错觉范式可以成功地将自主感和拥有感联系起来，相比于橡胶手错觉范式而言，虚拟手错觉范式要更加实用。

类似的研究还有屠夫舌头错觉（butcher's tongue illusion）、橡胶脚错觉（rubber foot illusion）、虚拟脸错觉（virtual face illusion）、虚拟声音错觉（virtual sound illusion）和全身错觉（systemic illusion）等实验。在屠夫舌头错觉实验中，触觉刺激指的是屠夫的舌头，很多被试在研究中报告在看着镜像中的屠夫的舌头被手刺激时，感觉到自己的舌头也受到了刺激。当用激光笔照射屠夫的舌头时，大部分被试报告感觉到自己的舌头也受到了触觉刺激或者热刺激，如图1-8所示（Michel et al., 2014）。这样的结果表明，尽管舌头是人们在日常生活中很少直接看到的身体部位，但产生橡胶手错觉的视觉、触觉和本体感觉信息的多感官整合是可以延伸到舌头的。橡胶脚错觉研究中的实验操作与橡胶手错觉研究中的实验操作类似，只是研究者把关注重点转移至下肢。在橡胶脚错觉实验中，研究者使用匹配或者不匹配的触觉震动刺激，结果表明，在同步和刺激匹配的条件下，被试会对橡胶脚产生拥有感，如图1-9所示（Crea et al., 2015）。在虚拟脸错觉实验中，电脑屏幕上会出现一张他人的脸，然后屏幕当中他人的脸会被轻刷，同时让被试感受到自己的脸被轻刷，这时被试会报告他们感觉他人的脸更像是自己的脸，这表明被试产生了虚拟脸错觉（Zhang et al., 2018）。在虚拟声音错觉实验中，研究者给被试配备一个麦克风，然后让被试尝试发出声音，可以演讲、日常说话，甚至唱歌。这时被试会听到一种反馈，这种反馈有可能是被试自己的声音，也有可能是来自他人的声音，结果显示，不论是被试自己的声音还是来自他人的声音作为反馈信号，被试都有可能将这种声音认成是自己本来的声音，并且他们说话的声调、响度还会受到反馈声音的影响并发生改变。在全身错觉实验中，研究者会使用一种特殊的 3D 眼镜，这一眼镜可以让被试看到他们后背的情况。在实验过程中，研究者同时用两根木棍或者其他物体触碰被试的胸和摄像机的前方，这时被试会产生一种错觉，在这种错觉中，被试仿佛坐在自己的身体后方来看自己的后背，当

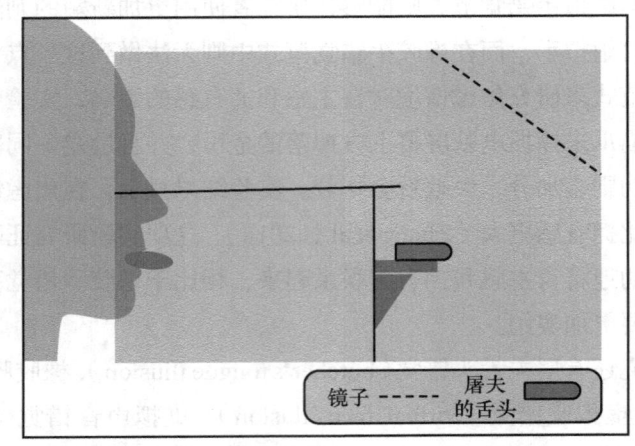

图1-8　屠夫舌头错觉（Michel et al.，2014）

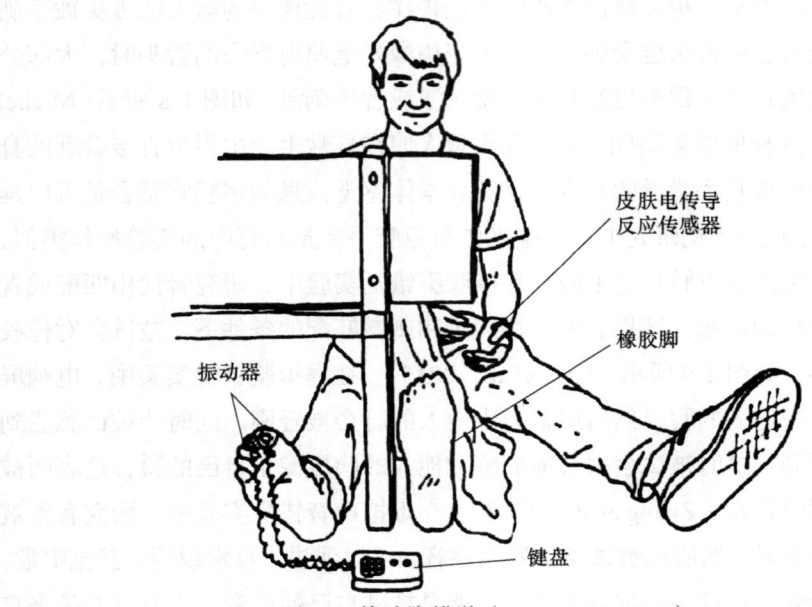

图1-9　橡胶脚错觉（Crea et al.，2015）

然，这在很大程度上是由 3D 眼镜的折射效果所致。但是这类研究发现，在实验过程中，被试会有情绪波动，即当可能有威胁的物品作用于被试身体时，他们会有强烈的情绪变化；此外，这类研究还发现，在这种错觉体验中，被试甚至会对与其身体大小有显著差异的人偶产生拥有感，从而改变对外界环境的感知（Haans et al., 2008）。

有趣的是，研究者利用投影技术，让被试头戴一个显示设备来观察自己的背部，就如同坐在自己的后面一样。实验者用刷子抚摸被试的后背，与此同时，让被试观看同步抚摸的影像。实验结果显示，部分被试认为虚拟身体就是自己的身体，甚至错误定位自己身体的位置，将虚拟人体的空间位置当作自己的位置，如图 1-10 所示（Metzinger, 2007）。此外，实验者用刷子抚摸被试的胸部，同时用另一个刷子刷相机位置的下部，就如同在用刷子抚摸虚拟身体一样，结果发现，许多被试报告了关于自己的错误定位（Ehrsson et al., 2007）。基于以上研究发现，至少有三种不同类型的身体自我体验可以通过实验进行分离：一是自我认同，即整体身体拥有感；二是自我定位，即个体感知到的空间位置的体验；三是第一人称视角，即个体感知世界的体验。这表明尽管在现象学层面可能出现一个统一连贯的自我，但实际上自我体验不存在一个实体（Metzinger, 2007）。

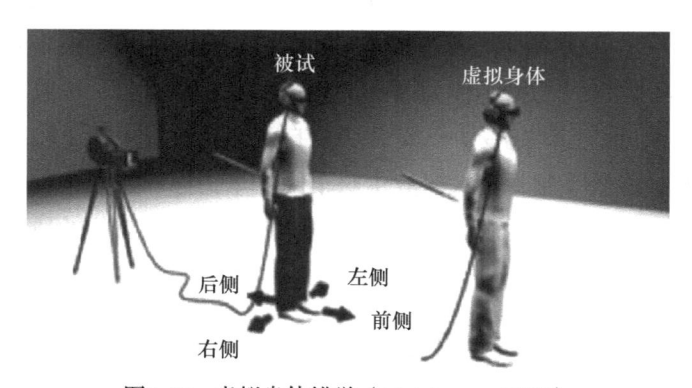

图1-10 虚拟身体错觉（Metzinger, 2007）

橡胶手错觉是一种将人造的橡胶手感知为自己真实身体一部分的知觉体验。由于能有效地在正常被试身上引发并检验拥有感体验，橡胶手错觉范式被认为是身体拥有感研究中一种具有重大突破的实验方法，同时是研究自我相关问题的一个良好范式。

七、橡胶手错觉的研究意义

目前，基于橡胶手错觉的研究并不能直观地为人们提供关于拥有感问题的比较清楚的结果，但是通过橡胶手错觉范式开展关于拥有感问题的研究还是具有深远意义的。

一方面，橡胶手错觉的研究使得人们对于选择什么样的客体作为研究对象有了更多的了解。以往的研究大多集中于精神分裂症和其他类似患者身上，这是因为拥有感错觉在个体的日常活动中不是独立表现出来的，我们总要借助于一定的外界刺激才能对其加以认识，最常见的一类刺激来自一些疾病，如骨科疾病等。正因为如此，研究对象的特殊性和样本群体的数量限制使得这类对于拥有感错觉的研究难以真正开展，但是橡胶手错觉范式的引入却为研究者开展这类研究提供了新的思路。通过实验室环境人为地设置一些条件，既可以使研究者对拥有感错觉进行深入细致的研究，又可以使研究者更好地知晓拥有感错觉产生的内部机制和影响因素。

另一方面，对橡胶手错觉的研究可以在方法论层面实现自我整合。以往对于拥有感错觉的研究无一例外都涉及被试个体的主观报告，橡胶手错觉研究也很好地契合了这一点，重视被试个体的主观报告，并且在橡胶手错觉范式研究中，研究者还会采用一些新的手段，诸如本体感觉偏移、皮肤电传导技术乃至脑电测量等，并将这些手段涉及的指标作为因变量来加以考察。此外，橡胶手错觉范式研究还可以控制被试的错觉感受，这符合当前自我问题研究中要重视第一人称体验的趋势。同时，橡胶手错觉范式研究中对于因变量指标的选取也符合科学研究的要求，因为科学研究需要客观的观察和公开的数据，而在以往的研究中，这一点是不能完全满足的。

八、橡胶手错觉的研究展望

橡胶手错觉范式研究还有很多空白需要填补。首先，要扩大被试的选择范围。在以往的研究中，被试大多为健康成人或者紊乱病患者，而对于老年人和儿童或者其他疾病患者的研究却几乎是空白的。由于年龄等因素的影响，老年人和儿童作为两类特殊的群体，他们对于拥有感错觉的体验与健康成人可能会存在差异。因此，未来的研究要重视对这两类人群的研究。其次，目前对于橡胶手错觉的研究主要集中于国外，但是国内外的人群存在文化背景的差异，国外的研究结论是否能够被应用于国内,这是一个值得研究的问题。再次,橡胶手错觉的研究方式仍然有很大的改进空间。例如,除了摆放位置、两手距离外,可以探索其他因素是否同样会影响拥有感错觉的产生,如温度、外界刺激等都是值得探讨的因素。在测量指标上,除了先前提到的被试主观报告和皮肤电传导外,还有没有其他生理指标可以作为拥有感的测量指标?以往的实证研究往往是在静态下进行考察的,而在大多数情况下,作为身体灵活性代表的双手大多呈现的是动态的姿势,此时,拥有感错觉是否会被个体体验到,也是一个值得探讨的问题。最后,情绪会对橡胶手错觉产生何种影响仍存在空白。以往的研究表明,焦虑情境会影响被试对橡胶手产生拥有感,未来的研究可以探讨其他情绪,如愤怒、忧伤、开心等对橡胶手错觉的影响。

橡胶手错觉范式的研究结果可以被应用于患者的肢体康复中,帮助瘫痪和中风患者进行肢体的康复训练。对于瘫痪患者的治疗,目前仍然以手术和药物治疗为主,虽然研究人员专门开发了一套脑-机接口,但还是存在一定的局限性,无法让患者百分之百参与其中。研究人员曾经将橡胶手错觉实验与脑-机接口引发的虚拟手错觉实验进行对比,结果发现,后者产生的拥有感错觉相对于前者要微弱一些。因此,未来可以更多地应用传统的橡胶手错觉实验帮助患者恢复对于身体的拥有感,同时科研工作者也可以继续改进脑-机接口,如在脑-机接口中应用橡胶手错觉,这样便可直接利用这一技术使得患者与虚拟身体进行连接,以更好地帮助患者接受恢复治疗。与此相一致的是,White等发现,橡胶手错觉可以帮助右脑损伤患者改善他们的自我触摸感,这个研究表明,橡胶手错觉在使瘫痪恢复患者对假肢产生拥有感及其神经认知康复等方面可能会发挥巨大作用(White et al., 2010)。

另外,橡胶手错觉范式还可以被应用于对截肢患者的恢复治疗,虽然截肢患者大多需配备一定的假肢来帮助其生活,但是患者往往不会对这种假肢产生拥有感。Ehrsson等(2004)改进了橡胶手错觉范式,同步刺激截肢患者的残肢和假肢,在这种情况下,患者会对假肢产生拥有感。他们还力图通过橡胶手错觉实验在假肢上创造类似于皮肤触摸感的感觉,这样就可以通过橡胶手错觉实验使得截肢患者对其假肢产生认同感。在橡胶脚错觉研究中,震动触觉软件可以集成放置在下肢假肢的窝中,以刺激足部的幻肢区域,这样就可以在截肢患者的日常生活中诱发橡胶脚错觉,提高假肢的可控性以及截肢患者对假肢使用的满意程度。未来的研究可以尝试探讨不匹配刺激是否能够促进下肢截肢患者对假肢的橡胶脚错觉。

参 考 文 献

柏拉图.（2007）. *苏格拉底的申辩*. 吴飞译. 北京：华夏出版社.

笛卡儿.（2014）. *第一哲学沉思集*. 徐陶译. 南昌：江西教育出版社.

第欧根尼·拉尔修.（2010）. *名哲言行录*. 徐开来，溥林译. 桂林：广西师范大学出版社.

恩斯特·卡西尔.（2013）. 人论. 甘阳译. 上海：上海译文出版社.

金盛华.（2005）. *社会心理学*. 北京：高等教育出版社.

李恒威.（2011）. *意识：从自我到自我感*. 杭州：浙江大学出版社.

李恒威，董达.（2015）. 演化中的意识机制——达马西奥的意识观. *哲学研究*，（12），106-113.

刘高岑.（2009）. 当代心智哲学的自我理论探析. *哲学动态*，（9），66-71.

刘化英.（2000）. Rogers 对自我概念的研究及其教育启示. *辽宁师范大学学报*，（6），37-39.

马克思.（2000）. *1844 年经济学哲学手稿*. 中共中央马克思恩格斯列宁斯大林著作编译局，编译. 北京：人民出版社.

蒙田.（1996）. *蒙田随笔全集（上卷）*. 潘丽珍，丁步洲，等译. 南京：译林出版社.

尼古拉斯·汉弗莱.（2015）. *一个心智的历史：意识的起源和演化*. 李恒威，张静译. 杭州：浙江大学出版社.

乔治·H. 米德.（2005）. *心灵、自我与社会*. 赵月慧译. 上海：上海译文出版社.

休谟.（2007）. *人性论*. 张晖译. 北京：北京出版社.

许安标，刘松山.（2003）. *《中华人民共和国民办教育促进法》释义及实用指南*. 北京：中国民主法制出版社.

叶浩生.（2002）. 关于"自我"的社会建构论学说及其启示. *心理学探新*，（3），3-8.

叶浩生，郭本禹，彭运石，杨韶刚.（1998）. *西方心理学的历史与体系*. 北京：人民教育出版社.

张静.（2016）. *自我和自我错觉——基于橡胶手和虚拟手错觉的研究*. 博士学位论文，浙江大学.

张静，陈巍.（2017）. 意识科学中自我的建构论：超越实体论与错觉论之争. *苏州大学学报（教育科学版）*，（3），12-23.

张静，陈巍，李恒威.（2017）. 我的身体是"我"的吗?——从橡胶手错觉看自主感和拥有感. *自然辩证法通讯*，（2），51-57.

Armel, K. C., & Ramachandran, V. S. (2003). Projecting sensations to external objects: Evidence from skin conductance response. *Proceedings of the Royal Society of London. Series B*: *Biological Sciences, 270*(1523), 1499-1506.

Barnsley, N., McAuley, J. H., Mohan, R., Dey, A., Thomas, P., & Moseley, G. L. (2011). The rubber hand illusion increases histamine reactivity in the real arm. *Current Biology, 21*(23), 945-946.

Bisiach, E., & Geminiani, G. (1991). Anosognosia related to hemiplegia and hemianopia//G. P. Prigatano, D. L. Schacter(Eds.), *Awareness of Deficit After Brain Injury*: *Clinical and Theoretical Issues*(pp. 66-83). New York: Oxford University Press.

Blackmore, S. (2005). *Consciousness*. Oxford: Oxford University Press.

Blanke, O. (2012). Multisensory brain mechanisms of bodily self-consciousness. *Nature Reviews Neuroscience, 13*(8), 556-571.

Bottini, G., Bisiach, E., Sterzi, R., & Vallarc, G. (2002). Feeling touches in someone else's hand. *Neuroreport, 13*(2), 249-252.

Botvinick, M., & Cohen, J. (1998). Rubber hands "feel" touch that eyes see. *Nature, 391*(6669), 756-756.

Braun, N., Debener, S., Spychala, N., Bongartz, E., Sörös, P., Müller, H. H., & Philipsen, A. (2018). The senses of agency and ownership: A review. *Frontiers in Psychology, 9*, 535.

Bruno, N., Bertamini, M., & Domini, F. (1997). Amodal completion of partly occluded surfaces: Is there a mosaic stage? *Journal of Experimental Psychology: Human Perception and Performance, 23*(5), 1412-1426.

Cooley, C. H. (1902). Looking-glass self. *The Production of Reality: Essays and Readings on Social Interaction, 6*, 126-128.

Crea, S., D'Alonzo, M., Vitiello, N., & Cipriani, C. (2015). The rubber foot illusion. *Journal of NeuroEngineering and Rehabilitation, 12*(1), 1-6.

Damasio, A. R. (1994). *Descartes' Error: Emotion, Reason, and the Human Brain*. New York: G. P. Putnam's Sons.

De Vignemont, F. (2011). Embodiment, ownership and disownership. *Consciousness and Cognition, 20*(1), 82-93.

Dennett, D. C. (1992). The self as a center of narrative gravity//F. S. Kessel, P. M. Cole, & D. L. Johnson(Eds.), *Self and Consciousness: Multiple Perspectives*(pp. 103-115). Mahwah: Lawrence Erlbaum Publishers.

Dieguez, S., & Lopez, C. (2017). The bodily self: Insights from clinical and experimental research. *Annals of Physical and Rehabilitation Medicine, 60*(3), 198-207.

Ehrsson, H. H., Holmes, N. P., & Passingham, R. E. (2005). Touching a rubber hand: Feeling of body ownership is associated with activity in multisensory brain areas. *Journal of Neuroscience, 25*(45), 10564-10573.

Ehrsson, H. H., Spence, C., & Passingham, R. E. (2004). That's my hand! Activity in premotor cortex reflects feeling of ownership of a limb. *Science, 305*(5685), 875-877.

Ehrsson, H. H., Wiech, K., Weiskopf, N., Dolan, R. J., & Passingham, R. E. (2007). Threatening a rubber hand that you feel is yours elicits a cortical anxiety response. *Proceedings of the National Academy of Sciences of the United States of America, 104*(23), 9828-9833.

Forrest, D. V. (2000). Phantoms in the Brain: Probing the mysteries of the human mind. *American Journal of Psychiatry, 157*(5), 841-842.

Fotopoulou, A., Jenkinson, P. M., Tsakiris, M., Haggard, P., Rudd, A., & Kopelman, M. D. (2011). Mirror-view reverses somatoparaphrenia: Dissociation between first-and third-person perspectives on body ownership. *Neuropsychologia, 49*(14), 3946-3955.

Gallagher, S. (2000). Philosophical conceptions of the self: Implications for cognitive science. *Trends in Cognitive Sciences, 4*(1), 14-21.

Gallagher, S. (2008). Direct perception in the intersubjective context. *Consciousness and Cognition, 17*(2), 535-543.

Gallese, V. (2016). Neuroscience and phenomenology. *Phenomenology and Mind,* (1), 28-39.

Gergen, K. J. (1999). *An Introduction to Social Constructionism*. Thousand Oaks: Sage Publications

Gerstmann, J. (1942). Problem of imperception of disease and of impaired body territories with organic lesions: Relation to body scheme and its disorders. *Archives of Neurology & Psychiatry, 48*(6), 890-913.

Haans, A., IJsselsteijn, W. A., & De Kort, Y. A. (2008). The effect of similarities in skin texture and hand shape on perceived ownership of a fake limb. *Body Image, 5*(4), 389-394.

Haans, A., Kaiser, F. G., Bouwhuis, D. G., & IJsselsteijn, W. A. (2012). Individual differences in the rubber-hand illusion: Predicting self-reports of people's personal experiences. *Acta Psychologica, 141*(2), 169-177.

Hegel, G. W. F., Rauch, L., & Sherman, D. (1999). *Hegel's Phenomenology of Self-consciousness: Text* and *Commentary*. Albany: SUNY Press.

Hohwy, J., & Paton, B. (2010). Explaining away the body: Experiences of supernaturally caused touch and touch on non-hand objects within the rubber hand illusion. *PloS One, 5*(2), e9416.

Hughes, A., Galbraith, D., & White, D. (2011). Perceived competence: A common core for self-efficacy and self-concept?. *Journal of Personality Assessment, 93*(3), 278-289.

Humphrey, N. (1999). *A History of the Mind: Evolution and the Birth of Consciousness*. New York: Springer.

James, W. (1890). *The Principles of Psychology*(Vol. 1). New York: Henry Holt and Company.

Kalckert, A., & Ehrsson, H. H. (2014). The spatial distance rule in the moving and classical rubber hand illusions. *Consciousness and Cognition, 30*, 118-132.

Klein, W. M., Harris, P. R., Ferrer, R. A., & Zajac, L. E. (2011). Feelings of vulnerability in response to threatening messages: Effects of self-affirmation. *Journal of Experimental Social Psychology, 47*(6), 1237-1242.

Lloyd, D. M. (2007). Spatial limits on referred touch to an alien limb may reflect boundaries of visuo-tactile peripersonal space surrounding the hand. *Brain and Cognition, 64*(1), 104-109.

Locke, J. (1853). *An Essay Concerning Human Understanding*. Philadelphia: Troutman & Hayes.

Longo, M. R., Azañón, E., & Haggard, P. (2010). More than skin deep: Body representation beyond primary somatosensory cortex. *Neuropsychologia, 48*(3), 655-668.

Ma, K., & Hommel, B. (2015). Body-ownership for actively operated non-corporeal objects. *Consciousness and Cognition, 36*, 75-86.

Makin, T. R., Holmes, N. P., & Ehrsson, H. H. (2008). On the other hand: Dummy hands and peripersonal space. *Behavioural Brain Research, 191*(1), 1-10.

Metzinger, T. (2004). *Being no One: The Self-Model Theory of Subjectivity*. Cambridge: MIT Press.

Metzinger, T. (2007). Empirical perspectives from the self-model theory of subjectivity: A brief summary with examples. *Progress in Brain Research, 168*, 215-278.

Michel, C., Velasco, C., Salgado-Montejo, A., & Spence, C. (2014). The butcher's tongue illusion. *Perception, 43*(8), 818-824.

Nietzsche, F. (1997). *Nietzsche: Untimely Meditations*. Cambridge: Cambridge University Press.

Petkova, V. I., Björnsdotter, M., Gentile, G., Jonsson, T., Li, T. Q., & Ehrsson, H. H. (2011). From part- to whole-body ownership in the multisensory brain. *Current Biology, 21*(13), 1118-1122.

Ramachandran, V. S., & Altschuler, E. L. (2009). The use of visual feedback, in particular mirror visual feedback, in restoring brain function. *Brain, 132*, 1693-1710.

Sanchez-Vives, M. V., Spanlang, B., Frisoli, A., Bergamasco, M., & Slater, M. (2010). Virtual hand illusion induced by visuomotor correlations. *PloS One, 5*(4), e10381.

Sforza, A., Bufalari, I., Haggard, P., & Aglioti, S. M. (2010). My face in yours: Visuo-tactile facial stimulation influences sense of identity. *Social Neuroscience, 5*(2), 148-162.

Shimada, S., Fukuda, K., & Hiraki, K. (2009). Rubber hand illusion under delayed visual feedback. *PloS One, 4*(7), e6185.

Synofzik, M., Vosgerau, G., & Newen, A. (2008). I move, therefore I am: A new theoretical framework to investigate agency and ownership. *Consciousness and Cognition, 17*(2), 411-424.

Thompson, E. (2016). Précis of waking, dreaming, being: self and consciousness in neuroscience, meditation, and philosophy. *Philosophy East & West, 66*(3), 927-933.

Thompson, E., & Batchelor, S. (2017). *Waking, Dreaming, Being: Self and Consciousness in Neuroscience, Meditation, and Philosophy*. New York: Columbia University Press.

Tsakiris, M. (2008). Looking for myself: Current multisensory input alters self-face recognition. *PloS One, 3*(12), e4040.

Tsakiris, M. (2010). My body in the brain: A neurocognitive model of body-ownership. *Neuropsychologia, 48*(3), 703-712.

Tsakiris, M., & Haggard, P. (2005). The rubber hand illusion revisited: Visuotactile integration and self-attribution. *Journal of Experimental Psychology: Human Perception and Performance, 31*(1), 80-91.

Tsakiris, M., Carpenter, L., James, D., & Fotopoulou, A. (2010). Hands only illusion: Multisensory integration elicits sense of ownership for body parts but not for non-corporeal objects. *Experimental Brain Research, 204*, 343-352.

Tsakiris, M., Hesse, M. D., Boy, C., Haggard, P., & Fink, G. R. (2007). Neural signatures of body ownership: A sensory network for bodily self-consciousness. *Cerebral Cortex, 17*(10), 2235-2244.

Tsuji, T., Yamakawa, H., Yamashita, A., Takakusaki, K., Maeda, T., Kato, M., ... & Asama, H. (2013). Analysis of electromyography and skin conductance response during rubber hand illusion. *In 2013 IEEE Workshop on Advanced Robotics and Its Social Impacts*, Tokyo.

White, R. C., Davies, A., Kischka, U., & Davies, M. (2010). Touch and feel? Using the rubber hand paradigm to investigate self-touch enhancement in right-hemisphere stroke patients. *Neuropsychologia, 48*(1), 26-37.

Wittgenstein, L. (1980). *Tractatus Logico-Philosophicus: Logisch-Philosophische Abhandlung*. Frankfurt: Suhrkamp.

Zhang, J., Chen, W., & Qian, Y. (2018). How sense of agency and sense of ownership can affect anxiety: A study based on virtual hand illusion. *Anales De Psicologia, 34*(3), 430-437.

Zopf, R., Savage, G., & Williams, M. A. (2010). Crossmodal congruency measures of lateral distance effects on the rubber hand illusion. *Neuropsychologia, 48*(3), 713-725.

第二章 自我的自主感

第一节 自主感概述

一、自主感的概念界定

我怎么才能知道我是自己身体的主人呢？我的一切感觉、想法、行动都是我自己的吗？想必生活中没有人时常会问自己这样傻的问题，因为这些问题的答案通常是显而易见的，只有在感受到自己作不了自己的主的时候，我们才会思考这些问题。想象一下，你就只是躺着什么也不做，而你的一只手却开始自主行动，这只手仿佛有自己的思想一样，完全不听你的指挥。它拿起一只你心爱的杯子摔碎，把你衬衫的扣子扣得乱七八糟，甚至在半夜突然扼住你的咽喉！这样的情境出现在 1964 年的一部电影《奇爱博士》(*Dr. Strangelove*)中，影片中的主人公奇爱博士对他的右手仍然有感觉，也认为它是自己身体的一部分，但就是无法控制它。事实上，这样的情形在现实生活中是存在的，并且一部分人因此饱受苦恼。这种无法控制自己的手的症状被称为异己手综合征（alien hand syndrome，AHS），这是一种相对罕见的神经系统失调性疾病，是由涉及随意运动（voluntary movement）的特定脑区损伤导致的。该病症迄今尚未得到一致与精确的定义。一般而言，该术语用来描述一系列复杂的临床行为症状，患者的手（往往是左手）会表现出无法控制的行为，并对这些行为产生极端的陌生感觉。在最典型的观察报告中，患者往往报告他们的手在进行有目的的、协调的、目标导向的行为，此时患者无法随意地控制这些行为。换言之，患者的这只手的活动似乎显示出一种"属于它自己的意志"（陈巍等，2018）。这时主体丧失了对这只手的自主感。

自主感又称主动控制感、施动感，是动作主体控制自己的行为并通过行为控制外部事件的主观体验（Haggard & Tsakiris，2009；Haggard，2017；Sun et al.，2023；布宇博等，2022；黄昕杰等，2023；张静等，2017；赵科等，2021）。例如，"我"是在"我"的意识流中产生特定思维的主体，或者说"我"是引起某物运动的载体（张静等，2017）。自主感是使个体对自身行为负责的核心要素，当个体觉察到行为是由自身发起的时，他会主动控制、协调自身行为以符合社会要求或达到既定目标（Haggard，2017）。总的来说，自主感不仅与特定动作的发生有关，还可以是一种更加广泛的概念，指的是一种涵盖整个时间跨度的体验，包括行为意向或者准备、动作执行以及环境结果。因此，自主感不仅是一种与自身运动相关的现象，还包括个体对环境事件的控制感。

二、自主感内部的层级关系

自主感是自我非常重要的组成部分，它和拥有感一起组成了最小的自我。自我在日常生活中是一个很熟悉的概念，它被知觉为一个统一的、独立的自主体。但是，研究者对于自我究竟是怎样的争论却一直未曾停止过。比如，实体论者认为自我是一个单一、独立和实在的实体自我；而错觉论者则认为自我是大脑创造的一种错觉，根本不存在实在的自我，因为在人脑中找不到相应的脑结构；建构论者则在前两者的基础上提出自我是一个过程而非实体和错觉。根据建构论的观点，最小的自我内部存在着层级关系，而自主感作为构成最小的自我的一个基本成分，其内部也存在着层级关系。自主感包括自主性感受（feeling of agency）、自主性判断（judgement of agency）以及道德责任归因（ascription of moral responsibility）。这里我们重点区分自主性感受和自主性判断（Synofzik et al.，2008a）。

自主性感受是指行为主体的一种前反思的、非知觉的、低级的感觉，它存在于意识的边缘，并且在现象学上只占据一块很小的地方（Synofzik et al.，2008b）。在这个层次上，一种行为仅仅会被归类为由自己造成的或者不是由自己造成的，即使当我们说这种行为不是由我们自己造成的时候，自主感也可能以一种内隐的方式存在于自主性感受当中，即感受到行为的非自主性，此时都是内部归因而非外部归因。我们总是以第一人称视角来描述自身的感受，而不会说自己做的某个动作是由他人发起的，换句话说，自我其实是内隐地表达出来的。因此，在这个层次上，知觉上的自主性表征还没有建立起来，也没有关于对象的属性结构，所以此时未能形成完整概念、表征等信息。当个体的内部预测和视觉反馈之间相匹配时，我们通过一种相对分散的、连贯的、协调的、持续的行动处理流程来体验自主感，而对于自己动作的体验则需要更进一步的深加工。当个体的内部预测和视觉反馈之间不匹配时，我们会体验到一种奇怪的、并不是完全由自己造成这个结果的感觉，此时自主性感受就会减弱甚至消失。

自主性判断是指行为主体的一种概念性、解释性的判断，从现象学来看，它更为复杂，可能不仅限于运动控制，同样反映了个体作为动作发起者的判断（Kawabe et al., 2013; Scholl & Tremoulet, 2000；布宇博等，2022）。除了运动信息，它还依赖于对发起者的身份、语境和背景的情境感知。在这个层次上，个体之前形成的前概念的基本感觉被进一步加工，使之概念化和信念化，进而形成一种主体属性。例如，当预测结果和实际结果不匹配时，个体除了会感受到奇怪之外，还会去寻找一种解释机制：要么认为这个结果就是由自己的动作引起的，不论预期结果和实际结果是否匹配；要么认为这个结果不是由自己的动作造成的，而是由他人造成的。信念是如何形成的，取决于我们对行为进行合理化解释的方式，也就是我们对自己的经历给出合理解释的方式。当实际结果和预测结果完全不匹配时，我们会有两种不同的解释机制：一种是认定我们已有的是经验和特定信念，因而会专注于上下情境线索；另一种是认定我们已有的是知识而不管情境因素。这两种解释可能会导致行为的内归因或外归因。

近年来，研究者认为自主感是一个多维结构，包含内隐和外显两个成分（David et al., 2008; Sun et al., 2023）。值得注意的是，两者的测量方式是不一样的。内隐自主感的测量通常与自主行为以及行为过程中的神经生理学指标相关联。因此，在其测量过程中，被试并没有被明确地询问他们自己的主体经验，而是从测量的相关关系中推断出他们的主体经验。被用来测量内隐自主感的最广泛的方法是有意绑定范式，有意绑定中的暂时绑定是一种基于效应的预测机制，它将意图与相应的感官结果结合在一起。相对于被动行为与其结果之间的感知间隔，主动行为与结果之间的感知间隔缩短了（Barlas et al., 2017; Beck et al., 2017; Haggard et al., 2002; Suzuki et al., 2019; Wenke & Haggard, 2009；黄昕杰等，2023）。和测量内隐自主感不同，测量外显自主感时，研究者通常会直接测量被试自主感体验的一些方面，采取问卷的形式考察被试在多大程度上体验到自主感，常见的范式如 Wegner 等（2003）的"援助之手"实验、Aarts 等（2005）的"命运之轮"实验等。在这些实验中，被试被要求在自主感量表上判断他们对自己控制物体的感觉有多强烈。

三、自主感的产生理论

对于每个身心无异常的个体来说，自主感是常见和普遍的，以至于我们有时候根本意识不到它的存在。例如，当我们拿起水杯喝水时，我们不会刻意去留意是自己把水杯拿起来了，而不是别人把水杯拿起来了。但是，对于那些患有精神疾病的人来说，他们的自主感可能受到了一定的损害。精神病患者有时报告他们的行为不是由他们自己做出的，而是由其他因素强加给他们的，而抑郁症患者往往会感到无助和失去行为的主体性。自主感在整个社会中也扮演着重要的角色，它是使我们对自己的行为负责的核心要素。在许多国家，法律要求如果要判一个人有罪，就必须让他意识到自己行为的后果。实际上，自主感的产生是一个非常复杂的过程，下面的几个模型介绍了自主感的产生。

（一）比较器模型

Frith 的比较器模型认为，自发运动总是有与之相伴随的传出副本（efferent copy），个体能够根据这一副本对预期的感官结果（sensory consequence）进行计算（Frith，2014）。传出副本与实际感官反馈之间的比较使得运动自主体能够在内部感觉与外部感觉之间做出区分。也就是说，如果传出副本和实际的感官反馈相匹配，那么自主体会认为被执行的动作是自己计划内的；如果被知觉到的感官反馈明显地与预期结果相违背，自主体不仅能够知觉到这种不一致，还能就此判断该动作不属于自己（张静等，2017）。这一模型在一定程度上能够很好地解释自主感的产生机制，但较多学者认为自主感有着更为复杂的结构，包含更多的层级，并且涉及不同的加工过程，对比较器模型最普遍的质疑就是它只考虑了感觉运动相关过程，而忽视了自主感产生的其他线索。在许多情况下，一些其他线索可能为推断自主感提供了更可靠的信息来源。一项关于幻肢的研究表明，自主感可以在没有感觉传入的情况下被体验到，因此不需要比较器机制（Wegner et al.，2004）。但这些都只是个案研究，仅对幻肢患者的感觉传入进行模拟并不足以证伪比较器模型。

（二）回溯性推理理论

Wegner 提出的回溯性推理理论又称心理因果关系理论，该理论从不同的视角阐述了自主感的产生机制（Wegner，2003；Moore & Haggard，2008；Moore & Fletcher，2012）。回溯性推理理论首先否认了比较器模型认为的运动预测是自主感产生的重要因素，认为运动系统在自主感的产生中并没有起到如此大的作用。相反，该理论认为自主感是"通用推理机制"的结果，即从感官输入推断出对观察到的行为的因果关系。当意识到一个事件和某个事件同时发生时，个体就会在自我和外部事件之间回溯性地假设一种因果关系，从而推断出该事件是由个人意志还是行为引起的。

根据Wegner（2003）的观点，自主感产生于回溯推理，并在以下情况下产生：①行为意图先于观察到的行为发生；②行为意图与行为一致；③行为意图是导致行为的原因。如果我们的行为意图发生在我们的行为之前，与行为是一致的，并且是行为产生的唯一的合理原因，那么我们就会觉得好像是我们引起了行为。Wegner理论的一个重要的基本特征是，这种感觉是虚幻的——我们的意图导致了我们的行为推断是错误的，无意识才是我们的行为产生的真正原因。正是因为我们没有有意识地接触到运动控制系统，所以我们的自主感代理意识有时会被误导，把不是自己的行为认为是自己的，或者认为自己的行为是别人的。当我们做出一种自主行为时，有一个无意识的因果路径会对该行为负责。该路径与运动控制系统的工作原理相对应，负责与行为相关的意图或思想。除了这些无意识的因果路径之外，我们还会意识到行为意图和行为本身。在Wegner看来，行为意图和行为之间的关系决定了自主感（Wegner，2003）。

（三）前瞻性理论

根据回溯性推理，自主感的产生源于感官输入后个体对行为及相应结果的因果推断（Wegner，2003；Moore & Haggard，2008；Moore & Fletcher，2012）。换句话说，当要发生自主行动时，如果行为结果与实际行动结果相一致，那么自主感就会产生，并且这种一致性越高，自主感就越强烈。例如，如果我们要按下开关来开灯，按下开关后灯就亮了，这样我们就觉得是我们自己开的灯。依据这种观点，自主感的基本计算涉及将行为的预期效果与其实际效果相匹配。也就是说，自主感的产生出现在行为发生之后，行为结果出现之后，自主感才会发生。

近年来，研究人员发现，前瞻性理论一直以来被我们所忽视，即在行为结果发生之前自主感就产生了。从这个理论出发，在可能的选项中进行选择本身就可以产生一种自主感（Wegner & Wheatley，1999；Yoshie & Haggard，2017；Engbert et al.，2007；Wolpert & Ghahramani，2000；Haggard & Clark，2003）。例如，我们面对着两个开关，如果我们的意图是选择照明开关而不是空调开关，那么我们会体验到一种更强烈的控制感；如果我们在选择开关时犹豫不决，那么控制感就会减弱。这种感觉是先于行为和结果产生的，我们按下照明开关让灯亮了，那么行为选择阶段的监控信号会使我们产生自主感或表现为自主感增强，这是独立于行为动作和行为结果的。与此有关的一项研究采用一项实验设计，将行为选择过程与行为结果分离开来，运用阈下启动的方法控制行为选择的流畅性。当启动刺激与目标刺激方向一致时，视为兼容启动；当启动刺激与目标刺激方向相反时，视为不兼容启动，即在行为选择的阶段进行控制。结果表明，在兼容启动条件下，被试对结果的控制感更强。此外，这些启动是下意识的，因此，它们在控制感上引起的变化不太可能涉及有意识的元认知推理（Wegner，2003）。

（四）多因素加权模型

多因素加权模型（multifactorial weighting model，MWM）试图在比较器模型和回溯性推理理论之间找出折中的办法（Suzuki et al.，2019）。根据自主感有自主性感受和自主性判断的区别，这个模型认为自主感的产生有许多不同的线索，在一定的情况下可以根据它们的可靠性进行加权。这并不否认运动系统在自主感产生中的作用，但该模型认为其他线索也有助于自主感的出现。例如，如果某个特定的操作不允许进行精确的传出–传入比较，那么大脑还会考虑其他相关的线索。这种情况在自主性判断中尤其明显，在自主性判断中，社会和环境线索提供的信息要比单纯的传出–传入比较可靠得多。例如，Synofzik 等（2008b）的研究中有一个例子，当一个人坐在房间里目睹某一行动发生时，这个人说道："我可能认为是我使这一行动产生了，只是因为我考虑到我独自一人在房间里这一事实。"那么大脑如何根据上下文将权重分配给不同的自主感线索呢？我们可以通过下面这一理论来解释。

（五）贝叶斯线索整合理论

贝叶斯线索整合理论（Bayesian cue integration theory，BCIT）是由 Moore 和 Fletcher（2012）提出的，该理论认为不同自主感线索的多因素加权是自主感实现的方式。贝叶斯线索整合理论假设大脑可以通过多种信息渠道获得不同的自主感线索，每个自主感线索都提供了对动作（事件）起源的估计。然而，这些自主感线索是对非常嘈杂的信号的估计（即每个自主感线索都存在估计的不确定性），因此，大脑不能简单地依赖于某一个自主感线索，而是需要最优地整合来自不同自主感线索的所有相关信息。Moore 和 Fletcher（2012）认为，大脑从所有的自主感线索中做出一个整体估计，其中每个线索的权重大小取决于它的精确程度，大脑采用最大似然估计法（maximum likelihood estimation，MLE）对所有的线索进行估计，从而得出一个整体的自主感估计值，其信号方差（噪声）远低于任何单独线索的信号方差。最大似然估计法被证明为线索整合问题提供了统计上最优的解决方案，来自知觉研究的证据表明，大脑实际上经常以一种类似于最大似然估计法的方式整合其他多感官信息。因此，该理论也认为类似于最大似然估计法的线索整合机制是自主感产生的基础。此外，该方法是数据驱动的，有很强的可操作性，主要有以下三个优点：①可以为如何将不同的线索最优地整合到一个整体推理机制提供一种简洁的解释；②可以整合许多不同的线索；③可以将先验知识（自上而下的影响）整合到模型中。然而，贝叶斯线索整合理论和多因素加权模型的解释力与灵活性也带来了一些尚未解决的问题，例如，这两种模型都没有给出关于实际上存在多少线索的说明，缺少可证伪性。

四、自主感的测量方法

要对自主感进行科学的研究，就少不了运用科学的方法来测量它。目前有内隐和外显两类测量方法。

首先是自主感的外显测量方法（Suzuki et al., 2019; Hoogeveen et al., 2018; Caspar et al., 2016; Wenke et al., 2010; Imaizumi & Tanno, 2019; Barlas et al., 2018）。测量一个人的自主感，最简单的方法就是用问卷的方法问他"这是你做的吗？"做出肯定的判断需要个人将感官事件归因于自己的意图，而不是其他原因。这个过程相当于进行镜像的自我认知。这种方法被广泛使用，且形式各样，如"你感觉你对结果有多大的控制感？""在多大程度上你感觉是你自己造成了这个结果？"但是，运用外显的方法可能会产生认知偏差：人们往往会高估自己的能动性，把与自己行为无关的事情错误地归因到自己身上。准确来说，当一个行为产生的结果是积极的而不是消极或者中性的时候，这种认知偏差会更严重。这表明存在一种强烈的"自我服务"机制，通过这种机制，积极的结果会影响自主感。在社会实际中，这种"自我服务"的次要利益可能会影响个体对行为的明确判断，比如，项目负责人一贯把完成项目这一功绩归因于他们自己的作为（布宇博等，2022；Beyer et al., 2017）。

正是因为外显测量方法的这种局限性，很多研究者认为应该用内隐的方法来测量自主感（黄昕杰等，2023；Barlas et al., 2017; Wenke & Haggard, 2009; Haggard et al., 2002; Beck et al., 2017; Suzuki et al., 2019）。内隐的测量方法可以潜在地

避免一些认知偏差和期望效应，从而使个体做出明确的判断。值得注意的是，在相同情境下，内隐测量和外显测量得出的结果只存在弱相关。有意绑定范式是一种常用的内隐测量方法。该方法要求被试判断一个自主行为（如按下按钮）与其感官结果（如出现的声音）之间的时间间隔。实验的一个典型结果是，被试会主观地低估行为开始和感官结果之间的实际时间间隔。这种测量方法不会涉及社会归因和外显判断。比如，一个骑自行车上山的人体验到自主感，是基于其是否可以感觉到自己的行为能够影响自行车的速度，而不涉及其他人。

这两种不同的测量方法实质上测量的是自主感的不同方面（Haggard，2017）。外显的方法测量的是社会归因（自己或他人），内隐的方法测量的是主体之于客体的自主感（自己对于外界环境事件的控制）。尽管这些不同的测量方法得到了心理学和哲学领域研究者的认同，但目前还不了解社会归因是否是基于个体对于客体的自主感的感知和计算，或者相反。

五、自主感的神经机制

目前，关于自主感的大脑神经机制已被广泛研究，神经影像学研究已经探讨了和自主感相关的脑区，这些脑区在自主感产生过程中扮演着重要的角色。根据David 等（2008）的观点，和自主感有关的脑区大致可以分为两组：第一组包括已知的和运动相关的脑区，如辅助运动区（supplementary motor area，SMA）、腹侧前运动皮层（ventral premotor cortex，vPMC）和小脑（cerebellum）；第二组包括顶叶后皮层（posteriorparietal cortex）、背外侧前额叶皮层（dorsolateral prefrontal cortex，DLPFC）、颞上沟后部（posterior superior temporal sulcus）和脑岛（insula）。但这些脑区如何运作尚不清楚，目前功能较为清楚的区域是大脑的顶叶皮层（parietal cortex），有研究表明，当个体判断视觉反馈的行为不是由自己发起时，下顶叶上的角回（angular gyrus）被激活。最近有研究发现，颞顶交界区域（temporo-parietal junction，TPJ），包括角回，是自主感丧失的神经基础。有趣的是，在没有自发行为的情况下，颞顶交界区域也会对意外的外部感官事件（比如，突然大叫一声）做出反应，因此，它更可能是个体进行外部归因的神经基础。在一些研究中，内侧前额皮层（medial prefrontal cortex，mPFC）和外侧前额叶皮层（lateral prefrontal cortex，lPFC）也与自主感的丧失有关。唯一与自主感增强相关联的区域是岛叶前部（anterior insula，AI），这可能反映了该区域是个体保持持续自我意识的神经基础。此外，角回可能与前瞻性自主感有关，它可以监测个体在进行选择时额叶区域所产生的信号。与自主感相关的神经系统可能位于多个脑区的结合处（或者说由多个脑区共同参与），而不是位于任何单一脑区（David et al.，2008）。

六、自主感的病理症状

以下几种神经和精神疾病与自主感的病理化有关。临床神经学运动障碍可分为高运动障碍（即运动机能亢奋）和低运动障碍（即运动机能减退）；对于动作的主观经验也可以做类似的分类，即分为高能性的主观经验（过度的自我归因和对事件的过度控制）和低能性的主观经验（过少的自我归因和对事件的过少控制）。一项关于抑郁症的研究指出，抑郁个体对结果的控制感比健康个体要弱（李念等，2018）。大量的研究表明，精神分裂症和自主感之间有着很大联系。例如，患有控制错觉的个体可能会觉得他们的思想和行为不是自己的，而是由外部因素引起的（Blakemore et al.，2000）。然而，以上症状反映的是自主感的降低还是增强，目前尚无定论，这或许是精神分裂症个体的自主感产生过程和常人不同的原因。

七、影响自主感的因素

（一）内外部线索的整合

确认一个动作或者行为是否是自己发起的看似是一个简单的认知过程，甚至不需要意志努力。虽然大部分情况下，我们对于自主感的体验是无意识的，但实际上自主感的体验涉及多重线索的整合。自主感处理系统的复杂程度并不比知觉系统低。

人们最早认为自主感来源于个体内部的信息提示，来自负责运动的脑区生成的运动信号。自主感依赖于对行动本身以及行动的感觉结果的预测，这些预测来自内部正向模型，分为两类：正向动态模型和正向感觉模型。正向动态模型捕捉身体运动的动态信息，正向感觉模型捕捉运动本身和个体对于运动产生的感觉结果之间的因果关系。根据比较器模型，个体将预测的感官信息与实际的感官信息进行比较，如果两者相互匹配，则个体将这些感官事件识别为自动生成的，自主感随之发生。与此相反，外部环境线索的作用也受到重视，比如，在行动开始之前向个体灌输与活动相关的想法可以调整其自主感。启动先验思维和随后的行为之间的一致性也可以增强个体对自主感的判断力，甚至可以增强个体对他人行为的替代自主感体验。这不仅表明自主感是容易被影响的，而且还表明，即使没有内部运动信号，自主感也可以发生。由此可见，自主感既可以与内部运动信号相关，也可以与外部线索相关。基于有意绑定范式的研究还提供了更有说服力的证据，有意绑定指的是当体验到较强的自主感时，个体在主观上知觉到的时间会比实际时间短。采用这种方法，Moore和Fletcher（2012）证明了内部感觉运动预测和外部行动结果对自主感的作用。当结果出现的概率很大时，动作与结果的结合就足以产生自主感。此外，即使结果出现的概率很低，仅仅对感觉运动的预测也足以使个体产生自主感。

产生自主感的过程需要明确动作的来源体，但这一过程往往充满了不确定的影响因素。贝叶斯线索整合理论是一种整合影响自主感的各种因素的最优方法。在贝叶斯线索集成框架中，自主感被看作后验的。自主感由对各种自主感线索的集成决定，这些线索的相对影响由线索的可靠性决定，并且通过各种线索可以考察自主感是如何依赖于具有更高或更低可靠性的内部和外部线索产生的。如果缺少一条线索，自主感还可以利用其他线索，因此具有一定的灵活性。此外，线索之间也有相互作用：当内部运动信息的可靠性下降时，外部线索自主感的影响将会增强，反之亦然。这也表明，权重会随着可靠性的变化而变化。认识到线索权重的变化性对于理解自主感非常重要。为了最佳地与环境交互和利用环境，个体必须确定不同的感觉线索。

（二）先验经验的作用

除了内外部线索外，先验经验对于自主感的影响也很大。一项采用有意绑定范式的研究发现，与确信是他人的行为触发了音调相比，当被试确信是他们的行为触发了音调时，他们对音调的有意绑定感会更强（即有更强的自主感）。这表明因果关系信念和自愿行为对自主感都有影响。要理解因果关系信念是如何影响自主感的，我们需要区分两个大脑半球用来确定感官动作信息的信号。首先是由内部正向模式提供的内部预测，其次，使用"外部"信号即实际的感官反馈形成外部预测。在被动呈现刺激（即被试被告知是他人的行为触发了音调）的情况下，大脑只能依赖"外部"信号。反之，在由主动运动引起刺激的情况下，大脑可以使用内部预测和"外部"信号，从而感知到时间的变化。

行为意图是先于行为产生的一种对于行为结果的愿望和企图。人们行动往往是要达成某一目标，如果目标达成，个体会体验到较强的自主感，这是行为意图与行为结果相匹配的结果。相较于低水平的自动加工，这被认为是一种更高级的心理过程。由此，自主感的产生机制中也出现了两个对应的加工过程：自上而下的加工过程和自下而上的加工过程。这两个过程在自主感的产生中都发挥着重要作用，但又各自受不同因素的影响，且这两个过程可以通过实验进行分离。在专注于目标实现的情境下，人们可能会忽略一些低等级的运动过程，如个体的肢体或者使用的工具是否出现在理所应当的位置。研究表明，个体如果处于适应性递增的情况下，那么他很可能不会意识到这种增量，理同"温水煮青蛙"。当我们在做任务时，小幅度增加的错误视觉反馈并不会引起我们的注意，我们相信这种视觉反馈是可信的，并且会依照这个标准来做出选择，以达到错误视觉反馈形成的目标，并进行行为的自我归因，也就是产生自主感。而当正确的视觉反馈出现时，个体反而会进行行为外归因。这表明，目标的实现与否对于自主感而言是一个重要的影响因素。同样，伴随着目标实现与否的一个因素是自我否定，当多次未能达到目标时，我们可能会产生一种自我否定，这种自我否定是指个体认为某种行为不是自己产生的，从而进行行为外归因，认为这一行为是由他人引起的，导致个体的自主感减弱。

（三）情绪的作用

情绪似乎影响着我们生活的方方面面，拥有良好的情绪管理能力能够帮助个体自我成长，这一点在企业管理和人际交往中尤其重要。对自己行为的监控能力以及对自己行为对他人产生的影响做出正确应对的能力，是个体做出成功的社会行为的基本先决条件，这种能力是人在社会化的过程中不断受到训练的，其中包括对自己行为产生的积极或消极的结果进行内归因，即产生自主感，并且我们要为自己的行为结果负责，即使是一个消极的结果。

在日常生活中，人们的行为指向的大多是积极而非消极的结果。一些心理学理论假设，自主感和情感评估之间存在联系。例如，人们倾向于将积极的结果归因于自己的行动，将消极的结果归因于他人的行动。一些关于自我表现的认知机制是这样解释这个现象的：人们倾向于对积极的事情比消极的事情承担更多的责任（自私的偏见），这似乎是增强自尊的机制；相反，当人们做出道德上不可接受的行为时，个体可能通过对自身行为和有害结果之间的因果信念进行认知重建（道德脱离）来降低自主感。这种现象也许反映了提高自尊的高层次叙事过程，但这种情绪调节也涉及自主感的低水平感觉运动的基础变化。有研究表明，消极的情绪体验会降低人们的自主感，并且可能导致个体对消极结果的责任感降低，产生责任分散。例如，有研究者采用有意绑定范式进行了实验，结果发现，与积极和中性结果相比，当产生消极结果时，有意绑定效应会相应减小，表明人们对行为及其负面结果的时间感知发生了变化，论证了行为本身会受到情绪调节的影响（布宇博等，2022）。这说明，当产生消极结果进而产生负性情绪体验时，人们更倾向于对行为进行外归因。这表明自主感和责任感相关。对所有负面结果的强烈责任感可能会阻碍人们在未来尝试任何目标导向的行动。个体对消极结果的自主感减弱可能是一种乐观偏见，这种偏见对于个体来说会起到一种保护作用，即在消极结果出现的情况下依然鼓励人们在以后的生活中不抛弃、不放弃，有效抵消"抑郁的现实主义"，但同时，这种"不负责任"的倾向也会给他人乃至社会带来影响。

前文提及，与积极和中性结果相比，在消极结果引起的消极情绪下，人们的自主感会有所减弱（布宇博等，2022），由此我们也可以得到一个推理，即消极情绪可能会导致个体对自己行为及其外部结果的控制感减弱。而在所有消极情绪中，恐惧和愤怒可以引起强烈的生理唤醒，具有很大的破坏作用，很多犯罪行为的发生就是因为这两种情绪的爆发，破坏了个体对行为结果的正常控制，如在失控状态下伤害他人。消极的情绪状态会影响大脑控制行为的机制，使认知集中在一种行为上，限制了个体对其他行为及其结果的考虑。被定义为"激情犯罪"的人在回忆他们的犯罪过程时往往会说："虽然我知道这样做可能是不对的，可能会造成严重的后果，但我就是控制不住自己。"这样的自我辩护在法庭上非常常见。对任何在愤怒状态下说过或接受过不友善的话的人来说，其经常会出现行动的动力增强（比如，想出手打人）以及对自己行为的控制力下降等情况。在恐惧和愤怒的状态下，个体的自主感明显会受到影响。人在处于这两种情绪状态时，行为模式会变得无意识、自动化，这可能是降低自主感的关键，使其行为变得不由自主。这可以用紧急事件发生时人们的反应来佐证，比如，在飞机失事时，人们处于一种极度恐惧的情绪中，可能下意识地做出一些毫无意义的动作，失去自我控制，本能地想要找到一个安全的地方。

这里要强调的是，情绪所引起的自主感减弱并不意味着个体丧失了自主感，也不意味着其行为完全是不由自主的，仅能表明在消极情绪的作用下，个体的自主感体验被削弱。

（四）生理状态

除了以上三点外，影响自主感的因素还包括一个人的生理状态。在一项睡眠剥夺实验中,研究者发现,睡眠剥夺的被试会产生自主感错觉(Hon & Poh, 2016)。处于睡眠不足的状态对一个人准确感知特定的结果有一定的影响。例如,个体在睡眠不足时驾驶车辆会产生错误的控制意识,认为车辆的运动更多地受到了外部力量或其他环境力量的影响(比如,认为是道路湿滑的原因)。睡眠不足还会提高个体为自己没有造成的行为后果承担责任的可能性,即使这会对自己不利。还有研究表明,长期睡眠不足的个体的大脑在功能上也会产生一些变化,这可能是睡眠不足影响自主感的真正原因(Hon & Poh, 2016)。从短期结果来说,睡眠剥夺破坏的是个体对行动结果的预测性,换句话说,在睡眠不足的情况下,个体对行为结果的预测能力会下降,使行动和结果之间的关系看起来不那么明确,从而产生一种错误的替代性感觉,而这正是自主感产生的关键机制。

综上所述,个体认知中的内外部线索、先验经验、情绪以及人体本身的生理状态等都会对自主感产生影响。

八、自主感和拥有感

之前我们分别介绍了自主感和拥有感,但这并不代表两者是各自独立的。事实上,在日常生活中,我们会同时体验到这两种感觉。例如,当我们拿起一个杯子时,我们不仅会体验到这是我们自己发起了这个动作,而且会感觉到拿杯子的手是属于我们自己的。前面我们说到自主感和拥有感其实是最小的自我的两个组成成分,那么什么是最小的自我呢?

认知哲学的观点认为,自我是一个复杂且具有多模态的概念,包含从低水平的身体层面的表征到高水平的态度和信念等心理层面的表征。从 James 开创性地指出身体的自我(physical self)、心智的自我(mental self)以及精神的自我(spiritual self),再到神经科学家 Damasio 基于神经科学以及病理学研究提出的原型自我(proto self)、核心自我(core self)以及自传体自我(autobiographical self),再到哲学家 Gallagher 关于最小的自我和叙事的自我的分类,这些致力于对生理的自我和心理的自我进行区分的工作不仅有助于研究者明确自我的概念,而且对于界定自我也至关重要(张静等,2017)。但是自我从来都是一个广泛却又莫衷一是的东西,关于自我的理论经历了自我的实体论、错觉论到建构论的发展。实体论者认为自我是一个实体,具有实在性;错觉论者则坚决反对实体论,认为自我只不过是大脑的一种错觉,因为在大脑中根本找不到与自我相对应的脑结构;后来,建构论者在两者的基础上提出自我既不是一个实体也不是一种错觉,而是一个过程，是一个"我正在持续进行"的过程。为了应对为自我建立恰当的模型的挑战，诸多哲学家、心理学家和认知神经科学家不约而同地采用了寻找一个核心的或"最小的自我"的方法。即便在所有自我的不必要特征都被剥离之后，我们仍然拥有一种直觉，即存在一个基本的、直接的或原始的"某物"，我们愿意将其称为"自我"（Gallagher，2000）。具身建构论者认为，最小的自我的核心概念就是区别自我和非我，在这种区别自我和非我的过程中，自主感和拥有感发挥着重要的作用，两者缺一不可。

对自主感与拥有感的理解依赖于对两者进行恰当的区分。从两者的概念来看，自主感是指动作主体控制自己的行为并通过这种行为来控制外部事件而产生的主观体验（Haggard，2017；Sun et al.，2023；布宇博等，2022；黄昕杰等，2023；张静等，2017；赵科等，2021）。例如，"我"是引起某物运动的人，或者"我"是在"我"的意识流中产生特定思维的那个人。与之相对，拥有感是指"我"是那个正在经历某种体验的人的感觉（张静等，2017），例如，"我"的身体正在移动的感觉，不管这一移动是否出于我本人的意愿。动作的自主性可以被定义为身体的自我意识的一种形式，因为它包含某人将自己知觉为行动主体的概念，而对身体部位的拥有感则可以被定义为对"我"的身体属于"我"的感觉，因为它表征的是与属于某人自己身体的感觉相联系的连续体验，这种体验反过来又能促进自我表征，因此身体拥有感有助于自我意识的发展。自主感和拥有感总是相伴而生，但并不是不可分离的。我们日常生活中的所有运动或者动作都可以分为主动运动和被动运动，主动运动当然是我们自己发起的，这时我们会同时感受到自主感和拥有感；而在被动运动中，如有人推了我们一下，和我们自己移动具有一样的结果，即我们进行了位移，这时我们仍然会感受到拥有感，却没有产生自主感。前面讲到的《奇爱博士》中的异己手综合征的例子也是一样的，奇爱博士的右手似乎有自己的意志，但他仍然感觉这只手是属于自己而不是别人的，这时他保留了对这只手的拥有感，却丧失了自主感。

此外，身体拥有感同时存在于主动动作和被动体验中，这意味着自主感的缺失与否与拥有感的缺失与否并不同步。例如，在某些特殊的人群，如精神分裂症患者身上，我们可以明显观察到自主感与拥有感的不协调。患者经常会抱怨，某些在他人看来是由其发起或做出的动作，但实际上并不是由他们的主观意愿所控制的。由此可以看到，当拥有感缺失时，我们仍然可以保留自主感，但自主感缺失时，拥有感也就不存在了。通过现象学分析不难发现，自我感的核心是一种拥有感与自主感，而且前者较之后者更为基本，具有"奠基"性意义（陈巍，郭本禹，2012）。由此可知，自主感和拥有感作为动作"属我性"（mineness）的主观体验，共同存在于自我中，并且它们在一般的自发行为的体验中是不可分割的。然而，在非自发的被动运动中，两者的分离又是显而易见的，即拥有感内隐于自主感中，但反之并不必然。

　　在日常生活中，自主感和拥有感是不可分离的，但它们在我们的体验中是任意地同时出现呢，还是具有一种系统的交互作用呢？为了解释这个问题，研究者已经进行了一些实验，大部分基于橡胶手实验，这些实验通过人造手和被试真实的手之间的同步运动来诱导错觉。Dummer 等（2009）的实验证明，在被动运动，即自主感缺失的情况下，被试报告的拥有感明显减弱，且被试在主动条件下的拥有感比在被动条件下的拥有感更强烈。还有研究表明，拥有感主要依赖运动的一致性，同时也依赖自主运动（自主感）。反过来，自主感主要依赖运动结果与预期结果的匹配度，同时也依赖人造手与真实手在解剖学上的位置是否具有一致性。这表明，自主感和拥有感不主要依赖对方，但两者之间有一定的促进作用。为什么两者会相互促进呢？一种可能的假设是，自主行为是自我认知的重要信息来源，也就是说，通过移动身体，大脑可以验证它的预测，即哪些感觉事件是出自自己身体的，而哪些不是。移动身体可以塑造一个人的身体边界，进而使个体产生生动的拥有感体验，尽管我们的行为常常超出我们的身体界限，但行为总是源自身体，因此有理由相信，是我们身体的直接行为，而不是我们对外部环境的影响，让我们产生一种更为确定的"属我性"。总而言之，自主感和拥有感虽然可以相互分离，但如果它们同时出现在我们的经验中，那么它们就会相互促进。纯粹的身体拥有感是局部的、零碎的，而自主感能够调节拥有感，即自主体的运动感会将不同的身体部分整合到一个连续体中，形成统一的身体觉知。自主感和拥有感之间的根本差别在于，这两类不同的身体体验分别产生于哪些特定的情境中。对自主感和拥有感的研究，也有助于研究者反过来更好地理解人类的自我识别。

第二节　自主感与自我识别

一、自我

　　读者有没有想过，我们每天要说多少个"我"字？"我"字在我们日常生活中是一个多么熟悉而亲切的词,但我们很难给"我"下一个明确清楚的定义。"自我之谜"一直是哲学家、心理学家以及社会学家所共同关心的问题。历史上有很多哲学家诸如笛卡儿、康德、费希特、黑格尔等都对自我有过各种各样的定义,但都莫衷一是,正如笛卡儿那个著名的疑问所提到的:我知道我存在,问题是,我所知道的这个"我"是什么?(笛卡儿,2014)一方面,在有意识的体验或思考中,"我"始终存在,并且是整个结构中不可或缺的成分,我们很难想象没有体验者的体验的存在;另一方面,这一看似单一的、连续的、拥有体验的自我似乎又并不存在,科学无须一个内在的体验者来观察大脑的活动。

行为主义的风靡一时导致意识、自我等问题的研究曾一度成为禁忌,但近年来,随着哲学、心理学、认知科学、神经科学以及心智哲学等学科交叉研究的不断深入,"自我"再度成为当代心智哲学和认知科学着力研究的核心问题之一。纵观众多围绕自我本质问题的探讨,当代西方哲学中出现的最为针锋相对的观点当属自我的实体论和错觉论(张静,陈巍,2016)。

二、自我的实体论和错觉论之争

围绕自我的传统争论中,存在两种极端且截然对立的观点:一种观点认为自我是真实的、独立的事物;另一种观点则认为根本就没有自我。根据第一种观点,自我是一种事物或实体,有其自己内在的存在。它是一个人的本质,其持续存在是人的持续存在所必不可少的。有学者主张身心二元论,虽然心灵天生就和肉体紧密地结合在一起,但它们是两类完全不同的实体。肉体有广延而不能思维,心灵能思维而无广延。心灵之于肉体就好比船员之于船,船员能驾船,但他本身并不是船。这种自我理论被认为是"实体自我理论"(substance theory of the self)的鼻祖。根据这种理论,自我是某种精神世界的"中心"或"中央司令部",所有经验在此汇聚,所有身体行动由此出发,同时它保持独立并拥有所有具体的思维和记忆。但是,"二元论的麻烦在于它解释得既过多又过少,很少有哲学家对它感到满意"(Humphrey,1999)。即便如此,该理论的论点"自我是单一的、连续的、一个可被通达的精神实体"(Descartes,1997)确实符合人类关于自我的日常直觉,并能与人的常识产生共鸣,以至于尽管当代的哲学家、心理学家以及神经科学家很少关注精神实体,但他们中仍有不少人同意"司令部"自我的存在,依然致力于寻找自我背后的生理机制,希望在大脑中找到一个起着"司令部"作用的特殊功能区域。

近年来，脑成像技术的突飞猛进使得寻找自我相关机制的努力成果不断涌现，然而，这些成果并没有真正帮助人们定位自我，反而让人们感到困惑。因为随着对自我的神经机制探索的深入，人们发现与自我相关的脑功能区域在大脑中的分布极为广泛，似乎并不存在一个特定的"中心"对应所谓的实质性自我。于是，自我的虚无主义立场再次成为哲学家关注的焦点。在《人性论》一书中，作者对"自我"问题进行了细致而深入的论述，他从经验主义的立场出发彻底拒斥自我的存在，在他看来，实质性的、持续的自我是一种错觉（休谟，2016）。

牛津大学哲学家根据不同理论对于"为何似乎我是一个单一的、连续的、拥有体验的自我"这一问题的回答，将自我理论分成两类：自我派（ego theories）和羁束派（bundle theories）（Blackmore，2010）。前者认为，之所以每个人都觉得自己是一个连续的、统一的自我，是因为我们原本就是如此。在我们生命中，不断变化的体验之下有一个内在的自我，正是这一内在的自我体验着所有这些不同的事情。这个自我可能（实际上必须）随着生命进程而不断变化，但它本质上依然是那个相同的"我"。而后者则认为，我们每个人都是一个连续的、统一的自我是一种错觉，自我并不存在，有的仅仅是一系列体验，这些体验以不同的方式松散地联系在一起。

当然，除了自我的实体论和错觉论的经典论述外，两类主张在当代自我问题的研究中依然以各种不同的形式存在着。概言之，我们可以将自我的这两派理论分别描述为认为自我是实质性地存在的事物的实体论立场与质疑自我的实在性并将其视为错觉的错觉论立场。然而，无论是实体论还是错觉论，似乎都面临着一些它们的理论主张所无法圆满解释的困境。根据实体论观点，自我是一个事物或实体，有其自身的固有存在，它是一个人的本质，它的持续存在是一个人持续存在所必需的。根据这种观点，原则上只有两种可能：自我和身体以及感受、知觉、有意识的觉知等心理状态是一样的，或者自我和身体以及各种心理状态是不一样的。然而，不管是哪种可能，似乎都不可行。一方面，如果自我和一个人的生理、心理状态是一样的，那么自我会一直不断地变化，因为这些状态是不断变化的。心理状态会出现也会离开，会产生也会停止，如果自我和这些状态的集合或一些特殊的心理状态等同，自我也会出现、离开，也会产生、停止。换言之，自我将不再是一个真实的会从此时到彼时都保持不变的并成为被我们称为"我"或"你"的事物。另一方面，如果自我和身体以及各种心理状态不一样，是一种有着其自身独特特征的、分离的、存在的事物，那么自我便不能拥有任何身体和心理状态的属性。那么，不拥有任何"我"的特征的事物怎么能够成为"我"呢？发生在"我"心智和身上的事情怎么能和发生在"我"身体上的事情不一样呢？"我"又是如何知道这种自我的以及为何"我"要在乎它呢？

　　同时，主张自我根本不存在或自我的存在是一种错觉的理论，似乎也面临着一些无法自圆其说的困境。根据这种观点，如果自我存在，那么它应该是一个独立的、真实的事物或看不见的实体，但我们无法从大脑中找到这样的事物或实体，因此独立的、真实的自我并不存在，自我感也是大脑产生的错觉。然而，我们中的大多数人相信并能感受到自己的同一性：我们有人格、记忆和回忆，我们有计划和期待，所有这些似乎都凝结在一个连贯的视点中，凝结于一个中心，由此我们面向世界，立基于其上。如果不是植根于一个单独的、独立的、真实存在的自我，这样的视点怎么可能存在呢？此外，我们还可以看到，自我的错觉论的怀疑建立在如果自我存在，那么它将是一个独立的真实的事物这样一个预先设定的、相当具体的自我概念之上，问题是，自我究竟是什么这一点是否已经明晰了呢？错觉论的主张似乎只是论证了一种单一的、独立的、实质性的自我不存在，并且通过自我与经验的关系来彻底否定自我的错觉论也是不成立的。其一，作为其根基的经验主义并不成立。无论是传统的错觉论还是当代的错觉论，其根基均在于经验主义。遗憾的是，实在性的这种经验主义标准是不能成立的。其二，这种理论本身也难以自圆其说。如果像这种理论断定的那样，所存在的仅仅是感觉，那么为什么所有正常的人都不可避免地伴随着感觉而产生自我这种"错觉"呢？既然人人都伴随着感觉而产生这种错觉，那么这种错觉又是如何形成的呢？

三、建构论的兴起

　　面对实体论和错觉论的困境，部分哲学家开始诉之于中观论的立场，既不赞同实体论的主张，同时也拒绝错觉论的观点。这一主张最早可追溯至中观派创始人 Nagaijuna 的观点："如果自我和它所依赖的那些条件一样，它会和这些条件一样存在和逝去；然而如果自我和它所依赖的那些条件不一样，它便不能拥有任何那些条件的特征。"（转引自：Thompson，2014）中观论者在批判两种极端立场的基础上提出了自我是相依缘起的主张，指出我们每天的自我不是必须基于一些独立的实在或者完全不存在的。实际上，自我既不是一个真实的、独立的事物，也不是完全不存在的事物，即自我既不等于身体也不等于心智状态，它是在活着的过程中产生或生成的。心智哲学家继承了这种主张，并在此基础上提出了自我是在过程中被建构出来的观点。尽管承认自我的存在，但他们否认这样一种认为自我是一种实质性的真实的事物或实体的假设。日常的自我概念是体验主体和动作自主体的概念，而不是人的内在和实质性本质的概念。

认知神经科学家同样秉持自我是不断建构的观点。从神经生物学的角度看，传统上那个作为自我代理者的"小矮人"（小矮人学说假定大脑中有一块区域，即"知晓者区域"，该区域具备解释脑中形成的表象所需的知识）是不存在的。首先，在生命调节系统中，不存在一个绝对的中央控制单元来对身体的各种反应进行协调、控制和制造。其次，作为身体状态映射的原始自我和作为蕴含客体模式的身体状态的二阶映射的核心自我，都依赖于身体状态提供的基础参照。最后，在自传体自我那里，人们的确感到其有一个相对稳定的一致的视角，但这个视角不是因为有一个好像实体一样的在控制层面最高的知情者、监控者和所有者，而是因为记忆具有将每一时刻的核心自我连接起来的能力，以及社会在确定个体同一性时所依赖的一个根本原则——"一个身体，一个自我"。既然身体在有机体与客体交互作用的每一时刻被改变、被重建，那么始终以身体为参照的自我——无论是自体平衡的自我、原始自我、核心自我还是自传体自我——必然处在不断建构的过程中。自我是一种过程建构这一主张可以从生物学、心理学以及社会学等方面加以辩护，但在所有这些方面中，身体自我是基础也是根本。正如Gallagher所指出的，要开展自我研究，那么首先要寻找出我们剥离掉一切后仍然愿意称之为"自我"的那个最基本或最原始的"某物"（Gallagher，2000）。因此，理解自我是如何建构的，首先必须要理解这种最小的自我是如何建构的，而要理解这种最小的自我的建构，就必然要重视发生在身体自我层面上的建构和解构现象（张静等，2017）。

四、自我识别

自我是什么？目前，自我尚是一个模糊的概念，更具体的问题是我们如何认识自己，如何将自己与他人区分开来。这就是自我识别的能力。自我识别在人的生存和发展中有着重大的意义。免疫系统是最原始的一种自我识别，为了使人体正常运作，免疫系统需要区分自我和其他化学物质。如果我们的免疫系统失去了自我识别的能力，就会产生自身免疫反应，免疫系统就会开始攻击人体自身的某些部位。从认知的角度看，最基本的自我识别是能够识别自己的身体、行为以及自己与他人的不同等。人类社会是世界上最大的群居部落，但个体之间的差异又是如此之大，我们每个人都可以清楚地感受到自己与他人的不同。但我们并不是每时每刻都保持着这样的清醒认知，有时候站在镜子面前，脑海中一闪而过的念头也许是"镜子里的那个人是我吗？"或者"这是我的脸吗？我长这样吗？"这样的想法不会持续太久（除非大脑发生了病变），因为我们的大脑会马上做出正确的判断。

自我识别不仅是区别自己和他人以及外部环境的重要能力，还是了解他人和外部环境的重要基础。根据 Anderson 和 Gallup（2011）的观点，对他人心理状态的推理建立在意识到自己心理状态存在的基础上。能够把自己作为自己的注意对象（即在镜中认出自己）的生物体，处于一种特殊的地位，可以利用它们的经验来推断其他生物体。能够了解自己心理状态并注意到这些心理状态与各种外部事件之间关系的人，拥有一种推断他人心理状态的方法。

考察是否具有自我识别能力的最简单的方法就是进行镜像认知。当我们照镜子的时候，我们当然知道镜子里面的身体是自己，这是人作为一种高级动物的基本认知能力。那么其他动物是否也具有自我识别的能力呢？镜前的"标记测试"，即在被试不知情的条件下在其脸上涂上颜料标记，观察被试会不会在镜子前触摸和检查脸上的标记，此方法被认为是经典的验证自我意识的有效手段，并被用于人类和多种动物。大量的研究表明，一些高级的灵长类动物，如黑猩猩等也能进行镜像的自我识别，研究人员在它们的脸上做标记，看它们在镜子前是否会用手去触碰这些标记，结果发现，它们在镜子前触碰标记的频率明显高于基线水平（Povinelli et al.，1997）。通过各种改良和"标记测试"，科学家发现不只是高级的灵长类动物有这种能力，大象、恒河猴、海豚等一些动物也具有一定的自我识别能力。但人类的自我认知能力和动物有很大不同，相比之下，黑猩猩的自我认知通常要到童年晚期或青春期早期才会出现，而随着动物年龄的增长，自我认知的丧失速度似乎会加速。

并不是所有的人都具有自我识别的能力，面孔失认症患者无法识别镜子中自己的脸，但他知道镜子中应该反射的是自己的脸。镜像身份失认症患者完全不知道镜子中的是自己，会认为是另外一个人，但这个人是他所熟悉的。有替身错觉的患者认为镜中的人是被另一个人替换了，这个人是他不熟悉的。以上三类症状在日常生活中其实是随处可见的，也会发生在正常人身上，但不同的是，正常人可以马上识别出错误并进行纠正。在 18—24 个月之前，大多数孩子对镜子中的自己的反应就像他们看到的是其他孩子一样，而智障儿童和孤独症儿童的自我认知发展延迟，甚至缺失，精神分裂症患者、某些大脑额叶皮层受损的患者，以及阿尔茨海默病晚期患者等也是如此。

我们知道，人类所具有的所有功能其实都是大脑的功能。那么，自我识别有着怎样的神经基础呢？在第一个关于人类自我认知的神经心理学研究中，有研究者在1977年时测量了裂脑患者的皮肤电反应，证明了在自我面孔识别方面，右半脑比左半球发挥了更大的作用（Gallup, 1977）。Keenan等（2001）尝试使用现代神经成像和心理物理技术来研究自我识别的神经关联，结果发现，右半球对自我面孔识别有支配作用。随后大量的研究发现，右侧额下叶（right inferior frontal cortex）、右侧岛叶（right insula）、左前额叶区域（left prefrontal cortex）、右颞叶区域（right temporal cortex）、右侧枕颞顶叶交界处（right occipital temporal parietal junction）等区域在自我识别方面发挥着重要的作用（Anderson & Gallup, 2011）。

五、自主感和自我识别

当前来自认知科学的研究确认了"自我"的复杂性与多模态特征。Gallagher（2000）指出，当代认知科学需要寻找的是：即便在所有自我的不必要的特征都被剥离之后，我们仍然拥有一种直觉，即存在一个基本的、直接的或原始的"某物"，我们愿意将其称为自我。也就是说，我们如何能够知道身体是我们自己的。最常用的方法有两种：一种方法是根据我们是否能让身体的某个特定部位受我们的控制，即能否让它随我们的意愿而运动。比如，当我们在商场的监控中看到某一个人很像自己但是又无法百分之百地确定那个人就是自己的时候，大部分人可能会采取的策略是移动自己身体的某个部分，如果监控中的那个人也动了，我们就会相应地做出肯定判断，否则我们会认为自己看错了。另一种方法便是将我们看到的身体的某个特定部位的空间位置或典型特征等来和我们对于这个特定部位的本体感觉进行比较，以此来判定这一部位是否属于我们身体的一部分，即外界输入的视觉信息和我们本体感觉信息之间是否匹配。比如，要判定一只手是否属于我们身体的一部分，我们或许会观察其形状、大小等是否和自己的手相一致，如果有针扎在那只手上，我们会感到疼，只有当所有的一切都匹配时，我们才会认为这是我们的手（陈波等, 2015）。

由此可见，自我识别和自主感是分不开的。首先我们从面孔镜像识别中可以看出，一个最重要的因素就是实际动作和镜像动作具有完美的时间一致性。这种一对一的对应关系对于自我认知的出现至关重要。一项研究探究了卷尾猴对关于自身行为的视频图像实时出现和延迟 1 秒出现时的反应,结果发现,猴子能够很清楚地把这两者区分开。虽然没有一只猴子表现出任何明显的自我认知迹象,但是它们的行为表明它们能够识别自己的动作和屏幕上实时图像之间的对应关系(Roma et al., 2007)。一项研究发现,黑猩猩能够识别模仿它的人(Nielsen et al., 2005)。这些研究都说明猴子和黑猩猩至少对它们行为所造成的后果有一定的自主感和期望。更进一步说,自我认知在很大程度上依赖于个体对自己身体和行为的认知,因此区分自我生成的动作和他人生成的动作的能力,以及将一个动作归因于适合主体的能力,是自我识别的关键功能。我们首先要能够自我识别,才能够将一众行为归因于适合的主体(无论是自己还是他人),进而更好地与他人进行社会交流。

在自我识别中,自主感发挥着重要的作用。首先,认识到自己是行为的主体性的能力,自主感是自我作为一个独立于外部世界实体的最直接体验。其次,通过推理,自我识别是将一种行为归因于适当的行为主体的先决条件(无论是自己还是他人),并最终建立起与我们同类之间的社会交往。我们的身体时时处于行动当中,自我识别在很大程度上依赖于个体对自己行为的认知。因此,对于自己发起的行为和他人发起的行为之间的区别,以及将相应的行为归因于行为主体的能力,将成为自我识别的关键功能。当公开发起动作时,我们可以将运动肢体产生的感官信号,以及自身或他人的动作对外部世界的影响,与动作产生机制产生的信号进行比较。当行动产生时,与这个行动有关的产生机制会被激活,如果此行动不可见,那么区别自我和他人就会变得相对困难。不可见行为的存在是运动认知的一个基本组成成分,这里存在一个问题,即自我如何从运动表象的不同形式中解放出来。这些不同形式的运动表象往往与同一脑机制有关,因此,个体容易区分对于行为的识别与更一般的加工过程,这一过程可以扩展到与行为相关的心理状态的识别,如意图或欲望。

根据目前的研究,有几个潜在的信息来源可能有助于自我认知,即个体对来自同一身体部位的视觉、触觉和本体感受信号进行匹配,有助于形成身体的多模态感觉图像(Moore & Fletcher, 2012)。一个人的意图与自我产生的行为的身体效应的匹配,有助于形成一种自主感,进而有助于自我识别。每个人都能体会到,即使我们看到了自己的脸,识别自己的身体并不总是那么简单。例如,我们在镜子中看见了自己,如果我们看到的身体部分和身体的其他部分是连续的,那么我们就会知觉自己看到的这一部分其实就是看到了自己整个人,也就是一种身体印象（body image）。根据Gallagher（2000）的观点，身体印象其实是一种对于身体拥有感的表征，属于经验自我的范畴。感觉线索有助于身体印象的识别，有很多研究都强调视觉在自我认知中比其他感觉更为重要，我们看见我们的手时就能很好地感受到它，而当手被隐藏起来时，我们关于手的感觉就不是那么回事了。相对于感觉位置的光学畸变（如佩戴侧面移位的棱镜），对肢体的视觉感知位置的光学畸变不会改变拥有感，因为位置感知实际上通过重新校准就可以符合视觉的要求。这种现象在使用橡胶手的实验中得到了证实。换句话说，触觉刺激是在其被看到的地方就被感觉到了的，即使这不是个体自己的真实手，但真实的手臂位置已经被扭曲了。此外，被试自发地报告说，他们对橡胶手臂有一种清晰的拥有感。但有研究发现，当橡胶手处于生理上不可能的位置时，橡胶手错觉就会消失（Tsakiris & Haggard，2005）。事实上，简单地看一个叠加在自己肢体上的假肢的运动就会使个体产生对这只假肢的自主感和拥有感。这种现象也会出现在经历过幻肢的截肢者身上。正如Wegner等（2004）所指出的，这种体验反映了认为自己是动作的发起者的倾向。即使这是一个很简单的因果关系，当我们经历它时，我们倾向于将其归因于我们自己。

之前我们也提到，感知其他行为和自己的行为其实有共同的表征方式，但我们是如何将自己的行为与他人的行为区分开来的？自主感将自我与他人分开，其作为最小的自我的一个基本组成部分，对于自我识别有着很重要的作用。在我们的现实生活中，特别是在社交场合中，自己的动作和他人的动作往往是相互关联的，所以在社交场合中进行自我识别要难一些。因为在社会环境中，大脑必须在几个相互关联的影像中做出选择，以找到与自身运动最匹配的影像，而能够迅速把自己和他人区别开来就是自主感的体现。来自视觉搜索的研究表明，视觉注意力可以选择性地突出特定的特征，使其更加突出。研究者在虚拟现实情境下采用视觉搜索任务和眼动追踪技术来验证视觉注意可以通过传出信息来增强自我识别能力。不论有多少个干扰物，只要虚拟现实当中的物体能受被试控制，其自我识别的反应时就很短。然而，在被动运动中，自我识别的反应时会随着干扰物的增加而延长。而且在被动运动中时，被试面对不断增加的干扰物，采用的是序列搜索策略；相反，在主动运动中，被试采用的是平行搜索策略。这表明，在个体主动控制事物的时候，他们不太容易受到社会其他因素的干扰，自我识别的能力更强。

自主感和自我识别的关系并不是单向的，自我识别会受到自主感的影响，反过来，自主感也受到自我识别的影响。道理很简单，如果我们从监控器中看到一个酷似自己的人，当我们无法确定其就是自己时，那么我们也不会轻易把这个人的行为归因于自己。关于自我识别会影响自主感，我们可以从精神病患者身上找到证据。有自我识别障碍的精神病患者很难准确识别自我和外部世界的界限。比如，精神病患者的典型症状就是幻听，患者常常报告有一种声音只有他能听得到，"这个声音"不停地在他耳边响起。有证据表明，在一些情况下，"这个声音"其实就是患者自己的喃喃自语，他们幻听的内容和他们喃喃自语的内容一致（Mawson et al., 2010）。这表明患者不能对自己的声音和他人的声音进行区分，或者是进行了错误的归因。这种说法将幻听与另一类症状联系起来，这类症状被称为被动体验或制造体验。在这些情况下，患者会报告，他的行为、情感甚至思想都不是他的，而是某种外力为他创造的，这些症状分别被称为"控制错觉""制造情绪""思想插入"。这些问题都可以被表述为患者没有认识到自我在起作用，而这会造成他们的自主感和拥有感减弱。虽然有一种解释指出精神病患者出现自我识别障碍是因为对外部感官信息的过度加工，但也有人认为这是因为他们缺乏正常自主行动的传出副本，而传出副本是个体能够体验到自主感的关键。

第三节　自主感与橡胶手错觉

一、橡胶手错觉与自主感

传统的橡胶手错觉研究大多围绕身体拥有感进行，而引入运动因素之后，同时对拥有感和自主感开展研究成为可能，说明自主感是在行动中产生的。

自主感在行动中是怎样产生的呢？之前已经介绍了很多理论，比较器模型认为个体的传出副本和实际反馈之间的匹配性会决定个体是否产生自主感。如果这种比较没有成功，这被认为是个体在病理条件下出现运动异常体验的基础。然而，自主感具有更复杂的结构，有多个层次，可能涉及不同的过程。特别是，运动意图也可能对自主感起到重要作用，此外，行动意图与行动目标感知之间的匹配也被认为是一种支持自主感的一般机制。大多数关于行为的认知神经科学研究没有从根本上区分肢体的简单运动和涉及工具使用或交互的目标导向行为（如举起一杯茶）。事实上，运动意图和感觉事件之间的任何映射可以被个体学习，然后个体根据学习来进行预测，并且可以不断调整对工具使用的心理模型，这样就可以将比较器模型拓展到交互动作当中。然而，有人可能会有疑问，身体简单运动产生的自主感以及由身体活动下个体的感官感知引起的自主感的变化能否用该理论解释。当举起手臂时，个体会体验到自己举起手臂的意图是手臂运动的原因，这时个体会产生一种身体能动性。然而，大部分研究没有对身体自主性和外部自主性之间的潜在区别进行很好的区分，因此对于自主感有很多种研究方法和范式。

用橡胶手错觉范式研究自主感，需要对自主感和拥有感进行分离。我们已经知道自主感和拥有感是可以分离的，即相比于主动条件，自主感在被动条件下会减弱甚至消失，而拥有感在主动和被动条件下均是没有变化的。在一项实验中，在主动条件下，被试需要以规定的节奏轻敲他们的右手食指；在被动条件下，被试只需要放松手指即可。实验过程中，主试会随机告知被试偶尔执行一次快速的"双击"，而不执行单击（单击比较有规律，不易产生错觉）。实验者坐在被试对面，在主动和被动条件下移动橡胶手的手指，但被试看不见实验者的动作。同时测量被试的自主感，比如，让被试对"我感觉是我引起了我看见的运动""每当我移动我的手指时，我期待着它（橡胶手）也以同样的方式移动"这样的陈述句进行选择。结果发现，在主动条件下，无论手是否处于解剖学上合理的位置，被试都对橡胶手的运动有很强的能动性。这表明，当橡胶手被体验为外部对象时，自主感也同样存在，这表明自主感可以拓展到目标导向的工具运用活动当中。在异步和被动条件下，被试的自主感都减弱了。由此可见，自主感的产生既需要运动意图，也需要预测的感觉反馈与运动的实际感觉反馈之间的匹配。研究者在实验中还发现了一些更细节、更有趣的东西，比如，在被动运动情况下，当橡胶手和真实手进行同步运动时，自主感尚有保留，而在异步运动情况下，自主感就彻底消失了，这一发现表明，只要存在运动的意图，就存在一种固有的倾向，将动作的发起者归属于自己，然后通过检测预测的感官反馈与实际的感官反馈之间的不匹配来抵消这种倾向。如果没有移动的意图（被动运动），自主感就会完全消失，因为没有运动的意图，运动区域就不会产生传出副本信号，因此，个体可能就不会计算运动的感觉意义（或预测它们为零）。当行动意图出现时，尽管它似乎是延迟的，个体也会倾向于认为这种反馈或效果是自主的。

那么，人对外界物体和身体部位的能动性是否有着相同的认知过程？有研究可以证明，橡胶手旋转时个体所体验到的自主感类似于在屏幕上移动计算机鼠标或使用工具（外部代理）时所引发的自主感（Kalckert & Ehrsson, 2012）。当橡胶手和真实手同步运动时，被试会感到自主感和拥有感并存，且主动运动条件下的自主感相对更强烈。当人作用于一个外在的物体时，自主感可以在身体能动性的基础上增加额外的感知。个体在主动一致条件下的自主感明显强于主动不一致条件,且当一只手被视为身体的一部分时,个体对它的感知力要强于它被感知为外部物体时。换句话说,若橡胶手的位置合理,且手指的运动发生了主动变化,此时个体的自主感是最强的。另外,只有在主动运动和同步运动同时存在的条件下,人们才能同时体验到自主感和拥有感,这表明身体自主感,而非外部自主感的体验更多地与身体拥有感的感觉联系在一起。有趣的是,拥有感不仅受制于同步性,主动性也会对拥有感产生影响。例如,主动运动条件下的拥有感比被动运动条件下更强,且当橡胶手位于合理的位置(而不是位于不合理的位置)时,拥有感会更强。以上发现表明,自主感会促进拥有感。自主感和拥有感是可以分离的,但是两者之间又存在相互促进作用,在日常生活中,自主感和拥有感都是同时出现的,除非出现了被动运动,且我们可以把自主感分为身体的自主感和对于外部物体的自主感,这两者属于不同的范畴。

较之拥有感,自主感因包含更多的心理成分而更难以界定。这里我们只关注自主感是如何作为一种有助于人类进行自我识别的基本体验并与橡胶手错觉范式发生联系的。在传统的橡胶手错觉范式中引入运动因素而形成的新范式被证明可以很好地用于开展自主感的相关研究。引入运动后的橡胶手错觉范式(现在更多的研究者会使用虚拟手错觉范式)可以通过控制动作的反馈来影响自主感。一项实验用一只陌生的手来代替被试的手,然后将脱离被试自己手的动作呈现给被试(Lewis & Lloyd,2010)。那么,被试会在什么时候意识到自己的手被外来手替代了,或者与此相反,被试什么时候认为外来的手是自己的手?在实验中,被试被要求在一张纸上画一条矢状方向的直线。在一种情况下,他们看到自己的手在做这件事情;在另一种情况下,他们看到实验者的手在同一时间做同样的事情。当实验者的手在他们不知情的情况下画了一条偏离要求方向的线时,被试往往会偏离自己(看不见的)手的轨迹。被试仍然没有意识到这种偏差:当他们表现出偏差时,他们试图从自身原因出发进行解释,如疲劳或注意力不集中。以此范式为基础改编的其他实验发现,如果我们的实际动作和被观察的动作之间的时间间隔小于150毫秒,且空间旋转角度在15°—20°时,自主感并不会受到很大的影响(Shimada et al.,2009)。

移动橡胶手错觉实验表明,主动运动会使被试产生自主感,而被动运动不可以。在一项实验中,研究者运用一个巧妙的装置来测量被试的自主感和拥有感(Kalckert & Ehrsson,2012)。一个上表面是空心的木箱子放置在桌子上,被试把手放在木箱子里，木箱子上面正对着真实手的位置放置着仿真的橡胶手，这样橡胶手在解剖学上和真实手位于同一方位。然后在被试的右肩上放置一块布，以覆盖橡胶手和被试之间的空间，为被试创建一个视角，仿佛橡胶手是被试自己伸出的手，再将橡胶手和真实手戴上手套，使之更具真实性。橡胶手的食指和真实手的食指通过一根附着在两个手指的手指帽上的木棒机械连接，这使得被试在举起自己的食指时，也可以让橡胶手的食指以同样的方式同时举起（主动同步状态）；在被动运动条件下，被试放松食指，实验者坐在对面移动木棒机械，从而产生一个外力，使被试的食指和橡胶手的食指被同时抬起（被动同步条件）；在异步条件（主动异步条件和被动异步条件）下，被试真实手的食指和橡胶手的食指之间的木棒机械连接断开，当被试举起食指时，实验者延迟举起橡胶手的食指（大约延迟半秒）。该实验还对橡胶手和真实手的位置改变是否会对自主感产生影响进行了考察。结果发现，尽管在主动移动和被动移动两种情况下真实手的运动形式并无差异，但只有主动移动条件下被试才会报告有自主感。然而无论橡胶手位于哪个位置，即不管是解剖学上可能还是不可能的位置，都不会减弱被试的自主感，也就是说，他们体验到了对橡胶手的能动性。这是因为，与被动条件不同，被试形成了对橡胶手的运动意图。一旦预测到运动感觉的结果与实际的感觉反馈相匹配，人们就会体验到运动是自发产生的，而不是由外力产生的。被试的食指藏在盒子下面，每次移动时，橡胶手的食指都会以同样的方式同步移动，这就使被试对橡胶手的手指产生了强烈的自主感。

二、橡胶手错觉范式及其变式与自主感

虚拟手错觉范式是最接近橡胶手错觉范式的一种方法，同时操作相对方便，且效果更好。虚拟手错觉范式的基本方法是在虚拟环境（电脑屏幕）中用一只虚拟手代替橡胶手，而这只手通常可以通过数据手套来控制。在传统的橡胶手错觉实验过程中，橡胶手要么完全静止不动，要么以一种机械呆板的方式运动，实际上这是一种非常保守、生态效度欠佳的测量方法。虚拟手的设置创建了高度机械化的情况，在这种情况下，自主感不需要通过人工操纵机器来证明橡胶手是否是被试自己身体的一部分，而运用虚拟手可以实现虚拟手与真实手的同步自由移动，甚至可以涵盖其他虚拟对象，从而提供更加丰富的数据。虚拟手错觉研究可以提供更多的证据来证明身体拥有感测量和自主感测量之间的关系。

一项研究采用虚拟手错觉范式来研究自主感和拥有感（Slater et al., 2008）。

在该研究中，存在和传统橡胶手一样的条件，即同步性条件和主被动条件，不一样的是该研究还探讨了效应器（即代替真实手的那个假手）和真实手之间的相似性作用。传统的橡胶手错觉研究表明，只要假手和真实手在一定程度上相似，即使是在多感官同步刺激的情况下，假手也能被知觉为身体的一部分。该研究发现，在虚拟手错觉研究中，即使是与真实手完全不一样的东西，如矩形图，也可以使被试产生错觉，尽管与矩形图相比，被试更倾向于把假手视为身体的一部分，但无论是矩形图还是假手对被试的自主感都是没有影响的。由此我们可以判断在某些情况下，自下而上的信息可能不足以使被试进行自主感的判断，他们还会根据其他一些外部信息来加工。总的来说，被试在自主感判断的过程中可能会整合各种信息来源，而这些信息来源的强度可能会因情境的不同而有所不同。因此在虚拟环境中，被试更容易把假手知觉为自己身体的一部分，而在信息不是很可靠的情况下，这种错觉会更强烈，就像传统橡胶手错觉研究中的情况（Haans et al., 2012）。

这也可以解释相比于虚拟矩形图，为什么用虚拟手时被试会体验到更多的自主性。如果拥有感的判断是基于多种信息来源的整合，既然我们可以把完全和我们的手不一样的虚拟矩形图知觉为身体的一部分，那么来自一个信息源的信息或许就可以弥补来自另一个信息源信息的不足。然而，对虚拟矩形图产生的拥有感错觉意味着对于不太熟悉或似是而非的身体部位，物体的自主感可能发挥着更大的作用。如果是这样，那么人本身所具有的一般期望或者合理信念与其对物体的自主感之间可以相互弥补信息的不足，当由自上而下的加工得到的信息支持减少时，个体对物体的自主感就会增强。那么，是否存在这样一种情况，即当一种信息源不可靠或者缺乏时，另一种信息源就会占据主导位置。例如，如果物体的自主感缺乏，自下而上加工的信息的可靠性就会降低，那么在没有足够的自上而下的信息来补偿的情况下,偶然的视觉刺激本身当然有可能无法诱导出拥有感错觉。当物体的自主感存在时，就像我们能把矩形图知觉为身体的一部分，这反过来就会诱导出拥有感错觉，即使从身体内部表征自上而下的信息是缺乏的。

由此可见，自主感的产生也是一个非常复杂且需要整合多个信息来源的过程，迄今为止，没有一个相对全面、客观的理论来解释自主感的产生机制。一些研究采用了一些更为客观的方式测量自主感。因为自主感体验存在于我们有意识体验的每时每刻，"我之所以会伸手去拿水杯，是因为我想要这么做"，这一体验是如此真实与不容质疑。但是，神经科学家 Libet 却用实验告诉我们，事实并非如此。Libet（1999）设计了一个特殊的方法来测定被试决定行动的时间，他称之为意志（will）。实验中，他在被试面前的屏幕上呈现类似于闹钟的东西，上面有一个点在绕圈走。随后，他让被试看着那个时钟并记下自己决定行动时那个点所在的位置。Libet 发现，决定行动的时间在行动前的 200 毫秒产生。但在意志产生前的 350 毫秒左右，脑电图可以探测到一个逐渐增强的信号，他称之为准备电位。换言之，在行动前约 550 毫秒，准备电位便已经出现，大脑准备运动的时间比人有意识地决定行动的时间要早约 1/3 秒。从大脑的角度来看，这是相当长的一段时间了。为此，在我们有意识地决定运动之前到体验到自主感的过程中，一定产生了大量的神经加工过程。

综上，在橡胶手错觉范式及其变式中，不同的条件能够引发被试不同的身体拥有感和自主感体验。我们能够对明显不属于自己身体的外部对象产生拥有感，甚至感受到施加在外部对象上的触觉刺激；我们能够对并非自己身体发出的动作产生自主感，甚至因此改变自己的某些行为模式。这意味着自我和非我之间的界限可能并不是一成不变的，至少在某些条件下可以被改变。通过橡胶手错觉范式探讨拥有感产生原因的研究表明，时间一致性、空间一致性以及特征一致性是影响错觉产生与否的重要因素。而通过橡胶手错觉范式探讨自主感产生原因的研究则表明，预期动作和实际反馈之间的一致性是影响自主感产生与否的重要因素。橡胶手错觉范式及其变式不仅对拥有感和自主感各自的研究产生了很大的推动作用，而且对于我们进一步认识拥有感和自主感之间的区别与联系以及它们之间的相互作用大有帮助。

参 考 文 献

布宇博，李力红，吕香玲，国宏远，安灿翎，王凌云．（2022）．动作自主性与结果性质对不同预测性条件下施动感的影响．*心理学报*，54（7），789-798．

陈波，陈巍，张静，袁逖飞．（2015）．"镜像"的内涵与外延：围绕镜像神经元的争议．*心理科学进展*，23（3），405-418．

陈巍，郭本禹．（2012）．具身-生成的意识经验：神经现象学的透视．*华东师范大学学报（教育科学版）*，30（3），60-66．

陈巍，张静，郭本禹．（2018）．揭秘"奇爱博士"的手——异己手综合征的现象学精神病理学解读．*赣南师范大学学报*，（1），124-128．

笛卡儿．（2014）．*第一哲学沉思集*．徐陶译．南昌：江西教育出版社．

黄昕杰，张弛，万华根，张灵聪．（2023）．情绪效价可预测性对时间捆绑效应的影响．*心理学*

报，55（1），36-44．

李念，刘可智，雷威，陈晶，向波，梁雪梅．（2018）．自主性动机对抑郁症患者症状严重程度和短期疗效的影响．*中华行为医学与脑科学杂志*，（1），47-51．

休谟．（2016）．*人性论*．关文运译．北京：商务印书馆．

张静，陈巍．（2016）．身体意象可塑吗？——同步性和距离参照系对身体拥有感的影响．*心理学报*，48（8），933-945．

张静，陈巍．（2017）．意识科学中自我的建构论：超越实体论与错觉论之争．*苏州大学学报（教育科学版）*，（3），12-23．

张静，陈巍．（2018）．基于自我错觉的最小自我研究：具身建构论的立场．*心理科学进展*，26（7），1244-1252．

张静，李恒威．（2016）．自我表征的可塑性：基于橡胶手错觉的研究．*心理科学*，39（2），299-304．

张静，陈巍，李恒威．（2017）．我的身体是"我"的吗？——从橡胶手错觉看自主感和拥有感．*自然辩证法*，（2），8，51-57．

赵科，顾晶金，黄冠华，傅小兰．（2021）．主动控制感在大脑表征中的时空标记．*心理科学进展*，29（11），1901-1910．

赵佩琼，陈巍，张静，平贤洁．（2019）．橡胶手错觉：拥有感研究的实验范式及其应用．*心理科学进展*，27（1），37-50．

Aarts, H., Custers, R., & Wegner, D. M. (2005). On the inference of personal authorship: Enhancingexperienced agency by priming effect information. *Consciousness and Cognition, 14*(3), 439-458.

Anderson, J. R., & Gallup, G. G. (2011). Which primates recognize themselves in mirrors? *PLoS Biology, 9*(3), e1001024.

Balconi, M. (2010). *Neuropsychology of the Sense of Agency: From Consciousness to Action*. New York: Springer.

Barlas, Z., Hockley, W. E., & Obhi, S. S. (2017). The effects of freedom of choice in action selection on perceived mental effort and the sense of agency. *Acta Psychologica, 180*, 122-129.

Barlas, Z., Hockley, W. E., & Obhi, S. S. (2018). Effects of free choice and outcome valence on the sense of agency: Evidence from measures of intentional binding and feelings of control. *Experimental Brain Research, 236*, 129-139.

Beck, B., Di Costa, S., & Haggard, P. (2017). Having control over the external world increases the implicit sense of agency. *Cognition, 162*, 54-60.

Beyer, F., Sidarus, N., Bonicalzi, S., & Haggard, P. (2017). Beyond self-serving bias: Diffusion of responsibility reduces sense of agency and outcome monitoring. *Social Cognitive and Affective Neuroscience, 12*(1), 138-145.

Blackmore, S. J. (2010). *Consciousness: An Introduction*(2nd ed.). London: Routledge.

Blakemore, S. J., Wolpert, D., & Frith, C. (2000). Why can't you tickle yourself? *Neuroreport, 11*(11), 11-16.

Botvinick, M., & Cohen, J. (1998). Rubber hands "feel" touch that eyes see. *Nature, 391*(6669), 756.

Campbell, W. K., & Sedikides, C. (1999). Self-threat magnifies the self-serving bias: A meta-analytic integration. *Review of General Psychology, 3*(1), 23-43.

Caspar, E. A., Christensen, J. F., Cleeremans, A., & Haggard, P. (2016). Coercion changes the sense of agency in the human brain. *Current Biology, 26*(5), 585-592.

Chambon, V., Filevich, E., & Haggard, P. (2014). What is the human sense of agency, and is it metacognitive?//S. Fleming, C. Frith(Eds.), *The Cognitive Neuroscience of Metacognition*(pp. 321-342). Heidelberg: Springer.

Chambon, V., Sidarus, N., & Haggard, P. (2014). From action intentions to action effects: How does the sense of agency come about? *Frontiers in Human Neuroscience, 8*, 320.

Christensen, J. F., Di Costa, S., Beck, B., & Haggard, P. (2019). I just lost it! Fear and anger reduce the sense of agency: A study using intentional binding. *Experimental Brain Research, 237*, 1205-1212.

Christensen, J. F., Yoshie, M., Di Costa, S., & Haggard, P. (2016). Emotional valence, sense of agency and responsibility: A study using intentional binding. *Consciousness and Cognition, 43*, 1-10.

David, N., Newen, A., & Vogeley, K. (2008). The "sense of agency" and its underlying cognitive and neural mechanisms. *Consciousness and Cognition, 17*(2), 523-534.

Desantis, A., Roussel, C., & Waszak, F. (2011). On the influence of causal beliefs on the feeling of agency. *Consciousness and Cognition, 20*(4), 1211-1220.

Descartes, R. (1997). *Key Philosophical Writings*. Hertfordshire: Wordsworth Editions Limited.

Devue, C., & Brédart, S. (2011). The neural correlates of visual self-recognition. *Consciousness and Cognition, 20*(1), 40-51.

Dummer, T., Picot-Annand, A., Neal, T., & Moore, C. (2009). Movement and the rubber hand illusion. *Perception, 38*(2), 271-280.

Engbert, K., Wohlschläger, A., Thomas, R., & Haggard, P. (2007). Agency, subjective time, and other minds. *Journal of Experimental Psychology: Human Perception and Performance, 33*(6), 1261-1268.

Filippetti, M. L., Orioli, G., Johnson, M. H., & Farroni, T. (2015). Newborn body perception: Sensitivity to spatial congruency. *Infancy, 20*(4), 455-465.

Frith, C. D. (2014). Action, agency and responsibility. *Neuropsychologia, 55*, 137-142.

Gallagher, S. (2000). Philosophical conceptions of the self: Implications for cognitive science. *Trends in Cognitive Sciences, 4*(1), 14-21.

Gallagher, S. (2011). Self-recognition//S. Gallagher(Ed.), *The Oxford Handbook of the Self*(pp. 80-110). Oxford: Oxford University Press.

Gallagher, S. (2012). Multiple aspects in the sense of agency. *New Ideas in Psychology, 30*(1), 15-31.

Gallup, G. G. (1977). Self recognition in primates: A comparative approach to the bidirectional properties of consciousness. *American Psychologist, 32*(5), 329.

Gentsch, A., Weiss, C., Spengler, S., Synofzik, M., & Schütz-Bosbach, S. (2015). Doing good or bad: How interactions between action and emotion expectations shape the sense of agency. *Social Neuroscience, 10*(4), 418-430.

Haans, A., Kaiser, F. G., Bouwhuis, D. G., & IJsselsteijn, W. A. (2012). Individual differences in the rubber-hand illusion: Predicting self-reports of people's personal experiences. *Acta Psychologica, 141*(2), 169-177.

Haggard, P. (2017). Sense of agency in the human brain. *Nature Reviews Neuroscience, 18*(4), 196-207.

Haggard, P., & Chambon, V. (2012). Sense of agency. *Current Biology, 22*(10), 390-392.

Haggard, P., & Clark, S. (2003). Intentional action: Conscious experience and neural prediction. *Consciousness and Cognition, 12*(4), 695-707.

Haggard, P., & Tsakiris, M. (2009). The experience of agency: Feelings, judgments, and responsibility. *Current Directions in Psychological Science, 18*(4), 242-246.

Haggard, P., Clark, S., & Kalogeras, J. (2002). Voluntary action and conscious awareness. *Nature Neuroscience, 5*(4), 382-385.

Hara, M., Pozeg, P., Rognini, G., Higuchi, T., Fukuhara, K., Yamamoto, A., … Salomon, R. (2015). Voluntary self-touch increases body ownership. *Frontiers in Psychology, 6*, 1509.

Hon, N., & Poh, J. H. (2016). Sleep deprivation produces feelings of vicarious agency. *Consciousness and Cognition, 40*, 86-92.

Hoogeveen, S., Schjoedt, U., & Van Elk, M. (2018). Did I do that? Expectancy effects of brain stimulation on error-related negativity and sense of agency. *Journal of Cognitive Neuroscience, 30*(11), 1720-1733.

Humphrey, N. (1999). *A History of the Mind: Evolution and the Birth of Consciousness*. New York: Springer.

Imaizumi, S., & Tanno, Y. (2019). Intentional binding coincides with explicit sense of agency. *Consciousness and Cognition, 67*, 1-15.

Jeannerod, M. (2003). The mechanism of self-recognition in humans. *Behavioural Brain Research, 142*(1-2), 1-15.

Jeannerod, M. (2009). The sense of agency and its disturbances in schizophrenia: A reappraisal. *Experimental Brain Research, 192*(3), 527-532.

Kalckert, A., & Ehrsson, H. H. (2012). Moving a rubber hand that feels like your own: A dissociation of ownership and agency. *Frontiers in Human Neuroscience, 6*, 40.

Kalckert, A., & Ehrsson, H. H. (2014). The spatial distance rule in the moving and classical rubber hand illusions. *Consciousness and Cognition, 30*, 118-132.

Kawabe, T., Roseboom, W., & Nishida, S. Y. (2013). The sense of agency is action—Effect causality perception based on cross-modal grouping. *Proceedings of the Royal Society B: Biological Sciences, 280*(1763), 20130991.

Keenan, J. P., Nelson, A., O'connor, M., & Pascual-Leone, A. (2001). Self-recognition and the right hemisphere. *Nature, 409*(6818), 305.

Lewis, E., & Lloyd, D. M. (2010). Embodied experience: A first-person investigation of the rubber hand illusion. *Phenomenology and the Cognitive Sciences, 9*, 317-339.

Libet, B. (1999). Do we have free will? *Journal of Consciousness Studies, 6*(8-9), 47-57.

Louzolo, A., Kalckert, A., & Petrovic, P. (2015). When passive feels active-delusion-proneness alters self-recognition in the moving rubber hand illusion. *PLoS One, 10*(6), e0128549.

Ma, K., & Hommel, B. (2015). The role of agency for perceived ownership in the virtual hand illusion. *Consciousness and Cognition, 36*, 277-288.

Marotta, A., Bombieri, F., Zampini, M., Schena, F., Dallocchio, C., Fiorio, M., & Tinazzi, M. (2017). The moving rubber hand illusion reveals that explicit sense of agency for tapping movements is preserved in functional movement disorders. *Frontiers in Human Neuroscience, 11*, 291.

Mawson, A., Cohen, K., & Berry, K. (2010). Reviewing evidence for the cognitive model of auditory hallucinations: The relationship between cognitive voice appraisals and distress during psychosis. *Clinical Psychology Review, 30*(2), 248-258.

Minohara, R., Wen, W., Hamasaki, S., Maeda, T., Kato, M., Yamakawa, H., ... Asama, H. (2016). Strength of intentional effort enhances the sense of agency. *Frontiers in Psychology, 7*, 1165.

Moretto, G., Walsh, E., & Haggard, P. (2011). Experience of agency and sense of responsibility. *Consciousness and Cognition, 20*(4), 1847-1854.

Moore, J. W. (2016). What is the sense of agency and why does it matter? *Frontiers in Psychology, 7*, 1272.

Moore, J. W., & Fletcher, P. C. (2012). Sense of agency in health and disease: A review of cue integration approaches. *Consciousness and Cognition, 21*(1), 59-68.

Moore, J., W. & Haggard, P. (2008). Awareness of action: Inference and prediction. *Consciousness and Cognition, 17*(1), 136-144.

Moore, J. W., & Obhi, S. S. (2012). Intentional binding and the sense of agency: A review. *Consciousness and Cognition, 21*(1), 546-561.

Moore, J. W., Middleton, D., Haggard, P., & Fletcher, P. C. (2012). Exploring implicit and explicit aspects of sense of agency. *Consciousness and Cognition, 21*(4), 1748-1753.

Nielsen, M., Collier-Baker, E., Davis, J. M., & Suddendorf, T. (2005). Imitation recognition in a captive chimpanzee (Pan troglodytes). *Animal Cognition, 8,* 31-36.

Povinelli, D. J., Gallup, G. G., Eddy, T. J., Bierschwale, D. T., Engstrom, M. C., Perilloux, H. K., & Toxopeus, I. B. (1997). Chimpanzees recognize themselves in mirrors. *Animal Behaviour, 53*(5), 1083-1088.

Preston, C., & Newport, R. (2010). Self-denial and the role of intentions in the attribution of agency. *Consciousness and Cognition, 19*(4), 986-998.

Prikken, M., Van Der Weiden, A., Kahn, R. S., Aarts, H., & Van Haren, N. E. (2018). Impaired self-agency inferences in schizophrenia: The role of cognitive capacity and causal reasoning style. *European Psychiatry, 47,* 27-34.

Renes, R. A., Van Der Weiden, A., Prikken, M., Kahn, R. S., Aarts, H., & Van Haren, N. E. (2015). Abnormalities in the experience of self-agency in schizophrenia: A replication study. *Schizophrenia Research, 164*(1-3), 210-213.

Rochat, P., Broesch, T., & Jayne, K. (2012). Social awareness and early self-recognition. *Consciousness and Cognition, 21*(3), 1491-1497.

Roma, P. G., Silberberg, A., Huntsberry, M. E., Christensen, C. J., Ruggiero, A. M., & Suomi, S. J. (2007). Mark tests for mirror self-recognition in capuchin monkeys (Cebus apella) trained to touch marks. *American Journal of Primatology, 69*(9), 989-1000.

Saito, N., Takahata, K., Murai, T., & Takahashi, H. (2015). Discrepancy between explicit judgement of agency and implicit feeling of agency: Implications for sense of agency and its disorders. *Consciousness and Cognition, 37,* 1-7.

Scholl, B. J., & Tremoulet, P. D. (2000). Perceptual causality and animacy. *Trends in Cognitive Sciences, 4*(8), 299-309.

Shimada, S., Fukuda, K., & Hiraki, K. (2009). Rubber hand illusion under delayed visual feedback. *PLoS One, 4*(7), e6185.

Slater, M., Pérez-Marcos, D., Ehrsson, H., & Sanchez-Vives, M. (2008). Towards a digital body: The virtual arm illusion. *Frontiers in Human Neuroscience, 2,* 6.

Sun, Y., Hommel, B., & Ma, K. (2023). Vicarious ostracism reduces observers' sense of agency. *Consciousness and Cognition, 110,* 103492.

Suzuki, K., Lush, P., Seth, A. K., & Roseboom, W. (2019). Intentional binding without intentional action. *Psychological Science, 30*(6), 842-853.

Synofzik, M., Vosgerau, G., & Newen, A. (2008a). I move, therefore I am: A new theoretical framework to investigate agency and ownership. *Consciousness and Cognition, 17*(2), 411-424.

Synofzik, M., Vosgerau, G., & Newen, A. (2008b). Beyond the comparator model: A multifactorial two-step account agency. *Consciousness and Cognition, 17*(1), 219-239.

Synofzik, M., Vosgerau, G., & Voss, M. (2013). The experience of agency: An interplay between prediction and postdiction. *Frontiers in Psychology, 4,* 127.

Thompson, E. (2014). *Waking, Dreaming, Being: Self and Consciousness in Neuroscience, Meditation, and Philosophy*. New York: Columbia University Press.

Tsakiris, M., & Haggard, P. (2005). The rubber hand illusion revisited: Visuotactile integration and self-attribution. *Journal of Experimental Psychology: Human Perception and Performance, 31*(1), 80-91

Tsakiris, M., Prabhu, G., & Haggard, P. (2006). Having a body versus moving your body: How agency structures body-ownership. *Consciousness and Cognition, 15*(2), 423-432.

Van Der Weiden, A., Prikken, M., & Van Haren, N. E. (2015). Self-other integration and distinction in schizophrenia: A theoretical analysis and a review of the evidence. *Neuroscience & Biobehavioral Reviews, 57,* 220-237.

Villa, R., Tidoni, E., Porciello, G., & Agliotti, S. M. (2018). Violation of expectations about movement and goal achievement leads to sense of agency reduction. *Experimental Brain Research, 236*(7), 2123-2135.

Wegner, D. M. (2003). The mind's best trick: How we experience conscious will. *Trends in Cognitive Sciences, 7*(2), 65-69.

Wegner, D. M., & Wheatley, T. (1999). Apparent mental causation: Sources of the experience of will. *American Psychologist, 54*(7), 480-492.

Wegner, D. M., Sparrow, B., & Winerman, L. (2004). Vicarious agency: Experiencing control over the movements of others. *Journal of Personality and Social Psychology, 86*(6), 838-848.

Wenke, D., & Haggard, P. (2009). How voluntary actions modulate time perception. *Experimental Brain Research, 196*, 311-318.

Wenke, D., Fleming, S. M., & Haggard, P. (2010). Subliminal priming of actions influences sense of control over effects of action. *Cognition, 115*(1), 26-38.

Wolpert, D. M., & Ghahramani, Z. (2000). Computational principles of movement neuroscience. *Nature Neuroscience, 3*(11), 1212-1217.

Yoshie, M., & Haggard, P. (2013). Negative emotional outcomes attenuate sense of agency over voluntary actions. *Current Biology, 23*(20), 2028-2032.

Yoshie, M., & Haggard, P. (2017). Effects of emotional valence on sense of agency require a predictive model. *Scientific Reports, 7*(1), 8733.

Zhang, J., & Hommel, B. (2016). Body ownership and response to threat. *Psychological Research, 80*(6), 1020-1029.

Zhang, J., Ma, K., & Hommel, B. (2015). The virtual hand illusion is moderated by context-induced spatial reference frames. *Frontiers in Psychology, 6*, 1659.

Zheng, Z. Z., MacDonald, E. N., Munhall, K. G., & Johnsrude, I. S. (2011). Perceiving a stranger's voice as being one's own: A "rubber voice" illusion? *PLoS One, 6*(4), e18655.

第三章 拥有感与自主感的病理学研究

第一节 拥有感的紊乱

在对拥有感和自主感的介绍中，我们对其不同水平内部以及各水平之间的相互作用进行了详细介绍。尽管我们从现象学上所观察到的很多事物都是各水平或各成分之间相互作用的结果，然而我们依然有理由猜测拥有感的紊乱既包含拥有感的三个成分——拥有性感受、拥有性判断和拥有性元表征共同受损的情况，也包含个别或部分成分受损的情况。按照拥有感的三个不同成分，我们可以将拥有感紊乱划分成三个水平（如第一章第一节所述）：①没有任何的幻想信念，典型的病例是异肢现象；②认为自己的身体部分不属于自己的幻想的信念，即不仅在感受层面上体验不到身体的某个部位属于自己，并且在拥有性判断水平上也出现失调，典型的病例是躯体失认症；③认为自己的身体部分是属于其他人的幻想的信念，典型的病例是躯体妄想症。下面我们分别介绍这三种疾病，以说明自我的解构在拥有感层面上是怎样表现和发生的。需要注意的是，尽管我们对这三类疾病进行了大致的划分，但由于它们在临床表现上虽然有所不同，但在很多方面其实又高度相似，在理解这些病例时依然需要进行综合考量，不可做绝对的区分。

一、异肢现象

（一）定义

异肢现象，仅从其字面含义而言可能会认为其包罗一切否认自己身体某个部位属于自己的临床表现。即便是在今天，也有不少研究者倾向于用异肢现象泛指许多相关的病理性表现。然而，根据最早对异肢现象进行详细定义的 Brion 和 Jedynak（1972）的观点，异肢现象属于纯粹的拥有感紊乱，而不包含任何自主感紊乱的成分。因为异肢现象并不引起任何形式的非自发移动，为此也不存在自主性的中断，而仅仅是一个人对自己肢体的拥有性主观体验的紊乱。拥有感紊乱是由个体对自己肢体的"异己性"知觉体验导致的,且这种知觉体验并不受更进一步的概念说明或信念状态的影响。

美国著名神经外科医生 Mitchell 于 1871 年正式将这种现象命名为"幻肢"（phantom limbs）,由此产生的疼痛感称为"幻肢痛"（phantom limb pains）（Mitchell,1871）。幻肢现象甚至引起了"美国心理学之父"James 的关注,他表示,"许多人在失去肢体的情况下似乎依旧能感觉到这些肢体还在老位置上。这种幻觉是众所周知的,并且可供研究的案例如此众多。奇怪的是,尚未出现系统化的研究来探索这一早应揭示的现象"（James,1887）。

幻肢看似是一种奇怪的现象,但在实际生活中却很普遍。事实上,有 98% 的截肢患者在经历截肢手术、神经撕脱术以及脊椎损伤后会知觉到这种现象。其中,又有大约 80% 的截肢患者会体验到幻肢痛（陈巍,2017）。幻肢痛的特征包括:①灼烧感、麻刺感或悸痛;②绞痛或挤压痛;③震痛或刺痛。幻肢知觉的持续时间因人而异,幻肢感会在个体失去肢体的几天、几个月、几年甚至十几年后一直持续,直至完全消失。最常见的有关幻肢感的报道是关于手臂、腿部或者其他部位（如手掌、脚趾）的截肢。另有许多研究发现,幻肢感也可能出现在已被切除的身体的其他部位（Mitchell,1970）。上述幻肢感存在一些显著的共性:几乎所有由幻肢产生的疼痛感均与手术前那些身体部位或内脏本身产生的疼痛感非常相似。比如,在经历子宫切除术后,患者产生的幻子宫痛与手术前患者原有的痛经感觉极其类似。幻肢一般被描述成处于一种"习惯性"的位置和姿势（例如,前臂旋前肌活动使得肘部部分弯曲）或处于一种与截肢前肢体所处姿势相似的姿势。

（二）神经机制

一直以来,在幻肢成因解释方面占据主导地位的是神经激惹理论（nerve irritation theory）。该理论认为,残肢的神经因无法继续生长而形成神经瘤。神经瘤中的神经会磨损并缠绕在一起而产生炎症,这使得个体对刺激更敏感。由神经瘤产生的杂乱信号传递到大脑,使得大脑误认为失去的肢体依旧存在。

随后,Melzack（1990）提出幻肢知觉的神经矩阵理论（neuromatrix theory of phantom limb perception）。该理论认为,对身体与自我的有意识的知觉主要是由大脑内部的活动模式或神经信号产生的。这种模式或信号是由知觉输入所触发或调节的。以疼痛知觉为例,它是由一个特殊的、广泛分布式存在的身体-自我神经矩阵（body-self neuromatrix）信号输出的产物,而不是对躯体组织受损或发炎等刺激的直接反应，外界刺激仅仅起到"触发"与疼痛有关的神经矩阵的作用。因此，人们经常会在没有物理刺激的情况下感知到疼痛，这是因为在这些情况下，他们经历的疼痛全部来自相关的身体-自我神经矩阵。该矩阵主要由躯体感觉系统、边缘系统与丘脑系统组成。

尽管上述理论看似揭示了幻肢感以及幻肢痛产生的原因，但是基于上述理论研发的治疗措施并不能有效根治幻肢痛。有关大脑皮层躯体定位映射的研究为神经科学家解释幻肢产生之谜提供了新的证据。Pons等（1985）的研究尝试了解大脑皮层躯体定位的映射是否会因为传入神经阻滞而改变。实验的对象是接受背根神经切除术11年后的猴子。这种手术切断了感觉刺激与皮层躯体定位映射中的手部区域之间的神经信号传输。研究者对这些猴子实施全身麻醉，然后用单细胞神经记录法记录其感觉区域内神经元的活动。由于这11年中猴子的手臂没有任何神经信号输入到大脑躯体定位映射中的手部区域，当研究者刺激猴子手部时，负责手部区域的脑区中的神经元不会被激活。实验结果证明了这一点。同时，该研究意外发现，当研究者刺激猴子的脸部时，除了负责脸部区域的脑区中的神经元被激活之外，负责手部区域的脑区中的神经元也被激活了。因此，该项研究有力地证明了皮层躯体定位的映射可以被改变。

（三）异肢神经病理现象学成因分析、治疗及实验研究

1. 身体意象的可塑性与幻肢的成因

身体意象是指一种对自己身体的意识性觉察。换言之，身体意象是意识的一种自觉性内容，包括附属于我们身体的知觉系统、态度和信念。身体意象的概念和情感等向我们传达了主体对自己身体的知觉。同时，主体关于自己身体的观念和态度会对我们理解自己以及他人身体的方式产生影响。在日常生活中，当我们反思自己的身体时，身体意象发挥了关键作用。这种作用通过知觉性、情绪性与概念性，在意识经验中得以显现。例如，当我们取杯子时，如果我们想到了胳膊，我们思考的内容就其本身而言是对自己身体意象的一种反映。我们反思身体时意识中所呈现的内容就是我们身体意象的一部分——我们活动胳膊时个体所体验到的感觉（知觉性方面），我们看到自己的胳膊时产生的积极或消极情感（情绪性方面），或者我们对于自己胳膊生理结构的了解（概念性方面）。当然，因为感觉通道之间彼此交织，所以身体意象的这三个方面仅仅是人为地对个体身体经验进行的一种理论性区分。Ramachandran和Altschuler（2009）认为，身体意象是有活力

的、内在构成的经验组合,是我们的身体在时间与空间中形成的与所做动作有关的内在意象和记忆。为了在任何时间都能创造与维系身体意象,大脑需要动用一系列神经活动。虽然身体意象一直被认为是在个体与环境的交互作用中后天不断发展的,但很多研究者认为成年人的身体意象是相对稳定的,并且在他们的认知活动过程中发挥着重要作用。异常的身体意象往往与某些躯体障碍或神经精神疾病有着某种程度的联系。

然而,身体意象的可塑性已经得到了大量经验证据的支持。其中,最具影响力的证据来自 Lackner(1988)报告的匹诺曹错觉(Pinocchio illusion)。在静止状态的肌肉上通过振动器进行振动会使个体产生一种错觉,即肌肉拉伸开了。例如,在蒙上眼睛的被试手臂的肱三头肌上通过振动器以 80 Hz 的频率进行振动,会让被试感觉到自己的手臂从肘部延伸出去了。当被试将一个振动器置于他手臂的肱三头肌处,同时用那只手臂的手捏住他自己的鼻子时,他就会产生匹诺曹错觉。被试会在感觉到自己的手臂延伸出去的同时感觉到自己的鼻子也与之一起延伸出去了。这是因为振动器在肱三头肌处刺激肌梭,它通常是由肌肉的拉伸刺激的,这会使被试产生一种肌肉运动知觉的错觉,即手臂从脸上移开。然而,因为那只手的手指继续给捏着的鼻子以触觉感觉,被试就会感觉到他的鼻子离开了他的脸,从而令人惊讶地变长了。该错觉证明了对手臂表面位置的操纵会影响个体对鼻子长短的感知。身体意象的可塑性解释了瘫痪患者出现幻肢的成因。在临床上,这类幻肢患者往往还伴随恼人的幻肢痛。Ramachandran(1998)假设,这类幻肢患者的手臂在截肢前往往经受过一段真实的瘫痪期,这使得大脑产生的重新映射不仅改变了身体意象,而且由于其本身是一种病态的、异常的神经活动,导致负责触觉的神经通路与负责痛觉的神经通路之间发生混乱。这符合临床观察的发现,例如,触摸幻臂患者的脸部或上肢会导致其出现强烈的幻肢痛。临床上,幻肢痛往往是伴随"瘫痪的幻肢"出现的症状,患者会感觉到其幻肢处于一种扭曲的、极其痛苦的姿势,从而产生严重的幻肢痛。

2. 身体图式扭曲与幻肢症状中的本体感觉损伤

幻肢患者一般伴随着感觉丧失或忽视、感觉回馈缺失以及手臂共济失调(ataxia)等心理行为失常现象,这主要是由身体图式扭曲诱发的本体感觉错乱(proprioceptive impairment)造成的。身体图式是一种知觉-运动系统能力,它通过对身体姿势和身体运动的无意识调适,使得外部世界中许多有意义的部分被整合进我们的经验中。在日常情况下,人们比较容易注意到身体意象而忽视身体图式,而这种对身体图式的忽视恰恰表明了其存在的意义。身体图式的作用体现在它使得身体运动和姿势调适成为可能，而且身体图式的运作几乎是自动的，不需要意识的控制。Merleau-Ponty（1962）在《知觉现象学》（*Phenomenology of Perception*）一书中就对身体图式有过生动的现象学描述。他指出，身体图式为我们身体各部分的位置及其关联提供了一种内隐知识。"如果我的手臂搁在桌子上，我不会想到我的手臂在烟灰缸旁边，就像烟灰缸在电话机旁边。"（转引自：Gallagher，1986）身体图式又被 Merleau-Ponty 称为"处境的空间性"（situational spaciality）。他对此有过精彩的阐述："如果我站在我的写字台前，用双手倚靠在写字台上，那么只有我的双手在用力，我的整个身体如同彗星的尾巴托在我的双手后面。这不是因为我不知道我的肩膀或腰部的位置，而是因为它们的位置包含在我的双手的位置中。可以说，我的整个姿态表现在我的双手对桌子的支撑中。如果我站着，手中紧握烟斗，那么我的手的位置不是根据我的手与我的前臂、我的前臂与我的胳膊、我的胳膊与我的躯干、我的躯干与地面形成的角度推断出来的。我以一种绝对能力指导我的烟斗的位置，并由此指导我的手的位置、我的身体的位置，就像在荒野中的原始人每时每刻都能一下子确定方位，根本不需要回忆和计算走过的路程和偏离出发点的角度。"（莫里斯·梅洛-庞蒂，2001）。因此，身体图式的意义在于"我在一种共有中拥有我的整个身体。我通过身体图式得知我的每个肢体的位置，因为我的全部肢体都包含在我的身体图式中"（Ramachandran，1998）。于是，借助身体图式，我们也了解到我们的身体可能在进行哪些运动。按照 Merleau-Ponty 的看法，幻肢与幻肢痛表达了个体对于缺损的一种拒斥，因为具身的自我无法通过碎片或失去的完整性来生活。个体作为"在世之在"的主体拒绝偏见，并借助否认来维护具身的完整性。身体图式的功能是"保持一个空虚的场域来安置主体的历史"（Wolfe，2015）。

　　处境的空间性意味着身体图式提供了与空间系统相关联的感觉输入的在线表征，空间系统允许我们使用相关的身体表面和近体空间（peripersonal space）来定位刺激。最近的神经病理学证据支持了这种现象学的主张。例如，研究者报告了一个左侧枕颞顶叶交界处梗塞的老妇人，她无法推断身体表面的表征（Wade，2003）。尽管她能够非常可靠地觉察到触觉刺激传递到了自己身体的某个位置，但是她无法在自己的身体上定位该刺激。例如，当她连续两次触摸身体并被要求判断被触摸的身体部位是否相同时，她的表现并没有受到被触摸部位之间差异的影响（如大腿相对于前臂），而是完全受被触摸的部位之间距离的影响。与之相比，正常的对照组被试显示出对身体部位之间差异的敏感性。对于上述患者来说，如果第一次触摸的是她的大腿，而第二次触摸的是她的前臂，较之连续两次都触摸她的大腿，她更有可能报告前一种情况下触摸的是同一部位。此外，令人惊诧的是，当她闭上双眼，并由实验者触摸其身体表面时，她在指认触摸定位时的表现竟然受到她进行测验时所处房间的大小与熟悉程度的显著影响。当实验测试的环境是她自己那间狭小的、熟悉的卧室时，她的表现远远好于在一间宽敞且相对陌生的卧室中的表现。这些证据暗示她可能使用了相对保留下来的空间表征，从而代偿其身体表面表征的混乱。

在当代认知科学背景下，Gallagher（2001）指出："身体图式是一种自动的程序系统，能够持续控制姿态和动作———一种感觉-运动能力的系统以及无须知觉监控而得以运作的现状。"比如，当我们保持平衡、摆出姿势、坐在椅子上、转圈以及取咖啡杯时，身体图式确保我们的身体具有这种无意识、自动化的能力。与之相对，在上述例子中，我们对胳膊的想象反映了我们的身体意象，但身体图式仍然在意识临界点之下运行，而且也不能超过临界点进入意识层面。因此，"身体图式是身体的无意识表现……在这种表现中，身体在其与环境的关系中获得了一种特定的组织或类型……身体动态地组织其自身空间，从而摆出某种姿态或把自己置于环境中"（Mitchell，1970）。认知神经科学通过对身体图式进行深入探索发现，感觉运动皮层是身体图式系统的组成部分。身体图式源自躯体感觉、视觉、触觉与前庭觉输入，并在顶叶皮层以及其他更多分布式的皮层网络中产生（陈巍，2017）。顶叶皮层的功能是更新和整合与身体部位及其位置的大小、长度以及关节运动等有关的真实的、可预测的（传出副本）感觉反馈。当错误产生时，传出副本传达到前运动皮层，以驱动对运动的校正。因此，身体图式的变化可能与顶叶皮层和前运动皮层的变化一起发生。

3. 基于神经病理现象学还原的幻肢痛镜像治疗

运动指令的输出与来自截肢部位的视觉反馈之间的失匹配是导致幻肢痛的根本原因。上述假设得到一些患者的明确支持："只要我能移动我的幻肢，也许就能帮助我减弱幻肢痛。"这直接启发了 Ramachandran 关于治疗幻肢痛的设想（Ramachandran，1993，1998）。结合瘫痪的幻肢的习得过程，Ramachandran 假设，是否可以通过虚拟现实来制造视觉上的幻象，让患者"看到"其幻肢的存在及其真实活动，从而使负责运动指令的神经元与负责感觉反馈的神经元之间的突触联结重新增强。通过多次练习，患者也许能重新摆脱改变后的身体意象，将幻肢从扭曲的、异常的姿势中解放出来，最终有效地缓解其幻肢痛。

为此，Ramachandran 和 Altschuler（2009）设计了一个极其巧妙的镜箱（mirror box），这种镜箱其实是一个普通的木箱或纸箱，正上方的一面敞开，里面垂直放置了一面 2 英尺[①]×2 英尺的镜子。箱子的一个侧面开出两个入口，可以让幻肢患者的真实手臂与幻肢分别从这两个入口中伸进去。比如，真实手臂（右手）伸进右侧入口，幻臂（左手）伸进左侧入口。因为镜子放在中间，所以患者的真实手臂在镜子右侧，而幻肢在镜子左侧。随后，研究者要求患者一边看镜子里自己的真实手臂的反射，一边调整位置，直至这种反射在视觉上与幻臂的位置重合。借助这种幻觉，患者的幻臂好像又复活了，他能同时看到两只手的幻象。如果他向双手传达做对称运动的运动指令（比如，指挥乐队或拍手），那么他就能获得他的手服从其运动指令的视觉印象（visual impression）。

使用这种方法，Ramachandran 等（1998）对多位幻肢患者进行了治疗。其中，最为著名的案例来自一位名为 Townsend 的幻肢患者。该患者因癌症截掉了左臂肘部以上部分，即左臂被截肢。在经历截肢手术 7 个月后，他出现了严重的幻肢痛。其典型症状是幻手不受控制地紧握拳头直至产生剧烈的痉挛痛。他描述道："就像幻手的指甲深深嵌进幻手中，这种疼痛让人无法忍受。"他尝试用各种方法张开他的幻手以减轻上述疼痛感，但均没有任何效果。Ramachandran 和 Blakeslee 指导患者按照上述步骤将真实手与幻手同时放入镜箱内，并观察镜子中真实手的位置，使其与幻手重合。然后，研究者要求患者的"双手"同时做对称动作。比如，真实手先紧握拳头，然后张开，同时观察幻手是否也会张开。研究结果显示，该患者感觉到幻手真的张开了，随后，疼痛感也明显减轻并最终消失了。当然，几个小时后，这种幻肢痛又再次出现。研究者让患者将镜箱带回家，每当出现这种幻肢痛便进行练习，经过几个月的练习后，这种幻肢痛彻底消失了。

为了进一步证实幻肢痛源自运动指令的输出与来自截肢部位的视觉反馈之间的失匹配，Ramachandran 等在实验过程中要求被试在闭上双眼的情况下，"双手"执行同样的对称动作，结果发现，患者在这种情况下不会感觉到幻手的张开，幻肢痛也不会减轻或消失。此外，为了排除安慰剂效应等干扰变量对研究的影响，他们还设置了对照情境，即在患者产生幻肢痛时，对其真实手臂进行电刺激，并提前告知这种方法可以消除幻肢痛。但研究证明，患者报告这种方法无效。这就

[①] 1 英尺≈30.48 厘米。

证明视觉反馈与运动指令之间的匹配才是使瘫痪幻肢患者重新活动其幻肢并使幻肢痛减轻的原因。这种治疗幻肢的方法被称为"镜像疗法"（mirror therapy）。

镜像疗法或镜像视觉反馈（mirror visual feedback，MVF）之所以有效，其原因在于：当动作指令从初级运动皮层与辅助运动区传导到手部肌肉以执行握拳动作时，手部的肌肉、皮肤与关节以及视觉系统会有神经信号传达到顶叶，从而通知大脑握拳动作已经正确执行，无须再进一步用力，否则会产生痛觉。然而，截肢患者在失去手臂后丧失了这种反馈机制，顶叶无法判断握拳行为是否正确执行，只能继续传达运动指令，从而导致握拳动作继续加强并最终使得疼痛加剧。镜箱的作用是帮助幻肢患者重新获得一种视觉系统的反馈，这种反馈回路会部分代替手部的肌肉、皮肤与关节的反馈功能，通知大脑握拳动作已经正确执行，从而终止运动指令。经过多次练习，患者最终重新习得运动指令的输出与来自截肢部位的视觉反馈之间的匹配，从而使其瘫痪发生逆转并减轻疼痛感。

4. 橡胶手错觉研究

橡胶手错觉是一种感知现象，触觉被认为是视觉、触觉和本体感觉相互作用的结果。这种操作已经被证明会导致肢体感觉位置的改变与本体感觉和/或触觉的偏差。为了引起幻觉，假臂通常与被试自己的（隐藏的）手臂处于相同的解剖方向并有密切的空间接触。然而，这种错觉的空间决定因素还没有得到正式测试。以往的人类神经影像学研究表明，前运动皮层和顶叶皮层在与肢体位置相关的视觉、触觉和本体感觉输入整合中起到重要作用（Ehrsson et al., 2004）。在人类和非人类灵长类动物中，当看到假手代替真实手时，这些区域的细胞就会收缩，但当解剖学上的合理性被违背或物体不像手时，细胞收缩的速度会降低（Ehrsson et al., 2005）。

（四）临床表现

LA-O 就是一位典型的异肢患者。神经病理学家 Bisiach 和 Geminiani（1991）是这样描述患者的："当被提问时，她会毫不迟疑地承认她的左侧肩膀是她身体的一部分，并且依此类推她也承认她的左侧手臂、手肘以及所有这些部分的明显的连接处都是她身体的一部分。但是对于前臂，她的态度就很匪夷所思。她坚持否认对左前臂的拥有感，但她也不能解释为什么她的戒指就恰巧戴在了那只不是自己的手上。"

另外一个拥有性感受不正常而信念系统正常的例子来自一个叫 EP 的患者。

EP是一个芬兰人,她因为严重的头痛和左侧身体麻痹而入院。医生经诊断后发现她的病因是脑前部血管破裂,为此,医生给她做了一个修复破裂血管的手术。尽管手术成功,但是EP脑前部的一小块区域却留下了永久性损伤,这个区域与运动控制有关。在术后的几年,EP女士几乎算是已经完全恢复了,除了一点非常异样的表现:她经常体验到身体左侧有一只额外的"幽灵般"的手臂,出现在她真实手臂前一两分钟所在的相同位置(比如,左侧手臂在1—2分钟前出现在身体前侧,则当下她会觉得身体前侧的位置存在一只额外的手臂)。当幻觉出现的时候,她就会感到好像有三只手臂。此时,如果EP看到她自己真实的左手臂,这只虚幻的手臂很快就会消失。EP知道她没有真的长出第三只手臂来,也认识到这个体验是由她受伤的脑所引起的。然而,多一只手臂的感觉是如此逼真,以至于有时候她担心购物时会撞到别人,因为她感觉她的三只手都拎着大篮子(Synofzik et al., 2008b)。

然而,并不是所有对自己身体部分丧失拥有感的患者都会像LA-O和EP一样能够如此清楚地知道自己的异常体验是不真实的。实际上,绝大部分患者会在拥有性感受丧失或失调的同时伴有拥有性判断和拥有性元表征的紊乱。除了这种在脑损伤之后继发的无法识别自己的手臂或者产生虚幻手臂的临床表现,很多患者还会表现出无法将自己的手臂识别为自己的,更有甚者会认为自己的手臂属于别人。为了与纯粹的、无法识别自己肢体的异肢现象加以区别,前者被称为躯体失认症,后者则被称为躯体妄想症。

二、躯体失认症

(一)定义

身体部位识别能力是指识别自己和他人身体各部位的能力,其识别障碍被称为躯体失认症。躯体失认症患者缺乏人体结构的概念,有此障碍的患者不能区别自己和检查者身体的各个部位以及各部位之间的相互关系。该症状在临床上并不常见,较少独立存在,多与其他认知障碍同时存在,如疾病失认、失用症、言语困难、空间知觉障碍等。对自身躯体存在失认症的患者不能按照指令识别、命名或指出自己身体的各部分。

所谓躯体失认症,就是对于一个人自己的四肢存在失去或不知道(非归属)的感受和信念。躯体失认症亦属于典型的拥有感紊乱疾病,临床研究表明,这类疾病往往是由于右侧脑顶叶皮层受到损伤，他们认为自己左侧的肢体，如胳膊等并不是他们的。通常与此相伴随的还有这些肢体运动能力的丧失，并且患者自己也会丧失对这些肢体的感受。对于他们受到影响的肢体，这些患者的说法很怪异。例如，一位胳膊麻痹患者说她实际上能够移动她的胳膊。当要求她指着自己的鼻子时，虽然她做不到，但她依旧会坚持认为她实际上指过了自己的鼻子（Ramachandran et al.，1998）。

一般认为，躯体失认症的损伤部位在优势半球顶叶或颞叶后部。因此，该障碍主要见于大脑右侧偏瘫的患者。也有临床病例显示，躯体失认症的损伤部位在右顶叶（Feinberg & Venneri，2014）。

（二）临床表现

当医生要求躯体失认症患者举起右手时，躯体失认症患者的反应可能是"我确实看见它了，它就在这周围某个地方。我猜想中午吃饭时我将它落在食堂里了"。如果要求他们"请指一下你的眼睛"，患者用手指向墙壁称"它们在那儿"（Feinberg，2010）。

患者不能执行需要区别身体各部位的各种指令，在进行转移动作训练时不能执行动作口令，如以双脚为轴心移动身体，将手放在椅子的扶手上，双手在胸前交叉并触摸肩部等。患者也不能模仿他人的动作。有的患者对自己身体的感知出现歪曲变形，从而将自己身体或某一身体部位看得比实际大或比实际小。患者常常倾诉患侧肢体有沉重感。有的患者也可能出现穿衣障碍。患者虽然不能识别身体部位，但可以识别物体的结构，如汽车的各个部分等。

三、躯体妄想症

（一）定义

躯体妄想症属于躯体失认症的一种变体，其有别于躯体失认症的典型临床特征是，此类患者在否认自己的身体部分属于自己的同时往往会声称特定的身体部分是属于别人的，即认为自己的手臂是属于另一人的，如家庭成员或自己的医生（Bottini et al.，2002）。躯体妄想症的典型表现是，患者坚持自己患病，因而经常求医求治，虽然治疗无效，但仍顽强不息。有些患者会说自己闻到、看到或感受到异常的东西，并且尝试过许多方法，但无法治愈。患者可能自创了一些治疗方式，其中有些非常怪异，有一定的危险性。长此以往，大部分患者会出现愤怒、排斥、绝望等，甚至泛起自杀的念头。

（二）神经机制

躯体妄想症往往与对侧脑的运动和感官能力的丧失相伴随，根据 Vallar 和 Ronchi 于 2009 年发表的一篇对躯体妄想症的神经病理学研究较为全面的综述中的归纳，在大部分报告的案例中，躯体妄想症患者的本体感觉是受损的。但相比之下，并不是所有的躯体妄想症患者的触觉和知觉都受损，也就是说，有一部分患者，尽管他们的本体感觉受损，但是他们的触觉和知觉依旧完好（Vallar & Ronchi，2009）。躯体妄想症患者的症状大多只持续数天或数周，但也有持续数年的。尽管当前对此并没有完美的治疗方法，然而有些案例研究表明，前庭刺激可使得其症状得到暂时缓解（Bisiach & Geminiani，1991）。研究者推测，这一效果可能是由对侧脑后上额叶和顶叶区域受到暂时性的过度刺激造成的，而这两个区域又正好涉及第一人称视角对自我和他者的空间关系的表征。更一般地讲，前庭、视前庭眼动及躯体感觉的刺激可能置换了有着左半侧忽视症状的右脑受损患者的空间参照系，从而弥补了与之相关的视觉运动和躯体感官的功能缺陷。

因此，也有研究者认为，躯体妄想症的症状是由更高级的身体表征的受损引起的（Vallar et al.，1997）。躯体妄想症依旧形象地展示了作为最小的自我的核心成分之一的拥有感受损的情况，同时它的存在也提醒我们，在关于"我的腿是我的"或者"我腿上的感受是我的感受"这些确认无疑的事情上，我们也会犯错。

（三）诊断标准

有些人十分强烈并坚定不移地相信自己患上了某种严重的疾病（事实上他们并没有患病），这一症状对应的就是妄想症。一般来讲，妄想是指错误地相信某事，这些想法是基于个体对自己症状或经历的误解，然而患者却坚信，而且几乎绝对地确定某事的存在。最普通的身体妄想症的症状是他们认为自己患有疾病，或他们的大脑里存在自己身体没有正常运行的一些想法，如认为自己身体正在发出恶臭，或身体正在吸入臭气；认为自己身体某部位感染了寄生虫；认为自己身体某部位出现了故障或令人厌恶（即使客观事实不是这样）；认为自己身体的某个部分，如循环系统或内脏等没有正常运转。

心理健康专家在判断个体是否患有躯体妄想症时，会问各种各样关于个体对疾病的看法和确切想法本质的问题，如"你的身体的某个部位发生故障了吗？""你的身体被寄生虫侵占了吗？"在很多方面，躯体妄想症患者和疑病症患者十分相似，两者最主要的区别在于，患者对自己患病或身体出现故障过度担忧的程度和对不合理想法的认识程度不同。疑病症患者在某种程度上对其症状有所了解，而躯体妄想症患者则对此根本不了解。

复杂的大脑表征使我们能够监控传入的感官刺激，并对外部行动做出计划。这种复杂表征的一个关键要素是我们对身体部位的归属感。大脑损伤可能会破坏这种表达，导致躯体妄想症，即认为自己的四肢属于别人的神经心理状态。

（四）临床表现

躯体妄想症往往与对侧脑的运动和感官能力的丧失相伴随。神经科学家Bottini及其同事报告过一位患有躯体妄想症的女性病例，其症状是由右半脑中风而导致的。其症状表现为她的左臂不能动弹，并且她还坚定地认为这个左臂是属于她外甥女的。她似乎意识不到他人对那条胳膊的触碰。在一次检查中，医生告诉她，自己将首先碰触她的右手，然后是她的左手，最后是她外甥女的手（实际上，医生碰触的依然是她的左手）。医生这样做的同时要求她报告每次的感觉。她说能感受到右手上的碰触，但是感受不到左手上的碰触。然而令人惊讶的是，当医生碰触那只她相信是她"外甥女的手"时，她的确感受到了左手上的碰触。尽管患者自己也认为感受到她外甥女的手被触摸这一点很奇怪，但是这种怪异并没有对她造成困扰（Bottini et al., 2002）。患者无法觉知到作用在她自己左臂上的触觉，却始终能够觉知到作用在她外甥女手臂上的触觉。此外，尽管躯体感觉被认为是影响身体拥有感的重要因素，然而实证研究结果却表明，即便是在身体拥有感没有恢复或改善的情况下，躯体妄想症患者的触觉知觉水平也还是有可能得到提高的（Moro et al., 2004）。反之，个体对身体部位的拥有性感受水平的提高有助于其触觉知觉水平的提高。就此而言，拥有性感受似乎能够以一种自上而下的作用影响触觉的知觉水平。

综上，所有这些发现说明了躯体妄想症不是单纯的初级感官运动皮层受损的结果，而是初级感官运动体验和自我联系中的一种特定功能故障，这也使得躯体妄想症成为一种特定的身体拥有感失调现象。

第二节　自主感的紊乱

有时候我们的大脑也会被欺骗，每一位坐过火车或汽车的朋友应该都会有过类似的体验。当我们上了火车进入车厢坐好之后，在等待火车发车的时候，如果恰巧旁边有另一列火车比我们所在的火车稍微早一点开动，并且我们眼睛的余光看到了这列车的运动，一开始，我们很容易以为是自己所在的火车在后退。当然，随着更多的信息输入，大脑会做出校正，我们很快会意识到是旁边的火车在向前开，而不是自己所在的火车在向后退。这种情况在物理学中被解释为参照系的选择，当我们以自己为参照系的时候，是旁边的火车在前进；而当我们以旁边的火车为参照系的时候，则是我们自己所在的火车在后退。那么，为什么我们总是会以如此相似的方式"选择"参照系呢？为什么我们不能总是"选择"自己而不是外部对象作为参照系呢？这是因为人脑在接收和处理外部信息并做出恰当反馈的过程中会形成一套快速的自动化的识别机制，这一机制一方面保证我们能够时刻保持对外部刺激的敏感，另一方面使得我们能够对相同刺激的不同来源进行区分以便做出更为合理的反应。为此，快速对感官刺激所引起的变化进行登记的系统是必要的，同时，能够保证对刺激进行匹配和检验的传出副本也非常关键，正是传出副本的这种正常工作保证了我们能够对自发运动体验到自主感，并使得我们能够内化某些反应而无须对所有的刺激都进行外显反应。为此，传出副本工作的紊乱会直接导致自主感的紊乱。最常见的临床表现莫过于精神分裂症，此外还包括异己手综合征等。

一、精神分裂症

（一）定义

精神分裂症是由一组精神症状所组成的临床综合征，表现在感知、思维、情感、意志、行为等方面的精神活动出现障碍，以及精神活动之间的完整性出现不协调。其病因和发病机制目前尚未完全阐明，遗传、心理、社会等因素在精神分裂症的发病中均起到重要作用。其临床表现主要包括如下方面：①精神功能亢进的阳性症状，如幻觉、妄想、明显的思维形式障碍、反复的行为紊乱及失控等；②精神功能减退或缺失的阴性症状，如思维贫乏、情感淡漠、意志活动减退等。

根据临床症状，其可分为Ⅰ型精神分裂症和Ⅱ型精神分裂症。Ⅰ型精神分裂症以阳性症状为特征，生物学基础是多巴胺功能亢进；Ⅱ型精神分裂症以阴性症状为主，多巴胺功能没有特别的变化。

（二）诊断标准

根据《疾病和有关健康问题的国际统计分类（第十一次修订本）》（International Classification of Diseases 11，ICD-11），我们对精神分裂症的诊断标准进行了如下整理。

1. 症状特点

目前，精神分裂症暂无特征性症状，患者出现以下症状越多，表明诊断的信度和效度越高。

1）思维鸣响、思维插入、思维被夺、思维被广播。

2）明确涉及躯体或四肢运动，或特殊思维、行为、感觉的被影响、被控制或被动妄想；妄想性知觉。

3）幻觉：医生对患者的行为进行跟踪性评论，或彼此对患者加以讨论的幻听，或来源于身体一部分的其他幻觉。

4）与文化不相称且根本不可能的其他类型的持续性妄想，如具有某种宗教或政治身份，或具有超人的力量和能力（如控制天气，或与另一世界的外来者进行交流）。

5）伴有转瞬即逝的或未充分形成的无明显情感内容的妄想，或伴有持久的超价观念，或连续数周或数月每日均出现的任何感官的幻觉。

6）联想断裂或无关的插入语，导致言语不连贯，或词语新作。

7）紧张性行为，如兴奋、摆姿势，或蜡样屈曲、违拗、缄默及木僵。

8）阴性症状，如情感淡漠、言语贫乏、情感反应迟钝或不协调，常导致社会退缩或社会功能的下降，但必须澄清这些症状并非由抑郁症或神经阻滞剂治疗所致。

9）个人行为的某些方面发生显著而持久的总体性质的改变，表现为丧失兴趣、缺乏目的、懒散、自我专注及社会退缩。

精神分裂症大多为持续性病程，仅少部分患者在发作间歇期精神状态可基本恢复到病前水平，既往有类似发作者对诊断有帮助。首次发作者通常要求在一个月或以上时期的大部分时间内确实存在上述症状前4个条目中的至少1个（如不甚明确，常需具备两个或多个症状），或存在第5—8个条目中来自至少两组症状群中的十分明确的症状。第九条仅用于诊断单纯型精神分裂症，且要求病期在一年以上。

2. 其他特点

精神分裂症患者的特点还包括，家族中特别是一级亲属中有较高的同类疾病的阳性家族史，躯体和神经系统检查及实验室检查一般无阳性发现，脑影像学和精神生化检查结果可供参考。如果患者存在严重的抑郁或躁狂症状，则不应诊断为精神分裂症，除非已明确精神分裂症症状出现在情感性症状之前。如果精神分裂症症状与情感性症状同时发生并且达到均衡，那么即使精神分裂症症状已符合精神分裂症的诊断标准，也应诊断为分裂性情感性障碍。如果存在明确的脑部疾病，或处于药物中毒期或药物戒断期，则不应诊断为精神分裂症。

（三）神经机制和理论模型

"当我幻想时，我听见一个声音，它似乎就在我的身后，说，再听话一些，再听话一些，不断重复……按照它的指令，我开始脱掉我的长袜，然后是紧身裤和紧身上衣，当我就这样全身赤裸时，我内心有一种强烈的感觉，所有事情都做得很好，完全按照这个声音的指令。"（弗里斯，2012）根据这些体验记录，该患者在今天无疑会被诊断为患有精神分裂症。该病症显著的共同特征是有目共睹的，即所有的当事人都相信这些虚假体验是真实的，并且会费尽心思地解释这些看起来不可能的事情是如何发生的。然而，我们对于这种失调的起因依然不清楚。我们所能做出的合理猜测是，大脑除了模拟它所栖息的身体活动外，它的某些部分也会记录其他部分的大脑在做什么。也就是说，某些神经回路会模拟和监控大脑其他部分的活动。而当这种回路出现问题时，便会出现自主感缺失。

精神分裂症患者所表现出的控制妄想（delusions of control）、思维插入（thought insertion）等便是典型的自主感缺失的症状（Blakemore et al., 2000），并且精神分裂症患者的特定症状似乎只涉及自主感的中断而不涉及拥有感的缺失。

1. 精神分裂症认知模型

Frith的精神分裂症认知模型认为，基本的自我监控过程中出现自主感的中断，为个体如何犯识别错误提供了一种解释（Frith, 2015）。Frith的基本主张就是，精神分裂症患者的妄想和错觉体验是由自我监控的中断引起的。慢性的精神分裂症患者会有一系列的移动失调。和我们所关注的最为相关的是，他们有时候可能会做出错误的、关于不同身体部位移动的自主性判断。罹患控制妄想的患者可能会报告自己的移动是由他人所做出的，或是由其他事物导致的。Frith 的一位患者是这样描述的："有一种无形的力量动了我的嘴唇，随后我开始说话。这些词仿佛都是为我而定制的。"（弗里斯，2012）言语所要负责的运动动作实际上是患者自己的运动动作，而患者自己也承认动的是他们自己的嘴唇，然而对于是谁产生了这种运动，患者却做出了错误的判断。显然，这里发生中断的是自主感而不是拥有感。也就是说，患者知道是他们的嘴唇在动，是他们在说，但似乎他的嘴唇是被迫动的，并且他们所说出来的词是由他人所给出的。

2. 精神分裂症的比较器模型

如何解释自主感体验的中断呢？比较器模型是其中一个较有影响力的解释模型。比较器模型一开始是作为解释运动控制的身体图式的加工而出现的。当一个运动指令被发送至一组肌肉时，那个信号的一个副本，即传出副本，同时也会被发送至一个比较器或自我监控系统。Held（1961）指出，被发送至比较器的传出副本会被储存在那里，随后被用于和由实际上被执行的移动导致的再输入的（本体感觉的或视觉的）信息进行比较。然而，这种感官反馈会稍微晚于移动发生的事实而到达，并且最多只能作为对个体刚才正在移动的判断的确认。就此而言，自主感可能只是通过这种反馈被强化，而不是基于这种感官反馈而获得。这种感官反馈模型和运动动作与自我觉知的生态学解释是一致的。运动动作的控制部分依赖于本体感觉和视觉本体感觉的反馈。如果有什么地方出错了，那么在这种反馈的基础上对其进行纠正是可能的。

然而，在一般的移动控制中，还涉及一个二级控制机制，并且这个二级机制也可以通过比较器模型得以解释。这一比较器机制被认为是属于先于移动的感官反馈和行为实际执行的前运动系统的一部分。Synofzik 等（2008a）认为这种不依赖于感官反馈的前向运动控制不仅帮助个体产生动作，而且很有可能负责帮助个体产生对动作的有意识的自主感。前向比较器监控运动指令的传出副本是否和运动意图匹配，进而根据是否匹配对先于任何感官反馈的移动自动做出纠正。这种前向比较器模型和来自运动动作的预期的、前动作方面的证据是一致的。

精神分裂症患者在前向运动控制方面出了问题，而在基于感官反馈的运动控制方面并没有问题。Frith 等（2000）通过以下实验来检验这一假设：同时让正常被试和精神分裂症患者使用操作杆跟踪电脑屏幕上的一个目标。实验者能够在被试的反应中制造一个明显的方向上的偏差，同时被试可以通过使用视觉反馈或者前动作过程，即更为自动的过程来修正他们的移动。在提供手的视觉反馈的情况下，被试往往会根据视觉反馈而非前动作过程来对错误进行修正，即被试看到一个错误，对其进行修正。然而，如果手的视觉反馈是不可见的，这时正常被试会做出更快的修正，显然这种修正只能是基于前向运动控制机制。但在精神分裂症患者身上开展的类似研究却发现，当视觉反馈存在时，他们能够和正常被试一样发现错误并对错误进行修正，而当视觉反馈被剥夺时，他们就无法再对错误进行修正了。精神分裂症患者无法根据前动作过程对移动进行修正，由此可以推测他们的前向运动控制机制可能并不能正常地工作。

精神分裂症患者在控制妄想方面所表现出来的症状是自主感缺失而不是拥有感缺失（Blakemore et al., 2000）。精神分裂症患者感到他们不是自己动作的自主体，而是受到他人的影响，即似乎是其他人或者其他事物在移动他们的身体。从某些方面讲，这种体验与非自发动作的体验类似。也就是说，当某人控制我们的移动（例如，推我们一下）时，我们知道是自己的身体在移动，但是我们不会有对这一移动的自主感；实际上，我们会把自主性归于推我们的人。Frith（2015）在比较器模型的基础上提出了用于解释精神分裂症患者控制妄想和思维插入等症状的模型。根据这一模型，自主感的产生源于预测模型和传出副本之间的匹配，而拥有感的产生则依赖于感官反馈和本体感觉之间的匹配。由于预测机制的缺陷，精神分裂症患者无法正确地归因自己所看到的行为表现，即表现出了自主感的缺失，但是由于本体感觉和感官反馈的正常工作，他们的拥有感还是完好无损的，即便在他们不认为动作是出于自己主观意愿做出的情况下，他们还是认为做出相应动作的身体部分是属于自己的。

神经生理学和电生理学的研究均表明，内部预测和外部信息之间的不断比较保证了个体正确地将自我做出动作所导致的感官事件归因于自己而非外部原因（Voss et al., 2006）。根据比较器模型的解释，正是使得自主感得以呈现的传出副本和输入信号之间的匹配，保证了我们能够对于自发事件进行正确的归因。而预测失败或传出副本无法正常生成都将导致自主感缺失。研究表明，精神分裂症患者就存在这种预测不足的情况。Lafargue等（2006）通过一个叫压力匹配任务的实验对精神分裂症患者的感官预测机制受损情况进行了研究。实验者通过力矩马达（torque motor）向被试的手指施加一个外力，要求被试感知力的大小，并通过另一只手的按压给出一个他认为与被动施加的外力相匹配的力。通常情况下，个体会存在对可预测的感官输入的低估，因此正常被试总是会给出一个较之实验者施加的压力大很多的力。但精神分裂症患者却不会出现类似的情况，他们表现出的对可预测的感官输入的低估程度显著小于同龄的控制组被试，这就意味着精神分裂症患者的感官预测机制并不能很好地工作。

此外，平滑追踪（smooth pursuit）运动的研究也表明，精神分裂症患者的感官预测机制受损（Thaker et al., 1998）。在平滑追踪运动过程中，视网膜中所接收到的视觉刺激会发生变化，如果仅依赖于视网膜上的信息，那么我们很有可能会错误地将这些变化归因为外部环境而非我们自己。因此，我们需要将视网膜上实际的图像变化与根据眼动的运动指令的传出副本所预测的图像运动进行比较，如果这两类信号匹配，视网膜上的图像变化会被解释为由自我发出并进行抵消；如果这两类信号不匹配，剩下的运动差异便会被归因为外部世界的变化。研究表明，精神分裂症患者确实在平滑追踪运动所引起的图像运动的知觉补偿中存在缺陷，即由于精神分裂症患者的内部预测模型不够准确，他们会知觉到更大的剩余运动量（Lindner et al., 2005）。这一结果也再次验证了他们感官预测机制的不足。

二、异己手综合征

在1964年的电影《奇爱博士》中，奇爱博士长着一只有自己想法的右手。该电影中出现的一个场景是，他正用自己的左手来阻止那个试图掐死他自己的"无法无天"的右手。这种我们一直安静地坐着什么都没做，而自己的一只手却开始独自行动的场面似乎特别耸人听闻。然而，现实生活中由脑损伤导致的这种"无法无天"的手出现的情况却是真实存在的。这种任性的手会抓住门把手不放，或者拿起一支铅笔乱涂乱画。有这种症状的人被手的这些行为折腾得心烦意乱。他们经常要用另一只手死死地抓牢它，尽力阻止它乱动（弗里斯，2012）。这种行为表现就是医学上所称的异己手综合征。

（一）定义

异己手综合征又称异手症，是除精神分裂症以外另一种对于理解自主感紊乱很有意义的病理学现象，通常被界定为一侧上肢做出无意愿的、不可控的但看似有目的的动作。异己手综合征包含上肢复杂的移动，尽管这些动作以一种目的指向的和"有意为之"的方式而被执行（例如，它们似乎是服务于某一目标的），实际上这些移动往往不是主体自己打算做的。

异己手综合征所涉及的临床表现有多种形式，概而言之，首先，患者的手（临床中通常所见的是左手）会表现出无法控制的行为，对于这些行为，患者会产生极端的陌生感。这种奇特的不随意运动障碍的特征是协调的、有序的，且清晰地呈现出目标导向的肢体运动。异己手可以从事重复执行一个特殊的目标导向任务（系鞋带）或有目的地使用一个外部对象（旋转门把手）。其次，与躯体失认症患者不同，异己手综合征患者大多可以正常地觉知并且再认他们的肢体。这类患者感知到对自己肢体的行为缺少自主性，例如，"我没有这样做"，但同时感知到一种对自己肢体完好的拥有感，例如，"尽管，我知道这是我自己的手"。

受其启示，有研究者尝试从现象学精神病理学（phenomenological psychopathology）与精神病理症状学（psychopathological symptomatology）的角度来重新审视异己手综合征患者的心理特征和行为表现，以便更好地描述、界定这种特殊的神经精神疾病，并将之与其他相似的神经精神疾病加以区分。他们将由身体经验畸变而诱发的精神神经疾病称为自我具身性障碍或离身性障碍体验。这些障碍包括五类不同的主观体验：不熟悉感、非真实感、无用感、受干扰的拥有感与丧失自主感。

其中，受干扰的拥有感又可细分为三类：①患者感觉肢体是异己的，但他们仍然相信该肢体属于自己，如自我感丧失症（depersonalisation）与传入神经阻滞症患者；②患者感觉肢体是异己的，并且他们相信该肢体不再属于自己，而是属于别人或受别人控制，如身体妄想症或躯体失认症患者；③患者感觉肢体属于自己，但会体验到一种令人费解的肢体厌恶感并希望将其从自己身体上截除，如身体整合意象障碍（body integrity image disorder，BIID）或截肢癖（apotemnophilia）患者。按照上述区分标准，异己手综合征患者的拥有感水平介于第一类与第二类之间。这主要表现在：患者丧失了与异己手目的性动作有关的自主感（如"我没有这样做"），但仍表现出疏远的拥有感（如"尽管，我知道这是我自己的手"）。

从启动方式上看，自我具身性障碍的发生过程大多是无意识的，但这些无意识状态又可分为三类：①主体处于无意识状态时产生的无意识行为；②主体受到刺激影响而产生的无意识行为，但主体并未觉察到这些刺激；③刺激影响主体的意识调节，却以主体并未觉察的方式启动行为。异己手综合征患者的无意识状态介于第二类与第三类之间，即异己手综合征患者的异己手具备自发活动的能力，但患者对其动作没有觉知或不具备意识意志，也不能对这些动作加以控制。然而，虽然异己手行为的产生是无意识的，但患者似乎又可以意识到这种行为，也常因"我的手被谁支配了"而感到窘迫，因此还是自知"怪异"的。

（二）神经机制

自主感这种特殊的第一人称体验有着更为底层的脑与神经基础。在正常情况下，任何动作的执行都涉及小脑与顶叶、前运动皮层、初级运动皮层和辅助运动区的联合活动。小脑和顶叶控制简单的活动，如动动手指或眨眼，其中后者控制相对复杂的动作，如挥手说再见或顺时针转动眼球。辅助运动区还负责将运动指令传达给初级运动皮层，再由该皮层通过脊椎传达到身体对侧的肌肉，产生诸如挥手说再见等动作。与此同时，辅助运动区也会将打算做的动作的运动指令以传出副本的形式传达到顶叶与小脑以及前运动皮层。该传出副本随后被转化为一种关联发放，它能够传送与命令性动作同时产生的自传入感觉回馈。躯体感觉皮层借助关联发放来区分自传入感觉与外传入感觉的差异，进而辨别自我生成的主动动作与外部生成的被动动作。随后，运动指令到达肌肉后，形成一个反馈回路。肌肉、皮肤、关节与视觉系统会将指令正确完成的运动信号经过脊椎传输到小脑与顶叶。后两者监控打算做的动作与实际做的动作之间是否匹配，如果察觉到预期的动作与真实的动作效果之间出现不匹配，前运动皮层负责为迅速矫正的运动调整做好准备。

（三）现象学的研究

基于上述现象学精神病理学的分析，异己手综合征的治疗需要重视第一人称方法（first person method）与第三人称方法（third person method）的交互约束。一些研究者甚至认为，对疼痛等带有强烈主观体验的知觉病理现象的研究不能完全借助脑成像等第三人称的神经科学方法，而应该关注患者的实时体验，并在对其进行精确记录的基础上实现一种"第一人称的神经科学"。相应地，Giummarra 等（2010）建议在探索、记录与评估身体整合意象障碍等身体不协调症状或自我具身性障碍时，尤其需要重视采集患者主观言语报告中回馈的现象学体验。这将有助于研究者区分异己手综合征与其他自我具身性障碍，以及有效地判定异己手综合征的具体类型。例如，基于异己手综合征患者的第一人称报告精确区分的自主感与拥有感概念在界定异己手综合征症状方面具有里程碑式的意义。Goldberg 和 Goodwin（2011）进一步指出，为了完成对异己手综合征的有效评估，不仅要仔细观察患者在各种自然情境中的肢体动作，而且要研究患者关于动作控制感的口头报告，同时要记录患者的相关情感。这些基于第一人称方法的主观报告可以引导研究者以脑成像等第三人称方法考察异己手体验对应的脑结构、功能和动力学的变化，从而形成两种数据之间的交互约束。

异己手综合征与其他自我具身性障碍在神经病理机制上的差异是否会外显地表现在自主感变化的不同层次上？研究者可以尝试开放性地搜集自我具身性障碍患者在症状发作后的"回溯性的言语报告"（retrospective verbal report），并使用现象学还原（phenomenological reduction，PHR）方法将这些报告中涉及的自主感特征划入以下五种现象类型中：①丧失自主感；②严重减弱的自主感；③矛盾的自主感；④轻微减弱的自主感；⑤完整自主感。异己手综合征的自主感特征应该集中在前三种类型，而其他自我具身性障碍的自主感特征应该集中在后两种类型。在上述现象学类型的引导下，研究者可以进一步采集与此对应的神经相关物或脑电动力学特征，从而丰富对异己手综合征的诊断，甚至有望为异己手综合征症状发作提供可靠的预测性指标。

（四）临床表现

异己手综合征的临床心理与行为表现中最为古怪的是患者有关异己手行为的特殊自我意识经验或主观体验。按照现象学的还原，这种体验包含两个层面：自己确认为身体的主人，就像把自己确认为行为的主体。前者称为拥有感，即自己感觉到自己的身体及其运动，或者自己作为运动主体的前反思经验或感觉（例如，"我"在控制"我"的动作经验）。后者称为自主感，它是与拥有感有着紧密联系并且在一般体验中难以与之分离的一种感觉，是指某人对其正在发起、执行并控制自身在世界中的意志行动的主观觉知。拥有感是一种个体将自己的身体及其运动归属于"我"的感觉，而自主感是一种"我"作为行动发起者的感觉。

在某些特殊的神经与精神疾病患者群中，我们经常可以观察到拥有感与自主感之间的不协调。例如，精神分裂症患者经常会抱怨某些在他人看来由其本人发起或做出的动作并不是受其主观意愿控制的。可能有人会认为异己手综合征实际上不是一种自主感的紊乱，因为患者能够正确地识别在他们"无法无天"的上肢的实际移动和他们的运动意图之间的矛盾。然而，考虑到异己手的移动是没有意图的，并且看上去其移动的意图和患者自己的意图是相互矛盾的，因此至少自主感的最低水平，即自主性感受是没有发生的。或者更为准确地说，非自主性感受发生了。这种情形的结果就是个体可能会产生一种"这不是我的动作"的感受，并且同时可能还会伴随一种恼怒的情绪体验。鉴于这种感受，一种理性的关于自主性的判断便是考虑上肢的活动是由它自己导致的，即它是一个有着自己意图的独立的自主体，或者它是某个有着自己意图的独立自主体的一部分。因此，和自主性有关的问题就在于自主感的第二个水平，即自主性判断。在这一水平上，个体会形成一种错误的幻想信念，这种不恰当的信念可能还会导致不恰当的行为。例如，患者可能会将手自己动的意图归因于他不受自己控制的那只手，并得出这样的信念，即手可能会受口头指令的影响，例如，"她经常会和她自己的（不受控制的）左手说话，要求它执行一些命令，做出一些移动，但是实际上她的左手'只是做它想做的事情'"（Trojano et al., 1993）。

（五）异己手综合征和异肢现象的异同

和异肢现象明显不同的是，异己手综合征的症状反映的是自主感的紊乱而非拥有感的紊乱，因为在这种病理案例的临床表现中，患者不会认为肢体属于别人，他们始终认为尽管自己的那只手并不"听话"，但它依然是自己身体的一部分，只是这只手是由不属于主体自主的实际意图所控制的，这种主张也得到了来自很多异己手综合征患者的支持："（患者的）左手会坚持探索和抓住任何附近的对象，拉住她的衣服，甚至会在她睡着的时候掐住她的喉咙……她睡觉的时候只能把左手绑起来以阻止夜间不恰当行为的发生。她从来不会否认左手臂和左手是属于她自己的身体的一部分，尽管她确实是把她的左上肢视作另一个有其自主性的实体。"（Banks et al., 1989）。

之前对拥有感紊乱的论述中提及，拥有性判断的信念不能（完全地）被拥有性感受解释。自主性判断的信念也不能被关于自主性和非自主性的感受所解释。尽管一个人的实际运动及其运动意图之间的矛盾可能导致非实际运动发起者出现知觉体验，但这依然不足以解释为什么一个人将意图归因为自己或不归因为自己，即自主性感受并不能解释自主性判断。这再一次需要依赖由特设的、基于语境线索和信念状态的合理化所形成的解释性判断，尤其是一个人自己的背景信念。

医学界对于异己手综合征的研究热点主要是通过采用神经科学技术来界定其子类型，同时也不断涌现大量的成果，如当前已经能够大体将异己手综合征分为四类：前部型或额叶型、胼胝体型、后部型或感觉型以及混合型（王辉等，2013）。然而我们介绍异己手综合征以及上述的其他拥有感紊乱和自主感缺失的病例并非为了对其原因进行剖析，或者对其可能的治疗方法进行探讨，而是希望通过这些宝贵的自我失调的现象来洞察自我的解构，从中考察其对自我建构问题研究的启示。

第三节 拥有感与自主感的分离及统一

一、一个统一稳定的最小的自我

James将自我划分为物质自我、社会自我以及精神自我。Neisser（1988）指出，有必要从自我的生态的（ecological）、人际的（interpersonal）、扩展的（extended）、私人的（private）以及概念的（conceptual）方面对自我进行不同的划分。而Strawson（1997）在对来自包括哲学和心理学等在内的各个学科的文献进行综述后指出，关于自我，除了上述分类之外，还存在大量的描述，如认知的自我、具身的自我、虚构的自我以及叙事的自我。Gallagher（2000）本人也表示，之所以采用最小的自我和叙事的自我这样的二分法，是因为这样能够更好地将心智哲学的观点和认知科学的发现结合起来，从而拓宽这一问题的哲学分析广度。此外，从这一角度对自我进行分类的学者也并非只有Gallagher一人，最小的自我和叙事的自我这种分类方法与Damasio（1999）所进行的原始自我、核心自我以及自传体自我有着异曲同工之处。这里之所以选择Gallagher的分类方法，正如他本人所言，是因为其可以更好地对哲学分析与科学实证探索进行跨学科的结合，并且研究者在这样的分类框架下也更容易进行实证检验。

除了对自我进行分类外，Gallagher（2000）同时还指出，对最小的自我的觉知是通过两类基本体验——拥有性体验和自主性体验来调节的，即拥有感和自主感被认为是能够帮助我们有效识别身体自我的两类重要体验。拥有感和自主感作为动作的属我性体验，共同存在于自我作为一个自主体的非概念表征中，并且两者在一般的自发行为的体验中是不可分割的。然而，在非自发的被动运动中，两者的分离又是显而易见的。

（一）拥有感

尽管拥有感和自主感一起构成了最小的自我的核心成分，并且拥有感本身在现象学层面所表现出来的似乎是一个中央的、统一的加工模块，然而实际上，拥有感在很大程度上是一种异构的、具有多个功能和表征水平的、复杂的多模态现象。拥有感作为身体的自我表征的一种形式，被认为包含三个层次的内容：非概念的感受水平（身体的知觉表征），即拥有性感受；概念性的判断水平（身体的命题表征），即拥有性判断；元表征水平，即拥有性元表征（本书第一章对此已有详细介绍，此处不再赘述）。

（二）自主感

较之拥有感，自主感因包含更多的心理成分而更难以界定。这里我们只关注自主感如何作为一种有助于人类进行自我识别的基本体验而存在。大量的研究表明，自主感，尤其是自主性判断，在很大程度上依赖于预测结果和实际感官结果之间的一致和不一致程度。预测结果和实际结果之间一致将会导致自主感的产生，而不一致则说明动作可能是由另一个自主体导致的。在对自主感的研究中，中央监控理论（central monitoring theory，或称比较器模型）是当前最有影响力的解释。根据这一理论，动作产生的同时会产生相应的输出信号，而当动作被执行之后又会有输入信号，两者之间的匹配会让我们产生相应的自主感，而不匹配则会造成自主感的降低甚至缺失。换言之，为了实现对动作的精确控制，运动系统不仅要利用感官反馈，还需要进行预测，并对预测的结果与实际的反馈进行比较，当两者不一致时，大脑会向运动系统发出信号，指导其进行监控并对行为做出相应的调整。传出副本机制可能就是自主感体验产生的基础。

传出副本的重要性不仅体现在影响自主感产生与缺失的条件，还对个体区别自我和他人有着重要的意义。中央神经系统包含一个特定的比较器系统，能够接收运动指令的副本，并将其与源于运动的感官信号进行匹配。

与拥有感类似，我们也可以而且有必要从以下三个层次来认识自主感：非概念的感受水平（动作的知觉表征），即自主性感受；概念性的判断水平（动作的命题表征），即自主性判断；自主性元表征（meta-representation of agency），即道德责任归因。

1. 自主性感受

自主性感受隶属于非概念的感受水平。自主性感受是通过一个逐步的、高度可塑的对与不同动作相关的知觉和运动线索的评价过程而产生的，这些线索部分是输入的（如视觉反馈、本体感觉等），部分是输出的（如动作预测、身体图式等）。

个体在这一水平上所习得的便是建立一种稳定的基于知觉的表征，从而将自己的动作效果表征为他本人。尽管依然是以一种非概念的内隐的方式，但自我关系在这一水平上已经被表征了。基于对动作相关的知觉和运动线索在这一水平上的评估过程，个体能够建立起一种对动作-效果（action-effect）"属我性"的稳定表征，从而使其能够被其他非概念的认知子系统所通达。最为重要的作者身份线索（authorship cues）是由预设的内部比较器机制提供的。比较器模型可以对我们动作的感受结果进行预测，并对实际结果进行反馈。当预测结果和实际结果之间一致时，这可能会被认知系统采纳并以此登记该感官事件是由自己导致的；而当两者不一致时，这可能会被认知系统采纳并以此登记该感官事件是由外部原因导致的。

2. 自主性判断

自主性判断隶属于概念性的判断水平。非概念的自主性感受被认知系统通过额外的知觉能力和信念态度等进一步加工，成为自主体的概念性的、解释性的判断，这时自主性判断便会产生。个体在这一水平上所习得的便是将自己的动作结果表征为自己的。基于评估不同认知的、非感官运动指示器的信念信息加工，个体不仅能够知觉地表征"我的动作"和"非我的动作"之间的不同，而且能够命题地、合成地将一个人自己的动作表征为他自己的或是其他人的。自主性判断是通过一个合理化的过程形成的，这一过程通常由自主性感受作为输入。因此，自主性判断通常以评估感官运动的身份指示器的输出作为开始。然而自主性判断并不必然意味着自主性感受的存在，合理化过程有着多重输入，即便是没有自主性感受的合理化过程，自主性判断也可能发生。在自主性判断这一水平上，一个系统能够将它的动作结果和效果表征为在空间和时间上都稳定的内容，并且以命题知识的形式对它们进行编码。

3. 道德责任归因

如果一个认知系统不仅能够形成自主性感受和自主性判断，如将一个特定的动作归因于一个特定的作者，还能够可靠地登记与处理动作的心理状态，那么它就能进行道德责任归因。道德责任归因需要满足一定的条件，例如，自主性系统A必须有一个内部的动作计划，该计划中包含对行为B的表征，并且对可能的结果C有足够的洞察，同时动作是发生在常规情境中的并且有一个常规的系统能够对行为结果进行可接受和不可接受的判断。除此以外，为了能够形成道德责任的归因，一个人还必须将形成元表征的能力和形成特殊的关于自我和他人的心理模型的能力结合起来。并且，借鉴社会标准和规范判断的社会交互的元表征必须要区别于一个人的感受和判断的认知维度，因为自主性感受和自主性判断在个体发生学和系统发生学上都是更为基本的特征。因此，自主性元表征是在自主性判断的基础上形成的，是来自个体对动作进行道德责任归因时产生的道德责任层面判断的自主感（布宇博等，2022）。由道德责任判断引发的自主感是人类社会的法律、法规、道德等基本规则制定和执行的条件。当个体能理解他人对自己行为的期望，并以一定规范标准推测其行为及结果是否可接受时，社会规范和道德原则就成为人们对其行为及结果进行评价与判断的重要准则，这种内化的规范准则会对自主感产生不可忽视的影响（Synofzik et al.，2008b）。

综上，拥有感为我们提供了成为自己身体拥有者的前反思的体验，而自主感则是指我们是自己动作发出者的感受，两者共同起着区分自我与他人的重要作用。拥有感和自主感的共同作用使得我们对自己身体的自我识别得以完成。因此，对于拥有感和自主感的研究与分析将有助于我们更好地理解和探究大脑在认识活动过程中如何创造出一种自我感这一问题，从而使我们对自我的存在方式进行更为明晰的探讨。

二、拥有感与自主感的关系

拥有感和自主感存在密切联系，最显而易见的是它们总是一起出现在我们日常生活的自发行动中。然而，两者之间的紧密联系显然不仅发生在动作的实际执行过程中，而且存在于拥有性和自主性出现之前，因为拥有性和自主性的出现必须满足一个前提条件，即动作-效果-耦合（action-effect-coupling）的感官登记。

就这一过程的一般特征而言，为了将自己体验为自己动作的发起者，即能够认识到自己作为一个自主体是某个动作产生的原因，并且是这一个特定动作的拥有者，有一个非常基本的前提就是一个系统要学会如何系统地登记感官事件并将其作为自身动作的典型效果。这可以在两个不同的非概念表征的基础上被认识。在非常基础的水平上，这种动作-效果-耦合导致的是一种情境的和当下的表征。个体在这一水平上所习得的是将一个特定的感官事件表征为一个特定类型动作的效果，从而建立一种基本的、当下的自我与环境的区别，这种区别包括将效果表征为由个体自身和自身某一部位所发出的，即 Thompson 的建构论主张中提及的自我指定系统所需要完成的任务。

在这一阶段，自我关系还未被表征。因此在这一基本阶段，我们所完成的是一种对当下的自我和环境之间的分离与区分。这种区别允许我们对自身的动作进行一种基本表征。在现象层面，我们已经有了一种发出一个动作的感觉，尽管我们还不能说这种感觉就是自主感（它并没有被表征为我们自身的动作）。这一点在丧失本体感觉的患者身上可以很好地得到体现。当患者看不到自己的手向前移动时，他们虽然能够产生一种发出动作的感觉，但是因为没有持续的来自视觉的或本体感觉的信息反馈输入，所以他们并没有稳定的自主性感受。在这一水平上，感官动作效果表征可以被恰当地描述为非概念的、情境的表征——这是一个动作的发起。

这种最为基本的水平对动作-效果-耦合起着登记作用，并且对自主感和拥有感的获得是必要的。这是一种非概念性的、情境的、对于某人自己成为自主体的表征，并且可以被认知系统用于多种目的。动作-效果-登记有助于个体建立基础的目标表征，有助于个体开始基本的动作计划，尤其有助于个体更为有效地处理自我引起的感官刺激。此外，动作-效果-登记所传递的信息可以根据任务和语境的不同要求，以不同的方式得以再校准。例如，当动作-效果-登记起的作用是作为自我发出的刺激整体的一部分时，它可以取消与这一感官刺激相对应的动作效果的出现，比如，自己不能给自己挠痒痒便是最为直观和典型的例子。

此外，基本的动作-效果-耦合的登记也是拥有感和自主感产生的必要前提条件。为了将特定的身体部位体验为一个人自己身体的一部分，一个非常基本的前提要求便是一个系统要学会系统地登记特定的感官输入，并将其作为源于一个人自己身体的感官输入（而不是源于他人身体或外部世界）。它使得个体对身体部位属性的情境的（不稳定的）表征得以建构。只有在行动的过程中，我们才能学会可靠地区分属于我们自己的感官信息和不属于我们自己的感官信息，只有在汇总情况下，我们才能登记感官输入和动作之间的系统变化，以便将它从巧合地影响我们的感官输入和环境中区分出来。然而，在这一水平上，系统本身并没有对拥有性和自主性进行区分；相反，动作属我性的两个方面（即拥有感和自主感）都出现在情境的、非概念的个体成为自主体的表征中。

就这一过程的认知神经机制而言，动作-效果-登记只是预设了动作控制能力的一个非常粗糙的要求：第一，这个系统必须以某种方式开始移动，如它必须执行自发的、无意图的、无目标指向的移动。早在出生之前，胎儿就会执行这种自发的移动。因此，和所有随后的阶段相反，到目前为止，这个系统实际上不需要任何特殊的运动控制的能力（甚至没有运动预测）。第二，这个系统必须有能力检测和存储系统的共变——一种内在于神经网络的能力，除此之外并不需要任何其他认知能力和神经认知机制。

这种登记能力和它有别于下一个更为复杂的水平的经验的可能性得到了很多来自发展心理学研究的支持。Hommel 和 Elsner（2000）提出了一个意图自主体的二阶段模型。在第一阶段，即意图形成阶段，无目标指向的反身的移动被执行，同时同步发生的感官事件会被探寻。如果一定的移动和感官事件总是一起发生，并且这一移动会被一而再再而三地执行，简单的学习机制便会导致动作-效果的联合学习。例如，研究者在婴儿面前播放电影，同时对电影画面的清晰度以及声音音调进行控制，结果发现，即便是 2 个月大的婴儿也会通过调节他们的嘴部活动（如吮吸假奶嘴）来增加所播放电影的视觉清晰度或者控制音调的变化。此外，2—6 个月的婴儿，在一个非常基本的水平上，会监控和控制自己脚踢和手够的动作，如果动作会导致相应的某个行为结果的反复出现，那么这会在动作-效果一致性的基础上得以强化。只有当动作-效果之间的联合已经被可靠地习得并已经准备好被运动系统所用时，意图的自主性才会发展起来。当这种联合通过探索个体的感官效果而习得并反过来可被用于运动系统时，内部的自主性才会得以发展。尽管这种联合会通过执行移动和探索它们的感官效果而获得，但它们依然是意图动作指向行为的一个必要前提。然而，因为更为一般的动作和动作效果的内部表征还没有被系统地建立起来，并且自我关系也没有被表征，这种登记依旧依赖于动作和动作效果的直接呈现，所以，其下的动作表征缺少跨时间的稳定性。相应地，执行一个真正的目标指向和对一个人自己的动作结果进行预期的能力也只能在更晚的阶段，即拥有性感受和自主性感受出现时才能出现。动作-效果-耦合登记只是拥有感和自主感出现的一个共同前提。

第二阶段为意图执行阶段。正如我们在非自发的动作中所能外显地观察到拥有感和自主感的分离一样，通过某些特定的实验装置，我们能够对拥有感和自主感进行有效的分离。拥有感和自主感之间的关系可以通过观察及研究两者的分离来加以理解。Sørensen（2005）邀请被试参加一项戴上手套画直线的实验任务，同时告知他们实验的目的是对简单的运动行为中的身体体验进行研究，当然实际情况并非如此。具体的操作过程如下：被试被要求在一张已经印有一条直线的白纸上沿着已有的直线进行描画。实验过程中，白纸被放置于一个特制的大小为 45 厘米×45 厘米×45 厘米的立方体箱子的底部，在正对着被试一面的上下各开有一个小口，被试的手可以通过下方的开口伸入箱子内，而通过上方的开口，被试可以看到箱子内的纸、他们自己的手以及随后的画线动作。这个特制的箱子内还装有一盏与计时器相连的小灯，小灯每次的持续工作时间为 2 秒。

实验者打开小灯的同时会给出提示被试开始画线的指令，2 秒后小灯自动熄灭，与此同时被试停止画线。在正式实验之前，实验者会指导被试进行 4—5 次的训练，要求他们在尽可能把线画直的同时对自己的画线时间进行控制，从而能够在小灯熄灭的同时刚好画完线。在实际的操作过程中，被试不知道的是，在他们能够看见箱子的那个开口处设有一块装着平面镜的小挡板，挡板可以翻转45°，因此当挡板没有翻转时，被试通过该开口看到的是箱子底部的纸和自己的真实手；而当挡板被翻转之后，被试所看到的实际上是镜子反射的箱子的另一面上的白纸和实验者戴着手套的手。实验共进行了8次，在实验过程中，实验者在与箱子地面垂直的另一个面上所放置的白纸上画直线，其动作与被试同时开始且同时结束。在实际的描画过程中，实验者会刻意在某个位置上偏离已有直线，即故意画一条不够直的直线。在7次实验中，被试看到的是实验者的动作而不是他们自己的动作。

由于被试不知道那面镜子的存在，并且在实验过程中实验者和被试手上都戴有手套，被试不可能通过手的特征得知他们在实验中看到的不是自己的手，事后的报告也表明，被试并没有意识到自己在实验过程中看到的是他人的动作。因此，若画的线不够直，被试会认为是自己的手在执行动作时没有遵循自己的意图。实验结束后，实验者要求被试用言语报告尽可能精确地描述他们在实验过程中的主观体验，结果发现，被试描述了一种在任务执行过程中拥有感保持稳定但自主感受到干扰甚至是自主感丧失的独特体验。例如，有一名被试是这样描述自己当时的感受的："我画线的动作没有停，而我与自己的手好像失去了联系……手在继续，可是我和手就像是两个生物，即手还在做它喜欢做的，而我对此无能为力。"（Sørensen，2005）造成拥有感和自主感分离的原因是：在执行任务的过程中，被试的动作意图提醒其在箱内镜子下面向前移动的就是自己的手，但视觉输入却"否决"了动作意图试图保留的本体感觉信息。最终，被试直接体验到作为"对我"发生的运动（拥有感），而没有体验到作为"由我"产生的运动（自主感）。

随着研究的深入，越来越多的研究者认识到并认可了拥有感和自主感之间的联系与区别，对于拥有感和自主感的分离以及两者之间的区别与联系，我们将在下文中进行更详细的介绍。

三、橡胶手错觉实验——拥有感和自主感的联系与分离

从前文关于拥有感和自主感的介绍中我们知道，产生自主感的必要条件是引入运动因素。然而，探究拥有感和自主感之间的关系，仅仅引入运动因素显然是不够的，我们还需要设定不同的条件，使得拥有感和自主感能够各自独立于对方

出现,同时也需要设定特殊的条件来比较有自主感存在的拥有感和没有自主感存在的拥有感,或者是有拥有感存在的自主感和没有拥有感存在的自主感等多种不同的情形,这样我们才能对拥有感和自主感的关系有更深入的了解。

橡胶手错觉实验是同类研究中第一个比较系统地对拥有感和自主感进行双向分离研究。实验者通过一个特殊的装置将被试的右手食指和假手的食指用一根小木棍相连,在实验过程中,被试的真实手始终位于一个大小为 35 厘米 × 25 厘米 × 12 厘米的黑色不透明小盒子内,而由木头制成的仿真假手则始终被放置于小盒子的上面,且处于被试视线的正前方。当被试移动自己食指的时候,假手的食指也会产生相应的移动;当实验者通过控制小木棍使假手食指产生移动的时候,被试的真实手食指也会被动地产生移动。也就是说,在实验过程中,被试可以体验自己主动移动手指同时看到橡胶手相应手指移动的情况,也可以体验自己被动移动手指(由实验者控制其手指移动)同时看到橡胶手相应手指移动的情况。实验的主要目的是测量被试对位于不同位置(和被试真实手摆放位置一致或和被试真实手摆放位置不一致)的橡胶手在移动过程中的拥有感和自主感。

结果发现,较之位置不一致的情况,当真实手和橡胶手摆放位置一致时,被试会对橡胶手产生拥有感,即好像橡胶手是自己身体的一部分;较之消极移动的情况,当真实手的移动是由被试自己发出时,被试会对橡胶手产生自主感,即能够控制橡胶手的运动。这些发现为拥有感和自主感是两类虽紧密联系但实际上还是有所差别的体验再一次提供了证据,说明它们可能表征的是不同的认知过程。当橡胶手被感受为自己身体一部分的时候,被试对自主感的评分更高,这一现象说明尽管两类体验有所区别,而在实际的作用过程中还是会产生相互影响。关于自主感和拥有感之间具体的相互作用机制,这项研究分别对自主感和拥有感进行评分,但两者之间的差异并没有达到显著程度,因此单凭此项研究还不能得出确切的答案。

除了尝试对拥有感和自主感的双向分离进行系统研究外,还有不少研究致力于对拥有感和自主感之间的相互作用机制进行探讨。有研究通过采用投影技术将被试的真实手投影至水平放置于被试面前的屏幕上。实验过程中,被试需要将自己的真实右手放置于一个特定的架子内,从而保证真实手处于一个固定位置且不被自己看到。根据实验者的提示,他们或者主动地按照某些固定频率有节奏地抬起或放低真实手的食指或小指,同时观察投影屏幕上的影子手相应的食指或小指的移动(主动移动手指情境);或者被动地由实验者通过一根连在他们食指或小指上的绳子抬起或放低他们的食指或小指，同时观察投影屏幕上的影子手相应的食指或小指的移动（被动移动手指情境）；或者被动地由实验者用刷子刷他们的食指或小指，同时观察影子手相应的手指被刷（被动接受触觉刺激情境）。在这三种不同的情境中，尽管主动移动和被动移动两种情境下手指的运动模式相同，但是对被试受刺激和没有受刺激的手指在实验处理前后本体感觉偏移程度的测量结果表明，在被动移动手指和被动接受触觉刺激情境下，只有受刺激的手指才会出现有显著差异的本体感觉的偏移，而没有受刺激的手指则不会出现，说明被试只对与受刺激的手指对应的投影屏幕上的影子手指产生拥有感。但在主动移动手指情境下，本体感觉偏移不仅发生在受刺激的手指上，同时也存在于没有受刺激的手指上，即拥有感错觉会出现在所有的手指上。这似乎表明，纯粹的身体拥有感是局部的、零碎的，而自主感能够对拥有感进行调节，即自主体的运动感会将不同身体部位整合到一个连续体中，从而形成统一的身体觉知（Tsakiris et al., 2006）。造成这种现象的原因可能是人脑中初级躯体感觉皮层中的表征原则和初级运动皮层中的表征原则是不一样的，前者更为具体和零碎，而后者更为整合和重叠。

以上研究一方面证明拥有感和自主感是两类不同的感受，可能涉及不同的认知加工过程；另一方面说明两者作为最小的自我的两个基本方面是如何共同作用，从而保证我们体验到稳定统一的自我的。也正因如此，探讨橡胶手错觉及其变式对于研究者探索自我相关问题格外有意义。

参 考 文 献

布宇博, 李力红, 吕香玲, 国宏远, 安灿翎, 王凌云. (2022). 动作自主性与结果性质对不同预测性条件下施动感的影响. *心理学报*, 54 (7), 789-798.

陈巍. (2017). 幻肢的神经病理现象学：从成因到治疗. *同济大学学报（社会科学版）*, (5), 18-27.

弗里斯. (2012). *心智的构建：脑如何创造我们的精神世界*. 上海：华东师范大学出版社.

莫里斯·梅洛-庞蒂. (2001). *知觉现象学*. 姜志辉译. 北京：商务印书馆.

王辉, 陈巍, 单春雷. (2013). 异己手综合征的研究进展. *中国康复医学杂志*, 28 (12), 1160-1163.

张静. (2016). *自我和自我错觉——基于橡胶手和虚拟手错觉的研究*. 博士学位论文, 浙江大学.

Banks, G., Short, P., Martínez, A. J., Latchaw, R., Ratcliff, G., & Boller, F. (1989). The alien hand syndrome: Clinical and postmortem findings. *Archives of Neurology*, 46(4), 456-459.

Bisiach, E., & Geminiani, G. (1991). Anosognosia related to hemiplegia and hemianopia//G. P. Prigatano, & D. L. Schacter(Eds.), *Awareness of Deficit After Brain Injury*(pp. 17-39). New York: Oxford University Press.

Blakemore, S. J., Wolpert, D., & Frith, C. (2000). Why can't you tickle yourself? *Neuroreport, 11*(11), 11-16.

Bottini, G., Bisiach, E., Sterzi, R., & Vallar, G. (2002). Feeling touches in someone else's hand. *Neuroreport, 13*(2), 249-252.

Brion, S., Jedynak, C. P. (1972). Disorders of interhemispheric transfer(callosal disconnection). 3 cases of tumor of the corpus callosum. The strange hand sign. *Revue Neurologique, 126*(4), 257-266.

Ebner, T. J., & Pasalar, S. (2008). Cerebellum predicts the future motor state. *The Cerebellum, 7*(4), 583-588.

Ehrsson, H. H. (2007). The experimental induction of out-of-body experiences. *Science, 317*(5841), 1048.

Ehrsson, H. H., Holmes, N. P., & Passingham, R. E. (2005). Touching a rubber hand: Feeling of body ownership is associated with activity in multisensory brain areas. *The Journal of Neuroscience, 25*(45), 10564-10573.

Ehrsson, H. H., Spence, C., & Passingham, R. E. (2004). That's my hand! Activity in premotor cortex reflects feeling of ownership of a limb. *Science, 305*(5685), 875-877.

Ehrson, H. H., Wiech, K., Weiskopf, N., Dolan, R. J, & Passingham, R. E. (2007). Threatening a rubber hand that you feel is yours elicits a cortical anxiety response. *Proceedings of the National Academy of Sciences, 104*(23), 9828-9833.

Farmer, H., Tajadura-Jiménez, A., & Tsakiris, M. (2012). Beyond the colour of my skin: How skin colour affects the sense of body-ownership. *Consciousness and Cognition, 21*(3), 1242-1256.

Farrer, C., & Frith, C. D. (2002). Experiencing oneself vs another person as being the cause of an action: The neural correlates of the experience of agency. *NeuroImage, 15*(3), 596-603.

Farrer, C., Valentin, G., & Hupé, J. (2013). The time windows of the sense of agency. *Consciousness and Cognition, 22*(4), 1431-1441.

Farrer, C., Bouchereau, M., Jeannerod, M., & Franck, N. (2008). Effect of distorted visual feedback on the sense of agency. *Behavioural Neurology, 19*(1-2), 53-57.

Farrer, C., Franck, N., Paillard, J., & Jeannerod, M. (2003). The role of proprioception in action recognition. *Consciousness and Cognition, 12*(4), 609-619.

Feinberg, I. (1978). Efference copy and corollary discharge: Implications for thinking and its disorders. *Schizophrenia Bulletin, 4*(4), 636-640.

Feinberg, T. E. (2010). Neuropathologies of the self: A general theory. *Neuropsychoanalysis, 12*(2), 133-158.

Feinberg, T. E., & Venneri, A. (2014). Somatoparaphrenia: Evolving theories and concepts. *Cortex, 61*, 74-80.

Folegatti, A., Farnè, A., Salemme, R., & De Vignemont, F. (2012). The rubber hand illusion: Two's a company, but three's a crowd. *Consciousness and Cognition, 21*(2), 799-812.

Formisano, E., De Martino, F., Bonte, M., & Goebel, R. (2008). "Who" is saying "what"? Brain-based decoding of human voice and speech. *Science, 322*(5903), 970-973.

Fotopoulou, A., Jenkinson, P. M, Tsakiris, M., Haggard, P., Rudd, A., & Kopelman, M. D. (2011). Mirror-view reverses somatoparaphrenia: Dssociation between first-and third-person perspectives on body ownership. *Neuropsychologia, 49*(14), 3946-3955.

Fourneret, P., & Jeannerod, M. (1998). Limited conscious monitoring of motor performance in normal subjects. *Neuropsychologia, 36*(11), 1133-1140.

Fourneret, P., Paillard, J., Lamarre, Y., Cole, J., & Jeannerod, M. (2002). Lack of conscious recognition of one's own actions in a haptically deafferented patient. *Neuroreport, 13*(4), 541-547.

Franck, N., Farrer, C., Georgieff, N., Marie-Cardine, M., Dalery, J., D'Amato, & Jeannerod, M. (2001). Defective recognition of one's own actions in patients with schizophrenia. *American Journal of Psychiatry, 158*(3), 454-459.

Franklin, D. W., & Wolpert, D. M. (2011). Computational mechanisms of sensorimotor control. *Neuron, 72*(3), 425-442.
Friston, K. (2005). A theory of cortical responses. *Philosophical Transactions of the Royal Society London. Series B: Biological Sciences, 360*(1456), 815-836.
Friston, K. (2010). The free-energy principle: A unified brain theory? *Nature Reviews Neuroscience, 11*(2), 127-138.
Frith, C. D. (2005). The self in action: Lessons from delusions of control. *Consciousness and Cognition, 14*(4), 752-770.
Frith, C. D. (2015). *The Cognitive Neuropsychology of Schizophrenia*(Classic Edition). London: Psychology Press.
Frith, C. D., & Done, D. J. (1988). Towards a neuropsychology of schizophrenia. *The British Journal of Psychiatry, 153*(4), 437-443.
Frith, C. D., Blakemore, S. J., & Wolpert, D. M. (2000). Explaining the symptoms of schizophrenia: Abnormalities in the awareness of action. *Brain Research Reviews, 31*(2-3), 357-363.
Gallagher, S. (1986). Body image and body schema: A conceptual clarification. *The Journal of Mind and Behavior, 7*, 541-554.
Gallagher, S. (2000). Philosophical conceptions of the self: Implications for cognitive science. *Trends in Cognitive Sciences, 4*(1), 14-21.
Gallagher, S. (2001). The practice of mind. Theory, simulation or primary interaction? *Journal of Consciousness Studies, 8*(5-6), 83-108.
Giummarra, M. J., Georgiou-Karistianis, N., Nicholls, M. E., Gibson, S. J., Chou, M., & Bradshaw, J. L. (2010). Corporeal awareness and proprioceptive sense of the phantom. *British Journal of Psychology, 101*(4), 791-808.
Goldberg, G., & Goodwin, M. E. (2011). Alien hand syndrome//J. S. Kreutzer, J. DeLuca, & B. Caplan(Eds.), *Encyclopedia of Clinical Neuropsychology*(pp. 84-91). New York: Springer.
Held, R. (1961). Exposure-history as a factor in maintaining stability of perception and coordination. *The Journal of Nervous and Mental Disease, 132*(1), 26-32.
Hommel, B., & Elsner, B. (2000). Action as stimulus control//A. Schick, M. Meis, & C. Reckhardt(Eds.), *Contributions to Psychological Acoustics*(pp. 403-424). Oldenburg: BIS.
James, W. (1887). The consciousness of lost limbs. *Proceedings of the American Society for Psychical Research, 1*, 249-258.
Lackner, J. R. (1988). Some proprioceptive influences on the perceptual representation of body shape and orientation. *Brain, 111*(2), 281-297.
Lafargue, G., Franck, N., & Sirigu, A. (2006). Sense of motor effort in patients with schizophrenia. *Cortex, 42*(5), 711-719.
Lindner, A., Thier, P., Kircher, T. T., Haarmeier, T., & Leube, D. T. (2005). Disorders of agency in schizophrenia correlate with an inability to compensate for the sensory consequences of actions. *Current Biology, 15*(12), 1119-1124.
Melzack, R. (1990). Phantom limbs and the concept of a neuromatrix. *Trends in Neurosciences, 13*(3), 88-92.
Merleau-Ponty, M., & Smith, C. (1962). *Phenomenology of Perception*(Vol. 26). London: Routledge.
Mitchell, S. W. (1871). Phantom limbs. *Lippincot's Magazine, 8*, 563-569.
Mitchell, S. W. (1970). Injuries of nerves and their consequences. *Archives of Neurology, 22*(1), 90-94.
Moro, V., Zampini, M., & Aglioti, S. M. (2004). Changes in spatial position of hands modify tactile extinction but not disownership of contralesional hand in two right brain-damaged patients. *Neurocase, 10*(6), 437-443.
Neisser, U. (1988). Five kinds of self-knowledge. *Philosophical Psychology, 1*(1), 35-59.
Pons, T. P., Garraghty, P. E., Cusick, C. G., & Kaas, J. H. (1985). A sequential representation of the

occiput, arm, forearm and hand across the rostrocaudal dimension of areas 1, 2 and 5 in macaque monkeys. *Brain Research, 335*(2), 350-353.

Ramachandran, V. S. (1993). Behavioral and magnetoencephalographic correlates of plasticity in the adult human brain. *Proceedings of the National Academy of Sciences, 90*(22), 10413-10420.

Ramachandran V. S. (1998). Consciousness and body image: Lessons from phantom limbs, Capgras syndrome and pain asymbolia. *Philosophical Transactions of the Royal Society of London. Series B: Biological Sciences, 353*(1377), 1851-1859.

Ramachandran, V. S., & Altschuler, E. L. (2009). The use of visual feedback, in particular mirror visual feedback, in restoring brain function. *Brain, 132*(7), 1693-1710.

Ramachandran, V. S., Blakeslee, S., & Dolan, R. J. (1998). Phantoms in the brain probing the mysteries of the human mind. *Nature, 396*(6712), 639-640.

Sørensen, J. B. (2005). The alien-hand experiment. *Phenomenology and the Cognitive Science, 4*(1), 73-90.

Strawson, G. (1997). The self. *Journal of Consciousness Studies, 4*(5-6), 405-428.

Synofzik, M., Vosgerau, G., & Newen, A. (2008a). Beyond the comparator model: A multifactorial two-step account of agency. *Consciousness and Cognition, 17*(1), 219-239.

Synofzik, M., Vosgerau, G., & Newen, A. (2008b). I move, therefore I am: A new theoretical framework to investigate agency and ownership. *Consciousness and Cognition, 17*(2), 411-424.

Thaker, G. K., Ross, D. E., Cassady, S. L., Adami, H. M., LaPorte, D., Medoff, D. R., & Lahti, A. (1998). Smooth pursuit eye movements to extraretinal motion signals: Deficits in relatives of patients with schizophrenia. *Archives of General Psychiatry, 55*(9), 830-836.

Trojano, L., Crisci, C., Lanzillo, B., Elefante, R., & Caruso, G. (1993). How many alien hand syndromes: Follow-up of a case. *Neurology, 43*(12), 2710.

Tsakiris, M., Prabhu, G., & Haggard, P. (2006). Having a body versus moving your body: How agency structures body-ownership. *Consciousness and Cognition, 15*(2), 423-432.

Vallar, C., & Rochi, R. (2009). Somatoparaphrenia: A body delusion. A review of the neuropsychological literature. *Experimental Brain Research, 192*, 533-551.

Vallar, G., Guariglia, C., Nico, D., & Pizzamiglio, L. (1997). Motor deficits and optokinetic stimulation in patients with left hemineglect. *Neurology, 49*(5), 1364-1370.

Voss, M., Ingram, J. N., Haggard, P., & Wolpert, D. M. (2006). Sensorimotor attenuation by central motor command signals in the absence of movement. *Nature Neuroscience, 9*(1), 26-27.

Wade, N. J. (2003). The legacy of phantom limbs. *Perception, 32*(5), 517-524.

Wolfe, C. T. (2015). *Materialism: A Historico-Philosophical Introduction*. Heidelberg: Springer.

◎第二部分　自我结构

第四章 物质自我、社会自我与精神自我

第一节 James 思想的形成

James 是美国著名的心理学家、哲学家和教育学家,被誉为"美国心理学之父"。1890 年,James 出版了心理学著作《心理学原理》(The Principles of Psychology),这一著作的诞生对美国甚至全世界的心理学发展起到了强大的推动作用。Leahey 曾言:"《心理学原理》的出版,是美国心理学史上的一个分水岭。"(托马斯·H. 黎黑,1998)他把美国的心理学发展阶段分为 James 之前的心理学发展、James 时期的心理学发展和 James 之后的心理学发展,肯定了 James 的心理学思想对美国心理学发展的贡献。

正如心理学家 Bandura 的交互决定论所倡导的那样,个体的行为表现是受到个体自身的因素和环境因素共同作用的(金盛华,2010)。任何一个人的思想,都与其人格、家庭环境和人生经验有着紧密的内在联系。James 的心理学思想在某种程度上是其家庭背景和生活经历造就的(方双虎,2007)。因此,在对 James 的学说展开论述之前,有必要对其人生经历和学术历程进行回顾,这既有助于读者加深对其心理学思想的理解,又能从他的人生经历中获得很多启示。

第二节 James 的自我理论

James 的心理学观点十分全面,其历时长达 12 年完成的《心理学原理》这部经典教材中,涉及了当时人们对科学心理学所了解的绝大部分知识,这对后世的学生,甚至是心理学家的观点提出起了重要的启迪作用。James 的心理学理论大致可以概括为心理学的几大领域,即记忆理论、情绪理论、本能理论、自我理论和意志理论,而本章所介绍的物质自我、社会自我和精神自我是 James 的自我理论中的重要部分。在介绍这 3 个自我之前,我们先对 James 的自我理论进行一定

的介绍。而在介绍自我理论之前，需要明确自我是什么，这样有助于我们更好地理解自我理论。

一、自我

讲到"自我"，我们也许会想到社会心理学中与自我相似的一个词——"自我概念"。那么，"自我"和"自我概念"的内涵是一样的吗？这两个词可以等同或者共用吗？答案是否定的。本章通过比较"自我"和"自我概念"的不同内涵来对两者进行区分。在社会心理学的许多结论中，关于自我是一个过程还是一种状态的困惑就来自没有将"自我"和"自我概念"区分开来。"自我"指的是一个过程，这一反射过程源于主体我和客体我之间的一种辩证关系。而关于这一辩证关系的主旨框架自 James 和 Mead 提出关于自我的概念论述以来基本保持不变，即自我是在社会交往中发展起来的一种反身性现象，是建立在人类语言的社会性基础之上的（Mead，1999；Lewis，1979；威廉·詹姆斯，2013）。自我概念是这一反射性过程的产物，是指一个人把自己看作一个身体上、社会上、精神上或道德上存在的概念。自我概念是作为客体的个人思想和感情的总和。

通俗地说，自我包括认识自己的生理状况（如身高、体重、体态等）、心理特征（如兴趣、能力、气质、性格等）以及自己与他人的关系（如自己与周围人相处的关系，自己在集体中的位置与作用等）等，更多体现的是主体我的特征。而自我概念包括一个人通过经验、反省和他人的反馈，加深对自身存在的了解，更多的是通过一个人对自己的认识以及通过他人对自己的反馈形成的对自己的认识这样一种观念，这种观念是一种对自身思考的产物。那么，自我这样一个涉及个人的主观感受、难以直接测量但又对个体的身心发展有着十分重要的概念会有哪些具体的表现呢？对自我的论述有哪些重要的理论呢？接下来，我们将带着这些困惑对 James 的自我理论展开介绍。

二、James 自我理论的概述

James 在《心理学原理》一书中对自我的撰写采用的是从广义的自我说起，然后逐步探究到最深的自我这样一种方式，即由经验自我（empirical ego）到纯粹自我（pure ego）。James 的自我理论在与其相关的著作中总共有两处集中体现：一处是《心理学原理》中的"自我意识"（The Consciousness of Self）一章；另一处是后人为其整理的《彻底的经验主义》（*Essays in Radical Empiricism*）一书中"'意识'存在吗"（Does consciousness exist）和"活动的经验"（Experience of activities）这两篇文章。在《心理学原理》这本书中，James 以"自我意识"冠名来讨论自我。为了便于对自我进行分析与说明，James 根据自我在心理生活中的地位与表现，把自我分为经验自我与纯粹自我两个方面。所谓经验自我，又称为最广义的自我，指的是一个人要称为"我"（me）或"我的"（mine）的一切。但就像 James 所说的，"我"和"我的"之间的界限很难有一个准确的区分标准，对属于我们的东西的感受与我们对于我们自己的感受十分相似。比如，我们的父母、孩子、作品等对我们而言也许同我们的身体一样宝贵，一旦受到了威胁，我们所产生的情感和行为跟身体受到威胁是一样的，那么从这一角度来看，这些与我们密切相关的一切是属于我们的，还是就是我们呢？因此，往小了说，自我虽然看似指的就是"我"，但有时候与"我"又毫无关系，比如，"我"的杯子、笔、鞋等事物与"我"是毫无关系的。往大了说，自我是一切能够叫作"我的"的总和，如一个人的名誉、房产以及银行存款等。所谓纯粹自我，则是指一个人知晓一切东西，包括自我的那些东西，所以又被称为能动自我或主动自我。James 在论述纯粹自我时，是以"个人同一性"（personal identity）理论为依据的。个人同一性就是"现在的自我与它想起的那些过去的自我相同"。纯粹自我是由不断更迭和传递其内容的当下思想所构成的。詹姆斯把作为对象的个人称为经验自我（me），把当下思想看成纯粹自我（I）。他认为纯粹自我接受不同的感觉并影响感觉所唤起的动作；它是兴奋的中心，接受不同情绪的震荡；它是努力和意志的来源，意志似乎从此发出命令。

根据自我构成要素的不同，James 将经验自我分为三部分，分别是物质自我、社会自我和精神自我，这三种自我来自与个体相对应的物理世界（physical world）、社会世界（social world）和心理世界（psychological world）。

三、物质自我

物质自我又称生理自我，指个体对自己躯体、性别、形体、容貌、年龄、健康状况等生理特质的意识。有时候，人们也将个体对某些与身体密切联系的衣着、打扮，以及外部物质世界中与个体紧密联系并属于"我的"人和物（如家属和财产等）的意识和生理自我一起统称为物质自我。物质自我在情感体验上表现为自豪或自卑；在意向上表现为对身体健康、外表美的追求，以及对物质欲望的满足，或对自己所有物的维护。物质自我从婴儿出生以后第 8 个月开始出现，到 3 岁左右基本成熟。这一阶段的自我意识主要是以躯体需要为基础的物质自我。幼儿在

1 周岁左右开始将自己的动作和动作的对象区分开来，把自己和自己的动作区分开来，并在与自我的交往中，按照自己的姓名、身体特征、行动和活动能力来看待自己，同时做出一定的评价。到 3 岁左右，幼儿又表现出一些新的特点：有羞耻感、妒忌心与垄断欲，能更多地使用第一人称"我"。

在物质自我中，最核心的部分应当是我们的身体。如果我们的身体受到了创伤，那也就是自己受到了创伤。其次可能是我们穿的衣服。人们可能对此感到疑惑，衣服乃身外之物，对自我来说有那么重要吗？我们应该知道，说衣服乃身外之物往往是针对部分价格昂贵的衣服来说的，指的是衣服主要起保护身体的作用，不必要太追求衣服的品牌。我们会发现，从保护身体来说，衣服是十分必需的。衣服最早用来遮羞，以后逐渐发展了保暖和修饰等功能。此外，我们的嫡系血亲也是我们身体的一部分。父母妻儿是我们的至亲骨肉，如果他们遭遇不测，那就像我们的一部分消失了，我们会悲伤难过；如果他们受到不公正待遇，我们会像自己遇到不公正待遇一样愤愤不平；如果他们犯下大的错误，我们也会感到羞耻。

同样，对于物质自我，我们还可以从物理世界中借助物理方法和工具加以了解。比如，用人单位会在入职或入学前组织体检，目的是对个体身体进行全面了解，了解其物质自我方面的情况。在测量身高和体重时，可以借助尺子和电子秤对身高、体重进行测量；在测量脉搏、血压时，需要借助测压仪等。这些都体现了运用物理世界中的线索来更加了解自己的物质自我。

四、社会自我

社会自我，顾名思义就是社会中的我，包含个体的社会关系。就像物质自我与物质世界相联系一样，对于社会自我，同样也需要从个体的社会世界中加以了解。社会自我在宏观方面指个体对所属时代、国家、民族、阶级、阶层的意识；在微观方面指对自己在群体中的地位、名望、受人尊敬和接纳的程度，以及拥有的家庭、亲友及其经济、政治地位的意识。社会自我在情感体验上表现为自豪或自卑；在意向上表现为追求名誉地位，与人交往，与人竞争，争取得到他人的好感和认同。虽然物质世界是自我认识的一个重要来源，但在物质世界中，对于一个人是多好或多坏的人，或者一个人的聪明度和真诚度，我们不能简单地用标尺来测量，这时就需要从社会世界中寻找答案。社会世界中的社会比较和反射性评价是对社会自我加以认识的两个重要过程。

通过社会比较，我们可以把自己的特征与他人进行比较，并由此得出关于自己特点的线索。当然，比较的对象不同，我们就会得出不同的结论。比如，我们想知道自己的记忆能力处于什么样的水平，那么这时我们可能会通过量表测量并将结果与别人进行比较。通常情况下，我们会选择与自己年龄相同的群体进行比较；如果想让结果更标准一些，我们通常会跟与自己同年龄阶段的常模进行比较，而不是跟与自己年龄阶段相差较大的群体进行比较。同样，从反射性评价过程中获得有关自我的认识也能让个体更好地认识自我。比如，当我们在演讲时，台下接连响起掌声，那么我们就可以判断自己讲得很好。再如，当我们在讲话的过程中身边的人都笑了，那么说明自己是有幽默感的人。这种通过他人的反应捕捉到关于自己某方面信息的过程就是一种反射性评价。

关于反射性评价，19世纪末20世纪初，美国社会学家Cooley在提出镜中自我时最先阐述了这一观点。Cooley关注人们是如何感觉自身发展的。他认为，这是由我们的社会所决定的，我们生活在社会大环境当中，通常会想象，当自己在做某一件事时，我们会对自己在他人眼中的形象进行想象，然后想象别人是怎么看待自己的所作所为的，最后我们会因为这种想象里的判断而感觉良好或感觉不好，进而决定我们怎样去做。在社会生活中，通过他人这面"镜子"来反射他人眼中看到的自我，这种关于社会自我的评价是随处可见的。但镜中自我对自我的判断是我们想象中的判断，并不是他人对我们的真实想法，因此让我们感到骄傲或羞愧的也是我们自己的想象（Cooley，1902）。关于反射性评价对个体的影响，这里可以通过一个简单例子来阐述。比如，学习成绩好的学生可能会认为自己在老师心中比其他同学更聪明或更努力，因而感到自豪；老师也会通过学生的学习成绩来想象或推断成绩好的学生更聪明或更努力。但这只是表明想象的评价和真实的评价之间存在相关关系，而没有直接的因果联系。

五、精神自我

精神自我又叫心理自我，指个体对自己智能、兴趣、爱好、气质、性格等诸方面心理特点的认识。它在情感体验上表现为自豪、自尊或自卑、自贱；在意向上表现为追求智慧、能力的发展以及追求理想、信仰，注意行为符合社会规范等。在James看来，精神自我更多的是"经验的自我"，是一个人内心或主观上的判断，这一部分的自我更多涉及个体的辨别能力，也更能反映个体的道德和意志。

精神自我是自我认识中最高层次的部分，对精神自我的认识通常是通过个体的心理世界（即内心世界）所得知的。我们不难发现，当想问自己关于对自身的认识时，个体通常会采用内省的方法，也就是自己问自己。比如，当我们想知道自己是否是一个感性的人时，我们可以问自己在面对一些感人的电影片段、好友的婚礼或者一些激动人心的场合时会产生什么样的情绪表现，如果自己在面对这些场景时经常潸然落泪，那就可以说自己是一个感性的人。自我知觉也能帮助我们了解自我。再如，如果有人问自己是不是喜欢唱歌，在回答这一问题时，我们会想起自己平常听歌时的心情，或者会想起自己唱歌的频率以及手机里面关于唱歌的应用软件等，通过对这些进行综合性评价。我们也许会回答："是的，我喜欢唱歌，唱歌会让我觉得很享受。"同时，我们还会根据归因方式来认识自己。通常情况下，在影响个体行为的内外部因素中，一部分因素是可变的，另一部分因素是稳定的，如个体内部的情绪状态，变化起来非常快也非常容易，而个性特点、能力等则会在相当长一段时间内保持一定的稳定性。比如，当考试考砸了，如果我们认为是由于自身还不够努力，还有很多知识没有掌握，那么我们就会得出自己努力不足的结论，从而花更多的时间来学习和巩固知识，但也有可能会过度自责；如果我们认为是由题目超纲等造成的，或者是因为自己没发挥好，那么我们就会认为是考题太难或自己运气太差。这就体现了不同的归因方式会使个体产生不同的自我认识，不同的归因方式会使个体产生不同的后续思想和行为。

Weiner认为，能力、努力、运气、任务难度是个体分析工作或学习成败的主要原因。当一个人目前的成败与自己过去的成败不一致，而且与别人的成败也有所不同时，一般归因为不稳定的内在原因。比如，平时成绩好，某一次考试考得差，但他人考得好，这时个体可以将其归因为自己为准备这次考试付出的努力程度不够；若自己某次考试和以往考试的成绩都比较好，且别人也考得好，这时可归因为试题比较简单。如果一个人某次成败与过去的成败相一致，且与他人的成败也一致，这时可归因为任务太难；如果一个人的成败前后相一致，但和他人的成败不同，这时可归因为自身能力方面（Weiner，1972）。

第三节 物质自我、社会自我与精神自我的具体分析

一、物质自我及具体分析

所谓物质自我，是指个体所拥有的客观对象，身体、服饰、直系亲属、家庭、家居以及财产等，都属于物质自我的一部分。首先，身体是物质自我最内在的一部分，人从出生到死亡，身体无时无刻不在陪伴着自我，因此身体对于自我显得更为亲密。其次是我们的服饰，我们将自己统一于这些衣服，以至于在现实生活中，每个人都倾向于穿干净、漂亮的服饰。最后是直系亲属和家庭、家居，我们每个人都比较重视自己的直系亲属，会因他们的荣辱或喜或悲，直系亲属去世也代表着我们自我的那一个部分逝去了。家庭更是我们生命中的一部分，对于每个人来说，无论何时何地，一听到"家"这个熟悉的字眼，都能唤起每个人心中最温柔的情感。因此，正如James所说，"我们都有一种盲目的冲动，要看护我们的身体，用装饰性的服装将它装扮起来，关爱父母、妻子和孩子，以及为我们自己找到一个我们可以住在其中并且'改善'它的家"（威廉·詹姆斯，2010）。James也将财产和积蓄纳入物质自我的范畴，尤其是那些历经千辛万苦、苦苦追求而获得的成就，与自我更为亲密。我们每个人都会为自己辛勤付出所获得的劳动成果而感到欣慰，并且当自己的成果丢失或被毁坏的时候，内心会有种沮丧感甚至绝望的念头。其实，这些成就和"自我"是具有同一性的，它的丧失会令我们产生人格贬值的感觉，使自我的一部分在某种程度上转化为虚无。可见，James将服饰、直系亲属、家、财产等纳入物质自我范畴加以理解。然而这种事物与物质自我范畴的关系并不是先天确定的，而是处在发展变化之中，此时关系突出，但彼时又有可能退居次要地位，甚至会不复存在。因此，James所理解的物质自我也是处在动态的发展变化之中的。

以Wharton的《纯真年代》（*The Age of Innocence*）为例，《纯真年代》中的人物大部分来自纽约上流社会，均比较看重物质自我，其无论是在穿着打扮上，还是在社交礼仪上，都是相当"合宜"的，其意义就像"几千年前支配了他祖先命运的不可思议的图腾恐惧一样重要"，以男主人公纽兰为例，他每天用两把不同的刷子来梳头发，并且每把刷子的背面都是银质的；每次出席大型或者重要的社交

场合，一定要在纽扣洞里插上一朵栀子花，似乎只有这样才能达到出席的标准（伊迪丝·华顿，2012）。亲人和家庭是我们物质自我的一部分，在《纯真年代》中，纽兰的身份是儿子、丈夫和父亲，这些就是男主人公的物质自我（刘霞，2017）。

二、社会自我及具体分析

社会自我就是"个体从同伴那里得到的认可"，即他所在意的别人对他的看法（威廉·詹姆斯，2010）。我们每个人都非常重视他人对自己的看法，可以说最严厉的惩罚莫过于所有人对自己的漠视。适当地说，有多少人认可自己，并且将对自己的形象、认知装在心里，那么我们就有多少个社会自我。一个人拥有众多的社会自我，并且会在不同的交际圈中表现出不同的社会自我，有时难免引起分裂或冲突。这些冲突是由个体不同的角色愿望之间，或者是不同的现实社会角色之间以及二者之间引起的冲突或混乱导致的。在这些众多的社会自我中，个体通常认同那个能够给自己带来巨大利益或情感支持的社会自我。而对于这些社会自我，个体最在意的能够最大限度地影响个体行为的社会自我，是个体最爱（应从本词最宽泛的意义上理解）的那个人心中所持有的对个体的认知或评价（王东，2011）。可见，各个社会自我在个体心中所占的分量是有差异的，这种差异是由个体所处的社会关系决定的，即由个体对他人所给予的评价的重视程度决定的。

由此可以看出，James的社会自我不是独立的精神实体，而是一个错综复杂的关系网络，它总是由个体主动指向他者，并且这种指向是双向的关系，形成一个紧密交织的经验场。同时，个体的社会自我也依赖于对象的存在，它存在于对象心中，并与对象交织在一起。可以说，个体的社会自我的许多方面都是由他人决定的。因此，个体是始终与他人生活在一起的，与他人之间的各种关系构成了社会自我的统一体，也构成了自我存在的必不可少的一部分。可见，自我的存在并不是仅仅局限于精神实体中，也存在于他人的心目中，存在于错综复杂的社会关系中。

同样，我们再以《纯真年代》为例，女主人公的社会自我，梅·韦兰是一个听话的女儿、贤淑的妻子和负责的母亲。她代表着纽约上流社会所推崇的女性形象——外表美丽优雅，行为端庄得体。她的身上体现着当时社会对女性的所有美好期望：接受过正统的淑女教育，多才多艺，是男人的骄傲和陪衬（伊迪丝·华顿，2012）。在老纽约人的眼中，恪守这样的传统才意味着社会的稳定。如果想要保持自身的地位，他们就必须确定所有事情按照传统的做法发展。这样的社会造就了梅·韦兰这样的一个看似独特却又缺乏个性的主流女性形象（刘霞，2017）。

三、精神自我及具体分析

精神自我，"作为经验自我的一部分，是指个人的内部存在或主观存在，即个体的心理能力或性情，而不是空洞的人格统一体的原则，或者是'纯粹'自我"（James，2007）。它是自我中最为内在、最为持久的一部分，是经验场的中心，仿佛其他意识活动都环绕在其周围。如果我们用抽象的方法来分析"精神自我"，就会发现它由相互独立的官能构成，即我们所感知到的能力、态度、情绪、兴趣、动机、意见、特质以及愿望。倘若这些东西发生改变，我们就说一个人从自身开始异化了。如果我们用一种具体的观点来分析精神自我，那么我们内部的精神自我就是全部的"思想之流"（stream of consciousness，也称作"意识流"），或者是"思想之流"的当下"片段"或"截面"。因此，无论是抽象地还是具体地分析精神自我，我们对精神自我的思考都是一种反思的过程，是我们将自己思考为"思想者"的结果（James，2007）。那么，究竟是谁扮演了"思想者"的自我这一角色？James认为，是所有意识中的能动元素。也就是说，在整个"思想之流"中，个体思想之流的当下"截面"对之前流逝的思想之流拥有决定权，它可以拒绝一部分，认可一部分，对于无论是拒绝的还是认可的之前流逝的那部分思想来说，它们都会把思想之流的当下"截面"当作是它们的"思想者"，是它决定了之前流逝的思想之流的去与留。于是，被认可的之前流逝的思想之流与思想之流的当下"截面"连接在一起，循环往复，构成了我们整个的"思想之流"。但是，对于这样的描述，我们却很难理解，因为在现实生活中，我们感受不到上文所描述的思想之流的流逝与接替。因为思想之流无时无刻不在流动着，我们没有办法让它静止，就和我们想通过打开灯的方式来看清楚黑暗是什么样子是一样的。

思想之流中的当下"截面"是意识中的能动元素，它对之前流逝的思想拥有决定权，但是却不能决定自己的去与留，因为它只能由接替它的另一个思想之流的当下"截面"来选择。由此可知，精神自我是一种能力，是一种在思想之流中实现思想之流当下"截面"不断更替的能力。而从"自我"这种意义上来说，它是"自我的自我"（the self of selves）（James，2007）。它使得经验自我的其他部分成为其对象，因此可以说，物质自我和社会自我都是由它连接在一起的，它成为其他经验自我的拥有者。它和经验自我的其他部分在本质上是一样的，它们都是思想之流的当下"截面"，都是思想，它们共同构成了整个思想之流。但James在这里所说的"自我的自我"，不是笛卡儿意义上的"灵魂实体"，也不是"先验的自我",这些都是不必要的假设,因为在这个意识中,能动的元素能够行使"灵魂"和"先验的自我"所具有的功能,并且它在本质上和其他经验自我都是一样的东西,都是人们能够感受到的经验的一部分。当然,它在思想之流中是不能单独出现的,而必须伴随着它的对象一起出现,把握它仍需要一种抽象反思的过程,但无论如何,我们都能够感受到它的存在。James运用内省的方法得出以下结论,即"所有可以清楚感受到的,就是很大程度上发生在头脑之中的身体过程","注意、赞成、否定、做出努力的活动,都被感受到是头脑中某种东西的运动"(James,2007)。这些精神自我的活动,都是身体的运动过程。因此,我们很难找到属于纯粹精神自我的活动。James紧接着说:"在某种意义上,至少在一个人那里,我们可以真实地说,当认真思考'自我的自我'时,便发现它主要是由头脑之中或者头脑和喉咙之间的那些奇特的运动集合组成的。我们对精神活动的全部感受,或者对这个名称通常所指的东西的全部感受,实际上就是对身体活动的感觉。"在这里,James反复强调,意识中能动元素的活动过程和大脑的生理过程是一一对应的,其实认真审视《心理学原理》这本书,我们可以发现James的这种观点贯穿全书。

应该指出,James所说的身体,并不是传统"二元论"意义上和意识相对立的身体,而是和世界融为一体的活生生的有意识的身体,也是自我的起点和归宿。因为我们要认识它,必先感受它。感受是混沌的、模糊不清的,我们不单单感受身体,也感受世界的其他部分。因此,James试图借此说明,身体并不是独立于世界的物质实体,自我也不是身体与意识的简单结合;在经验的原初,我们的身体和意识尚未分化,身体和意识是同一体,那时身体是意识的身体,意识是身体的意识,即"身体和意识是彼此包裹缠绕在一起的"(Mcclelland,1962),那时我们所感受到的自我是一个活生生的身体和意识的同一体。只是限于语言的束缚,我们只能这样理解,James所说的身体、意识和世界是同一的。

同样以《纯真年代》为例,小说中的艾伦是梅·韦兰的表姐,不同的人生经历使得她和梅·韦兰有截然不同的性格,她更自由奔放和不落俗套。出席宴会时,艾伦不像其他女性"像木偶一样坐着等待男伴,而是直接起身悠闲地坐到阿切尔所在的沙发的另一个角落和他愉快地交谈起来"(伊迪丝·华顿,2012)。在最初回到纽约时,艾伦并没有直接去投奔自己的祖母,而是在文化人聚集的贫民窟租房子,用几张雅致的深色小木桌、一尊优美的希腊小青铜像、几幅装在老式画框里的意大利绘画加上她自己零碎的技术,把自己的屋子装饰得特别优雅(伊迪丝·华顿，2012）。广泛的兴趣爱好、宴会上的坦率活跃都反映了她对自由的向往与追求。在新思想的影响下，她的精神自我占据着主导地位，她在一言一行中向传统发起挑战（刘霞，2017）。由于婚姻不幸福，她只身一人大胆地回到纽约寻求家人的理解与支持，而结果不言而喻。由于整个社会将艾伦对其不幸婚姻的反抗看成违背社会规范的、大逆不道的事情，没有谁站在她的角度去怜悯、同情她，而是觉得这使其家族蒙羞，使得她像逃犯一样被指指点点，一味地被指责。这正是当时纽约上层阶级意识形态下的结果，看似墨守成规、不可动摇的传统习俗，实质上是上流社会的价值取向和道德标准的真实写照。

我们可以通过 James 的自我理论来解析《纯真年代》中男、女主人公的自我。女主人公梅·韦兰更多地体现的是物质自我和部分的社会自我，她外表美丽优雅，行为端庄得体，接受过正统的淑女教育，多才多艺，是男人的骄傲和陪衬。同时她也是一个听话的女儿、贤淑的妻子和负责的母亲，在穿着打扮和家庭方面都非常让人满意，可以说她聚集了当时社会对女性的所有美好期望。她将生活的重心全都放在丈夫和孩子身上，并为了维系她的家庭而努力着。男主人公纽兰更多地体现的是社会自我的一面，同时虽有部分的物质自我和精神自我的出现，但都被强大的社会自我压制下去。在物质自我上，他每天用两把不同的背面银质的刷子来梳头发，每次出席大型或者重要的社交场合，他一定要在纽扣洞里插上一朵栀子花，似乎只有这样才能达到出席的标准；在精神自我上，他似乎想要与艾伦一起私奔，抛开所有的道德标准和束缚，只过属于他们两个人的生活；纽兰似乎是想和艾伦一起私奔，但他强大的社会自我却压制着精神自我，他跟一位朋友说一位绅士是不能抛弃自己的国家的。纽兰的矛盾心理贯穿小说的始终，一旦他的精神自我开始发挥主要作用，社会自我就会像一个监控者一样站出来，压制他的过激的想法。

在他鼓足勇气向妻子摊牌，不想再压抑自己的时候，梅·韦兰却突然告诉他自己怀孕了，这个时候纽兰所有的设想都成了泡沫。他还是选择了遵守道德礼教，为了保全婚姻和承担起家庭的责任，他克制了内心的情感，回归了家庭。他的懦弱和妥协使得他向现实和环境低了头。女主人公艾伦则更多地体现的是精神自我，虽然她也是出生在纽约上层社会的女性，但却有着与上层社会女性截然不同的性格和处事方式。她成长在法国，接受过良好的教育，尤其是受过欧洲自由思想的熏陶，后来嫁给了一位非常有钱有名、生活放荡的波兰贵族。艾伦的成长经历使她眼界开阔，她对艺术、诗歌、文学和音乐都有着极其浓厚的兴趣，这对她自由奔放的性格和不落俗套的举止均有重要影响。正是因为有这样的特质，才使得她更多地追求自己想要的，敢于拒绝自己厌恶的；才有胆识在丈夫背叛自己时主动离开，主动提出离婚；才有在初回纽约时，没有第一时间投奔亲人，而是去了文化人聚集的贫民窟租房子，这些都反映了艾伦对自由的向往和追求。在这种自由的新思想的影响下，精神自我在她的自我中占据着主导地位，她的行为举止无不在向传统发起挑战。

在当时老纽约道德规范的约束下，一个女人的光明理想不是爱情，而是在外人看来的幸福，亦即平静的家居生活。那个时期是繁荣和太平的时期，没落贵族的理想不在于征服未来和宇宙，而是安详地保存过去和维持现状，这是梅·韦兰的理想和生活的真实写照。纽兰既想拥有理想的爱情，又不愿意反抗落后的婚姻体制；既想扭转周围人们的固守常规，又不愿意被当时的上流社会所抛弃。他的强大的社会自我让他感觉愧疚，他成功地克制了自己的情感，屈从于芸芸众生。艾伦不同于当时那个时代的任何一个人，她为追求幸福和自由进行了大胆的尝试，然而苦于外界的压力，以及自己具备的道德情操，她最终选择了远走他乡。艾伦虽然没有得到理想的爱情和幸福，但是她敢于和这些不合理的社会现象做斗争，敢于向男权社会制度挑战，其渴求自己不再是男性的附属物，而是要做自尊自强的独立女性（刘霞，2017）。

把三位主人公统合起来看，我们会发现这其实就是一个人一生中所会面临的一切自我抉择。物质自我是实现社会自我与精神自我的基础和保障，一个人的物质自我既唾手可得又稍纵即逝，当物质自我有保障时，人们可能就想要一直保持着这样一种舒适状态而不想去打破它，也会渐渐地只追求物质生活的满足和失掉满足自己精神层面的渴望；但如果一个人没有物质自我作为保障了，失去了一切支撑，那么他就会打破现状，极力奋取，最大限度地满足自己的精神自我。但绝大多数人处于社会自我这一层面，它处于物质自我和精神自我之间，是物质自我和精神自我之间的调节者。这一层面的自我在思考问题时会考虑现实的情况，会以自己在社会上所扮演的各种角色进行思考和判断，权衡利弊之后做出决定。三个层面的自我相互交织，构成了人一生中无数次的自我抉择。

四、纯粹自我

纯粹自我是独立于经验自我的自我认识，即我们通常所说的能够思考的主体。按照James的话说就是"思想者"或"思想"，这也是保持我们人格统一性的根源。对于我们来说，关于我们昨天的"自我"和今天的"自我"是否是同一个自我，当"意识说，'现在的自我与它想起的那些过去的自我相同'时，究竟意味着什么？"（威廉·詹姆斯，2010）这就是在西方哲学史上一直争论不休的"个人同一性"（personal identity）问题。围绕着这个问题，哲学家相继提出"灵魂说""联想说""先验说"等理论。而 James 的"纯粹自我"就是以"个人同一性"问题为基础所构建出来的，他从彻底经验主义（虽然 James 在写作《心理学原理》这一著作时只是萌发了对彻底经验主义形而上学的构建冲动，但也正是这种思想的冲动，为《心理学原理》的创作预留了广阔的思想空间）的角度出发，认真审视自我同一性问题，并从同一性、温暖、变化与生长三个方面对纯粹自我的自明性详加论述。

在《彻底的经验主义》这本书中，James 除了在"'意识'存在吗"以及"活动的经验"这两篇文章中对"自我"进行了直接讨论外，其并未对"自我"学说进行专门细致的论述，关于"自我"的讨论都隐含在"纯粹经验"的论述中。下面将以"纯粹经验"为基础继续论述 James 的自我学说。James 在《'意识'存在吗》这篇文章中公开抛弃"意识"这一概念形式，并认为，意识已经退化成为一个"失去了具有人格性的形式和活动"，"只是表示经验的'内容'是人们所知的这一事实的一个名称而已"，它已经"消散到纯粹透明的这种地步，就要完全不见了，它是一个无实体的空名，无权立于第一本原的行列中"（转引自：高申春，2009）。但是，我们的思想在进行着是一个不争的事实，所以 James 紧接着说"谁要是把意识这一概念从他的第一本原里面抹掉，谁就必须设法以某种方式使这种职能行使"（威廉·詹姆斯，2006）。这就是 James 所提出的"纯粹经验"。

如果说 James 在晚年所试图建立的学说能够称得上是形而上学体系，那么这个体系就是关于经验的形而上学，即彻底的经验主义。"彻底的经验主义作为 James 的形而上学，在起点上是 James 全部思想冲动的最内在核心，在终点上是 James 全部思想追求的最后目标。"（威廉·詹姆斯，2006）其主旨就是否定传统哲学关于理解世界的二元论思维方式，并寻求对世界统一的基础的解释。James 所寻求的关于世界统一的基础的解释，就是其以"纯粹经验"为基础所建立的彻底的经验主义形而上学。"彻底经验主义潜在地是一个巨大的理论思考的空间"（高申春，2009），限于本书的主题，本书只能依据其基本概念"纯粹经验"来阐述本章中关于自我所隐含的理解。关于"纯粹经验"这一概念，James 曾多次进行论述。例如，他指出，"如果我们首先假定世界上只有一种原始素材或质料，一切事物都由这种素材构成，如果我们把这种素材叫作'纯粹经验'，那么我们就不难把认知作用解释成为纯粹经验的各个组成部分相互之间可以发生的一种特殊关系。这种关系本身就是纯粹经验的一部分；它的一端变成知识的主体或负担者、知者，另一端变成所知的客体"（威廉·詹姆斯，2006）。

依据这一叙述，我们很难理解 James 所说的纯粹经验究竟为何物。因为 James 这里所说的世界已经不是我们从日常中所把握到的自然世界，我们日常所把握到的世界只是赋予了人类语言的客观现象。这里所说的世界是我们以某种非反思的方式所把握到的世界，是我们获得概念能力之前所经验到的世界。当然，这样来理解"纯粹经验"这一概念仍然是极其困难的，因为我们很难摆脱现实意识对我们思维的束缚。James 对理解这个问题的困难有着充分的意识，然而他还是设法表达了他对"纯粹经验"的理解方式。他说："只有新生的婴儿，或者由于从睡梦中猛然醒来，吃了药，得了病或者挨了打而处于半昏迷状态中的人，才可以被假定为具有一个十足意义的对于'这'的'纯经验'。"（威廉·詹姆斯，2006）他还试图指出现实意识的自然本性，"然而纯粹经验之流一来就立即用一些重点去充实它自己，这些突出部分被同一化了、固定化了、抽象化了。这样一来，经验就显得像是由一些形容词、名词、前置词、连接词等连贯起来而流动一样，它的纯粹性只是一个相对的说法，意指经验中无论如何存在着、但尚未被言词化的那一定比例数量的感觉"（威廉·詹姆斯，2006）。可见，James 的"纯粹经验"是非次生、非二元分化的，是原始的存在，它仅仅潜在地或在可能上或者是客体或者是主体，在 James 所处的时代，它是平实无华的未经限定的现实性或存在，是一个简简单单的"这"（威廉·詹姆斯，2006）。

因此，这种原始的存在是中性的，是未分化的，是一种混沌模糊的状态，而正是这种混沌、模糊的状态保证了纯粹经验的原初性和纯粹性。在这里，没有心灵与物质、思想与事物之分，因此也没有我们所说的意识。因为如果承认了"意识"的存在，那么就等于承认了传统的"二元论"思维方式。关于这个问题，James 对新康德主义的批判和《心理学原理》中关于先验说的批判是一脉相承的。

在新康德主义学派看来，意识结构是一个二元结构的存在。构成这个二元结构的基本单位是"主体加客体"，是意识构成了"主体加客体"之间的逻辑关系。但是我们对于意识是无法感受到的，因为它不依附于任何东西，并且本身没有时间，仅仅是时间的见证者；它对活动的对象有所觉察，并将所觉察的对象作为其内容显现出来。正如新康德学派的另一位哲学家所说，"'意识'是无法说明、难以形容的，不过一切意识经验都有这样的共同点：我们称之为意识经验之内容的东西都与一个以'自我'为名的中心有着这样的一种特殊关系，只有通过这种关系，内容才得以在主观上被给予，或者出现"（威廉·詹姆斯，2006）。自我只是意识的内容，并在意识中显现出来，而我们对于这个被称为意识的事物，除了它能够显现的内容之外别无它知。这种透明的意识就像幽灵一样，在认知的草原上来回游荡，任何事物都不能抓住它，但是它却能抓住任何事物，并将其占为己有，融入对象里，随着对象的消亡而去寻找下一个对象，并继续游荡。由此，可见新康德学派对于"意识"的认识和先前的康德学派对于"先验自我"的认识几乎是等同的，新康德学派关于"自我"的认识依旧没有逃脱灵魂的窠臼，只是将其乔装打扮并命名为"意识"而已。

James 的想法与新康德学派恰好相反，他认为，我们的意识经验不存在这样的"二重性"，对于我们的一部分既定的、未分化的经验，它在一套经验结构里扮演知者的角色、精神状态的角色、"意识"的角色。然而，在我们另一套的经验结构里，这一段未分化的经验却扮演一个所知的物的角色、一个客观"内容"的角色。总之，它在这一组里表现为思想，在那一组里又表现为事物（威廉·詹姆斯，2006）。也就是说，这段未分化的经验能够在两组经验结构里得以同时表现，其中在一组经验结构里表现为主观的，在另一组经验结构里表现为客观的，因此我们可以说，这段未分化的经验既是主观的又是客观的，一身兼具二性。当这种经验作为"主观"的时候，它就是"表现"；当它作为"客观"的时候，它就是"被表现"的事物。而作为表现者和被表现者在数目上只有一个，且是同一的，因为原初的经验里或者说纯粹经验里，并没有什么表现和被表现的二元性。所谓的客观性与主观性，只不过是经验在职能上的两种属性，这两种属性只有当经验被拿来重新考虑的时候，在两组经验结构里才会显示出来。

正如前文所说，原初的经验仅仅是一种混沌的状态，是一个未分化的"这"，它既不具有主观性，也不具有客观性，它唯一所具有的性质就是"存在"。我们是无法把握它的，因为一旦我们去把握原初经验，它就不是它本身了，而是我们对其的"经验"，也只有当这个时候，它才会在职能上显示出这两种特性：主观性和客观性。自我也是伴随着主观性和客观性而一起"生成"的。关于自我的生成，James 有详细的叙述，他以我们所处的房间为例对此加以阐释（威廉·詹姆斯，2006）。对于我们所处的四墙房间，作为原初的存在，它只是一个未分化的"这"，我们也是作为原初的存在与房间作为未分化的"这"交织在一起的。起初我们对

第四章　物质自我、社会自我与精神自我

于未分化的房间的感觉是混沌的、模糊不清楚的，我们既不能辨认房间的墙的颜色，也不能辨认房间的布局与摆设，所有这些都是模糊的。而当房间呈现在我们眼前的时候，"它"会立刻进入关于我们经验的关系结构中去。"它"在不同的结构中表现出不同的性质，即主观的或者客观的。其中在一组关系结构中，"它"与个体的成长经历联系在一起，成为当下的意识；而在另一组关系结构中，"它"与房间的历史联系在一起，并与房间的其他部分以及所在的城市联系在一起，成为人们所能经验到的物质。"它"作为当下的意识，被其后的意识相继"占有"，只有当下的意识被其后的意识占有的时候，"自我"在某个时候才凸显出来。也就是说，James将经验表现出的职能属性，即主观性和客观性都纳入了自我同一性的范畴。可以说，James在这里阐述的"自我"，和先前在《心理学原理》中所描述的"自我"是没有什么区别的，都将自我看作一个经验场，是人们可以经验到的与世界交织在一起的对象；唯一不同的是，《彻底的经验主义》对"自我"的描述是以纯粹经验为着手点的，所谓的物质与思维、主体与客体、身与心以及意识与内容，都是原初的经验所表现出的职能上的两种属性，而自我是这两种属性的同一体，即自我是身与心的同一体，它们统一于原初的生命之流。所以，原初经验职能上的两种属性的生成过程，与"自我"的生成过程是同一个过程。

在《心理学原理》中，James虽然时时表现出对"二元论"世界观突破的冲动，但是如果要彻底澄清意识与脑的关系，会面临巨大的困难，倒不如暂且采取一种关于意识与脑关系的"前定和谐"的论证方式，如此一来，James在关于自我的论述中对自我所拥有的"肉身"的性质表现得就不是那么明显了。因为对于意识的理解，如果过分关注大脑变化，意识与世界上其他物质变化的原初同一性就会被忽略。然而，当James在写完《心理学原理》一书后对此问题进行重新思考并走向哲学和形而上学后，意识与脑的关系在以纯粹经验为基础所建立的彻底经验主义形而上学体系中得到了统一，因此，他在《彻底的经验主义》这本书中关于自我"肉身"性的论述显得尤为明显。

关于自我与身体的关联性，James在"活动的经验"这一章的一个较长的注释里做了详细的阐述。James认为，只有个体化了的自我，才能被称为真正的自我，这个自我是我们所经验到的世界的一部分，而我们所经验到的世界（也叫作意识场）永远伴随着我们的身体一起出现，并把我们的身体作为它的中心、观察的中心、活动的中心以及兴趣的中心。身体所在之处是"这里"，身体活动之时是"现在"，身体所触之物是"这个"，其他一切都是"那里""那时""那个"。这些强调

125

方位的词意味着事物的系统化，其焦点是身体内部的活动和兴趣。身体作为自我的中心，伴随我们所经验的世界一起出现，它作为"我"与世界的联结点，并与我们所经验的世界交织在一起，使得"我"的身体和世界成为一个不可分割的整体；身体作为我们感知世界、认识世界的起点，也是我们感知世界、认识世界的中心，它是我们一切观察的中心、活动的中心，是我们的兴趣所在，"我"根据身体的内部活动的兴趣，赋予周围事物亲密程度不同的感觉，使得"我"总是关注身体感兴趣的对象。这里的"我"和"我"的身体之间的关系是非常模糊的，很难划出明确的界限。James紧接着说："就'思想'和'感觉'之所以能够是活动的而言，它们的活动就归结为身体的活动上，而且它们只有通过首先唤起身体的活动才能改变世界其余部分的活动。"（威廉·詹姆斯，2006）这里，James将活的身体表现得更为明显，"我"并非笛卡儿意义上的心灵实体，独立于我们的身体之外；"我"就是与世界交织在一起的"我"的身体，以及关于"我"的身体的活动，"我"和"我"的身体是同一的，正如前文所指出的，活的身体和我们的意识是同一的。同样，这里的身体并不是物质的，意识也并非精神的，它们都是模糊的，都是同一原初的生命之流的两种表现属性。

第四节 其他自我的发展

在心理学史上，可以说James是第一位系统阐述"自我"理论的人，其自我理论的提出促进了其后学者对自我的研究。以Freud为代表的精神分析学派，以Cooley、Mead为代表的符号互动学派，以及以Rogers为代表的人本主义学派等都相继对自我理论进行了阐述，使自我理论得以不断丰富和发展。

一、Freud提出的自我

在精神分析理论中，精神分析学派的创始人Freud提出了其关于自我的独特的概念。他将自我分为本我、自我、超我三个部分，三个部分分别代表不同的自我概念。

本我属于人性的非社会化部分，代表本能需要，本着快乐的原则，寻求快乐和满足。它完全不懂什么是价值，什么是善恶和什么是道德，只知道为了满足自己的需要而不惜付出一切代价，在日常生活中所对应的表现大致包括"我要吃""我要去""我要拿"等满足当前欲望的一切行为表现。

超我是道德化的自我，是从自我中分化和发展起来的，是人在儿童时代对父母道德行为的认同，是对社会典范的效仿，是在接受文化传统、价值观念、社会理想的影响后而逐渐形成的，本着道德的原则。它由道德理想和良心构成，是人格结构中专管道德的"司法部门"，是一切道德限制的代表，是人类生活较高尚行动的动力。它遵循理想原则，通过自我典范（即良心和自我理想）确定道德行为的标准，通过良心惩罚违反道德标准的行为，使人产生内疚感，在日常生活中表现为"不准吃""不准去""不准拿"等限制当前欲望的行为表现。

自我介于本我和超我之间，本着现实的原则，发挥着引导本我用社会能接受的方式满足需要的作用。自我的三个部分具有不同的功能，本我力图表现自己，超我努力压抑本我，两者产生冲突，当超我较强而本我经常被压抑时，欲望会隐藏到潜意识之中，并继续影响人的行为。自我通常控制本我的冲动和超我的需要，并运用各种心理防御机制调整本我与超我的关系，在日常生活中则表现为对本我和超我表现出来的互相矛盾的观点进行平衡。

对于本我、自我和超我的冲突与平衡，香港城市大学的岳晓东教授曾提到他对"三我"冲突的理解和应对，并形象地呈现了不同类型的自我冲突所对应的日常生活中的个体表现（岳晓东，2004）。个体的行为有时之所以会失调，是由于"三我"在互动过程中产生了不同程度的冲突。

一种情况是三种"我"分别独当一面。这包括三种情况：①自我强大。正常情况下的"三我"状态通常是自我比较强大，本我和超我比较弱小。在这样的状态下，个体自身可以平衡内心的冲动和道德的束缚之间的关系，是一种理想的自我平衡状态。如果本我和超我太强大，都会出现不平衡的状态。②本我强大。本我太强大的个体，其超我和自我都难以抑制住本我的力量，很容易随心所欲，玩心重。③超我强大。超我太强大的个体，其本我和自我同样都难以抑制住超我，这样的个体通常会对自己过度严格，长期处于紧绷状态，情绪很容易崩溃。

另一种情况是两种"我"一体化。这同样包括三种情况：①超我和自我一体化。顾名思义，这是指个体的自我和超我不是独立存在，而是成为一体了。这样的个体将超我中所有的道德和理想追求内化为自我必须要达到的，通常高度追求完美，不允许自己有些许失误和失败，因此这样的个体常常是强迫症、焦虑症和抑郁症发生的对象。②本我和自我一体化。这指的是个体的自我和本我成为一个整体。这样的个体与超我和本我一体化的个体则完全相反，他们通常是将短暂的快乐作为自己追求的目标，秉持着"我快乐就好，不管会有什么后果"的原则行事，因此通常过度放纵、网络成瘾。③本我和超我均强大，自我弱小。对于这样的个体，冲动的想法和道德的束缚都很强烈，他自身难以做出一个折中的选择，常常会出现选择困难、左右徘徊、无所适从的局面。

人的思想是复杂的，因此个人内在的冲突往往很难做到自我平衡，需要充分地认识到自己当前的状态，或者在他人的帮助下了解自己的状态，适当地做出调整。当超我太强大时，需要向本我靠拢，做能让自己开心的事，放松自己紧绷的神经；当本我太强大时，需要向超我靠拢，认识到依照自己想法做的后果，让自己的道德意识和后果意识增强。

二、Mead 提出的自我

受 James 理论影响的主要是符号互动学派的两位代表人物 Cooley 和 Mead。Cooley 依据 James 的社会自我提出其"镜中自我"理论，Mead 参照 James 的自我理论发展了自己的社会自我学说。因此，在论述 James 的自我理论时，有必要简要阐述 Cooley 的"镜中自我"理论和 Mead 的社会自我理论，以促进我们对 James 的自我理论的进一步理解。上文中已对 Cooley 的"镜中自我"进行过详细阐述，此处不再赘述。

研究者以社会整体为研究视角，着重从社会和个体的角度来定义自我，按照符号互动论的思想解释自我及其形成和发展过程。他们认为，语言位于自我结构的核心，在我们和他人的内心世界里，符号代表了客体，我们在童年时学习用符号的方式去思考一个客体的过程，就是获得自我概念的过程（Mead，1999；金盛华，2005）。

（一）自我的主客体分化

Mead 参照 James 的主体我与客体我的概念提出了相类似的"主我"和"客我"。"主我"和"客我"的对话与互动形成了统一的社会自我，而这个对话和互动的过程揭示的就是一个长期的社会化过程。所谓社会化过程，也就是"主我"同"客我"进行对话、互动的过程。在这一过程中，代表本能的、自然的、自主的"主我"同通过观察社会上他人对自己的评价以及角色期待而后进行自我反思的"客我"，经过对话互动过程，增强了双方的互动性。由此看来，作为自我传播的人内传播的社会性、双向性和互动性也就显而易见了。人内传播是"主我"和"客我"之间双向互动的一个社会过程，而互动的介质就是所谓的"有意义的象征符"（significant symbol）。在这里，"有意义的象征符"既可以是声音的，也可以是形象的。Mead（1999）认为，"有意义的象征符"不但能够引起他人的反应，而且能够引起使用者自己的反应，人内传播的思考活动，就是通过"有意义的象征符"来进行的。

Mead 的"主我"与"客我"论是从传播心理与社会交流层面来描述和论述主我与客我的各自特征和互动情况的。因此，Mead 阐述的传播是基本的人类过程、自我传播是人类意识的主要特征的观点，以及他对人的内部沟通的细致分析和创造性解释，大大推动了人际传播与个人社会化、语言符号与意义关系的研究。

此外，人在进行内省活动时发现自我意识对人的行为决策有着重要的影响。自我可以分解成相互联系、相互作用的两个方面：一方是作为意愿和行为主体的"主我"，它通过个人围绕对象事物，从行为和反应方面具体体现出来；另一方是作为他人的社会评价和社会期待的代表的"客我"，它是自我意识的社会关系性的体现。换句话说，人的自我是在"主我"与"客我"的互动中形成的，又是这种互动关系的体现。例如，李先生是一位教师，同时又是一位丈夫和父亲，在社会生活中扮演着各种各样的角色。他非常喜欢人体健美，想当一个业余模特。可是，他在就此事做出某种决定之前要经过一番考虑：当模特是否符合一位教师、丈夫和父亲的形象？同事、妻子、孩子、朋友会对此事如何评价？他们对他的角色期待是什么？如此等等。经过这些考虑，李先生最终做出了决定：当模特或者放弃这种想法。不管这种决定的性质如何，这个决定都是李先生自己做出的，它表现了"主我"的作用，然而，这个"主我"并不是一意孤行的，相反，它是对各种社会关系体现的"客我"的反映。

Mead（1999）认为，人的自我意识就是在这种"主我"和"客我"的辩证互动的过程中形成、发展和变化的。"主我"是形式（由行为反应表现出来），"客我"是内容（体现了社会关系的方方面面的影响）。"客我"可以促使"主我"发生新的变化，而"主我"反过来也可以改变"客我"，两者的互动不断形成新的自我。

（二）影响自我的两类他人

Mead（1999）认为，影响自我的他人有两类：一类是概化他人，即社会文化整体，指个人经由与他人互动，进而认识自己，知道别人对自己的反应，学习想象他人的角色以及期望，然后逐渐学会将总体的社会规范作为自我与他人互动时的行为依据，形成于儿童自我发展的最后阶段。通过概化他人，我们将共同体的组织规范整合或内化进入我们自己的人格，这样社会控制就变成了自我控制，直到我们有能力有效参与社会生活。社会文化整体通过家庭、学校、政府等机构，以及规范、语言文字，使人将社会文化、道德规范内化为个人内心的"自我"。另一类他人是重要他人，即影响个人生活和人格成长的中心人物，如父母、老师、导师等。重要他人对个人态度、观念的影响有特殊意义，又对个人发展发挥着重要影响。来自重要他人的态度和评价，会逐渐被内化并成为个人自我的重要组成部分。

关于概化他人和重要他人，中国人常提到的"脸"和"面子"可以恰好对应。一般地说，脸是道德维度的，是个体内化的准则；面子是社交维度的，是个人权势的反映。脸和面子产生影响的背后离不开个体自我的谋划，而自我又是在与他人的互动中塑形的。不过这个他人，从脸这一角度而言，是象征普遍性社会准则的"概化他人"；从面子这一角度而言，更接近对自己观念和行为影响显著的"重要他人"。由此可见，较之于脸，面子是特殊化、情境化、个人化的，这意味面子往往发生在等级性、差别化的互动场合中。

关于脸和面子的机制探讨，赵锋（2016）指出，脸所涉及的羞耻机制"是一般社会规范的权威透过他人之眼实现的自我约束和自我控制"，面子关联的面子机制则"依赖于日常交往的人们之间所形成的等级秩序和支配者控制"。梁晨指出，这又涉及两类不同的社会规则（转引自：赵锋，2016）。此外，对脸和面子的区分更偏向于理想类型的分类目的，在日常实践中，它们可能相互交错。一是脸和面子在具体场合中会有交汇。以闯红灯为例，对闯红灯者进行指责运用了"脸"所涉及的羞耻机制，是为了唤起对方的羞耻心；个体因闯红灯而被指责，从而产生不快，则启动了"面子"所关联的面子机制，认为自己在社交中失了地位。二是脸和面子的范围可能会有重叠。例如，一些拘谨的祖辈、父辈在行事时恪守着要"脸"的标准，但这又离不开外部对其"面子"的评价。

（三）自我形成和发展的三个阶段

Mead（1999）指出，自我的发展主要有三个阶段。他把能获得自我想象的角色扮演的最初阶段称为嬉戏（play）阶段。在这一阶段，婴儿只能对有限的几个他人（最初涉及的只是一两个人）进行想象，这一阶段的自我尚不能运用符号，只能无意识地模仿他人。此后，由于生理的成熟和角色扮演的实践，成长中的有机体开始体会进而理解处于有组织的活动中他人的角色，Mead 称这个阶段为团体游戏（game）阶段，儿童用游戏扮演不同的重要他人的角色，学习其态度和观念，并学会从对方角度看待自己。这标志着一种能力，一种从一群处于协作（自身也投入于这种协作）之中的人那里获得多重自我形象的能力，即儿童扮演概化他人的角色，将他人行为综合为整体印象，从概化他人的角度衡量自己的行为，遵守游戏规则，社会价值观、态度、规范、目标由此内化于个体，形成自我。在这一阶段中，该个体的自我完全由他和其他个体所共同参与的特定社会动作中，其他个体对他以及彼此之间所持有的特定态度所构成。当一个人能体会进而理解社会中泛化的他人的角色或明确的共有态度时，这就意味着自我的发展进入了最后的阶段。在这一阶段中，自我不只是由对特定个体的态度的组织结构所构成，而是由对泛化他人即他所属的整个社会群体的社会态度的组织结构所构成。这些社会的即群体的态度进入个体的直接经验范围，并作为其自我的结构或构成要素包括在内，与其他特定个体的态度一样。该个体根据其他特定个体的态度的有组织的社会意义和影响，通过进一步组织和泛化这些态度而达到社会的即群体的态度，并成功地采取这些态度。因此，通过把其他个体的态度组织成为有组织的社会的或群体的态度，使之成为对包括他人态度在内的普遍系统中社会或群体行为形式的一种个体反应，自我达到了其充分的发展。Mead 的自我理论强调了自我的社会生成性和情境的能动反应性，对认识自我的产生和发展具有重要的意义（金盛华，2005）。

三、Rogers 的自我概念理论

Rogers 为美国心理学家，是人本主义心理学的主要代表人物之一。他从事心理咨询和治疗的实践与研究，主张"以当事人为中心"的心理治疗方法，首创非指导性治疗（案例为中心治疗），强调人具备自我调整以恢复心理健康的能力。Rogers 等（1977）认为，个体是完整的有机体的存在，是一切体验的发源地，并且在自我实现倾向的驱使下成长与发展，其结果就是"自我""自我概念"的发展、扩充及实现。

Rogers 的自我概念理论受到 James 和杜威实用主义观点的影响，以 James 和杜威为代表的实用主义学派认为，认识来源于经验，人们所能认识的，只限于经验。所以，实用主义学派十分重视从个人的经验出发，主张用行为的相应效果来证明思维的合理性和现实性。实用主义学派忠于事实，根据事实的效果进行判断或是修正概念，重新将"为了人"确定为哲学的最终目的。因此，实用主义学派的以自我为核心的哲学精神和思维方式深深地影响着其后出现的社会思潮，

Rogers 的人本主义心理学也不可避免地受到实用主义学派的影响。

"自我概念"和"经验"是 Rogers 人格理论中的两个重要概念。自我包括个体对自身机体的整个知觉、个体体验到的其他所有知觉，体验到的这些知觉与所处环境中的其他知觉以及整个外部世界发生关系的方式均构成了自我，即自我所体验到的知觉包括个体对个人的特性、人际关系以及价值规范的知觉。人格由"经验"和"自我概念"构成，当自我概念与知觉的、内藏的经验呈现协调一致的状态时，个体便是整合的、真实而适应的人，反之就会经历或体验到人格的不协调状态。自我概念有两种类型：一种是真实的自我，是较符合现实的自我形象；另一种是理想的自我，是一个人期望实现的自我形象。这两种自我是否和谐与趋近，直接影响着个体心理健康的质量。

Rogers 等（1977）认为，自我概念是个体在与环境相互作用的过程中形成的。儿童出生以后，随着身心的成长，由最初的物我不分、主客不分到逐渐把自我与环境区分开来，并在语言的帮助下进一步分清了主体我和客体我。Rogers 将 James 和 Mead 的主体我与客体我的概念统合到一起，使自我概念的对象作用于两个方面（Witty，2007）。他认为，自我概念是与个人自身有关的内容，是个人自我知觉的组织系统和看待自身的方式，因而对一个人的个性与行为具有重要意义的不是真实的自我，而是自我概念。自我概念控制并综合着对环境知觉的意义，高度决定着个体对环境的反应。《卡尔·罗杰斯传记》中指出，一个人看待他自己的方式是预测其将发生的行为的最重要因素，因为伴随现实的自我概念，还有一种对外界现实和该个体认为他所处的境况的真实感知（霍华德·基尔申鲍姆，2016）。这个自我是个体经验的某些方面的自然衍生物。新生儿是一个有机组织，其内在体验是一个相对无差别的、构成其现实的感觉及领悟的总和。随着实现倾向促进婴儿感知潜能的维持及发展，个体与其他重要人物的交互作用出现了。当这种情形出现时，婴儿的部分生理体验变成了"自我"或"自我概念"。某些感觉和领悟变得可区分了，如"I""me""myself"或者与之相关的概念。这就是自我经验（self-experience）（Rogers et al.，1977）。在 Rogers 看来，刚出生的婴儿，除了一般意义上的认识外，是不知道自己是唯一的独立实体的。在他们的生长发育过程中，当父母和其他重要人物影响他们时，每个孩子才不断意识到有一种"他"的东西。孩子开始说"我想要……""我想……""把那个东西给我""这是我的""让我来做"，这些自我意识刚开始时趋向于多变，而且孩子有时感到"快乐"，有时感到"不安全"，有时"好斗"等。Rogers 等（1977）认为人类有能力感知他们的全部体验，而这要求开放和对体验的敏感性，并可能会得到重要人物（如童年时代的父母或成年时代的好友）的鼓励或批评。如果这些重要人物一直在接受一个人的所有内在体验，那么此人的自我概念很可能非常丰富。

Rogers认为，自我概念有四个特点：①自我概念是对自己的知觉，它遵循知觉的一般原理。②自我概念是有组织的、连贯的、有联系的知觉模型。虽然自我是变动的，但它总保持有组织的和连贯的性质。新的成分会使自我变化，但自我始终保持完整性；③自我不是指存在于我们头脑中的另一个人，而是能表征的自我经验。④自我虽然也包括潜意识的东西，但主要是由有意识的或可以进入意识的东西构成的，它通常可以为人所觉察（转引自：王春娟，冯海英，2009；杨丽霞，1999）。

按照Rogers的观点，自我概念是人格形成、发展和改变的基础，是人格能否正常发展的重要标志。自我概念包括具有"我"之特性的一切想法、知觉及其价值，是个体整个现象场中与自身相联系的那部分知觉及其相关的意义，是个体看成"我"的那部分现象场。在Rogers看来，人格不健全的人，其自我概念与经验是不一致的，他们将自己的真实体验拒之于意识之外，防御性地维持着自我，他们的评价系统不是建立在自己真实体验的基础上，而是为了得到别人的赞许，投射别人的态度。因为Rogers相信人自身内部存在着一股巨大的理解自己并改变自我概念和指导自己行为的潜能，只要提供适宜的气氛，这些潜能就能被开发出来（金盛华，2005）。

自我是一个复杂的概念，但我们只要能清楚地认识自己，努力地使不同的自我之间取得平衡，充分发挥自我的作用，我们就能更好地了解自我、掌控自我，也能更好地达到自我实现的目的。

参 考 文 献

方双虎.（2007）.*整合与分化——威廉·詹姆斯与现代心理学*. 博士学位论文，南京师范大学.
高申春.（2009）.*心灵的适应：机能心理学*. 济南：山东教育出版社.
郭本禹.（2005）.*心理学经典人物及其理论*. 合肥：安徽人民出版社.
霍华德·基尔申鲍姆.（2016）.*卡尔·罗杰斯传记*. 熊然译. 北京：中央编译出版社.
霍华德·马文·范斯坦.（2001）.*就这样，他成了威廉·詹姆斯*. 季广茂译. 北京：东方出版社.
金盛华.（2005）.*社会心理学*. 北京：高等教育出版社.
金盛华.（2010）.*社会心理学*. 2版. 北京：高等教育出版社.
刘霞.（2017）.自我的追寻与挣扎——从詹姆斯"自我"理论角度解读《纯真年代》. *湖北经济*

学院学报（人文社会科学版），14（2），102-104.

乔治·赫伯特·米德．（1999）．*心灵、自我与社会*．霍桂桓译．北京：华夏出版社．

托马斯·H. 黎黑．（1998）．*心理学史*．李维译．杭州：浙江教育出版社．

王春娟，冯海英．（2009）．从罗杰斯的自我和谐理论看大学生心理健康的自我维护．*教育探索*，（5），123-124.

王东．（2011）．从"思想之流"到"纯粹经验"——威廉·詹姆斯的意识理论研究．博士学位论文，吉林大学．

威廉·詹姆斯．（2005）．*宗教经验种种*．尚新建译．北京：华夏出版社．

威廉·詹姆斯．（2006）．*彻底的经验主义*．庞景仁译．上海：上海人民出版社．

威廉·詹姆斯．（2010）．*心理学原理*．田平译．北京：中国城市出版社．

威廉·詹姆斯．（2013）．*心理学原理*．唐钺译．北京：北京大学出版社．

杨丽霞．（1999）．人本主义人格理论中的"自我"观．*社会心理科学*，（1），3-7.

伊迪斯·华顿．（2012）．*纯真年代*．赵兴国，赵玲译．北京：人民文学出版社．

岳晓东．（2004）．*登天的感觉．修订本*．上海：上海人民出版社．

赵锋．（2016）．面子、羞耻与权威的运作．*社会学研究*，（1），26-48，242-243.

Baldwin, B. T. (1911). William James' contributions to education. *Journal of Educational Psychology, 2*(7), 369-382.

Cooley, C. H. (1902). Looking-glass self. *The Production of Reality*: Essays and Readings on Social Interaction, 6, 126-128.

James, W. (1983). *Talks to Teachers on Psychology*: And to Students on Some of Life's Ideals. Cambridge: Harvard University Press.

James, W. (2007). *The Principles of Psychology* (Vol. 1). New York: Cosimo.

Lewis, J. D. (1979). A social behaviorist interpretation of the meadian "I". *American Journal of Sociology, 85*(2), 261-287.

Mcclelland, J. L. (1978). Phenomenology of Perception. *Science, 201*(4359), 899-900.

Mead, G. H. (1999). Mind, self and society. *Journal of Higher Education, 70*(5), 620.

Mead, G. H. (2015). *Mind, Self, and Society*. The Definitive Edition. Chicago: University of Chicago Press.

Rogers, T. B., Kuiper, N. A., & Kirker, W. S. (1977). Self-reference and the encoding of personal information. *Journal of Personality and Social Psychology, 35*(9), 677-688.

Viney, W. (2004). *History of Psychology*: Ideas and Context（影印本）．北京：北京大学出版社．

Weiner, B. (1972). Attribution theory, achievement motivation, and the educational process. *Review of Educational Research, 42*(2), 203-215.

Witty, M. C. (2007). Client-centered therapy//N. Kazantzis, L. L'Abate(Eds.), *Handbook of Homework Assignments in Psychotherapy*: Research, Practice, and Prevention (pp. 35-50). Boston: Springer.

第五章　自我差异理论

第一节　自我与自我差异的内涵

一、自我的内涵

"自我"也称"自我意识"或"自我概念",在心理学意义上主要指个体对自身存在状态的认知,是个体对其社会角色进行自我评价的结果。换句话说,个体能够觉察到"自己的一切",并能从周围其他事物与其他人中区分出来,这里所说的"自己的一切"指自己的躯体、生理以及心理活动。

在本章中,自我差异理论(self-discrepancy theory,SDT)中的自我的内涵与上段所提到的心理学上定义的自我还是有很大差别的,上段是从"我"和"非我"的层面来阐释自我的定义的,而本章中的自我是指关于自己的特长、能力、外表和社会接受性等方面的知识、态度和情感的统合,在区分了"我"和"非我"的基础上,其重点放在了介绍"我"的定义上,是个体将自我作为一个事物,对其产生的知觉和评价,以此来认识的客体,即物化了的人的特性表征。

二、自我的三种基本形态

自我概念是多维的、有层次和有组织的,是相对稳定而又不断发展的。不同的学者从不同的角度对自我进行了划分。在自我差异理论中,就自我的结构而言,心理学家普遍认同Higgins等(1985)定义的自我的三种基本形态,即现实自我、理想自我、应该自我。

(一)现实自我

现实自我是实实在在的自我,是指自己或他人认为个体实际具备的特性的表征,即心理、生理、社会等方面最真实的表现。这里,"他人"可以是重要他人或一般化的他人。可见,有两类现实自我:一类是以自己的角度表征的现实自我;

另一类是以他人的角度表征的现实自我。

日常生活中，现实自我始终处于不断变化的状态，这个变化又有正与反、积极与消极、前进与后退、正常与非正常的区别，因此现实自我表现出丰富的内涵。

（二）理想自我

理想自我指个体自己或他人希望个体理想上应具备的特性的表征。同样，也有两类理想自我：一类是以自己的角度表征的理想自我；另一类是以他人的角度表征的理想自我。通俗地讲，理想自我就是个体希望、期待自己是什么样的人，是个体对想象中的理想化的自我的认识。例如，有的人会想象自己成为一个成功人士或著名影星，可以随心所欲地做自己喜欢做的事情，这就是对理想自我的情感体验。

理想自我好比人生道路上的一盏明灯，时时在指引自我、鞭策自我朝着它指引的方向努力。自己认定的理想特性是内在动力，他人期待的理想特性则是外在动力。内在动力与外在动力经常结合在一起形成合力，其作用更加显著。但如果自己决定的理想自我与他人期望的理想自我之间形成反力，就不可避免地会发生各种各样的偏差。例如，中学生心目中的理想成绩是前十名，而其父母的期望成绩是前三名，这样两者之间就会产生落差，从而对该生学习的动机、努力程度和成就感产生不同的作用，至于具体是促进作用还是阻碍作用，该生本人的应对方式在其中起着关键的作用。一般说来，理想自我层次越高，稳定性越大。当对自己的要求高于他人的期望时，个体更容易获得成就感。

（三）应该自我

应该自我指个体自己或他人认为个体有义务或有责任应该具备的特性的表征。同样，也有两类应该自我：一类是以自己的角度表征的应该自我；另一类是以他人的角度表征的应该自我。应该自我层次较低，且经常处在变化之中，稳定性较差。随着时间的不断推移以及事情的不断发生，应该自我也相应地发生改变。

现实生活中，人们的现实自我与理想自我、应该自我之间有差异是一种常见而重要的现象。由于自我差异长期存在，且难以消除，人会产生各种各样的不良情绪。因此有必要了解自我差异的知识，以便于个体更好地积极主动地建构自己的"理想自我"。

三、自我差异的内涵

在区分了自我的三种基本形态后,我们可以发现,三者之间并不是静止和孤立的,而是处在不断变化之中,正是因为三者在变化的过程中相互矛盾、冲突、摩擦和斗争,差异才会产生。理想自我指引着个体对目标的追求,而应该自我使得个体回避一些目标,两者对个体具有导向作用、目标作用和激励作用,而现实自我就是个体此时此地身心存在的总和。在这三种自我的基础上,自我差异的概念就产生了。

(一)自我差异理论

自我差异理论定义了上述三种自我,即现实自我、理想自我和应该自我。理想自我和应该自我被称为自我导向(或自我标准)。自我导向代表个体要达到的标准,它来自早年的社会学习经验。自我差异指现实自我与自我导向之间的差距。对这三种自我都有计算的方法,它们之间的差异就是自我差异。Higgins(1987)认为,自我差异是一种有情绪意义的、较为稳定的认知结构,并提出,理想自我和应该自我是引导现实自我的标准,当现实自我与这些标准有差异时,个体就会产生减少这种差异的动机,这种动机推动着人们达到现实自我与相关的自我标准相匹配的状况。现实自我-理想自我差异单独与沮丧类情绪有关,现实自我-应该自我差异单独与焦虑类情绪有关。这个基本假设得到了大部分实证研究的支持(Higgins,1987;Heppen & Ogilvie,2003)。

(二)自我差异的种类

根据自我的领域和自我表征的角度不同,理论上应存在八种自我差异,但研究者一般很少研究从他人角度表征的现实自我,而是经常研究如下四种自我差异:①以自己的角度表征的现实自我与以自己的角度表征的理想自我之间的差异,为方便起见,记作"现实/自己-理想/自己差异"(下同);②以自己的角度表征的现实自我与以他人的角度表征的理想自我之间的差异(现实/自己-理想/他人差异);③以自己的角度表征的现实自我与以自己的角度表征的应该自我之间的差异(现实/自己-应该/自己差异);④以自己的角度表征的现实自我与以他人的角度表征的应该自我之间的差异(现实/自己-应该/他人差异)。

(三) 自我差异的特点

Higgins（1987）认为，自我差异是一种有情绪意义的、较为稳定的认知结构，具有以下特点。

1. 可用性

Higgins 假设，某一特定类型的自我差异的可用性（availability）取决于这个人两个矛盾的自我状态表征的属性的分离程度，不匹配的数量和匹配的数量之间的差别越大（即两种自我状态表征之间属性的分离程度越大），那么这种自我差异的可用性程度就越大。特定类型的差异程度越大，当它被激发时，与这种差异相联系的苦恼强度也就越大。通俗地讲，若学生的实际成绩与理想成绩或应该成绩相差甚远，那么学生缩小这种差异的难度就越大，从而给学生带来压力和苦恼。

2. 易得性

Higgins（1989）假定，一个可用的自我差异的易得性（accessibility）取决于以下三个因素：一是这个差异是在多久前被激活的，新近被激活的差异具有更大的易得性；二是这个差异被激活的频率，越是经常被激活的差异的易得性就越大；三是激活这个差异的刺激事件的性质，自我差异表现的消极心理状态将不会被一个明确的积极事件所激活，相反却会被一个明确的消极事件所激活。

第二节 自我差异的产生、主要假设及影响因素

一、自我差异的产生

在了解了自我差异的概念、种类、特点以及相关理论后，我们会发现自我差异现象普遍存在于我们的日常生活中，时时刻刻都在影响着人们的行为，譬如，有些学生在很努力地学习，而有些学生在学习或者某些方面的积极性不高。不同学生所拥有的自我差异的不同在这个过程中会不会发挥一定的作用呢？所以，接下来我们将重点探讨以下问题：自我差异是如何产生的？又是怎样向前发展的？针对这些问题，研究者提出了关于自我差异理论的几个假设。

二、自我差异理论的主要假设

（一）关于自我差异的动机意义的假设

自我差异理论认为，理想自我和应该自我是引导现实自我的标准，当现实自我与这两个标准有差异时，个体就会产生要减少这种差异的动机，这种动机推动着人们做出相应的努力，使现实自我与相关的自我标准能够尽可能匹配（Higgins，1987）。自我差异理论假设，无论人们被推动达到哪种自我标准，都会存在个体差异，不是所有的人都有这三种自我标准，有的人可能只有应该自我标准，有的人可能只有理想自我标准，有的人可能这两种标准都有，因此，人们减少自我差异的动机倾向性是有个体差异的。

后来，Crowe 和 Higgins（1997）提出提升聚焦（promotion focus）和防御聚焦（prevention focus）两种动机倾向性。提升聚焦指个体主要关注怎样达成自己的理想、抱负，如一些留在乡村支教的教师，为了能够让更多贫困的孩子接触到更多的知识，自愿为乡村教育献出自己微薄的力量，在这一清贫而又不简单的岗位上弘扬高尚师德，从自身做起，实现自己的理想抱负。防御聚焦指个体主要关注怎样达成自己应该完成的责任、义务，以避免惩罚、批评，如在企业流水线上的工作人员的主要任务是完成自己的职责，做好自己应该做的事情。需要指出的是，每一份工作都值得我们去尊重，只不过个体在工作动机上可能会有所差异。

（二）关于自我差异与情绪关系的假设

自我差异理论假设存在不同类型的自我差异，每种类型的自我差异反映了一种特定类型的消极心理情境，而这种特定类型的消极心理情境又与特定的情绪问题相关联。具体地说，现实自我与理想自我的差异表示没有达到自己的理想状态，反映了"积极结果没有出现"的消极心理情境，这种心理情境会导致沮丧类情绪，如抑郁、失望、挫折感、羞耻等。通俗地讲，当一位高中生没有考上自己理想的大学时，在短时间内可能使自己置于消极心理情境下，同时会有失望、悲伤和挫折感等负面情绪。现实自我与应该自我的差异表示没有尽到自己的责任或者义务，这将预示着"消极结果的出现"的消极心理情境，这种心理情境会导致焦虑类情绪，如过度紧张、恐惧、忧虑和担忧等。例如，一位员工没有尽到自己应该尽的义务和责任，这将预示着一些失误可能会出现，从而使自己处于一种焦虑的情绪中。从这一假设出发，自我差异理论预期，现实-理想差异单独与沮丧类情绪有关，现实-应该差异单独与焦虑类情绪有关,这被称为自我差异的情绪效应。

自我差异理论还假设,自我差异的情绪效应会受到一些调节变量的影响。Higgins(1987)认为,自我差异的情绪效应可能会受到如下变量的影响:①自我差异的大小;②自我差异的易得性;③在现实情境下,自我差异的可用性和相关性;④自我差异对本人的重要性。

(三)关于自我差异的产生机制假设

根据自我差异理论的重要假设,我们发现现实-理想差异反映了"积极结果没有出现",而现实-应该差异反映了"消极结果的出现"。因此,Higgins(1987)针对自我差异的原因提出假设,认为社会化的因素能回答"当人们体验到自我差异时,为什么会感觉很痛苦"和"为什么人们不降低或不改变自我标准从而减少自我差异呢"这两个问题。他假设,有些养育者会以自己对孩子的希望来评价孩子,孩子可能以"积极后果的出现或是不出现的方式"来做出反应。其教养模式可概括为如下的条件-结果耦联:如果达到X(指理想标准),则有好事发生(如奖励、鼓励、赞扬);如果没有达到X,则没有好事发生(如没有奖励、鼓励、赞扬)。儿童总是试图避免因与父母的消极相互作用造成的消极心理情境,久而久之,儿童就会获得父母的理想标准的心理表征,以避免积极结果的消失。这里有一个问题——为什么儿童虽然因具备差异而痛苦,但是却不降低或不改变他们的标准呢?自我差异理论对此没有做出令人信服的明确解释,还需研究者的进一步探讨。

形成对照的是,有些养育者会以孩子应达到的应该标准(如责任和义务)来评价孩子,孩子可能以"消极后果的出现或不出现的方式"做出反应,其教养模式可概括为如下的条件-结果耦联:如果有X(指违反应该标准),则有坏事发生(如惩罚、批评);如果没有X(指没有违反应该标准),则没有坏事发生(如不惩罚、不批评)。久而久之,儿童就会获得父母的应该标准的心理表征,以避免消极结果的出现。这样,儿童越认为达到父母的应该标准很重要,就越有可能获得现实标准和应该标准的差异,就越有可能因具备这样的差异而痛苦,就越有可能不降低或不改变他们的标准。

三、自我差异的影响因素

自我差异是个体在成长过程中逐渐发展形成的,在不同环境下成长的个体,其自我差异特点呈现出明显的不同。一般来说,个体的自我差异主要受年龄、性别、成长环境几大因素的影响。

（一）年龄

研究表明，高中生的现实/自身差异最大，其次是现实/父母差异（即现实自我与父母标准），最小的是现实/朋友差异（即现实自我与朋友标准）（曾细花，2013）。高中生的现实/自身差异最大，说明青少年对自身理想自我的要求太高，不容易达到。随着青少年抽象逻辑思维的发展，他们开始对长远的自我发展做出规划，提出具体的理想自我的特性。然而，由于自身探索经验的不足，他们对自己理想自我的期望往往过于完美，不切实际，这使得他们在很多时候都难以达到自己的期望，因而体验到较大的现实自我与理想自我的差距。现实/父母差异大于现实/朋友差异，与Higgins（1987）的研究相一致，说明我国学生在自我调节上也经历了父母重要性下降而朋友重要性上升的过程。受经济全球化和市场经济的影响，中国父母开始注重孩子的独立发展，孩子也就更可能发展自主性。随着成人感的增强和自主性的提高，青少年倾向于挑战父母权威，不愿意按照父母的要求行事，因此他们表现出的现实自我与父母期望相差较远。相反，在青少年发展自主性和确认成人感的过程中，同伴提供了重要的行为参照和情感支持，青少年为了获得身份认同和同伴接纳，更愿意按照朋友的期望来塑造自己，因此他们会感受到较低的现实自我与朋友期望之间的差异。不过，高中生现实/父母差异较大，也可能是由中国父母的期望太高所致。Shek和Chan（1999）的研究发现，中国父母一般对自己孩子的发展设定较高的目标，尤其在成绩和良好行为上对孩子的要求都很高，这些要求有些时候会脱离了孩子现实的能力和行为水平，所以孩子不容易达到父母的期望，这一点还需要进一步的研究来澄清。

（二）性别

研究表明，女生不仅感受到现实/父母差异和现实/朋友差异之间的差距要大于男生，而且女生的现实/父母差异、现实/朋友差异都大于男生（曾细花，2013）。这跟Higgins（1987）的研究结果相反。Higgins认为女生更少挑战父母权威，更多将父母的要求和朋友的要求等同对待，因此，他们的现实/父母差异和现实/朋友差异之间的差距要小于男生。此外，女生更愿意满足他人的要求，他们会尽量使自己的现实自我接近父母和朋友的期望，因此他们的现实/父母差异和现实/朋友差异会低于男生。该研究的结果与以往研究结果不一致，说明女生自我差异的机制可能要比 Higgins 阐述的机制更为复杂（曾细花，2013）。一方面，在自我塑造上，女生更愿意使自己的现实自我接近他人的要求；另一方面，在自我评价上，女生更为谦卑，更容易贬低自己的现实自我水平，且他们在知觉方面也更敏感，更容易察觉到自身的不足。这些方面都会使女生感受到较高的现实自我与自身、他人标准之间的差异。有研究发现，女生不仅在现实/父母差异、现实/朋友差异上大于男生，而且在现实/自身差异上也大于男生（曾细花，2013），这就证明了后一种机制存在的可能性。未来可以开展进一步研究来考察这两种性别差异的内在机制，以探究哪一种更具有解释力。

有研究者对 64 名成年女性和 46 名成年男性进行了一项研究，探讨个体当前体重状况与身体形象满意度之间的关系。结果表明，女性的当前体重状况和身体形象不满意之间存在正向线性关系，也就是说，随着体重的增加，女性对身体形象的不满情绪会增加。在男性中，他们报告了不同形式的不满情绪，也就是说，超重的男性希望自己瘦一些，而正常体重或体重过轻的男性则希望拥有更大的体型。根据特定的物理特征（如面部特征、身高、毛发等）与理想的匹配程度以及对满足这些理想的重视程度，考虑到目前的体重状况，研究者在女性中发现了一种显著的线性关系，但在男性中却没有发现。与体重较轻的女性相比，体重较重的女性更看重自我和理想体重之间的差异（Phillips & De Man，2010）。

（三）成长环境

成长环境主要包括家庭、学校、社会环境几部分。家庭作为个体长期生活的环境，对个体的价值观、性格塑造等有着不可替代的作用。家庭对个体的影响是潜移默化的，父母的言行举止是孩子学习的直接来源。家庭是个人生活和接触最久的环境，个人的性格、品行养成以及社会化都会受到家庭的影响。学校作为教书育人的场所，对于传授学生科学文化知识、引导学生形成正确价值观、塑造学生良好品格等有着重要作用，以上也是学校应该承担的责任。学校教育除了教授外在型的知识与才能外，更为重要的任务是注重学生内在的发展，培养学生健全的人格，以使学生在走出学校、走向社会后会有更多的生存技能来应对生活中的各种困难。

研究表明，城市高中生的现实/自身差异和现实/父母差异显著大于农村学生（曾细花，2013）。城市学生的现实/父母差异大于农村学生的差异这一结果与假设一致，这说明全球化和市场经济的发展对城市的影响超过了农村。城市家庭由于经济压力较少，父母对孩子的服从和赡养自身的期待较低，愿意给孩子提供更多的自主性发展空间。此外，城市学生更多通过报纸、电视和网络等媒体接受外来个人主义文化的影响，这使得他们的自主性发展要超过农村学生，他们更倾向于挑战父母权威，不愿意按照父母的期望来塑造自我，所以他们的现实自我与父母期望的理想特性相差较远。相反，农村家庭由于经济条件的影响，更强调家庭的联结和孩子对家庭的忠诚，因此农村学生更倾向于按照父母的期待去塑造自己。不过，出现差异的另外一种可能是城市学生的父母对孩子的期望要高于农村学生的父母对孩子的期望，所以城市学生更不容易达到父母的要求。至于城市学生的现实/自身差异大于农村学生，可能是城市学生对自己设定的期望较高而不容易达成的缘故。

在关于个人发展和戏剧教育的一项调查中，采用钱德勒（Chandler）故事任务进行角色扮演能力测试，同时采用自我差异问卷测量个体的自我差异，采用皮博迪图片词汇测试（Peabody Picture Vocabulary Test，PPVT）（修订）测量个体的词汇量，采用 Piers-Harris 儿童的自我概念量表测量个体的自我概念。在为期 10 周的戏剧节目完成后，要求被试完成量表测试。结果表明，随着戏剧教育的学习，个体的角色扮演能力、词汇量和自我概念水平都有显著提高。进一步分析发现，自我差异、自我概念和词汇量之间存在显著的相关关系，角色扮演与自我概念、自我差异和词汇量之间没有相关关系。该研究结果支持在学校使用戏剧作为个人和社会发展的手段的有效性（Wright，2006）。

如果将自我差异作为一种自我提升机制，那么这将让老年妇女在应对身体健康下降时保持心理健康。在一项持续 6 年的纵向研究中，研究者对患有慢性健康问题的老年妇女的心理健康结果的调节效应进行了测试。被试是 103 位在社区居住的老年妇女，她们完成了多项自我报告，包括生理健康、心理健康以及自我差异。随着时间的推移，她们的身体健康状况有所下降，但自我矛盾状况有所改善，且低自我差异（即实际自我和理想自我之间的差异不大）缓和了身体健康状况下降对心理健康的影响。因此，在老年妇女身体健康状况下降的情况下，自我差异似乎在维持心理健康方面起着重要的作用（Heidrich & Powwattana，2004）。

自我差异理论认为，幸福在某种程度上取决于一个人的实际自我与理想自我的重叠程度。有人主张"幸福不是拥有你想要的，而是想要你已经拥有的"，强调区分两个重叠的潜在来源的实际自我和理想自我的重要性，但在以往这一直被忽视。然而，大多数理想的自我差异指标衡量的是人们想要成为什么样的人（即理想的自我实现，ideal self-actualization，ISA），另一些指标衡量的则是人们想要成为什么样的人（即实际的自爱，actual self-respect，ASR）。在一些研究中，我们测量了理想的自我的实现方式，通过要求人们确定他们理想的特征，并评估他们拥有这些特质的程度，以及通过要求被试识别他们拥有的特征，并指出他们想要这些特质的程度，来测量实际的自爱。此外，实际的自爱能够解释较大比重的独特的幸福感差异方面（如主观幸福感、积极影响、心理增长）。一项纵向研究为此提供了证据，证明实际的自爱是主观幸福感的前兆，而不是其结果（Hardin & Larsen, 2014）。

有研究揭示了女性理想体重相关的自我差异和与体重相关的羞耻感、罪恶感、自觉性的自尊（Higgins, 1987）以及自我意识情感（Tracy & Robins, 2004）之间存在复杂关系，这些结果为自我差异理论和自我意识情绪的过程模型提供了部分支持。与体重相关的自我差异可能是与羞耻、内疚和真正的骄傲有关的重要认知评估指标。未来的研究需要进一步探索自我差异和一系列与体重相关的自我意识情感之间的关系（Halliwell & Dittmar, 2006）。

第三节　自我差异的测量

一、非限定性测量方法

（一）Higgins 的经典测量方法

Higgins（1987）是自我差异理论的创始人，他用自我问卷（The Selves Questionnaire）来测量自我差异，这可能是目前使用最广泛的自我差异测量方法，也是自我差异的经典测量方法。这种方法的核心是：①对于每一种自我（现实自我、应该自我、理想自我），让个体用 10 个词来描述它们的特性。此过程包括两部分：一是从自己的角度进行描述；二是从他人的角度进行描述。由此会得出六种自我的结果：现实/自己、应该/自己、理想/自己、现实/他人、应该/他人和理想/他人。自我差异理论与其他理论的不同之处在于，自我概念与不同的自我引导者之间，以及不同的自我指导者之间的不同类型的长期差异与不同的动机倾向有关。因此不可能考虑所有可能类型的自我差异。一组特别重要的自我差异是反映个体自我概念和个体的自我引导之间差异的集合。因此我们只计算四种自我差异（现实/自己-理想/自己、现实/自己-理想/他人、现实/自己-应该/自己、现实/自己-应该/他人）。②个体描述出每种自我的特性后，要求他们使用4点量表（1代表"有点"，4代表"极为"）来评价他们实际具备或应该具备或希望具备每种特性的程度。③自我差异分数等于真正匹配个数和不匹配个数之差。真正匹配个数是两种自我的相同特性的评分之差不大于1的个数，不匹配个数是评分之差大于或等于2的个数（Higgins，1987）。

（二）标记定位任务

所谓标记定位任务，是要求被试做出现实自我与理想自我和应该自我评价标准相互位置的非语言性空间定位。该任务通过量表形式完成，该量表由四页构成。第1页定义现实自我、理想自我和应该自我，目的是使被试了解这三个概念；第2、3页的右上角分别标有一个圈，分别代表理想自我和应该自我，纸的其他部分是空白的。为被试提供两个直径为1厘米的圆形标记物，代表现实自我，要求被试将标记物分别放置在第2、3页的空白处，位置是能够表示现实自我与后两者差异的地方。第4页是自信等级量表，用以检验被试对自己判断的自信程度。自我差异的计算方法就是：用标尺量出现实自我与理想自我和应该自我的距离。

二、部分限定性测量方法

（一）经典方法的改良

这种方法是以Higgins（1987）提出的自我问卷法为基础而形成的。Tangney等（1998）从自我测量问卷或从词典中选择能全面反映个体特性的形容词，用这些词建构不同形式的句子，让被试对现实自我、理想自我、应该自我进行等级评价。建构句子的形式具体如下。

从自己的角度描述自己的句子形式如下：

> 我是
> 我想成为
> 我想我应该是

从他人的角度描述自己的句子形式如下：

> 我最好的朋友或父母认为我是
> 我最好的朋友或父母希望我是

我最好的朋友或父母认为我应该是

通过把现实自我与其他自我状态的等级进行比较，研究者可以得到自我差异的分数。

例如，"诚实的"现实自我评价得分为 3，理想自我评价得分为 4，二者的差异分数为 1。计算所有项目差异分数的总和，就可以得到现实自我和理想自我之间总的差异数。此种方法操作简便，因此被大多数的研究者所接受。

（二）Q 分类法

Q 分类（Q-sort）法是由美国心理学家 Stephenson 创立的一种测验（Stephenson，1953），后来被广泛应用于研究自我概念、人格适应、身心健康等方面。这种方法是给被试看数张描述人格词语的卡片，要求被试按照卡片上的词语所描述的人格特质与自己进行对照，根据符合程度分成 1—9 共九个等级，然后按照评分等级大小进行排序。根据被试所排序的词语的描述与适合程度，可以测量其自我概念。在测量自我差异时，分类程序需进行两次：一次为实际的自我概念分类；另一次为理想中的自我概念分类。二者的相差程度代表了现实-理想差异。

总的来说，部分限定性测量方法虽然在一定程度上限制了被试的反应内容，且给予了他们一定的自由选择的程度，但其操作过于复杂，适合进行个别施测而不适合进行群体施测。

三、完全限定性测量方法

（一）饼形图任务

为了突破传统测量方法的种种局限，Ferguson 等（2010）采用了一种新的方法。在这种方法中，个体将一个圆形分割成不同大小的部分，用来代表三种自我的各个角色的相对重要性。因此，对于任何给定的领域，个体可以选择分配更多的部分给理想自我而不是现实自我，这意味着他们现在对于自我的看法并不一定与他们对理想自我的看法一样重要，反之亦然，即他们现在对于自我的看法比他们理想自我的看法更加重要。这种方法改善了较早的测量方法，通过要求被试对于领域标签（如友谊）而不是积极的属性标签（如时髦）进行反应，测量重要性（自我描述）而不是能力（自我评价），并在统计学上通过深入地分析现实自我与理想自我之间任何显著的交互作用而获得差异的方向和重要性，比如，理想自我显著高于现实自我意味着差异方向为负,并且表明个体认为这一领域较为重要。

(二)语义差别法

语义差别法(semantic differential method)又称 SD 法,是美国心理学家 Osgood 等于 1957 年提出的一种心理学研究方法(Osgood et al., 1957)。被试被要求在一系列反义词之间评判自己更适合其中的哪一个。其中,每一道题目都是由两个意义相反的形容词作为两极而构成的,例如,"文静—活泼"为一个量尺:量尺一般分为 7 个等级,如"1"指"非常文静","2"指"相当文静","3"指"稍微有点文静","4"指"不文静也不活泼","5"指"稍微有点活泼","6"指"相当活泼","7"指"非常活泼"。被试依据自己的实际情况在这 7 个等级之中选择最适合的一个并打上"√"号。若用此方法测量自我差异,研究者需对多个自我维度分别进行评判,最后对得到的资料进行分析。这种方法的好处在于其所测量内容的两极都非常明确,从而使被试易于做出判断,而不像其他测量方法那样只是单纯地列出了某一测量维度的一极。

四、使用现有自我概念量表

直接使用现有的自我概念量表,并添加理想自我和应该自我两种选项,也是研究者普遍使用的一种方法,目前使用较为广泛的自我概念量表有以下几种。

一是由 Fitts(1965)编制、林邦杰(1980)修订的田纳西自我概念问卷(Tennessee Self-Concept Scale,TSCS)。该问卷包含 70 道题目,在结构性维度上分为自我认同、自我满意和自我行动;在内容维度上分为生理自我、道德自我、心理自我、家庭自我和社会自我;另外还有两个因子,分别是自我总分与自我批评。该问卷采用 5 级评分,1 代表"一点也不相符",5 代表"极其符合"。

二是由 Marsh 等(1984)编制、董奇等(1993)修订的自我描述问卷 I 型(Self-Description Question I,SDQ I)。该问卷适用于小学儿童,包括 76 道题目,分为学业自我、非学业自我和一般自我三大维度。学业自我包括阅读、数学、一般学校表现;非学业自我包括运动能力、生理外貌、同伴关系、亲子关系;一般自我未进行细分。该问卷采用 5 级评分,1 代表"一点也不相符",5 代表"极其符合"。

三是由 Marsh 等(1988)编制、陈国鹏和崔丽娟(1997)修订的自我描述问卷 II 型(Self-Description Question II,SDQ II)。该问卷适用于七至十年级的中学生,包括 102 道题目,分为学业自我、非学业自我和一般自我三大维度。学业自我包括言语、数学、一般学校情况；非学业自我包括体能、外貌、与异性关系、与同性关系、与父母关系、诚实-可信赖、情绪稳定性；一般自我未进行细分。该问卷采用6级评分，1代表"一点也不相符"，6代表"极其符合"。

四是由 Marsh 等（1984）编制的自我描述问卷 III 型（Self-Description Question III，SDQ III）。该问卷适用于成年人，包括136道题目，分为数学、语言、一般学业能力、问题解决与创造性、体能、外表、同性关系、异性关系、亲子关系、宗教信仰、诚实、情绪稳定性、自尊等维度。该问卷采用8级评分，1代表"完全不相符"，8代表"完全符合"。

五是由 Piers 和 Harris（1969）编制、苏林雁等（1994）修订的 Piers-Harris 儿童自我意识量表（Piers-Harris Children's Self-Concept Scale）。该量表适用于8—16岁的青少年，共包括80道题目，分为行为、智力与学校、躯体与外貌、焦虑、合群、幸福与满足6个分量表。该量表采用0、1两点评分，0表示"不符合"，1表示"符合"。

这种方法的缺点在于对于自我概念的评价维度未必完全适用于自我差异的评价，如某些项目可能在现实自我中对于个体普遍较为重要，而在理想自我或应该自我中却普遍不受到重视，因此这类量表不具有良好的区分度。如果想使用这类量表，研究者需要重新谨慎地选择其中的题目。

第四节 自我差异的相关研究

自我是整个人格的核心，人的心理生活是由自我建构的，因此有关自我的研究一直是心理学研究中的热点问题。自古以来，人们就希望能够对自己有正确的认识。但是，在现实生活中，在对自我进行知觉时，只有一部分人能够无偏见地认识自己，而另一些人则会高估自己，表现出自我提升偏见（self-enhancement bias）；或者低估自己，表现出自我降低偏见（self-diminishment bias）。这种个体在对自己知觉的过程中产生的积极自我偏见就是自我提升偏见。自我提升偏见是个体在社会比较中努力保持和提升自尊的倾向。通过自我提升偏见，人们希望对自己产生满意感、能力感和有效感。

一、自我差异与心理健康

由自我差异理论的假设推论，自我差异可能与焦虑症、抑郁症有着独特的关系，具体来说，焦虑症患者可能比别人有更高的现实-应该差异，抑郁症患者可能比别人有更高的现实-理想差异。此外，由于强迫症牵涉到对自己的不满意，所以强迫症与自我差异应该也有关系。而社交恐怖症患者预期别人对自己在社交场合中的表现有很高的期待（即应该自我的标准很高），所以社交恐怖症可能与现实-应该差异有关。下面我们将具体探讨抑郁和焦虑的相关内容。

抑郁症是一种常见的精神疾病，主要表现为情绪低落，兴趣降低，悲观，思维迟缓，缺乏主动性，自责自罪，饮食、睡眠差，担心自己患有各种疾病，感到全身多处不适，严重者可能会出现自杀念头和行为。在临床诊断方面，抑郁症患者有下面几个显著的特征。

（一）心境低落

心境低落主要表现为显著而持久的情感低落，抑郁悲观。轻者闷闷不乐、无愉快感、兴趣减退，重者痛不欲生、悲观绝望、度日如年、生不如死。典型患者的抑郁心境有晨重夜轻的节律变化。在心境低落的基础上，患者会出现自我评价降低现象，产生无用感、无望感、无助感和无价值感，常伴有自责自罪，严重者会出现罪恶妄想和疑病妄想，部分患者可出现幻觉。

（二）思维迟缓

抑郁症患者的思维联想速度缓慢，反应迟钝，思路闭塞，自觉"脑子好像是生了锈的机器"，"脑子像涂了一层糨糊一样"。临床上可见主动言语减少，语速明显减慢，声音低沉，对答困难，严重者甚至无法顺利与人交流。

（三）意志活动减退

抑郁症患者的意志活动呈显著持久的抑制倾向，临床上表现为行为缓慢，生活被动、疏懒，不想做事，不愿和周围人接触交往，常独坐一旁，或整日卧床，闭门独居，疏远亲友，回避社交，严重时甚至连吃、喝等生理需要和个人卫生等都不管不顾，蓬头垢面、不修边幅，甚至发展为不语、不动、不食，称为"抑郁性木僵"。虽然其日常的表现为"抑郁性木僵"，但经医生仔细的精神检查，患者仍流露出痛苦的抑郁情绪。伴有焦虑的患者，可有坐立不安、手指抓握、搓手顿足或踱来踱去等症状。严重的患者甚至伴有自杀的观念或行为。消极悲观的思想及自责自罪、缺乏自信心会使患者萌发绝望的念头，认为"结束自己的生命是一种解脱"，"自己活在世上是多余的人"，并会使自杀企图发展成自杀行为。这是抑郁症最危险的症状，应提高警惕。

（四）认知功能损害

研究认为，抑郁症患者存在认知功能损害，主要表现为记忆力下降、注意力障碍、反应时间延长、警觉性升高、抽象思维能力差、学习困难、语言流畅性差，以及空间知觉、眼手协调及思维灵活性等能力减退（Brewster et al., 2017；LeMoult et al., 2015）。认知功能损害会导致患者产生社会功能障碍，而且会影响患者的长期干预效果。

（五）躯体症状

抑郁症患者主要伴有睡眠障碍、乏力、食欲减退、体重下降、便秘、身体任何部位的疼痛、性欲减退、阳痿、闭经等躯体症状。躯体不适的体诉可涉及各脏器，如感到恶心、呕吐、心慌、胸闷、出汗等。自主神经功能失调的症状也较为常见。在睡眠障碍上，患者主要表现为早醒，一般比平时早醒2—3小时，醒后不能再入睡，这对抑郁发作具有特征性意义。有的患者表现为入睡困难，睡眠不深；少数患者表现为睡眠过多。体重减轻与食欲减退不一定成比例，少数患者可出现食欲增强、体重增加等现象。

正如上文中提到的，焦虑症患者可能比别人有更大的现实-应该差异。

焦虑是人类在与环境做斗争以及生存、适应的过程中发展起来的基本情绪。焦虑并不意味着各类有临床意义的病理情绪，在应激面前，适度的焦虑具有积极的意义，可以使个体充分调动身体各脏器的机能，适度提高大脑的反应速度和警觉性。只有具备某些病理性特征，同时对正常的社会功能造成影响，此时的焦虑才是病理性焦虑，主要可分为两类。一是状态性焦虑。它是指由某一种情境而引起的焦虑，当情境改变时，焦虑随之消失。但有时，由于某种情境很特殊，个体产生的焦虑十分强烈，从而有可能使个体产生短暂的人格变化。二是特质性焦虑。它是指由于一个人的人格特点与众不同，在相同的情境中，其情绪反应的频度和强度也与众不同。例如，在与陌生人相处时，有的人就会出现这种特质性焦虑。

按照焦虑的不同水平，焦虑患者可分为高焦虑者、中度焦虑者和低焦虑者。高焦虑者的学习动机过强，抱负水平过高，对学习过程中的人际因素和环境因素过于敏感，学习的责任心强，但学习情绪不稳定，容易急躁。中度焦虑者能理性地把握学习环境中的主客观因素，正确地认识和处理学习目标、学习能力与学习条件之间的相互关系，把自己的学习动机和抱负水平调整到恰当的水平，学习情绪稳定，学习成效高。低焦虑者的学习动机弱，目标不明确，学习责任心不强，学习过程中的理性水平也较低，因而其学习行为容易跟着感觉走，受外部诱因和偶发因素的影响较为明显。研究表明，中等水平的焦虑有利于学习效率的提高，而过低或过高的焦虑水平都会对学习产生不利影响（戴瑜君，2021）。

Strauman 发现，抑郁症患者有最大的现实/自己-理想/自己差异，社交恐怖症患者有最大的现实/自己-应该/他人差异（Strauman，1989）。Strauman 还发现，烦躁不安的被试显示出最大的现实-理想差异，而焦虑被试显示出最大的现实-应该差异（Strauman，1992）。Scott 和 O'Hara 发现，抑郁者比非抑郁者有更大的现实-理想差异，焦虑者（包括有或者没有抑郁症状）比非焦虑者（正常个体或者只是抑郁者）有更大的现实-应该差异（Scott & O'Hara，1993）。Amico 等用实验方法发现，特质性焦虑和现实-应该/他人差异都能较好地解释社交情境中的烦恼（Amico et al.，2004）。Ferrier 和 Brewin 发现，强迫症和焦虑症患者比正常被试有显著更大的现实-理想差异，但两类患者的现实-理想差异之间没有显著区别。焦虑症患者的现实-应该差异显著大于正常被试，但强迫症患者的现实-应该差异与焦虑症患者和正常被试之间没有显著差异（Ferrier & Brewin，2005）。

以前的研究表明，自我差异是一种认知结构，可以引起情绪不适。有一项研究比较了临床抑郁症和社交恐怖症患者（加控制组），以确定不同的自我差异是否与这两种疾病有关（Strauman，1989）。研究表明，抑郁症患者的实际自我和理想/自我状态之间存在最大的差异，而社交恐怖症患者的实际自我和应该/其他自我状态之间存在最大的差异。自我参照的错配引发了短暂的沮丧或焦虑（取决于不匹配的类型）。研究结果表明，特定的认知结构可能是临床抑郁和焦虑的基础。

有研究得出以下结论：①青少年的现实-理想自我差异、抑郁水平随着年龄的增长而升高，自我效能感水平随着年龄的增长而降低；②青少年抑郁水平随着理想-现实自我差异的增大而升高；③青少年抑郁水平随着自我效能感的提升而降低；④青少年自我效能感水平可以调节现实-理想差异与抑郁之间的关系，即青少年的抑郁水平随着现实-理想差异的升高而升高，但升高速度随自我效能感的提升而减慢（祖雅桐，杜健，2016）。

Cornette 等对 152 名大学生进行了自我问卷调查，以验证自我差异能否预测个人经历自杀意念的程度，主要是让被试完成绝望、抑郁和自杀意念的测量。结果表明，理想自我和实际自我、理想自我和未来自我的差异导致个体无望，进而导致其产生抑郁和自杀意念。该研究指出，自我差异作为一种消极的自我评价，可能会导致个人产生自杀意念的风险（Cornette et al.，2009）。

也有研究结果表明，自我差异与情绪之间存在非特异性联系，理想自我差异解释了抑郁和焦虑，而在回归分析中，自我差异的影响也变得不显著。如果消极情绪可以通过自我差异来解释，那么反过来它就会对人格产生影响（Ledrich & Gana，2012）。

Bizman 等（2001）研究了基于群体的自我差异是否与不同的群体情绪困扰有关。他们通过对 118 名以色列被试感知到的实际、理想和应有的属性，基于群体的沮丧和与焦虑有关的情绪，对以色列人的集体自尊、负面评价的恐惧进行了评估。结果显示，实际的群体差异和与焦虑有关的情绪之间存在显著的相关关系。这表明自我差异理论在解释群体成员情绪困扰方面具有一定的适用性。

Higgins 于 1987 年开创的自我差异理论，为理解不同的自我信念如何诱导不同类型的负面影响提供了一个框架。Higgins（1987）研究的中心是断言自我和理想自我之间的差异会引发与之相关的情绪或抑郁。尽管在抑郁和非抑郁的成年人之间发现了自我差异，但在青少年中，对自我差异与心理功能之间关系的研究是有限的。Stevens（2014）采用自我差异框架，研究了五年级和八年级学生的理想差异与抑郁的关系。结果表明，儿童和青少年的自我差异与抑郁有关，与成人样本抑郁的研究结果一致。自我差异效应只对女性有影响，这表明青春期女性的抑郁症状和自我差异之间存在更强的联系。这一发现对我们了解青春期早期女性抑郁的脆弱性有重要意义。有研究指出，当实际和理想体型之间的差异程度较大时，抑郁症状更为频繁。基于这些发现，身体意象自我差异可能是早期青少年抑郁症状的危险因素（Phillips & De Man，2010）。

二、自我差异与自我认同（内在/外在）

Erikson 在自我认同形成的心理社会发展理论中强调，个体各种自我、自我意象或自我表征的整合在同一性的发展中具有重要作用（Erikson，1963）。根据 Erikson 的观点，同一性发展水平越高，则各种自我概念之间应该越和谐（差异越小）。因此可以预期，对自我差异的探讨会揭示不同同一性状态个体的差异。但目前这方面的研究还很少，而且缺少系统的理论思考和理论假设。

在"后现代"的西方社会，个体通过向内用力，通过内在参照系统形成了自我反思性，并由此形成了自我认同的过程。"自我认同"假定了反思性知觉的存在。但自我认同并不是被给定的，而是作为个体动作系统的连续性的结果，是在个体的反思活动中必须被惯例性地创造和维系的某种东西。

Erikson 在 Freud 认同概念的基础上提出了自己的"同一性"概念。他搜集了大量的文献资料和实证依据，对同一性进行了广泛而深入的探讨，并于 1958 年系统地提出了同一性发展理论（theory of identity development）。根据 Erikson 的理论，自我的基本功能是建立并保持自我认同感。自我认同感是一个复杂的内部状态，包括我们的个体感、唯一感、完整感以及过去与未来的连续性。认同的形成是个体在青少年时期不断探索和承诺的结果。通过探索和承诺，个体可以在以后重要的认同领域（如性别、宗教、职业等）中获得承诺和决策能力。个体如果不能建立并保持自我认同感，则会出现自我认同危机，即不能确定自己是谁，不能确定自己的价值或生活方向。有些社会现象，如青少年犯罪，就是由认同危机引起的。自我认同危机通常出现在青春期，但又不限于年轻人，中老年人也可能出现这种情况。认同危机在任何时候都可能发生，但在社会动荡、文化政治变迁时，人们更容易出现认同危机。

Erikson（1963）认为，女性在认同的内容、时间安排和顺序上都有别于男性。人际关系是女性认同的重点，而男性则以职业和宗教、政治等为中心。在时间安排上，女性对她们的认同保有部分选择自由，即可以迟一些做决定，而男性则积极解决他们的认同问题。女性对身份认同和亲密关系的解决差不多是同时进行的，而男性则依次解决这些问题。

Marcia（1966）发展了 Erikson 的理论，提出了自我认同模型（ego identity model）。根据个体是否探索统一性问题和是否进行决策，该模型包括四种自我认同状态：①扩散（diffuse）状态，即个体既不能进行同一性探索，也不能进行自我决策；②取消（foreclosed）状态，即个体只是在父母价值观的基础上做出承诺，而不进行自我探索；③探询（moratorium）状态：个体在自我探索的过程中未曾做出决策；④达成的认同（achieved identity）状态，即个体在自我探索的同时有坚定的承诺感。Ochse 和 Plug（1986）曾编制过自我认同感量表，用来测试个体是否通过了 Erikson 所阐释的自我认同危机，并对非洲南部 15—60 岁的人施测。他们的平均得分为 56—58 分，标准差为 7—8。若个体得分明显高于这一范围，说明他已形成了很好的自我认同感；若个体的得分明显低于这一范围，则说明他的自我认同感还处于正在形成中。

在 Bessenoff 和 Snow（2006）的研究中，研究者探讨了女性如何看待有关身体形象的禁令文化规范，评估了当个人认为自己与文化标准不同时发生的身体羞耻程度，并测量了该标准作为个人理想的内化程度可能影响与身体相关的羞耻体验。女大学生完成身体羞耻感和两种身体形象自我差异的测量——理想自我和现实自我。自我差异是通过从被试的实际体型感知中减去他们的理想和应该分来确定的。结果表明，理想自我可以调节现实自我和羞耻之间的关系，这表明，身体理想的内在化可能是文化规范对情感产生影响的一个重要前提。

Makros 和 Mccabe（2001）从身份发展水平的文献和自我差异的角度出发，研究了不同身份发展水平的青少年的自我信念差异程度，调查对象为 336 名男性和女性青少年，他们来自 5 所私立中学，年龄为 14—18 岁（M=15.98，SD=0.89）。研究采用四个级别的身份状态（已实现、暂停、止赎和扩散身份状态）作为身份分类的方法。研究结果表明，不同身份状态的被试在自我信念差异程度上有显著差异。处于被取消赎回权（即止赎状态）和已实现状态的被试比处于暂停和扩散状态的被试有更小的自我信念差异。然而，这些状态之间的显著差异主要是针对实际的/理想的（自己的）和实际/理想（其他）的自我差异。这些结果表明，身份发展与自我信念差异的程度有关。

Cobb 等调查了四至六年级学生对自己在社会行为的同伴评价方面的自我概念（Cobb et al., 1998）。学生表示，他们认为外表对同伴关系极其重要。在 Higgins（1987）之后，Cobb 等（1998）确定了两种类型的自我差异：关于一个人的实际外观的信念相对于一个人的理想外观的信念的差异（实际/理想的外观自我差异），以及关于一个人的实际外观的信念相对于一个人应该如何看待自己外观的信念的差异（实际/应该出现的自我差异）。结果显示，实际/理想的外观自我差异越大，消极退缩行为的同伴提名越多，社交/领导行为的提名越少；实际/应该出现的自我差异越大，消极退缩行为的同伴提名越多，攻击性行为的提名越少。重要的是，这些发现只针对那些认为外表是同伴关系中的一个重要影响因素的学生。未来研究可以重点讨论儿童自我差异的效用，以及考虑自我评价领域的具体方面和对这些领域重要性的主观评价的价值。

Reich 等（2013）评估了 79 名被试，对他们在 14 个角色中的每一个角色（例如，我作为学生）上所花费的时间（参与度）和满意度以及整体生活满意度进行了评分。他们还通过反复从特征列表中进行选择，对自己的每个角色，以及五个一般的自我概念（例如，理想自我）进行了描述。每个被试的自我描述集都是使用分层类分析进行独特建模的，从中编码了三个指数：实际的、通常的、理想的、应该的和未来的自我之间的特质重叠（自我理想一致性），14个角色中的每一个与实际和通常的自我之间的特质重叠（自我角色一致性），以及消极特质在自我方面的分散（消极阐述）。组内相关性是被试对在自我一致的角色中花费的时间的满意度的衡量标准。自我理想一致性、消极阐述和自我角色一致性各自独立地解释了生活满意度的方差。对于所有14个角色，自我角色一致性与目标角色的参与相关。自我理想一致性和消极阐述与角色参与不存在高度相关关系，自我角色一致性不是生活满意度的有力预测因子。基于角色的自我方面可能有助于生活满意度的提高，因为它们是根据个人意愿制定的，并且与更普遍的、实际的自我一致。

人们经常试图推断别人的想法是什么，"站在别人的立场"看情况（Bialaszek et al.，2016）往往是一个很好的策略。当没有顾问可以帮助自己做决定时，人们经常试图"设身处地"地推断别人会推荐什么。这种情况通常涉及跨期或有风险的选择，通常的假设是，外行人与专家会做出不同的决定。研究者试图确定当人们从自己的角度、同行的角度以及专家或企业家的角度出发时，他们会做出什么样的跨期和风险决定（Bialaszek et al.，2016）。在一系列使用被试间设计的三个实验中，研究发现，相对于被试自己的观点以及他们对专家和企业家观点的看法，采用同行的观点会使被试表现得更冲动，风险更大。从专家和企业家的角度出发进行思考，并没有改变被试自己的跨期和风险决策。这也就表明在谈判中想象对手的观点可能会无意导致出现问题，因为我们总是认为对方比实际情况更冲动、更厌恶风险。这意味着，从专家而不是同行的角度来预测对手的决策是一个很好的方法。

根据自我差异理论研究，感知自我概念的个人方面之间的不匹配与消极的心理后果有关，包括抑郁和焦虑。然而，感知集体和个体自我方面不匹配的影响仍然未知。为解决这一问题，研究者引入了集体/个体的自我差异——期望的自我方面和集体身份之间的感知不匹配（Debrosse et al.，2017）。对于文化少数群体成员，集体/个人的自我差异与更严重的焦虑和抑郁症状有关。中介分析表明，这些关系是由个人层面的自我差异介导的，但仅适用于表现出平均或高度种族认同的群体成员。这项研究重申了集体身份的重要性，尤其是作为自我概念的个人方面的潜在前因，进一步讨论了这些发现对文化少数群体成员的意义，他们往往高度认同自己的少数群体（Debrosse et al.，2017）。

Boldero和Francis（2000）研究了自我引导重要性、自我定义的领域中心性和测试地点的自我领域相关性对现实-理想差异和现实-应该差异与情绪之间关系的影响。尽管自我差异没有产生独特的影响，但在社会自我领域发现了它的调节作用。位置相关性盖过了其他调节效应。在相关性较低的地区，现实-理想差异与焦虑之间的相关性较小，现实-应该差异与情绪的关系受自我引导重要性的调节。对于更重要的自我领域，现实-理想差异与焦虑之间的相关性较小，现实-应该差异与焦虑无关。对于不太重要的自我领域，焦虑与现实-应该差异和自我引导重要性的交互作用有关。该研究建议通过使用不同的自我调节策略将现实-理想差异和现实-应该差异的后果降至最低，从而为不同的理想自我和应该自我调节提供了证据。

Arciszewski 等（2012）考察了被试对瘦理想图像的感知以及对身体延展性的信念所引起的威胁对实际自我感知、理想自我和应该自我的身体图像自我差异的影响。一个实验性的计算机程序使女性能够人为地增加或减少自己的身体形态（之前拍摄的），以回应关于她们"实际""理想""应该"的身体自我感知的问题。研究结果表明，无论女性的体重指数如何，当面临威胁性的苗条理想时，她们的身体自我差异都更大。这种趋势的大小取决于他们思考身体的方式（可塑性与固定性）。研究结果还表明，身体自我表征与饮食行为或意图之间可能存在关系。

根据自我差异理论，抑郁、社交焦虑、饮食失调和偏执是由不同类型的冲突自我信念引起的。身体畸变障碍（body dysmorphic disorder，BDD）是指专注于想象中的或轻微的外表缺陷，这通常与抑郁情绪和社交焦虑有关。Veale 等（2003）将自我差异理论应用于 BDD 患者，采用比较组设计，将 BDD 患者与非患者对照组进行比较，要求被试根据以下观点列出和评价身体特征：实际自我、理想自我、应该自我。结果发现，BDD 患者的实际自我与理想自我和应该自我之间存在显著差异。使用抑郁和社交焦虑得分作为协变量的方差分析显示，理想自我和应该自我之间存在显著差异。这一研究结果表明，BDD 患者对自己的外表有着不切实际的理想或要求。BDD 患者更像抑郁症患者（而不是社交恐怖症患者），更关心未能达到自己的审美标准，而不是他人的理想。

现实自我和理想自我之间的差异与低自尊有关（Moretti & Higgins，1990），然而，迄今为止，没有研究能证明这一点。理想的差异分数是唯一的，自尊的差异分数独立于实际的自我评价。Wylie（1974）认为这可能反映了理想自我标准的个体差异，并且指出在设计差异衡量标准时必须考虑到这些差异。在 Moretti 和 Higgins（1990）的研究中，被试完成了两项测量：一项是评估基于标准人格特征的实际理想差异;另一项是评估被试自我报告的实际自我和理想自我之间的差异,即实际-理想差异。结果发现,基于人格特征的实际-理想差异与自尊之间的相关并不显著,而基于被试自我报告的实际-理想差异与自尊的相关是显著的。这表明采用具体方法来评估实际理想差异的重要性（Halliwell & Dittmar, 2006）。

三、网络背景下的自我差异

在网络出现之前,虚拟自我已经存在于现实生活当中,表现为理想自我、虚构自我、想象自我,只是没有成为相对独立的存在,常常被人们忽略,这些虚拟自我与现实自我存在着矛盾与冲突。网络技术出现后,人们在一定程度上摆脱了现实世界各种条件的限制,可以在网络空间中获得更多的亲身体验和在场感,这也为虚拟自我成为相对独立的存在提供了条件。网络世界在一定程度上是一种比现实的物理空间更加人性化的生存之所,为人们提供了一个自由表达真实自我的平台,使本我的能量得到合理释放,减轻了现实生活给人们带来的心理压力,从而减少自我焦虑和人格障碍的发生。虚拟自我的塑造唤醒了个体沉睡在内心深处的自我。

网络中虚拟自我的发展可以分为初级阶段和高级阶段。初级阶段的虚拟自我是从网络环境中衍生出来的,具有明显的感性特征,受到网络中外界信息和网络运营商的很大影响,往往不能自控。尽管个体从心理上可以感受到虚拟自我的存在,但其不能完全自主。高级阶段的虚拟自我是经过自觉反思和道德提升形成的,是理性支配下的具有自觉意识的自我。网络中的虚拟自我只有达到这一阶段,网络才能真正成为人的有力工具,而不是束缚或误导人的设施。

网络技术的发展奠定了网络文化的物质基础,催生了网络中的生活方式。网络中的虚拟自我作为这一过程中出现的特殊产物,是在意识层面有别于现实自我的另一种自我存在形式,是人的整体自我意识的组成部分。现实自我要在现实生活中存在、呈现和发展,受现实社会条件的制约,有种种不尽如人意之处。而网络中的虚拟自我以心智满足为核心,能够使人通过差异体验重新认识和完善整体自我意识,有其特定的价值。

相对于现实自我而言,网络中的虚拟自我具有心理感受的实在性、人格塑造的理想化、价值判断的情绪化、实践活动的难约束性等基本特征,表现为"协调型"的网络虚拟自我、"放大型"的网络虚拟自我和"悖反型"的网络虚拟自我。

毫无节制地沉溺于虚拟自我带来的心理满足,会造成自我本身的迷失,会让人产生虚拟世界与现实世界相颠倒、虚拟自我取代真实自我的欲望。因此，人们应该及时清醒地认识到虚拟世界虽然是"美"的，但却缺少了最重要的"真"。精神满足代替不了物质解放，虚拟生存也代替不了现实生活。虚拟自我与现实自我长期分离，不但不会起到缓解压力、完善人格等作用，相反还会破坏自我的同一性，造成人的异化。单向度的人是不完整的人，多向度的人同样没有一个健康的人格自我。

从 Bargh 等（2002）的调查结果中发现，大学生网络自我及其大部分维度的分数略高于现实情境中的自我，在社交自我维度上，网络自我显著好于现实自我，但总体差异不显著。而在不同性别、年级、专业、生源地、网龄、每天上网时长以及交流偏好组之间，被试均有各不相同的差异。每天上网时间较长、喜欢网络交流甚于现实交流的大学生的网络自我得分高于现实自我得分，而每天上网时间较短、喜欢现实交流的大学生的现实自我得分高于网络自我得分。这与研究者的预期假设一致。"自我"属于人格的一部分，其构成和特征很大程度上受到情境的影响。长时间处在网络情境中的大学生，必然会慢慢形成一个更适合网络情境的"自我"。而偏爱网络交流则说明他们的现实交往技能可能有所欠缺，或者受到某些挫折，因而将更多的希望寄托在了网络情境之中。他们经常接触网络，并在网络中获得更好的自我体验，不再那么喜欢现实中的自我。性别差异分析发现，男女大学生的现实自我和网络自我都存在显著差异，其中男大学生的现实自我好于网络自我，而女大学生的网络自我好于现实自我。男大学生更注重自我的竞争能力和优越感，而女大学生则更注重自我的交流和形象塑造。

（一）网络自我展示与现实自我展示的区别

Mesch 和 Beker（2010）认为，网络自我展示的规则是独立发展起来的，不一定和线下自我展示的规则一致，网络的自我展示更开放、更有感染力，而且青少年在网络上进行自我表露的程度要比线下多。互联网的匿名性使人更容易以真实的自我与他人互动。网络匿名的环境有助于个体克服现实沟通的门槛障碍，展示期望的可能自我。研究表明，除去了现实人际交往情境中的"门槛特征"（gating features，如外形不佳、口吃或者害羞等），网络环境使得处于人际交往劣势的个体克服了在面对面情境中无法按照期望展现自我的困难。人们倾向于在匿名的网络环境中展示"期望的可能自我"（hoped-for possible selves）。"期望的可能自我"是"可能自我"的一种，指如果给个体适当的环境，个体愿意展示而且相信他拥有的受社会赞许的自我。Zhao等（2008）认为，社交网络的同一性是"期望的、可能的同一性"，它与真实生活中的人格不一定一致。他们的研究发现，实名网络环境下的自我展示行为与匿名环境下的自我展示行为不同，在如Facebook等实名制的社会性网络服务（social network services，SNS）中，青少年倾向于"炫耀"自己而非客观地"描述"自己，青少年在展示自己时更多强调群体特征而非个人特征。

（二）网络自我展示与现实自我展示的联系

在实名制的网络环境中，特别是当预期与网络沟通对象会有后续会面的情况下，个体在进行网络自我展示时会缩小"现实自我"和"理想自我"之间的差距。对那些期待将沟通从线上延伸到线下的用户来说，其在自我展示时的欺骗行为很少，更多采取的是一种自我提升的方式而非蓄意欺瞒。用户在相亲网站中展示的自我是将"事实稍微延伸"后的结果，尽管存在这些"延伸事实"的行为，然而用户在相亲网站上建构的自我还是真实可信的，因为用户都想避免在线下见面时由信息不真实导致的尴尬。例如，男性在相亲网站中可能会将自己的身高多报几厘米，而女性可能会将自己的体重少报几斤，目的是在异性前更具吸引力，这种在网络个人档案中谎报身高和体重的行为也很难在线下的会面中被识破。相亲网站中用户的这种"选择性自我展示"策略也是为了解决自我提升和真实性之间的冲突。

虽然关于在匿名网站和实名网站中的自我展示现象的研究结果存有分歧，但是，通过建立虚拟同一性而将自我分离成现实自我和虚拟自我的现象在青少年中并不普遍。青少年在网络中展示的自我是"期望的、可能的自我"，虽然青少年会利用印象管理策略"延伸事实"，以使自我形象更加积极，但同面对面的人际交往相似，这是一种自我提升的策略，而非有意欺骗。青少年的真实世界和网络世界是联系在一起的。青少年在网络上的谈吐、言行与现实社会中相似，并在网络世界里验证和澄清他们线下的价值观和态度。青少年使用社交网站的重要原因不仅包括获得他人的动态信息，而且包括和现实生活中的朋友保持联系。皮尤研究中心（Pew Research Center）的调查显示，91%的美国青少年使用社交网站查找在现实生活中与他们有联系的人，而不是利用社交网站与完全陌生的人建立联结（Lenhart & Madden，2007）。关于社交网站的研究从一个侧面说明了，青少年的网络生活是现实生活的延伸，网络自我和现实自我具有一定的连续性。

不论个体的现实处境如何，其都会在游戏世界中获得暂时的满足。因此，对现实自我不满意的个体会在虚拟世界中选择和认同能满足自己需要的化身。Bessière等（2007）的研究表明，生活满意度低的个体对自我的评价低于化身，对化身有更高的认同感。Trepte和Reinecke（2010）的研究发现，化身认同取决于个体对现实生活满意与否。对生活满意的个体偏爱并认同与自己相似的化身，反之则偏爱并认同与自己不相似的化身。根据自我差异理论（Higgins，1987），对生活不满意的个体有更高的现实-理想差异水平，通过选择那些与自己不相似且具有理想品质的化身，可以使他们的关注点从不愉快或不满意的现实世界转向令他们满意的虚拟世界，以弥补现实自我的不足。

相对于现实自我，玩家经常在游戏中创建与理想自我更相似的化身，如外表上更有吸引力、更外倾。这在一定程度上体现了玩家减小理想自我与现实自我差异的动机（Van Looy et al., 2012; Courtois et al., 2012）。此外，那些现实自我与理想自我差异较大的个体倾向于认为化身比自己优秀，因此对化身的认同度更高（Bessière et al., 2007）。例如，与高自尊者相比，低自尊者倾向于认同与自我不相似、更有吸引力的化身，以弥补现实自我的不足（Dunn & Guadagno，2012）。由自我差异理论（Higgins，1987）可知，个体通过认同一个与理想自我相似的虚拟化身，可以暂时减轻由现实自我与理想自我差异过大带来的紧张感，因此化身认同成为那些对自己现实外表、人格或社会地位不满意者逃避消极情绪（如抑郁）的途径。而另外一种解释是，化身认同是个体使用化身进行的自我认同实验，当个体的理想自我与现实自我存在差异时，游戏为个体提供了一个探索理想自我的机会（Jansz，2005）。上述研究表明，当个体对现实自我（如人格特质、生活满意度）不满意或知觉到现实自我与理想自我存在差异时，他们就会增大对游戏化身的认同程度，自我差异理论为化身认同现象提供了合理的解释。

根据自我差异理论，现实自我是自己或他人认为个体实际具备的特性的表征，而理想自我是自己或他人希望个体理想上应具备的特性的表征，现实-理想差异是个体对现实自我没有达到理想状态的知觉，这会导致沮丧类情绪（如抑郁、失望、挫折感）的产生。游戏化身经常被看作游戏者的理想自我（Bessière et al., 2007），认同游戏化身可能是游戏玩家减小现实自我与理想自我差异并减少由此带来的消极情绪的一种方法（Klimmt et al., 2009），因此，对现实自我不满意者更有可能认同游戏化身。以上研究从视频游戏自身特点和个体因素两方面探讨了影响游戏化身认同的相关因素，未来还有许多其他影响因素需要探讨。此外，化身认同是一个复杂的认知情感过程，不仅影响因素众多，而且各个因素之间还可能存在复杂的交互作用，如 Dunn 和 Guadagno（2012）的研究表明，人格和化身定制交互影响化身认同。对自己人格特质不满意的玩家（如高神经质个体）会定制并认同比自己更有吸引力的化身，而自己人格特质满意的玩家（如高开放性、严谨性和宜人性个体）则会定制并认同与自己相似的化身。

除了美化自我、投射于他人外，微博中还有一种建构理想自我的方式，那就是"虚拟"另一个身份，这个"虚拟身份"就是作者"想要成为的自我"。现实生活中的人要确定自己的身份，先要有一个名字，微博中也是如此，要确定一个虚拟的身份，也要先给这个身份取个名字，即化名（pseudonymity）。Zarsky（2003）指出，"个人给自己取一个法定姓名以外的名字，凭此在网上建立起一个虚假的、但经久不变的身份"，这就是化名。由于人们在虚拟交往中以化名的方式出现，每一个人的自我认同必须经由与人的互动过程，逐渐形成一个自圆其说的叙事，当人们在网络上长期使用同一个代号后，围绕着这个代号就会凝聚出一个人际关系网络，慢慢地，这个代号就像是其在真实世界的外貌长相一样。个体长期戴着这个面具，自然而然地就会对网络上的这个化身产生认同，这个面具由此成为人们自我认同的一部分。

从他人的角度来看，这个化身也具有人格特质。社会心理学和医学领域的研究发现，一些公开的自我呈现，尤其是理想的自我呈现，会对人的情绪状态和行为产生积极的影响（Kim & Sundar，2012）。根据社会认知理论，人的行为可以通过观察社会模型（如化身）而习得。化身的建立是为了反映出一个人的身份，这种身份有可能成为一种有效的模式来激励用户的自我持续行为。化身能起到自我塑形的作用，它类似于一个人的理想自我，帮助用户想象他的理想形象，激励他的行为与其理想形象保持一致。在微博空间中，微博化名所提供的形象允许个人扮演虚拟的角色，并通过文字、图片、动漫、音乐播放、意见表达等各种手段来强化、稳固这个虚拟角色，在微博空间中获得角色认同的满足感。个体在微博中可以通过他们虚拟的化身来创建和想象自己，帮助自己看见未来的理想自我，从而鼓励自己要尽最大努力来实现这种理想的形象。

因此，不同于 Higgins 的自我差异理论，在微博空间中，化身的实际/理想差异会对用户的情绪状态和健康行为产生较多的积极影响。有的热爱自然，渴望纯净；有的崇尚古典，追求雅趣；有的追求时尚，力求标新立异；有的崇尚独立，尽力张扬个性；有的追求小资情调，渴望享受生活；有的崇尚自由，渴求民主。个人的面具其实是社会期待的体现，"人"（person）一词的原意就是"面具"

(persona)。当人们在网络上创造和扮演自己所选择的角色时,这个面具就成为人们人格(personality)的一部分,在开放而动态的场景下,人们能大胆表现自我,实现人的行为与自我认同的统一与协调。与完全匿名环境下的虚拟身份不同的是,个体在微博中所虚拟的身份会受到年龄、职业、文化程度等社会因素的影响,现实生活中的经历成为其建构理想自我的背景元素。

不同于现实生活中自我差异所带来的消极效应,个体在微博空间中可以积极主动地建构"理想自我",可以直接通过印象管理策略来美化自我,还可以通过"加关注"的方式将理想自我投射于他人,从而间接建构起理想自我。此外,微博的网络特性也使得个体能虚拟一个身份,这个虚拟身份就是他们想要成为的自我,与纯匿名情境下所建构的自我(完全不同于现实自我)不同的是,通过微博所虚拟的自我夹杂有现实自我的影子。

电子游戏是一种流行的娱乐形式,允许数百万人采用虚拟身份。研究者探讨了游戏的吸引力是否是由于它们能够为玩家提供新颖的体验,即让他们"尝试"表现自己在现实生活中所无法表现出来的理想自我(Przybylsk et al., 2012)。研究发现,当玩家在游戏中对自己的体验与玩家对理想自我的概念一致时,电子游戏最具内在激励性,对情绪的影响最大。此外,研究还发现,游戏环境中的高度沉浸感,以及玩家的实际自我和理想自我特征之间的巨大差异,放大了内在动机与游戏过程中理想自我特征体验之间的联系。

第五节 自我差异的应用

一、消费与自我差异

(一)消费心理和消费行为

随着生活水平的提高,人们经常会进行网上购物或是在实体店购物,伴随着购物过程的心理被称为消费心理,指人作为消费者时的所思所想。

消费行为就是消费者寻找、购买、使用和评价用以满足需求的商品和劳务所表现出的一切脑体活动(王宇等,1991),其最主要的行为表现是购买行为。任何一种消费活动都是既包含消费者的心理活动,又包含消费者的消费行为。准确把握消费者的心理活动,是准确理解消费行为的前提。而消费行为是消费心理的外在表现,消费行为比消费心理更具有现实性。

（二）自我差异与消费行为

越来越多的公司在寻找与消费者建立强烈情感联系的方法。这是由于发现这样的联系会使消费者产生更高的忠诚度，从而提高公司的财务业绩（Park，2010）。例如，化妆品公司多年来一直向消费者强调，使用其产品将使他们变得更有吸引力和更漂亮，使他们更接近自己的理想形象（"理想自我"）。然而，国外的一家服装公司使用了外表更普通的模特，这更符合大多数消费者对自己的真实看法（"真实自我"）。这种方式触动了许多消费者的神经，使他们与品牌形成了强烈的情感联系。因此，对于在营销过程中寻找真实感的消费者来说，真实的自我似乎越来越重要（Gilmore & Pine，2007），许多营销经理似乎越来越倾向于采用"真实自我"方法来对自己公司的品牌进行推广。尽管如此，一些公司仍然会通过宣传消费者理想中所追求的美丽与消费者建立情感联系。换句话说，"理想的自我"似乎仍然很重要，因为许多消费者喜欢的品牌并不符合他们的实际情况，而是代表了一种愿望（Sirgy，1982）。因此，根据情况，这两种策略都可能有效。那么，关键的问题是：使用哪种策略以及何时使用它可以促进消费者购买一个公司的产品呢？

在市场营销领域，建立情感品牌依恋是一个关键的问题（Malär et al.，2011）。实现这一目标的方法是使品牌的个性与消费者的自我相匹配。然而，一个关键的问题是，品牌的个性应该与消费者的实际自我相匹配，还是应该与消费者的理想自我相匹配。在实证研究中，由于消费者的产品参与、消费者个体差异，以及自我一致的类型（实际自我与品牌个性相符还是理想自我与品牌个性相符）等各种影响因素的存在，消费者表现出的情感品牌依恋的一致性是非常复杂的。一般而言，实际的自我一致性对情感品牌依恋的影响更大。这是因为产品参与、自尊和公众的自我意识都在一定程度上增强了实际自我一致性对情感品牌依恋的积极影响，但减弱了理想自我一致性对情感品牌依恋的影响。

不少研究表明，个体的自我差异不仅会影响其消费行为，而且不同个体在产品选择和偏好方面表现出明显的特征，其中重要的一点是消费者更看重哪种自我差异，比如，现实自我与理想自我差异状态能够影响消费者对产品属性选择的偏好（杜伟宇，卢晓艳，2011）。现实自我与理想自我差异小的被试，更偏好享乐性强的产品，如自己的实际身材和理想身材相差不大时，个体更倾向于买一些好看、漂亮的商品；而现实自我与理想自我差异大的被试，更偏好实用性强的产品，如自己的实际身材和理想身材相差大时，个体更倾向于买一些相对实用的商品（杜伟宇，卢晓艳，2011）。

（三）消费者如何应对自我差异

Higgins（1987）整理了关于利用消费者行为作为调节自我差异的手段的文献，探讨一个人目前如何看待自己和个体希望他人如何看待自己之间的不一致。有学者提出用一个补偿性消费者行为模型来解释自我差异对消费者行为的心理影响（Mandel et al.，2017）。该模型描述了消费者应对自我差异的五种不同策略：直接解决、象征性符号自我完成、分离、逃避和流体补偿。

直接解决涉及消费者的行为，也是直接解决自我差异的来源问题。这种策略代表了一种以目标为导向的行为，即消费者购买或使用可以直接解决自我差异问题的产品。例如，如果消费者体验到他们的实际体重（或外观）与期望的体重（或外观）之间的自我差异（Bagozzi & Dholakia，1999），他们可能会通过健身（或做整容手术）等来改善自己的外表（Schouten，1991）。

与直接解决不同，象征性符号自我完成解决了自我差异问题，而没有直接解决其来源问题。例如，Wicklund 和 Gollwitzer（1981）发现，缺乏某些商业成功的客观指标[如平均学分绩点（grade point average，GPA）、多份工作机会]的工商管理硕士（Master of Business Administration，MBA）更有可能展示其他商业成功的象征性指标（如昂贵的西装和手表）。尽管这种补偿性的消费者行为不太可能改变学生的现实表现（即没有高 GPA 或多份工作机会），但它仍然可能减轻或消除学生感知到的自我差异。

人们应对自我差异的第三种方式是分离（White & Dahl，2006）。尽管上文讨论的前两种策略倾向于通过增加与差异相关领域的消费来影响消费者行为（即消费者寻求购买产品以象征性地解决问题），但分离意味着减少与自我差异相关领域的购买行为。例如，当女性面对"女性在数学方面表现不佳"的性别刻板印象时，应对这种自我差异的一种方法是将女性性别和数学领域区分开来（Steele，1998）。

逃避主义是指个体有意识地把注意力从自我矛盾中转移开来，分散自己的注意力或避免去想自我差异。在消费者行为领域，逃避现实可以表现为个体把注意力集中在吃饭或购物上。事实上，这种逃避现实的观念无处不在，甚至被称为"购物疗法"（Atalay & Meloy，2011）。

在流动补偿中，人们通过在与自我差异领域不同的领域肯定自我来解决自我差异问题（Heine et al., 2006；Lisjak et al., 2015）。流体补偿思想是自我肯定理论的核心原则。具体而言，自我肯定理论认为，强化自我有价值的方面可以降低激活差异的重要性（Steele, 1988）。同样，根据意义维持模型，个体可以通过在另一个维度上寻找意义来克服自我一个维度的差异（Heine et al., 2006）。例如，Martens等（2006）发现，当女学生有机会通过写下她们最重要的特征来增强自我时，这能够减轻刻板印象威胁对她们数学成绩的负面影响。

前文介绍了消费者如何应对自我差异，其后有学者站在生产者角度，为了有效地促进消费者的消费行为，对名人代言进行了研究。多种理论框架可以解释名人代言的有效性（Ohanian, 1991）。两个主要的理论是匹配假设（Kamins, 1990）和意义转移模型（McCracken, 1989）。匹配假设指出，当一个代言人的形象或信息与产品相符时，目标消费者更有可能购买代言产品。意义转移模型是指，名人的象征形象或意义会转移到产品或品牌上（McCracken, 1989）。以上模型描述了名人和产品/品牌形象之间的良好匹配的重要性，这与自我一致性理论密切相关。实验结果表明，与低自我一致性的消费者相比，高自我一致性的消费者对广告、品牌的态度更积极，购买意愿更强（Lee, 2015）。

以往关于真实自我与理想自我之间差异的研究主要探讨的是基于知识、技能和身高的自我差异，但基于年龄的自我差异最近才得到研究者的关注。例如，Pezzuti（2015）在青少年中研究了这一现象。在三项研究中，研究者确定了一个产品类别上下文线索，该线索导致青少年对现有的基于年龄的自我差异做出反应。研究发现，当上下文线索是针对年龄限制产品的广告时，青少年遵循不同的年轻人广告模式，并与类似的青少年模式不同。这表明，语境提示导致他们对基于年龄的自我差异做出反应，并使用与理想自我而非实际自我相关的产品。重要的是，这种反应在对年龄更不满意的青少年中更强。在不受年龄限制的产品广告中，青少年遵循青少年广告模式，与年轻人广告模式不同。针对年龄限制产品的行业政策假设相似性会产生影响，因此要求广告模特是年轻人而不是青少年。这一研究结果表明，这种假设对于年龄限制的产品是无效的（Pezzuti et al., 2015）。

二、决策与自我差异

（一）决策

心理学上的决策是指，个体为了实现一定的目标，采用一定的科学方法和手段,对影响目标实现的各种因素进行分析、计算和判断后,从多种方案中选择一个令人满意的方案的过程中所产生的心理现象。决策在我们的日常生活中无处不在,我们每个人每天都要做很多的决策,小到今天穿什么衣服、中午吃什么,大到决定自己的学习、工作、伴侣等,所以,做决策是人生中的一项关键步骤。

(二) 自我差异对决策的影响

诸多研究表明,自我差异对决策有重要影响,自我差异不同的个体,其决策行为也有显著差异。下文主要从时间决策的角度来探索自我差异是如何在我们的日常生活中产生影响的。

在时间决策方面,人们普遍相信别人对时间的估计和自己是差不多的。等待时间管理领域的传统观点认为,减少与等待时间相关的感知不确定性可以降低消费者的压力(Osuna,1985),并提高他们的满意度。这也可以解释为什么有些消费者在购买物品时总会仔细考虑,因为往往购买行为前的时间越长,个体对自己所购买的物品的满意程度也会越高。之所以出现这样的情况,是因为人们想要规避购买到自己不满意的物品的风险。

人们在面临等待时间决策时倾向于规避风险,那么他们是否预测其他人也会同样规避风险呢?换句话说,在等待时间风险偏好上是否存在自我差异?有研究发现,人们在等待时间的决定上是存在自我差异的。当在等待过程中有不同的风险选择时,自我-他人差异会出现,因为人们报告他们自己比他们认为的其他人有更强烈的风险厌恶。当决策结果被明确地定义为等待时间的收益和损失时,消费者在涉及收益的情况下比其他人更厌恶风险,在涉及损失的情况下比其他人更寻求风险。例如,在博弈游戏中,有两种情况:一种是收益的情况,有两个选择,分别是有100%的概率可以获得100元和有90%的概率可以获得150元,玩家为自己做决定时可能更倾向于选择前者,因为此时其更厌恶风险,而为他人做决定时可能更倾向于选择后者。另一种是损失的情况,有两个选择,分别是有100%的概率失去100元和有10%的概率失去150元,玩家为自己做决定时可能更倾向于选择后者,因为此时其更寻求风险,而为他人做决定时可能更倾向于选择前者。在这个过程中,我们看到了自我和他人的差异在时间决策过程中的影响。这种偏好在我们的生活中也是很常见的,比如,和朋友购物、做决策等。

人们经常以专业人士、重要人士或朋友的身份为他人做出危险的决定。例如,在健康和医学方面,医生经常为患者做出有风险的治疗决定,家庭成员经常要承担与亲属健康有关的预后风险。当我们为他人做决定时，我们通常会把自己的偏好作为定位点。有研究表明，当我们为别人做冒险的决定时，我们倾向于遵循关于风险的社会规范（Petrova et al., 2016）。这经常导致我们在相似的情况下为别人（相对于为自己）做出不同的决定（自我-他人差异）。一项实验调查了年轻人在决定为自己或他人购买抗性传播病毒疫苗时的自我-他人差异（Petrova et al., 2016），结果发现，当他人的偏好与社会规范一致时，也就是说，社会规范是建议每人都打疫苗，被试本身也是这么认为的，无论是为自己还是为他人做决定，被试表现的都是应该去打疫苗，但如果他人的偏好是逃避打疫苗，就会出现较大的自我-他人差异。这些结果表明，感知到的关于风险的社会规范可以预测风险决策中的自我-他人差异，即使目标的偏好已知且与社会规范不一致。

诸多研究表明，在等待时间的决定上，人们是不愿冒险的。有研究者调查了个体在等待时间的决定上是否存在自我差异，以及他们如何预测其他人会做出类似的决定（Krishnamurthy & Kumar, 2002）。结果发现，人们相信别人对时间的估计与他们自己的相似。然而，当在等待过程中有不同的风险选择时，结果显示出自我-他人差异，即人们报告的对风险的厌恶程度比他人认为的要更大。此外，当面临等待时间的延长时，人们会比他们认为的他人更厌恶风险。相反，当面临等待时间的减少时，人们会比他们认为的他人更愿意冒险。

本章主要阐述了自我与自我差异的内涵、自我差异的产生与发展机制及影响因素、自我差异的测量、自我差异的相关研究、自我差异的应用。自我差异理论的研究涉及许多方面，在心理健康、抑郁焦虑、自我认同方面尤为集中。随着互联网的不断发展，在网络背景下，自我差异又呈现出新的特点。同时，自我差异理论的实际应用也为我们日常生活的消费决策提供了有力参考。

参 考 文 献

埃瑟·戴森. (1998). *2.0版：数字化时代的生活设计*. 胡泳，范海燕译. 海口：海南出版社.

陈国鹏, 崔丽娟. (1997). 自我描述问卷II型在中国的试用报告. *中国临床心理学杂志, 5*（2），78-82.

戴瑜君. (2021). 新高考对高三学生焦虑情绪影响的调查研究. *中华活页文选（高中版）*，(5), 15-17.

董奇, 夏勇, 王艳萍, 林磊. (1993). 再婚家庭儿童自我概念发展的特点. *心理发展与教育*, (2), 1-6.

杜伟宇, 卢晓艳. (2011). 自我差异对消费者产品属性选择偏好的影响. *心理科学, 34*（6），

1422-1427.

林邦杰. (1980). 田纳西自我概念量表之修订. *测验年刊*, (27), 71-78.

苏林雁, 万国斌, 杨志伟, 罗学荣, 李雪荣, 刘明华, …王明祥. (1994). Piers-Harris 儿童自我意识量表在湖南的修订. *中国临床心理学杂志*, (1), 14-18.

王宇, 郭萍, 张艳. (1991). *消费心理学*. 北京：北京经济学院出版社.

曾细花. (2013). 高中生自我差异的特点. *中国健康心理学杂志*, 21(7), 1051-1054.

祖雅桐, 杜健. (2016). 青少年自我效能感对现实-理想自我差异与抑郁间关系的调节效应. *心理与行为研究*, (3), 360-366.

Amico, K. R., Bruch, M. A., Haase, R. F., & Sturmer, P. J. (2004). Trait shyness, actual-ought self-discrepancy and discomfort in social interaction. *Personality and Individual Differences, 36*(7), 1597-1610.

Arciszewski, T., Berjot, S., & Finez, L. (2012). Threat of the thin-ideal body image and body malleability beliefs: Eeffects on body image self-discrepancies and behavioral intentions. *Body Image, 9*(3), 334-341.

Atalay, A. S., & Meloy, M. G. (2011). Retail therapy: A strategic effort to improve mood. *Psychology & Marketing, 28*(6), 638-659.

Bagozzi, R. P., & Dholakia, U. (1999). Goal setting and goal striving in consumer behavior. *Journal of Marketing, 63*, 19-32.

Bargh, J. A., McKenna, K. Y., & Fitzsimons, G. M. (2002). Can you see the real me? Activation and expression of the "true self" on the Internet. *Journal of Social Issues, 58*(1), 33-48.

Bessenoff, G. R., & Snow, D. (2006). Absorbing society's influence: Body image self-discrepancy and internalized shame. *Sex Roles, 54*(9-10), 727-731.

Bessière, K., Seay, A. F., & Kiesler, S. (2007). The ideal self: Identity exploration in World of Warcraft. *Cyberpsychology & Behavior, 10*(4), 530-535.

Bialaszek, W., Bakun, P., McGoun, E., & Zielonka, P. (2016). Standing in your peer's shoes hurts your feats: The self-others discrepancy in risk attitude and impulsivity. *Frontiers in Psychology, 7*, 197.

Bizman, A., Yinon, Y., & Krotman, S. (2001). Group-based emotional distress: An extension of self-discrepancy theory. *Personality and Social Psychology Bulletin, 27*(10), 1291-1300.

Boldero, J., & Francis, J. (2000). The relation between self-discrepancies and emotion: The moderating roles of self-guide importance, location relevance, and social self-domain centrality. *Journal of Personality & Social Psychology, 78*(1), 38-52.

Brewster, G. S., Peterson, L., Roker, R., Ellis, M. L., & Edwards, J. D. (2017). Depressive symptoms, cognition, and everyday function among community-residing older adults. *Journal of Aging and Health, 29*(3), 367-388.

Cobb, J. C., Cohen, R., Houston, D. A., & Rubin, E. C. (1998). Children's self-concepts and peer relationships: Relating appearance self-discrepancies and peer perceptions of social behaviors. *Child Study Journal, 28*(4), 291-308.

Cornette, M. M., Strauman, T. J., Abramson, L. Y., & Busch, A. M. (2009). Self-discrepancy and suicidal ideation. *Cognition and Emotion, 23*(3), 504-527.

Courtois, C., Mechant, P., & De Marez, L. (2012). Communicating creativity on YouTube: What and for whom? *Cyberpsychology, Behavior, and Social Networking, 15*(3), 129-134.

Crowe, E., & Higgins, E. T. (1997). Regulatory focus and strategic inclinations: Promotion and prevention in decision-making. *Organizational Behavior and Human Decision Processes, 69*(2), 117-132.

Debrosse, R., Rossignac-Milon, M., & Taylor, D. M. (2017). When "who we are" and "who I desire to be" appear disconnected: Introducing collective/personal self-discrepancies and investigating their relations with minority students' psychological health. *European Journal of Social Psychology, 48*(3), 255-268.

Dunn, R. A., & Guadagno, R. E. (2012). My avatar and me-gender and personality predictors of avatar-self discrepancy. *Computers in Human Behavior, 28*(1), 97-106.

Erikson, E. H. (1963). Eight ages of man//E. H. Erikson(Ed.), *Childhood and Society*(pp. 247-274). New York: Nortonand Company.

Ferguson, G. M., Hafen, C. A., & Laursen, B. (2010). Adolescent psychological and academic adjustment as a function of discrepancies between actual and ideal self-perceptions. *Journal of Youth & Adolescence, 39*(12), 1485-1497.

Ferrier, S., & Brewin, C. R. (2005). Feared identity and obsessive-compulsive disorder. *Behaviour Research and Therapy, 43*(10), 1363-1374.

Fitts, W. H. (1965). *Manual for Tennessee Self Concept Scale*. Los Angeles: Western Psychological Services.

Gilmore, J. H., & Pine, B. J. (2007). *Authenticity: What Consumers Really Want*. Boston: Harvard Business Press.

Halliwell, E., & Dittmar, H. (2006). Associations between appearance-related self-discrepancies and young women's and men's affect, body satisfaction, and emotional eating: A comparison of fixed-item and participant-generated self-discrepancies. *Personality and Social Psychology Bulletin, 32*(4), 447-458.

Hardin, E. E., & Larsen, J. T. (2014). Distinct sources of self-discrepancies: Effects of being who you want to be and wanting to be who you are on well-being. *Emotion, 14*(1), 214-226.

Heidrich, S. M., & Powwattana, A. (2004). Self-dDiscrepancy and mental health in older women with chronic illnesses. *Journal of Adult Development, 11*(4), 251-259.

Heine, S. J., Proulx, T., & Vohs, K. D. (2006). The meaning maintenance model: On the coherence of social motivations. *Personality and Social Psychology Review, 10*(2), 88-110.

Heppen, J. B., & Ogilvie, D. M. (2003). Predicting affect from global self-discrepancies: The dual role of the undesired self. *Journal of Social and Clinical Psychology, 22*(4), 347-368.

Higgins, E. T. (1987). Self-discrepancy: A theory relating self and affect. *Psychological Review, 94*(3), 319-340.

Higgins, E. T. (1989). Continuities and discontinuities in self-regulatory and self-evaluative processes: A developmental theory relating self and affect. *Journal of Personality, 57*(2), 407-444.

Higgins, E. T., Klein, R., & Strauman, T. (1985). Self-concept discrepancy theory: A psychological model for distinguishing among different aspects of depression and anxiety. *Social Cognition, 3*(1), 51-76.

Jansz, J. (2005). The emotional appeal of violent video games for adolescent males. *Communication Theory, 15*(3), 219-241.

Kamins, M. A. (1990). An investigation into the "match-up" hypothesis in celebrity advertising: When beauty may be only skin deep. *Journal of Aadvertising, 19*(1), 4-13.

Kim, Y., & Sundar, S. S. (2012). Visualizing ideal self vs. actual self through avatars: Impact on preventive health outcomes. *Computers in Human Behavior, 28*(4), 1356-1364.

Klimmt, C., Hefner, D., & Vorderer, P. (2009). The video game experience as "true" identification: A theory of enjoyable alterations of players' self-perception. *Communication Theory, 19*(4), 351-373.

Krishnamurthy, P., & Kumar, P. (2002). Self-other discrepancies in waiting time decisions. *Organizational Behavior & Human Decision Processes, 87*(2), 207-226.

Ledrich, J., & Gana, K. (2012). Relationships between self-discrepancies, dispositional dimensions, and depressive and anxious moods//K. Gana(Ed.), *Psychology of Self-Concept*(pp. 73-90). New York: Nova Science Publishers.

Lee, J. Y. (2015). *The Impact of Ideal Self-congruity with Celebrity Endorsers on Advertising*

Effectiveness: The Moderating Role of Message Frame. Doctoral Dissertation, The University of Texas at Austin.

LeMoult, J., Carver, C. S., Johnson, S. L., & Joormann, J. (2015). Predicting change in symptoms of depression during the transition to university: The roles of BDNF and working memory capacity. *Cognitive, Affective, & Behavioral Neuroscience, 15*, 95-103.

Lenhart, A., & Madden, M. (2007). *Social Networking Websites and Teens: An Overview*. Pew Internet and American Life Project.

Lisjak, M., Bonezzi, A., Kim, S., & Rucker, D. D. (2015). Perils of compensatory consumption: Within-domain compensation undermines subsequent self-regulation. *Journal of Consumer Research, 41*(5), 1186-1203.

Makros, J., & Mccabe, M. P. (2001). Relationships between identity and self-representations during adolescence. *Journal of Youth & Adolescence, 30*(5), 623-639.

Malär, L., Krohmer, H., Hoyer, W. D., & Nyffenegger, B. (2011). Emotional brand attachment and brand personality: The relative importance of the actual and the ideal self. *Journal of Marketing, 75*(4), 35-52.

Mandel, N., Rucker, D. D., Levav, J., & Galinsky, A. D. (2017). The compensatory consumer behavior model: How self-discrepancies drive consumer behavior. *Journal of Consumer Psychology, 27*(1), 133-146.

Marcia, J. E. (1966). Development and validation of ego-identity status. *Journal of Personality and Social Psychology, 3*, 551-558.

Marsh, H. W., Smith, I. D., & Barnes, J. (1984). Multidimensional self-concepts: Relationships with inferred self-concepts and academic achievement. *Australian Journal of Psychology, 36*(3), 367-386.

Marsh, H. W., & O'Neill, R. (1984). Self description questionnaire III: The construct validity of multidimensional self-concept ratings by late adolescents. *Journal of Educational Measurement, 21*(2), 153-174.

Marsh, H. W., Byrne, B. M., & Shavelson, R. J. (1988). A multifaceted academic self-concept: Its hierarchical structure and its relation to academic achievement. *Journal of Educational Psychology, 80*(3), 366-380.

Martens, A., Johns, M., Greenberg, J., & Schimel, J. (2006). Combating stereotype threat: The effect of self-affirmation on women's intellectual performance. *Journal of Experimental Social Psychology, 42*(2), 236-243.

Mesch, G. S., & Beker, G. (2010). Are norms of disclosure of online and offline personal information associated with the disclosure of personal information online? *Human Communication Research, 36*(4), 570-592.

McCracken, G. (1989). Who is the celebrity endorser? Cultural foundations of the endorsement process. *Journal of Consumer Research, 16*(3), 310-321.

Mittal, B. (2006). I, me, and mine—How products become consumers' extended selves. *Journal of Consumer Behaviour: An International Research Review, 5*(6), 550-562.

Moretti, M. M., & Higgins, E. T. (1990). Relating self-discrepancy to self-esteem: The contribution of discrepancy beyond actual-self ratings. *Journal of Experimental Social Psychology, 26*(2), 108-123.

Ochse, R., & Plug, C. (1986). Cross-cultural investigation of the validity of Erikson's theory of personality development. *Journal of Personality and Social Psychology, 50*(6), 1240.

Ohanian, R. (1991). The impact of celebrity spokespersons' perceived image on consumers' intention to purchase. *Journal of Advertising Research, 31*(1), 46-54.

Osgood, C. E., Suci, G. J., & Tannenbaum, P. H. (1957). *The Measurement of Meaning*. Urbana: University of Illinois Press.

Osuna, E. E. (1985). The psychological cost of waiting. *Journal of Mathematical Psychology, 29*(1), 82-105.

Park, J. W. (2010). The effect of frequent flyer programs: A case study of the Korean airline industry. *Journal of Air Transport Management, 16*(5), 287-288.

Petrova, D., Garcia-Retamero, R., & Van Der Pligt, J. (2016). What factors moderate self-other discrepancies in decision making? Results from a vaccination scenario. *The Spanish Journal of Psychology,* 19, 52.

Pezzuti, T., Pirouz, D., & Pechmann, C. (2015). The effects of advertising models for age-restricted products and self-concept discrepancy on advertising outcomes among young adolescents. *Journal of Consumer Psychology, 25*(3), 519-529.

Phillips, N., & De Man, A. (2010). Weight status and body image satisfaction in adult men and women. *North American Journal of Psychology, 12*(1), 171-184.

Piers, E. V., & Harris, D. B. (1969). *The Piers-Harris Children's Self Concept Scale: The Way I Feel About Myself.* Nashville: Counselor Recordings and Tests.

Przybylski, A. K., Weinstein, N., Murayama, K., Lynch, M. F., & Ryan, R. M. (2012). The ideal self at play: The appeal of video games that let you be all you can be. *Psychological Science, 23*(1), 69-76.

Reich, W. A., Kessel, E. M., & Bernieri, F. J. (2013). Life satisfaction and the self: Structure, content, and function. *Journal of Happiness Studies, 14*(1), 293-308.

Schouten, J. W. (1991). Selves in transition: Symbolic consumption in personal rites of passage and identity reconstruction. *Journal of Cconsumer Rresearch, 17*(4), 412-425.

Scott, L., & O'Hara, M. W. (1993). Self-discrepancies in clinically anxious and depressed university students. *Journal of Abnormal Psychology, 102*(2), 282-287.

Shek, D. T., & Chan, L. K. (1999). Hong Kong Chinese parents' perceptions of the ideal child. *The Journal of Psychology, 133*(3), 291-302.

Sirgy, M. J. (1982). Self-concept in consumer behavior: A critical review. *Journal of Consumer Research, 9*(3), 287-300.

Solomon-Krakus, S., Sabiston, C. M., Brunet, J., Castonguay, A. L., Maximova, K., & Henderson, M. (2017). Body image self-discrepancy and depressive symptoms among early adolescents. *Journal of Adolescent Health, 60*(1), 38-43.

Steele, C. M. (1998). Stereotyping and its threat are real. *American Psychologist, 53*(6), 680-681.

Stephenson, W. (1953). *The Study of Behavior: Q-Technique and its Methodology.* Chicago: University of Chicago Press.

Stevens, E. N., Lovejoy, M. C., & Pittman, L. D. (2014). Understanding the relationship between actual: Ideal discrepancies and depressive symptoms: A developmental examination. *Journal of Adolescence, 37*(5), 612-621.

Strauman, T. J. (1989). Self-discrepancies in clinical depression and social phobia: Cognitive structures that underlie emotional disorders? *Journal of Abnormal Psychology, 98*(1), 14-22.

Strauman, T. J. (1992). Self-guides, autobiographical memory, and anxiety and dysphoria: Toward a cognitive model of vulnerability to emotional distress. *Journal of Abnormal Psychology, 101*(1), 87-95.

Tangney, J. P., Niedenthal, P. M., Covert, M. V., & Barlow, D. H. (1998). Are shame and guilt related to distinct self-discrepancies? A test of Higgins's (1987) hypotheses. *Journal of Personality and Social Psychology, 75*(1), 256-268.

Tracy, J. L., & Robins, R. W. (2004). Putting the self into self-conscious emotions: A theoretical model. *Psychological Inquiry, 15*(2), 103-125.

Trepte, S., & Reinecke, L. (2010). Avatar creation and video game enjoyment. *Journal of Media Psychology, 22*(4), 171-184.

Van Looy, J., Courtois, C., De Vocht, M., & De Marez, L. (2012). Player identification in online games: Validation of a scale for measuring identification in MMOGs. *Media Psychology, 15*(2), 197-221.

Veale, D., Kinderman, P., Riley, S., & Lambrou, C. (2003). Self-discrepancy in body dysmorphic disorder. *British Journal of Clinical Psychology, 42*(2), 157-169.

White, K., & Dahl, D. W. (2006). To be or not be? The influence of dissociative reference groups on consumer preferences. *Journal of Consumer Psychology, 16*(4), 404-414.

Wicklund, R. A., & Gollwitzer, P. M. (1981). Symbolic self-completion, attempted influence, and self-deprecation. *Basic and Applied Social Psychology, 2*(2), 89-114.

Wright, P. R. (2006). Drama education and development of self: Myth or reality? *Social Psychology of Education, 9*(1), 43-65.

Wylie, R. C. (1974). *The Self-Concept: Theory and Research on Selected Topics*(Vol. 2). Lincoln: University of Nebraska Press.

Zarsky, T. Z. (2003). Thinking outside the box: Considering transparency, anonymity, and pseudonymity as overall solutions to the problems in information privacy in the internet society. *University of Miami Law Review, 58*, 1301-1354.

Zhao, S., Grasmuck, S., & Martin, J. (2008). Identity construction on Facebook: Digital empowerment in anchored relationships. *Computers in Human Behavior, 24*(5), 1816-1836.

第六章 个体自我、关系自我与集体自我

第一节 三重自我建构理论

自我建构（self-construal）是指个体如何认识、理解自我，如何看待自我和他人的关系及其意义（Cross et al.，2011）。以 Markus 和 Kitayama（1991）为首的文化心理学家往往把文化维度的不同和自我建构的类型差异联系在一起（Cross et al.，2011）。他们认为，文化水平上的个人主义文化和集体主义文化，是造成个体自我建构水平上的独立型自我建构（independent self-construal）和依存型自我建构（interdependent self-construal）的原因。此外，自我建构是影响个体行为的最重要的文化特质之一，也是不同地区个体在行为、认知和情绪上存在文化差异的原因。具体来说，Markus 和 Kitayama（1991）认为，西方个人主义文化下的个体以独立型的方式建构自我，他们注重自身独特性，并且在不同场合下的行为表现都相对保持一致（Cross et al.，2011；Markus & Kitayama，1991），就像我们经常看的西方电影中那样，总是由某一个英雄拯救世界，带有极强的个人主义色彩。而东方的集体主义文化则孕育出依存型自我建构的个体，他们往往更注重自我与他人的关系，认为个体存在的意义在于对集体尽到责任，良好地适应各种关系，以及与他人维持和谐的关系，比如，我们经常说到的"团结就是力量""1+1>2""少数服从多数"等口号，就带有很强的集体主义色彩。因此，依存型自我建构个体的行为往往受制于他人的情绪和行为（Cross et al.，2011；Han & Humphreys，2016；Markus & Kitayama，1991）。

之后，Brewer 和 Gardner（1996）在自我认同、关系认同和社会认同的基础上提出三重自我建构理论，其内容涉及对自我进行定义时的不同水平，这种定义从"我"到"我们"的包容性转变的假设是以自我评价原则、参照框架和社会动机的本质为基础的。该理论主要有两方面的重要推进。首先，独立和依存同为人类的两种基本需求，个人取向和人际关系取向的自我建构应当同时共存于每一个人身

上；同时，人际关系取向的自我建构仍可进行进一步的划分，即根据亲密关系，还是根据自我和团体之间的关系来定义自我（陈庆伟，2014）。Brewer 和 Roccas（2001）认为，每个个体的自我概念都包含三个组成部分：个体自我概念（personal self-concept）、关系自我概念（relational self-concept）和集体自我概念（collective self-concept）。个体自我概念是从个体水平来建构自我，反映的是一个人区别于他人的独特特质，包含性格、品质、兴趣和经历等。关系自我概念是从人际水平来建构自我，这来源于与重要他人的角色关系。集体自我概念是从群体水平建构自我，反映的是社会认同和自我归类理论中表达的自我表征。

Sedikides 和 Brewer（2001）则进一步发展了以上思想，假设这三方面的自我表征均是社会性的，共存于同一个个体内，并将三重自我分别命名为个体我、关系我和集体我。三重自我同时强调不同自我的情境启动效应，即在不同的情境线索启动下，个人的不同自我会出现"即时即地"（moment-to-moment）现象，也就是说，个人的自我概念不是静止的，而是动态一致的，这与工作自我概念的构想是一致的。三重自我的启动效应在东西方文化中均存在，在不同的文化中分别启动三重自我时，结果具有跨文化一致性。总之，三重自我认为，每个人都会从这三个不同的角度定义自我，即个人对自己的认识中也包含个体我、关系我和集体我的表征，只是对于不同个体，这三个方面的相对强度和重要程度存在差异（李强，苏慧丽，2015）。三重自我建构理论的基本思想为众多学者所接受，他们对此进行了一系列研究。需要指出的是，目前在对三种建构倾向的命名上存在两种术语体系，它们之间存在着一一对应的关系：个体倾向的独立型自我建构——个体自我，关系倾向的依存型自我建构——关系自我，团体倾向的依存型自我建构——集体自我。在自我建构研究领域，不同的研究可能采用不同的术语体系（陈庆伟，2014）。本书中采用的是个体自我、关系自我和集体自我这一术语体系。

第二节 个 体 自 我

一、个体自我概述

一个人存在于这个世界上，绝对少不了与外界的联系，而在我们的生活中，我们自己才是主角，相比于他人，我们有着自己独一无二的特质、行为、兴趣和经验，也是因为这些不同于他人的特质、行为、兴趣和经验，才把我们区分出来。

正如世界上没有两片相同的树叶一样，我们每个人都是独特的。我们会站在自己的角度去看待这个世界，站在自己的角度去做事和生活，也会站在自己的角度去知觉自己。比如，壮壮每次上学都是最后一个到校的学生，被班主任批评了好多次，别人都觉得他是个不求上进的学生，可是他们不知道的是，壮壮是为了照顾自己卧病在床的母亲才会迟到的。站在壮壮的角度看，壮壮会认为自己是一个孝顺的孩子，产生与他人不同的认知。个体自我又称单个、单独和自我中心的自我，其把自己看作独立和唯一的个体，且与他人有一道明显的壕沟。这个定义强调个体独立于社会环境和他人（Chiao et al., 2010）。郑莹灿等（2017）认为，个体自我通过区分自我与他人来实现对自我的定义，强调自我独特性，包括区分个体与外界环境的自我概念特征组合。Kashima 和 Hardie（2000）认为，个体自我是涉及私我的或个体取向的自我，将自我视为自主的、独特的，并与他人有明显界限的个体。总的来说，个体自我强调自己是独特的，即自己区别于他人的一些状态、特质和行为。

个体自我让我们清楚地认识到，我们与他人是有所区别的，我们有着自己独特的原则和立场，而在有些场景和情况下，特别是身处于人群之中的时候，我们会忘记了自己的独特性。当我们的独特性被群体弱化的时候，我们甚至可能会做出连自己都不敢相信的事情。比如，美国曾发生一起著名的"基蒂案件"。这件事要追溯到1964年3月13日的晚上，在美国纽约郊外某公寓前，一位名叫Kitty Genovese的年轻女子在结束酒吧工作后回家的路上遇到了歹徒。当时，她绝望地大声呼救："有人要行凶啦！救命！救命！"听到喊叫声，附近住户亮起了灯，打开了窗户，凶手被吓跑了。当一切恢复平静后，凶手又返回作案。当她又喊叫时，附近的住户又打开了电灯，凶手又逃跑了。当她认为已经无事，上楼回到自己家时，凶手又一次出现在她面前，将她杀死了。在这个过程中，尽管她大声呼救，她的邻居中至少有38人到窗前观看，但却没有一个人来救她，甚至没有人打电话报警。这件事情引起了纽约社会的轰动，也引起了社会心理学工作者的重视和思考（Gansberg, 1964）。这样的事听起来让人觉得难以置信，为什么大家在这种紧急的情况下却如此冷漠？经过研究之后，心理学家将这种现象称为旁观者效应（bystander effect）。对这种现象的解释多种多样，其中有一种观点认为，在发生紧急情况的时候，若有他人在场，个体不去救助受难者的社会代价将会减小，见死不救产生的罪恶感、责任感将会被围观人群分散，从而使个体的心理压力减轻，较少地做出助人行为。就好比我们处在旁观的人群中，总会有这种想法"说不定过会儿会有别人去帮助他的""别人都没有去的话我再看看吧"。正是因为存在这些想法,我们的独特性会变得相对弱化。

就像法国著名的思想家伏尔泰说的那样,"雪崩的时候没有一片雪花是无辜的"(陆珊年,徐兰,2003)。在大多数情况下,保持自己的独特性是非常必要的。相信人们都听说过从众心理,其实这一心理也体现了个体自我的重要性。从众心理是指个人受到外界人群行为的影响,而在自己的知觉、判断、认识上表现出符合公众舆论或多数人的行为方式。大量的实验表明,只有很少的人在从众实验中保持了他们的独立性。Thurber(1933)在《我的人生和艰难时期》(*My Life and Hard Times*)一书中曾对从众现象做过如下的生动描述。

> 突然,一个人跑了起来。也许是他猛然想起了与情人的约会,现在已经过时很久了。不管他想些什么吧,反正他在大街上跑了起来,向东跑去(可能是去马拉莫饭店,那里是男女情人见面的最佳地点)。另一个人也跑了起来,这可能是个兴致勃勃的报童。第三个人,一个有急事的胖胖的绅士,也小跑了起来……十分钟之内,这条大街上所有的人都跑了起来。嘈杂的声音逐渐清晰了,可以听清"大堤"这个词。"决堤了!"这充满恐惧的声音,可能是电车上一位老妇女喊的,或许是一个交通警察说的,也可能是一个小男孩说的。没有人知道究竟是谁说的,也没有人知道真正发生了什么事。然而2000多人都突然溃逃起来。"向东!"人群喊了起来——东边远离大河,东边安全。"向东去!向东去!"一个又高又瘦、目光严厉、神色坚定的妇女从我身边擦过,跑到马路中央。而我呢?虽然所有的人都在喊叫,我却不明白发生了什么事情。我费了好大劲才赶上这个妇女,别看她已经快60岁了,可跑起来倒很轻松,姿势优美,看上去还相当健壮。"这到底是怎么了?"我气喘吁吁地问她,她匆匆地瞥了我一眼,然后又向前面望去,并且稍微加大了步子,对我说:"别问我,问上帝去!"

这个例子很好地诠释了从众现象。这种现象在生活中时常发生,心理学家对从众现象的研究已经非常成熟和丰富了。之所以会产生从众这种现象,一是因为在情境不确定的时候,他人的行为是最好的参照;二是因为对偏离群体的恐惧,当个体处于某种不确定的场景中,与群体中的大多数人做出不一样的举动是要承受很大的心理压力的,为了缓解自己的压力,人们往往做出与大多数人一致的行动；三是与个体自我有关，人们为了与群体成员保持一致，便改变了自己独特的想法和观点，变得和大多数人一样，在这个时候，人们的个体自我意识就比较模糊，会做出一些随波逐流的举动。

二、个体自我参照效应

"自我参照效应"这一概念自提出至今已有 40 多年的历史，最早提出自我参照效应的是 Rogers 等（1977）。实验者呈现一系列形容词，被试的任务就是进行自我参照判断（例如，这个形容词是否与你有关），或者进行语义判断（例如，这个形容词是积极词还是消极词），或者进行语音判断（例如，这个形容词与"chair"发音相同吗），或者进行字形判断（例如，这个形容词的首字母是什么）。随后，被试马上进行一个突然的回忆测验。根据加工水平理论，在对形容词的回忆成绩上，语义判断的成绩要比语音判断和字形判断的成绩更优。但出人意料的是，自我参照判断的回忆成绩竟然是语义判断成绩的两倍。由此人们认为，自我参照效应是指个体对与自我相联系的记忆材料的记忆效果优于其他编码条件的现象（赵科，2010）。

三、中国人的个体自我

东方文化不同于西方文化，这是众所周知的事情，在东方文化下建立起来的个体自我和在西方文化下建立起来的个体自我也截然不同。Markus 和 Kitayama（1991）把自我分为依存型自我和独立型自我，认为东方文化下绝大多数个体的自我应该属于依存型自我，中国人也不例外，这正说明了中国人自我的特殊性。Buckley 等（2006）的研究还发现，中国人还有特殊的"面子观念"，说明中国人更加注重外界对自己的看法，更加依赖他人与自己的关系来判断自己，更加关注人与人之间的关系，并更加倾向于利用人与人之间的关系来定义自我，即中国人的自我是他人取向的。之前的跨文化研究也表明，相对于西方文化下的被试来说，东方文化下的被试更加注重背景、事物之间的联系，倾向于采用辩证的角度看待事物（Nisbett et al., 2001）。有学者甚至提出中国人的自我是一种辩证自我，这种自我与西方人的自我大相径庭（柏阳等，2014）。陈庆伟（2014）发现，中国人的自我确实具有其独特之处，比如，在加工早期，个体对于自己的集体自我表现出特殊关注；而在加工后期，个体对于自己和熟悉他人的个体自我存在认知资源分配偏向等。

第三节　关 系 自 我

一、关系自我概述

人们生活在这个世界上，一定会和周围的人产生某种联系，个体有时候会使用自己和别人的关系来定义自己，比如，别人在问"你是谁"这个问题的时候，我们可能会说"我是某某同学的好朋友""我是我爸妈的孩子""我是五年级一班的一名学生"等。当我们这样回答的时候，我们就是在用自己和别人的关系来给自己下定义，这就是一个人的关系自我，从关系自我中可以看到我们与他人的联系，以及我们的关系网络等，这种自我观更加注重从关系的角度去定义自我。关系自我也称关系倾向的依存型自我建构（relational-oriented interdependent self-construal），即从自己与亲密他人的双向关系中定义和理解自我的倾向。关系自我反映的是来源于与特定他人的联系、关系质量、人际角色以及与重要他人共同的特征的自我定义。这种自我观更为强调人际关系、亲密与依赖（李昌俊，2010）。有趣的是，我们在日常生活中经常会听到这样的说法，父母告诉我们要和同学搞好关系；到了职场上，前辈告诉我们要和上司搞好关系。在中国，人们的"人情味"很浓，非常重视人际关系的培养。一些笑话也能反映出中国人对人际关系的重视。余秋雨教授曾经讲过这么一个笑话："古希腊的哲人在爱琴海边思考人与自然的关系，古印度的哲人在恒河边思考人与神的关系，中国的哲人在黄河边思考人与人的关系。"（余秋雨，2013）

二、关系自我参照效应

关系自我参照效应是指当加工材料（如形容词）与关系自我相联系时，其加工效果显著优于其他编码条件的一种现象。具体体现在，相对于非关系自我参照的加工（如语义加工、参照一般熟悉他人的加工等），关系自我参照的加工成绩更优，记忆效果更好。我们在生活中也许会遇到这样的情况，当和朋友回忆上学时发生的有趣事情时，我们说到了自己因为上课说悄悄话而被老师罚站的悲惨经历，但我们的朋友却对这件事没有什么印象。这是因为这件事实与我们自己有关，而与我们的朋友却没有什么关系，所以我们自己的记忆深刻，而我们的朋友早就忘记了还有这么一件事。

三、特殊的关系自我

家庭是温暖的港湾，不管是在外求学的学子还是离家打拼的游子，不管在什么时候，我们总是牵挂着自己的家，可见家对我们而言是非常重要的。一方面，家庭存在的关系依恋会对个人的社会化、情绪表达和自我产生深远的影响（Scabini & Manzi，2011），另一方面，从进化角度来看，亲属基因的存活对个体生命的延续也是至关重要的（Dawkins，1976）。国外学者近年来对家庭亲属关系进行了深入研究，国内学者也渐渐开始开展与家庭亲属关系有关的实验研究，例如，有研究者对关系自我进行细分，将其分为家庭自我（涉及家庭成员之间的关系）和亲密他人自我（涉及和朋友或者恋人之间的关系），并对家庭自我进行进一步探究，发现家庭自我也是自我肯定的来源之一，并且和个体自我与亲密他人自我起着不同的作用（Cai et al.，2013）。

由于中国独特的社会结构和文化背景，相对于西方人来说，中国人往往对家庭更为看重。家庭关系虽然也是人际关系的一种，但是家庭关系是无条件性的和牢不可破的，所以相对于跟朋友、熟人之间的关系来说，家庭关系要更加特殊一些，因为跟朋友、熟人之间的关系往往非常脆弱，并且常常建立在互惠互利的基础之上，也就是人们通常所说的"人情"。陈庆伟等（2014）的研究表明，中国被试会把自己的家庭自我纳入自我结构当中，这在个体的自我结构中占据着相当重要的位置，并且在加工早期也会占据主导地位，这进一步佐证了文化环境对关系自我的影响。

第四节 集 体 自 我

一、集体自我概述

集体自我也称团体倾向的依存型自我建构（group-oriented interdependent self-construal），即从自己的团体成员身份出发来定义与理解自我的倾向（刘艳，邹泓，2012）。集体自我是社会或社会取向的自我，其对自我的定义来源于群体成员身份或社会类别。这种自我观更强调群体从属关系、内群体规范，以及通过集体来规定的角色与地位（李昌俊，2010）。集体自我，就是社会或者社会中心的自我。集体自我源于自己在社会团体中身份的确认或者社会分类中的成员归属。这种定义强调了社会归属、团体内规则以及集体身份和集体角色（赵科，2010）。

不同的地区拥有不同的文化传统和文化特色，不同社会或文化中的个体拥有不同的生活体验，甚至在某种程度上，文化塑造了个体的心理过程。文化是一个复杂的结构。文化心理学的基本目标是试图理解文化如何影响心理的运作，并识别出人类普遍的认知、情绪、行为过程中的文化效应。集体主义的核心成分是，与他人一起作为一个整体，而后被知觉为与他人的重要联系或关系取向。Chen 和 West（2008）认为，集体主义包括三个因素，即顾虑自己的决定对他人的影响、分享积极的成果和分担消极的后果；个人主义包括三个因素，即独立自主、竞争性、独特性。Cialdini 等（1999）认为，集体主义与个人主义的核心差异在于集体主义者相对更多地考虑他人，个人主义者在决定过程中比集体主义者更多地考虑个人化自我。集体主义与个人主义文化取向会对个体的思维、行为产生不同的影响，究其根本原因还在于不同的文化塑造了不同的自我。西方国家大多是个人主义文化，而东方国家大多是集体主义文化。有这么一则笑话：

> 一个中国留学生刚到国外的时候，他们几个中国人请两个外国人到中国餐馆吃饭。出于礼貌，中国人请大家每个人都点一道菜，按照中国的习惯，每个人点一道菜就可以拼一桌菜，然后等菜齐了大家再一起吃。于是，两个外国人先点菜，一个人点了"芙蓉鸡片"，另一个人点了"鱼香肉丝"——菜点得差不多了，中国留学生觉得整桌还缺汤，最后就点了一道榨菜汤。开席了，头一道菜便是"芙蓉鸡片"，只见那位点这个菜的外国人很高兴地说：我先吃了！然后他便移过来"芙蓉鸡片"的盘子，刀叉并进。一会儿，"鱼香肉丝"也上来了，点这个菜的另一个外国人也端过盘子大吃起来。几个中国人只好"主随客便"，也按照外国人的规矩各人吃各人的菜。这下可苦了那位中国留学生，不得不硬着头皮喝下最后上来的一大碗榨菜汤。

从这个事例中可以看到，中国人大多具有群体意识，西方人大多具有个体意识，在不同的文化环境下成长起来的个体有着不同的自我建构。

记得在《爱情保卫战》上看过一对情侣的故事，他们之间的矛盾就是由于从小接受的文化不同而造成的。女孩是中国人，男孩是德国人，两个人在地铁上相遇，男孩帮女孩提行李，然后互相留下了联系方式，之后就确立了恋爱关系。随着时间的推移，他们的感情出现了一些矛盾，女孩觉得父母把自己养大非常不容易，就像中国有句老话说的那样，应该百善孝为先，于是她经常给父母买礼物，还给父母零花钱。看到这里，我们应该都觉得这个女孩很孝顺。但是她的男朋友却不这么认为，男孩觉得很奇怪，因为在他们的文化中，他们很早就独立了，男孩觉得女孩挣的钱就是她自己的，不需要再给父母。因为这件事，两人发生了矛盾。由此我们不难看出，女孩受中国传统文化的影响，认为自己和家人是一个集体，自己挣的钱给父母花也是应该的，而男孩接受的是德国的传统文化教育，他们在生活和思想上都很独立，认为自己的钱就应该由自己支配，由此导致了两人矛盾的产生。

二、集体自我参照

自我参照效应是指当信息与自我概念有关时，个体会进行快速加工，且记忆效果更好（范伟，钟毅平，2013）。集体自我参照效应是指相对于非集体自我的刺激，个体对集体自我刺激的记忆效果更好，且知觉加工表现更优。最早对集体自我参照效应进行研究的是 Johnson。

Johnson 等（2002）设计了两个实验来探索参照一个群体对信息进行编码是否会像参照自己进行编码一样，促进以后对该信息的回忆。在这两个实验中，被试都根据自我、语义特性或群体对形容词进行了编码，随后进行了无意外回忆测试。在实验 1 中，被试将所在的大学作为参考组。在实验 2 中，被试将家庭作为参考组。在这两个实验中，相比于语义处理条件，被试在自我参照条件下产生了更好的回忆，由此复制了典型的自我参照效应。更重要的是，集体自我参考效应也表现了出来，即相比于语义处理条件，被试在集体参照条件下也产生了更好的回忆，这也就表明与自我参照一样，集体参照促进了回忆。

三、特殊的集体自我

随着全球化的日益加速，世界正变得越来越小，国与国之间的交流日益频繁，国籍作为一个人的世界名片，常常会影响人的印象形成与交流意愿。另外，人类的心理与行为模式虽然具有共性的一面，但生活在不同社会文化背景中的人，他们的心理与行为模式必然有所差异。中国人、美国人、英国人和日本人，各自有其独特、典型的心理与性格。例如，中国社会中有关面子、孝道、家族主义等的特有现象在其他国家是没有的。中国历史源远流长，流传下来的文化辉煌灿烂，生活在其中的个体从幼时就耳濡目染，无时无刻不受其潜移默化的影响，渐渐形成了中国人独特的性格特征。另外，国籍身份作为区分内外群体的有效指标，通常会简化人们的认知过程，节省人们的认知资源。有研究发现，中国人的集体自我会在加工早期阶段表现出加工优势，加工早期可能更多涉及大的族群身份的区分，因而出现这种现象。此外，中国人也会把自己的集体自我整合到自我概念中（陈庆伟，2014）。

第五节　个体自我、关系自我和集体自我的关系

Sedikides 和 Brewer（2001）认为，个体自我、关系自我和集体自我三种自我是可以共同存在的，这样一来，人们就可以在独立个体、关系中的一方和群体成员三种身份之间自由切换。另外，每种自我都和心理健康、身体健康息息相关，并且对人类的生存具有重要意义。三重自我建构理论的基本思想为众多人格、社会性领域的研究者所接纳，但在这三重自我之间的关系上，研究者却存在广泛争议。既然三重自我建构理论将自我划分为个体自我、关系自我和集体自我，那么它们三者之间的关系是怎样的？它们之间到底是谁占主导地位呢？针对这些问题，心理学家从各个方面进行了研究，但依然存在差异，没有达成一致。随着科技的发展，心理学的研究方法也在不断革新，出现了事件相关电位（event-related potentials，ERP）等认知神经科学技术，为解决这些问题提供了有力的帮助。

一、关于个体自我、关系自我和集体自我的假设

（一）个体自我至上假设

个体自我至上假设认为，个体自我是根本动力因素，是最重要的自我，是人类经验的核心动机。这一自我表征的核心特质是积极的且重要的，会影响随后的信息加工过程（Markus，1977），并且能够抵抗不利反馈和接受有利反馈（Sedikides，1993）。这种假设的存在是有依据的，日常生活中的许多现象就支持了这一假设。比如，当我们刚走上某个岗位或者刚进入一个新的环境时，我们对身边的人总是比较热情，努力展示自己友好或者优秀的一面，争取给周围的同事或者朋友留下一个良好的第一印象。在对自己和他人进行评价的时候，人们会认为自己比大多数的一般人更好，对自己有着更多的积极评价，认为自己是更加道德的。当我们所在的集体取得成功时，我们会在一定程度上认为自己的功劳要比一般成员多一些，当然，如果在团队工作中出现了失误，我们也会更多地把错误归结到他人身

上。来自维持自我正面形象和抵御自我威胁这两方面的证据均为个体自我至上假设提供了实证支持。为了维持正面的自我形象，人们喜欢将自我与积极特质联结在一起，讨厌将自我与消极特质相联系（Sedikides et al., 2005）。事实上，人们通常会保持或者提升自我形象并避免对自我形象的损毁，会对不利信息的传递者进行贬损，当他们不能否认不利信息时，他们会不去回忆它或者贬低该信息的价值（Sedikides & Gregg, 2007; Shepperd et al., 2008）。

（二）关系自我至上假设

关系自我至上假设认为，关系自我是根本动力因素。该假设认为，关系自我是最重要的自我，是人类经验的动机核心。关系自我起源于在重要关系中对于重要他人的依恋，提升和保护重要关系则是提升和保护关系自我的表现形式。实际上，人们想要拥有稳定的人际依恋，并且具有强烈地提升自己的人际关系以及防止关系被破坏的动机（Chen et al., 2006）。人们对于形成稳定的人际依恋、强化和保护他们的人际关系、对现有关系的终结和社会排斥所产生的心理与生理痛苦的抵抗都显示出至高无上的渴望（Leary & Baumeister, 1995）。另外，亲密关系能够影响人们对新结交的人的知觉、情绪反应和行为反应，也会影响目标追求行为（Andersen & Chen, 2002; Sedikides et al., 1993）。

（三）集体自我至上假设

集体自我至上假设认为，集体自我是最重要的自我，是人类经验的核心动机。人们对其所属社会群体一致性的认同深刻地影响着自身（Asch, 1951; Myers & Lamm, 1976; Sim et al., 2014）。集体自我至上假设认为，集体自我是根本动力因素（Cross et al., 2011; Sedikides & Brewer, 2001）。集体自我可以同时满足内群体同化和外群体区分的不同需求（Brewer & Roccas, 2001; Sedikides & Brewer, 2001）。

Johnson等（2002）参考经典的自我参照效应范式，以被试的大学和家庭作为参照群体，发现被试对参照群体的加工成绩与自我参照加工的成绩一样好，且都优于控制组，表现出了群体参照效应。另有研究发现，被试对内群体相关信息的记忆要优于对外群体相关信息的记忆，表现出记忆的内外群体效应（Wagar & Cohen, 2003）。Bennett和Sani通过对不同年龄儿童的研究发现，群组身份是儿童自我概念中的重要组成部分（Bennett & Sani, 2008; Sani & Bennett, 2009）。此外，还有研究者以家庭为参照群体验证了群体参照效应的稳健性（Bennett et al.，2010）。杨红升和黄希庭（2007）就群体参照效应分别对中国被试和外国被试进行了跨文化的比较研究，结果发现，中国被试中出现了记忆加工的认同群体参照效应，而美国被试中却并未出现这种现象。此外，他们还对藏族和汉族的学生进行参照效应的对比研究，发现藏族学生的群体参照效应受社会身份的相对凸显性的影响，在汉族大学生占主导的大学中，藏族被试表现出强烈的民族认同感，对藏族人表现出群体参照效应，而在藏族大学生占主导的大学中，藏族被试却没有表现出这种现象；而汉族大学生无论在哪种条件下，都未表现出民族意识和内群体参照效应。

来自维持和保护群体、抵御群体威胁以及最佳水平理论三个方面的证据为集体自我首要性假设提供了实证支持。一方面，受到维持和提升群体的动机的驱使，人们会通过改变自己的观点来迎合群体中大多数人的观点，甚至出现群体观念的极化（Asch，1951；Myers & Lamm，1976）。在此基础上，人们会通过对内群体成员表现出积极的知觉、态度和行为来提升并保护积极的群体形象（Boldry & Gaertner，2006；Hewstone et al.，2002；Hogg，2001；Tajfel & Turner，1979）。与个体会产生自我服务偏差一样，群体成员甚至还会持有对自己所属群体的群体服务偏差（group-serving bias），倾向于将群体的成功归因为群体本身，将群体的失败归因为外部的不可控因素（Sherman & Kim，2005；Van Bavel et al.，2011）。此外，集体自我也会影响个体的目标追求行为，促使人们乐于追寻那些有助于提升集体水平目标。

另一方面，受到抵御对自己内群体的威胁动机的驱使，当感受到内群体受到威胁时，人们会对威胁者表现出更多的消极态度和回避行为，有时甚至会产生冲突和暴力行为（Leidner et al.，2010；Riek et al.，2010）。更为重要的是，研究者认为，集体自我可以提供最佳水平的自我定义，能够同时满足内群体同化和外群体区别的不同需求（Brewer & Roccas，2001；Leonardelli et al.，2010）。

二、情境性假设

情境性假设认为，情境决定了当前哪种自我是根本动力因素。个体自我、关系自我和集体自我并不一定总是根本动力因素。这三种自我的相对重要性取决于情境因素而非它们各自的可及性。个体所面临的情境决定着当前哪种自我成为最重要的自我。当前情境如果要求提升或者保护某种自我，人们就会根据情境的需要将其切换为当前最重要的自我（高凡，王沛，2017）。事实上，有关工作自我概念、符号互动论或者角色理论和万花筒自我（kaleidoscopic self）的研究都表明，自我定义会分别随着规则的显著性（norm salience）、角色的重要性（role importance）和瞬息万变的社会环境（social circumstances）的改变而改变。另外，自我分类理论的相关研究表明，自我定义会随着情境特点而在个体自我和集体自我之间起伏变化，具体来说，在群体间环境中，集体自我起主要作用；而在群体内环境中，个体自我则起主要作用（Onorato & Turner, 2004; Turner et al., 1994）。

李昌俊（2010）在对中国人的个体自我、关系自我和集体自我分别进行了外显层面和内隐层面的实证研究之后发现，中国大学生的三重自我具体哪种占据优势，在外显层面上受参照条件或情境的影响，且不同的测量方法会呈现出不同的结果。在自我描述上，中国大学生的自我描述以个体自我为主，在行为脚本问卷测量上则是以集体自我为主，并且还存在小群体取向与大群体取向的区分，即个体自我与关系自我合并为小群体取向。大群体取向是指涉及许多人的、与大群体身份相关的描述或人口统计学信息，或者涉及拥有共同特征的大群体。比如，我是一个女孩，我是一个学生，我是一个足球运动员等；小群体取向涉及的是较小的群体，通常是家庭，比如，我是一个丈夫等。此外，在内隐联想测验中，中国大学生则是以个体自我为主，并且关系自我与集体自我的差异不显著。

三、四种理论假设的内在关系及其争论

如上所言，不难看出，支持每种假设的证据都涉及一个共同的出发点：人们希望提升或者保护自我，避免自我受到威胁（Wood & Forset, 2011）。人们努力维持个体自我的正面形象以及抵御自我威胁是对个体自我的提升和保护，试图维系并促进重要关系以及阻止关系的破裂是对关系自我的提升和保护，尽力维持较好的群体形象以及抵御群体威胁是对集体自我的提升和保护。然而当研究者单独考察上述每一种理论假设时，似乎每种假设都能得到支持，因而最终得到的结论似乎是人们试图提升和保护每一种自我。然而，这样的结论并未直接解释三重自我的动机性地位问题，也就是说，并未回答个体自我、关系自我和集体自我究竟哪一个最重要的问题（高凡，王沛，2017）。为了避免单一理论检验中固有的过分确信偏差（Gaertner et al., 2002），研究者应将每种假设予以比较，从而得出具有解释力的结论。

Gaertner 等（1999）最早对个体自我至上假设、集体自我至上假设和情境性假

设进行了比较验证。他们创设了一种情境，使得被试想要保护或者提升自我，进而对比观察当三种自我受到威胁或批评（比如，消极反馈）以及受到表扬或夸奖时个体的反应（Maner et al., 2012）。实验前，他们推测动机地位较高的自我将对威胁做出更加消极的反应，对表扬做出更加积极的反应。通俗来讲就是，最重要的自我将会在受到伤害时叫得更大声，也会在受到赞扬时笑得更灿烂。与此同时，根据情境性假设，如果每种自我处于同样的地位，那么当两种自我都被激活时，不同的自我对于威胁和表扬将会做出同等强度的反应。在一系列研究中，当人们的个体自我和集体自我受到威胁后，让其评估自己对于个体自我和集体自我的反应。其典型的实验程序是：要求被试完成一个测量创造力的量表，然后告知他们自己（个体自我）或者他们的集体（集体自我）在此量表上的得分很低（Gaertner et al., 1999），从而造成对于个体自我和集体自我的威胁。如果满足个体自我至上假说，人们在个体自我受到威胁时会增强集体认同，并且认为自己与集体有更多的相似性，但在集体自我受到威胁时，则不会影响个体自我认同。如果满足集体自我至上假设，人们在集体自我受到威胁时会增强个体自我认同来抵御威胁，但在个体自我受到威胁时，并不影响集体自我认同。如果满足情境性假设，每种自我处于平等的位置，那么人们在个体自我受到威胁时会增强集体认同来抵御威胁，同时也会在集体自我受到威胁时增强个体自我认同来抵御威胁。其实验结果支持了个体自我至上假设。

在一系列实验中，Gaertner等（2002）评估了多种基于威胁的反应（包括愤怒性、情绪状态、对于威胁反馈的贬损等），同时将集体认同程度作为一种情境性因素，试图探究在高、低集体认同两种条件下，个体自我首要性假设是否依旧得到支持。他们发现，相比于集体自我受到威胁，当个体自我受到威胁时，人们普遍认为此时受到的威胁更为严重，会在更大程度上贬损威胁个体自我的信息，体验到的负面情绪也更为强烈，并且这些反应不受集体认同程度的影响。为此，Gaertner等（2002）认为，动机的首要性更可能在某种给定的自我受到威胁或者得以提升时出现。也就是说，对于个体而言，越重要的自我，越容易接受与之相关的积极信息和否定与之相关的消极信息，从而维持自我的正面形象以及抵御自我威胁。其后，大批系列实验及有关自我威胁和自我提升领域的研究的元分析结果同样支持了个体自我至上假设（Maner et al., 2012）。他们发现，与集体自我相比，当威胁和提升个体自我时，人们会产生更加强烈的完全相反的反应。同时，将群体类型和群体认同水平作为情境性因素加以分析，无论实验室群体还是自然群体，不管群体认同水平的高低，个体自我至上假设都得到了证实。在此基础上，Chen 等（2013）采用三类刺激 Oddball 范式以及 ERP 技术，比较了个体自我和集体自我的动机优势性，其研究结果依旧支持个体自我至上假设。

然而，同时考虑个体自我、关系自我和集体自我三者的相对地位的研究并不多见，仅有的几个研究的结果也并不一致。例如，Del Prado 等（2007）采用认同形态问卷（Aspects of Identity Questionnaire），调查了来自美国、澳大利亚、菲律宾、墨西哥被试的各种自我的重要程度，其中被试所处的文化环境为情境性因素。结果表明，在四种文化中，人们均认为个体自我比集体自我更加重要，关系自我比集体自我更加重要。但对于个体自我和关系自我何者更重要的问题并未达成一致性结论。Gaertner 等（2012）通过四个研究探究了个体自我、关系自我和集体自我的相对重要性，得出个体自我最重要、关系自我次之、集体自我排在最后的结论。然而，值得注意的是，他们的四个研究的具体结果并不都支持该结论。例如，研究 1 要求被试想象完全清除自我是可能的，并且有一天他们醒来的时候已经失去了他们的个体自我、关系自我和集体自我，随后要求被试评估失去某一种自我对其情绪、生活的影响，结果发现，相比于失去关系自我和集体自我，被试想象失去个体自我时会体验到更多的消极情绪，并且认为失去个体自我对其生活的影响更大。研究 2 要求被试写下威胁个体自我、关系自我和集体自我的短文，考察个体对于三种自我威胁的回避程度是否存在差异，结果仅发现，当短文涉及威胁集体自我的内容时，被试显示出更少的回避。也就是说，当把关系自我纳入比较的结构当中时，似乎个体自我至上假设并不总能得到证实。很显然，这与研究 2 的结果是相互矛盾的。由此可见，当前对于个体自我、关系自我和集体自我究竟哪一个占据动机的首要地位，研究者还未达成一致性结论。

参 考 文 献

柏阳, 彭凯平, 喻丰. (2014). 中国人的内隐辩证自我：基于内隐联想测验（IAT）的测量. *心理科学进展*, 22 (3), 418-421.

陈庆伟. (2014). *中国人"我—家—国"自我建构的验证：来自 ERP 和 fMRI 的证据*. 硕士学位论文, 上海师范大学.

范伟, 钟毅平. (2013). 自我参照加工的程度效应及其研究展望. *湖南科技大学学报（社会科学版）*, (6), 131-135.

高凡, 王沛. (2017). 动机性视角与认知加工视角下三重自我的层级关系. *心理科学进展*, 25 (7), 1208-1217.

李昌俊.（2010）.*中国人的集体自我、关系自我与个体自我——内隐与外显层面的实证研究*. 硕士学位论文, 西南大学.

李强, 苏慧丽.（2015）. 自我建构与社会适应的关系——三重自我视角. *西南民族大学学报（人文社会科学版）, 36*（3）, 87-93.

刘艳, 邹泓.（2012）. 大学生的三重自我建构与个人自主的关系. *心理发展与教育, 28*（1）, 39-46.

陆珊年, 徐兰.（2003）.*伏尔泰名言录*. 北京：中国少年儿童出版社.

杨红升, 黄希庭.（2007）. 中国人的群体参照记忆效应. *心理学报, 39*（2）, 235-241.

余秋雨.（2013）.*中国文脉*. 武汉：长江文艺出版社.

赵科.（2010）.*集体自我参照效应的ERP研究*. 硕士学位论文, 湖南师范大学.

郑莹灿, 陈红, 胡媛艳, 胡小勇, 周一舟.（2017）. 三重自我建构的神经基础. *心理科学, 40*（6）, 1464-1470.

Alicke, M. D., & Govorun, O. (2005). The better-than-average effect//M. D. Alicke, D. A. Dunning, & J. I. Krueger(Eds.), *The Self in Social Judgment*(pp. 85-106). New York: Psychology Press.

Andersen, S. M., & Chen, S. (2002). The relational self: An interpersonal social-cognitive theory. *Psychological Review, 109*(4), 619-645.

Asch, S. E. (1951). Effects of group pressure upon the modification and distortion of judgments//H. Guetzkow(Ed.), *Groups, Leadership, and Men*(pp. 177-190). Pittsburgh: Carnegie.

Bennett, M., & Sani, F. (2008). Children's subjective identification with social groups: A self-stereotyping approach. *Developmental Science, 11*, 69-75.

Bennett, M., Allan, S., Anderson, J., & Asker, N. (2010). On the robustness of the group reference effect. *European Journal of Social Psychology, 40*(2), 349-354.

Boldry, J. G., & Gaertner, L. (2006). Separating status from power as an antecedent of intergroup perception. *Group Processes and Intergroup Relations, 9*, 377-400.

Breckler, S. J., & Greenwald, A. G. (1986). Motivational facets of the self//R. M. Sorrentino, & E. T. Higgins(Eds.), *Handbook of Motivation and Cognition*: *Foundations of Social Behavior*(pp. 145-164). New York: Guiford Press.

Brewer, M. B., & Gardner, W. (1996). Who is this "We"? Levels of collective identity and self representations. *Journal of Personality and Social Psychology, 71*(1), 83-93.

Brewer, M. B., & Roccas, S. (2001). Individual values, social identity, and optimal distinctiveness//C. Sedikides, & M. B. Brewer(Eds.), *Individual Self, Relational Self, Collective Self*(pp. 219-237). Philadelphia: Psychology Press.

Buckley, P. J., Clegg, J., & Tan, H. (2006). Cultural awareness in knowledge transfer to China—The role of guanxi and mianzi. *Journal of World Business, 41*(3), 275-288.

Cai, H., Sedikides, C., & Jiang, L. (2013). Familial self as a potent source of affirmation evidence from China. *Social Psychological and Personality Science, 4*(5), 529-537.

Chen, F. F., & West, S. G. (2008). Measuring individualism and collectivism: The importance of considering differential components, reference groups, and measurement invariance, *Journal of Research in Personality, 42*(2), 259-294.

Chen, J., Zhang, Y., Zhong, J., Hu, L., & Li, H. (2013). The primacy of the individual versus the collective self: Evidence from an event-related potential study. *Neuroscience Letters, 535*, 30-34.

Chen, S., Boucher, H. C., & Tapias, M. P. (2006). The relational self revealed: Integrative conceptualization and implications for interpersonal life. *Psychological Bulletin, 132*(2), 151-179.

Chiao, J. Y., Harada, T., Komeda, H., Li, Z., Mano, Y., Saito, D., ... Iidaka, T. (2010). Dynamic cultural influences on neural representations of the self. *Journal of Cognitive Neuroscience, 22*(1), 1-11.

Cialdini, R. B., Wosinska, W., Barrett, D. W., Butuner, J., & Gomilk-Durose, M. (1999). Compliance with a request in two cultures: The differential influence of social proof and commitment/consistency on collectivists and individualists. *Personality and Social Psychology Bulletin, 25*(10), 1242-1253.

Cross, S. E., Hardin, E. E., & Gercek-Swing, B. (2011). The what, how, why, and where of self-construal. *Personality and Social Psychology Review, 15*(2), 142-179.

Dawkins, R. (1976). *The Selfish Gene.* Oxford: Oxford University Press.

Del Prado, A. M., Church, A. T., Katigbak, M. S., Miramontes, L. G., Whitty, M. T., Curtis, G. J., ... & Reyes, J. A. S. (2007). Culture, method, and the content of self-concepts: Testing trait, individual-self-primacy, and cultural psychology perspectives. *Journal of Research in Personality, 41*(6), 1119-1160.

Gaertner, L., Sedikides, C., & Graetz, K. (1999). In search of self-definition: Motivational primacy of the individual self, motivational primacy of the collective self, or contextual primacy? *Journal of Personality and Social Psychology, 76*(1), 27-45.

Gaertner, L., Sedikides, C., Vevea, J. L., & Iuzzini, J. (2002). The "I," the "we" and the "when": A meta-analysis of motivational primacy in self-definition. *Journal of Personality and Social Psychology, 83*(3), 574-591.

Gaertner, L., Sedikides, C., Luke, M., O'Mara, E. M., Iuzzini, J., Jackson, L. E., ... & Wu, Q. (2012). A motivational hierarchy within: Primacy of the individual self, relational self, or collective self? *Journal of Experimental Social Psychology, 48*(5), 997-1013.

Gansberg, M. (1964-03-27). 38 who saw murder didn't call the police. *New York Times*, 1.

Han, S., & Humphreys, G. (2016). Self-construal: A cultural framework for brain function. *Current Opinion in Psychology, 8*, 10-14.

Hewstone, M., Rubin, M., & Willis, H. (2002). Intergroup bias. *Annual Review of Psychology, 53*(1), 575-604.

Hogg, M. A. (2001). Social categorization, depersonalization, and group behavior//M. A. Hogg, R. S. Tindale(Eds.), *Blackwell Handbook of Social Psychology*: Group Processes(pp. 56-85). Malden: Blackwell Publishers.

Johnson, C., Gadon, O., Carlson, D., Southwick, S., Faith, M., & Chalfin, J. (2002). Self-reference and group membership: Evidence for a group-reference effect. *European Journal of Social Psychology, 32*(2), 261-274.

Kashima, E. S., & Hardie, E. A. (2000). The development and validation of the relational, individual, and collective self-aspects(RIC) scale. *Asian Journal of Social Psychology, 3*(1), 19-48.

Leary, M. R., & Baumeister, R. F. (1995). The need to belong. *Psychological Bulletin, 117*(3), 497-529.

Leidner, B., Castano, E., Zaiser, E., & Giner-Sorolla, R. (2010). Ingroup glorification, moral disengagement, and justice in the context of collective violence. *Personality and Social Psychology Bulletin, 36*(8), 1115-1129.

Leonardelli, G. J., Pickett, C. L., & Brewer, M. B. (2010). Optimal distinctiveness theory: A framework for social identity, social cognition, and intergroup relations. *Advances in Experimental Social Psychology, 43*, 63-113.

Maner, J. K, Miller. S., Moss, J. H. & Ashby, P. E. (2012). Motivated social categorization: Fundamental motives enhance people's sensitivity to basic social categories. *Journal of Personality and Social Psychology, 103*(1), 70-83.

Markus, H. (1977). Self-schemata and processing information about the self. *Journal of Personality and Social Psychology, 35*(2), 63-78.

Markus, H. R., & Kitayama, S. (1991). Culture and the self: Implications for cognition, emotion, and motivation. *Psychological Review, 98*(2), 224-253.

Myers, D. G., & Lamm, H. (1976). The group polarization phenomenon. *Psychological Bulletin, 83*, 602-627.

Nisbett, R. E., Peng, K., Choi, I., & Norenzayan, A. (2001). Culture and systems of thought: Holistic versus analytic cognition. *Psychological Review, 108*(2), 291-310.

Oeberst, A., & Wu, S. (2015). Independent vs. interdependent self-construal and interrogative compliance: Intra-and cross-cultural evidence. *Personality and Individual Differences, 85*, 50-55.

Onorato, R. S., & Turner, J. C. (2004). Fluidity in the self-concept: The shift from personal to social identity. *European Journal of Social Psychology, 34*(3), 257-278.

Riek, B. M., Mania, E. W., Gaertner, S. L., McDonald, S. A., & Lamoreaux, M. J. (2010). Does a common ingroup identity reduce intergroup threat? *Group Processes & Intergroup Relations, 13*(4), 403-423.

Rogers, T. B., Kuiper, N. A., & Kirker, W. S. (1977). Self-reference and the encoding of personal information. *Journal of Personality and Social Psychology, 35*(9), 677-688.

Sani, F., & Bennett, M. (2009). Children's inclusion of the group in the self: Evidence from a self-ingroup confusion paradigm. *Developmental Psychology, 45*(2), 503-510.

Scabini, E., & Manzi, C. (2011). Family processes and identity//S. J. Schwartz, K. Luyckx, & V. L. Vignoles(Eds.), *Handbook of Identity Theory and Research*(pp. 569-588). New York: Springer.

Sedikides, C. (1993). Assessment, enhancement, and verification determinants of the self-evaluation process. *Journal of Personality and Social Psychology, 65*(2), 317-338.

Sedikides, C., & Brewer, M. B. (2001). Individual self, relational self and collective self: Partners, opponents, or strangers?//C. Sedikides, & M. B. Brewer(Eds.), *Individual Self, Relational Self, Collective Self*(pp. 1-4). Philadelphia: Psychology Press.

Sedikides, C., & Brewer, M. B. (2015). *Individual Self, Relational Self, Collective Self*. Philadelphia: Psychology Press.

Sedikides, C., & Gregg, A. P. (2007). Portraits of the self//M. A. Hogg & J. Cooper (Eds.), *Sage Handbook of Social Psychology* (pp. 110-138). London: Sage Publications.

Sedikides, C., Gaertner, L., & Vevea, J. L. (2005). Pancultural self-enhancement reloaded: A meta-analytic reply to Heine (2005). *Journal of Personality and Social Psychology, 89*, 539-551

Sedikides, C., Gaertner, L., Luke, M. A., O'Mara, E. M., & Gebauer, J. E. (2013). A three-tier hierarchy of self-potency: Individual self, relational self, collective self. *Advances in Experimental Social Psychology, 48*, 235-295.

Shepperd, J., Malone, W., & Sweeny, K. (2008). Exploring causes of the self-serving bias. *Social and Personality Psychology Compass, 2*(2), 895-908.

Sherman, D. K., & Kim, H. S. (2005). Is there an "I" in "team"? The role of the self in group-serving judgments. *Journal of Personality and Social Psychology, 88*(1), 108-120.

Sim, J. J., Goyle, A., McKedy, W., Eidelman, S., & Correll, J. (2014). How social identity shapes the working self-concept. *Journal of Experimental Social Psychology, 55*, 271-277.

Thurber, J. (1933). *My Life and Hard Times*. New York: Harper & Row.

Triandis, H. C., Mccusker, C., & Hui, C. H. (1990). Multimethod probes of individualism and collectivism. *Journal of Personality & Social Psychology, 59*(5), 1006-1020.

Turner, J. C., Oakes, P. J., Haslam, S. A., & McGarty, C. (1994). Self and collective: Cognition and social context. *Personality and Social Psychology Bulletin, 20*(5), 454-463.

Van Bavel, J. J., Packer, D. J., & Cunningham, W. A. (2011). Modulation of the fusiform face area following minimal exposure to motivationally relevant faces: Evidence of in-group enhancement (not out-group disregard). *Journal of Cognitive Neuroscience, 23*(11), 3343-3354.

Wagar, B. M., & Cohen, D. (2003). Culture, memory, and the self: An analysis of the personal and collective self in long-term memory. *Journal of Experimental Social Psychology, 39*(5), 468-475.

Wood, J. V., & Forest, A. L. (2011). Seeking pleasure and avoiding pain in interpersonal relationships//M. D. Alicke, & C. Sedikides(Eds.), *Handbook of Self-Enhancement and Self-Protection*(pp. 258-278). New York: Guilford Press.

◎第三部分　加工过程

第七章 自我参照加工

第一节 自我参照效应概述

我们可以在日常生活中发现一个有趣的现象,即当人们在记忆与自己有关的事情时,其效果往往要好过记忆其他材料。有人可能会说,我们只会加工与自己紧密相连的事物,有时候答案的确就是如此。心理学领域存在一种"鸡尾酒效应",也就是说,即使在热闹的酒吧,我们也可以听到有人在谈论我们的名字,这说明我们会对与自己有关的事物反应更快,更为敏感。这只是一种社会现象吗?这种现象的具体表现是什么呢?怎么定义这样的现象呢?

1977年,Rogers等发现,当个体所记忆的材料与自己相关时,他们的记忆效果最好,这种现象被称为自我参照效应,也称自我记忆效应(Rogers et al., 1977)。自我参照效应具体是指当信息与自己有关时,人们会快速地加工和更好地记忆该信息。心理学家普遍认为,潜意识下的自我不仅对人类的情绪情感产生以及需要、动机等个性心理倾向的激发起着重要作用,而且对人类的认知活动有着最直接的影响。此后,越来越多的研究者对自我、记忆等心理活动产生了浓厚的兴趣,并将这两个概念结合起来进行实验研究。大量的研究发现,自我参照效应的确存在于人们的生活之中,有时候它会给人们的生活带来积极的效果,使人们快速地加工与自己有关的事情,帮助人们更好地完成任务。这是一种社会现象,是我们认识别人与了解别人的绝佳方式。

一、自我参照效应的内涵

在开始谈论自我参照效应之前,我们不得不先说一下什么叫"自我"。多年以来,自我的问题是整个哲学和心理学史上最突出的问题之一(Gallagher & Frith, 2003; Gallagher, 2000; Gallese & Metzinger, 2003; Northoff & Bermpohl, 2004)。例如,James区分了物质自我、社会自我与精神自我。Damasio(1999)和Panksepp

(2003)认为,感觉和动机区域的"原型自我"与 James 对身体自我的描述相似。同样,对"最小的自我"(Gallagher & Frith,2003;Gallagher,2000)或"核心或精神自我"(Damasio,1999)的描述可能或多或少与 James 提出的精神自我概念相似。此外,Damasio(1999)的"自传式自我"以及 Gallagher 和 Frith(2003)的"叙事性自我"都与 James 提出的精神自我概念非常相似。目前,已经有很多研究者对自我进行了探讨,也得出了很多结论,总体来说,自我的不同概念是根据刺激的类型以及它们具体反映的内容来进行区域划分的。原型自我指的是身体的区域,自传式自我反映的是记忆区域,而其他自我的概念,如情感自我(Fossati et al.,2003;Vogeley & Fink,2003)、空间自我(Vogeley & Fink,2003)、面孔自我(Turk & Pentland,1991;Keenan et al.,2003)、言语自我(Turk et al.,2003)和社会自我(Frith & Frith,2003)则代表深层次的区域。

然而,目前尚未明确的是,是什么让这些不同的自我概念联合起来成为我们所说的自我。我们认为刺激的加工,如自我参照、自我参照加工是反映对自我概念的不同区域的加工,也被描述为自我相关加工(Kelley et al.,2002;Northoff & Bermpohl,2004;Phan et al.,2004;Turk et al.,2003)。自我参照加工的刺激是与自我经历有密切关系的刺激。典型的例子是我们看到自己或亲密朋友的照片与看到陌生人的照片时的反应是不一样的,看到自己童年时所住房子的图片与看到陌生房子的图片的反应也是不一样的,在不同的感官中,这种比较是可能的。但研究者还没有深入到哲学上的思考,以对我们所说的"经历""密切相关""对于我来说"等词进行简洁的理论描述。"经历"代表一种特别的体验,如爱的感觉、玫瑰的花香,或者一些细微的感受。因此,学者关注的体验是描述"经历"的"特别的方面"(Chalmers,1996)。研究者对自我参照加工的定义是个体体验到特别的方面(感受或体验到自我参照刺激),Kircher 和 David(2003)称之为"自我感受性",Zahavi(2003)将其描述为"前反思"(Kircher & David,2003;Zahavi,2003),还有学者称之为"洞察",他们认为自我参照加工具有预设的认知和反思功能,而不仅仅涉及简单的纯主观方面的功能(Legrand,2003,2005)。

"密切相关"是指个体与特定的人联结内部和外部刺激的相关过程。其主要特点不是区分多样的感官方式,而是针对个人,比如,针对自我联结不同的刺激。这里刺激的统一和分类所依据的不再是感官系统,而是与自我联系的紧密程度［这就是 Kircher 和 David（2003）所说的"ipseity"（自我本质）］（Kircher & David，2003；Zahavi，2003）。各种刺激与自我的归属感联系得越紧密，其与自我的联系就越强。有研究者假设，自我刺激的强度关系不能以绝对值计算，但可以用相对值计算，因为它依赖于个体所处的背景（包括自传式背景、社会背景、空间背景和其他各种因素）。刺激与自我联系的过程不是一个孤立的过程，而是一个嵌入的过程，取决于相应的环境背景（Clark，1999；Northoff & Bermpohl，2004）。

自我通常具有更强烈的情感主观性，并且刺激是更有价值的承载方式。当物体和事件被视为自我的"眼睛"时，刺激不再只是客观的世界，它们通常具有情绪色彩，从而更加密切地关系到一个人的自我意识。自我的另一个特点是物理刺激和心理刺激相联系，物理刺激包括来自人们身体的刺激，如面部、手臂、身体感受性功能等，而围绕自身的心理刺激则包括情节回忆以及更细微的评价，如对一个人的身体形象、信誉等的看法（Gillihan & Farah，2005）。Kelley 等（2002）通过特质词的判断任务对自我参照的心理刺激进行了研究。在研究过程中，被试被要求判断特质的形容词（如"礼貌"）是否正确地描述了被试自己（自我参照）、现任美国总统（其他参照）或特定情境下的人（情境参照）（Kelley et al.，2002）。自我参照加工可能不仅涉及言语刺激，同样也包括那些其他心理刺激或物理刺激，如自传式（即对自身生活的描述和记录相关的内容刺激）、情感、动机和面部的刺激。这样的自我特点使我们知道它所带有的情感色彩更重要，自我参照加工的不同刺激给我们带来的感觉也是不一样的。

然而现有的研究发现，人们对自我的研究有不一样的看法，比如，有些研究者认为自我具有很强烈的情感色彩，具有很大的物质实体。但是另些研究者并不认为自我构成反映了一个巨大的物质实体，很有可能在自我参照加工的背后没有固定的实体，即 James（1892）所说的"意识流"。自我的反应不能被视为一个固定的和孤立的实体，而是应该与前后背景相关，因此是一个嵌入的过程。这个过程表明主观的经验调节了自我经历（Legrand，2005；Zahavi，2003；Zahavi & Parnas，1998）。从 1977 年 Rogrers 等发现自我参照效应以来，心理学界涌现出大量的验证性研究以及对自我参照效应的研究，经过很多学者多年的研究与探讨，现在有关自我参照加工效应的研究方法由最初 Rogers 的经典范式发展为多个新的范式，下面我们就对此进行介绍。

二、自我参照效应的分类

（一）身体自我与心理自我的自我参照加工

经过阅读上文的自我参照效应，我们了解到该效应的产生必须来自与自我相关的研究。我们首先要对自我进行详细的了解，然后再衍生到自我参照效应上。现在有学者把自我概念分为身体自我与心理自我，这属于两部分的内容，比如，我们的四肢属于身体自我，而我们的感知觉、思维和注意则属于心理自我。这样的研究结论可以帮助我们增进对自我的了解，以及增进对自己的整体认识。有人认为，我们的四肢归属感是不经过大脑加工的，而是由我们的自主神经系统来操作的，但是有研究表明，我们的额头及头顶部位以某种方式参加了自我的四肢归属感的加工，我们自己认为的加工跟研究发现是不一样的（Ehrsson et al., 2004; Feinberg, 1997; Meador et al., 2000），这就告诉我们平时的认知可能是不具有科学道理的，要想获得科学的知识，我们要参考正规的研究。这样我们也会了解更多的知识与见识，帮助我们增进对自我参照的认知。比如，有研究将被试自己的面孔与熟人、陌生人的面孔做比较，结果发现，相比于看到他人面孔，被试在看见自己的面孔时反应更快（Platek et al., 2006; Turk et al., 2002）。

还有研究者考察了被试对自己手臂的再认，发现被试看见自己的手臂比看见其他人的手臂时的反应更快，这表明我们的大脑对自我和他人身体部位的加工是不同的，我们对自己的手臂会有更多的反应（Su et al., 2010）。这些研究探索的是身体自我，大多数的研究结果表明，个体对自己的身体部位反应更快，且有更多的反应，个体的身体部位更能刺激其大脑神经。同样，相对于对其他人的加工，在对身体自我的加工中，存在自我参照加工效应。

在上文中，我们已经了解到身体自我存在自我参照效应。此外，有一些研究者从心理自我层面来对自我概念进行研究。例如，有研究者（Fink et al., 1996; Gray et al., 2004; Summerfield et al., 2009）把自传体记忆作为自我参照刺激物，这些研究探索的是心理自我，这样的研究结果表明，在心理自我方面，自我参照加工效应同样存在。对于心理自我，钟毅平等（2010）发现，相对于非自我正面字词和自我负面字词，被试对自我正面字词和非自我负面字词的反应更快，即个体对符合自我正面偏差的字词反应更快，说明自我正面偏差可以促进个体对相关信息的加工。钟毅平等（2010）的研究发现，在内隐层面上，自我与情绪存在交互作用，由此证实了内隐自我正面偏差的存在，符合这一偏见的字词被自动激活和自动加工,且占用了更多的认知资源,这与外显自我正面偏差的表现并不一致。管延华和迟毓凯(2013)比较了自我参照和母亲参照对人格特质记忆的影响。结果发现,中国人的母亲参照与自我密切相关,但在更敏感的探测中,研究者仍能发现两者之间具有相互独立性;与母亲参照相比较,自我参照效应的大小受到不同的记忆材料类型和被试群体的影响,在贬义人格特质的记忆词语(如粗暴的、消极的),以及在与母亲亲密度低的群体中更容易发现自我参照效应。虽然自我概念可以分为不同的类型,但是心理自我被认为是自我的核心层面(Northoff et al., 2006)。以上研究都表明,在心理自我方面,自我参照加工效应同样存在。

(二)个体自我与集体自我、关系自我

尽管很多研究者强调自我就是个体区别于他人的独特方面,但早期的研究就开始把自我看成由多种成分组成的集合。它不仅涉及人们某一个方面的特征,更多的是人们很多方面的一个集合,代表一个个体的方方面面。

Greenwald 和 Breckle(1986)强调自我的个体性、社会性和公共性,并把自我分为个体自我、集体自我和公共自我。个体自我是对个体特征、状态和行为等的知觉(例如,"我是诚实的");集体自我是对集体身份的知觉(例如,"我是儿子",这关注的是家庭成员);公共自我是对一般人怎么评价自己的知觉(例如,"人们认为我是诚实的")。这就把自我分为了不同的层次,并且不同的自我具有不同的要求与责任,我们也要根据不同的规则对此进行不一样的设置,比如,个体自我包括我们所划分的身体自我和心理自我,并体现出不同的自我参照加工效应。Trafimow 等(1991)进一步把自我分为个体自我、关系自我和集体自我。个体自我又称单个的、单独的和自我中心的自我,其把自己看成独立和唯一的,在自我与他人之间有一道明显界限。这个定义强调个体独立于社会环境和他人,只强调自己的价值或利益。集体自我,也就是社会或者社会中心的自我。集体自我源于自己对社会团体身份的确认或者社会分类中的成员归属。这种定义强调了社会归属、团体内规则以及集体身份和集体角色,比如,"我"是社会中的一份子,"我"要爱护公共卫生。关系自我强调重要他人对个体的影响,比如,"我"是父母的孩子,"我"要尊敬他们和保护他们。这个定义强调了人们之间的相互联结、亲密度及相互依赖的关系的重要性。Trafimow 等(1991)在前人的基础上把集体和公共自我划分为集体自我,并且在此基础上提出自己新的观点——关系自我,这是以前研究中所没有的概念。这个关系自我更多地强调自我对他人的影响,那么在这

样的自我上，是否会有自我参照加工效应呢？

在学习这些关于自我的划分时，我们发现了个体自我、关系自我和集体自我的区分具有较为明显的文化差异。研究者对不同国家和地区被试的研究表明，个体自我在澳大利亚和北美洲国家更为突出，那里的人更加强调个人主义，强调人权，强调自由，这是由其国家的文化环境造成的；而集体自我则相反，在日本、韩国更为突出，这些国家的人更多地认为自己的国家是大国，强调自己是集体的一员，强调自己和他人紧密地联系在一起。此外，在几种文化中，女性具有更多的关系自我的特征，而男性具有更多的集体自我的特征（Kashima & Hardie，2000；Kashima et al., 1995）。不仅如此，不同民族文化背景下三种自我的重要性也有所不同，有研究者以中国汉族和藏族个体为被试，考察两者的个体自我、关系自我和集体自我差异，结果发现，汉族被试的个体自我、关系自我的重要性均高于集体自我，而藏族被试则在三种自我认知上没有显著差异（李昊等，2007）。另外一项研究显示，中国汉族与维吾尔族被试在三种自我上也表现了不同的结果，汉族被试的集体自我的重要性低于个体自我和关系自我，而维吾尔族被试的集体自我的重要性则高于个体自我和关系自我（Mamat et al., 2014）。这样的结果也可以很好解释，汉族人的社会活动范围相对非常广阔，在四海之家结识朋友，因此，他们更加强调个人的价值和利益，强调个体自我。而生活在相对偏远的西藏和新疆的人们，他们的活动范围相对有限，因此，他们更加强调集体活动，喜欢群体活动，再加上他们接受的当地文化教育他们要结伴而行，强调集体的利益和价值，所以他们更加强调集体自我。这是由不同的地域文化造成的个体自我和集体自我差异。

三、自我参照效应的影响因素

了解影响自我参照效应的因素，可以帮助我们更好地对待自我参照效应，并且为我们创造出更多有价值的知识。自我参照效应的影响因素具体如下。

（一）参照他人的亲密程度

他人和与自我有亲密关系的对象是影响自我参照的一个重要因素（姜永志，张海钟，2014）。研究发现，在记忆相关的自我参照效应研究中，个体对于自我相关的词语与高亲密性他人的词语表现出相似的记忆效果（Symons & Johnson，1997）。比如，与一些不是很亲密的人的参照信息相比较，对高亲密他人的信息的加工会促进个体更好地记忆，因为个体对于亲密他人（家人、朋友等）的信息和自我相关的信息表现出一样的熟悉和认知加工的精细化。这样的研究发现，与自我有密切关系的人们会产生与自己一样的参照效应。也就是我们所说的心理距离越短，产生的自我参照效应越明显。我们在日常生活中也会发现这样的现象，比如，我们的家人往往会出现与自己相似的自我参照效应，因为他们与自己拥有很近的关系，这往往会增进了我们对家人信息的了解，与他们相处时间越多，这种效果就会越明显。

（二）回忆方式

现有研究表明，人们的回忆方式也会影响自我参照效应的作用（林超，2009）。比如，研究发现，在自由回忆任务中，相比于他人参照条件下的编码，只有在自我参照编码条件下，被试对积极形容词比对消极形容词的回忆效果更好；而在再认回忆任务中，编码条件和情绪形容词之间的交互作用不显著（Argembeau et al., 2005）。这也就表明，积极和消极的自我参照信息之间的记忆差异至少部分受到了回忆方式的影响。

（三）个体差异

在影响自我参照效应的因素中，不仅有来自个体本身的因素，而且更多的因素来自个体之间的差异上。有学者比较了抑郁者和非抑郁者的自我参照效应，结果发现，抑郁者对与抑郁有关的词的回忆量要显著多于对与抑郁无关的词的回忆量，而非抑郁者却有相反的结果（Kuiper & Derry, 1982）。还有研究发现，抑郁个体比正常个体对自己有着更消极的看法，而且这一消极的自我看法会影响他们信息加工的所有方面（Derry & Kuiper, 1981）。也就是说，他们的心境都是消极灰色的，没有积极地看待这个社会。其他研究表明，高自尊个体比低自尊个体更容易受到有关自我的消极信息的影响（林超，2009）。这样的研究结果很好地解释了，在现实生活中，不同类型的个体在面对消极事件时会产生不一样的结论。比如，抑郁症患者觉得整个世界是黑暗的，没有任何生机，不管社会上发生什么事情，他们总觉得会出现与自己有关的坏消息。相比于正常个体，抑郁症患者往往只会加工与自己有关的消极词汇，而对于社会拥有积极看法的大众会加工更多不同的信息，这样就深刻地体现出个体差异方面的自我参照效应。

（四）群体的年龄和性别特征

群体的年龄也会对自我参照效应产生影响。研究发现，随着年龄的增长，个体的自我参照效应的自由回忆率呈上升趋势（周爱保等，2010）。此外，群体的性别也会对自我参照效应产生影响。有很多研究发现，性别对自我参照效应的影响或许应该归入文化背景对自我参照效应的影响中（Josephs et al.，1992）。

（五）文化背景

有研究者发现，不同文化背景中的人们具有不同的自我概念（Markus & Kitayama，1991）。比如，在东方文化背景下，自我概念具有局域依赖性和包容性的特征，其中也包含母亲等比较亲近的重要他人；而在西方文化背景下，社会强调个人的独立、完整和与众不同，因此自我图式的结果就比较稳定和单一。东西方文化背景下的自我差异不仅体现在自我概念的范畴上，也体现在东西方文化对自我概念的评价上。比如，中国人认为"枪打出头鸟"，要求人们凡事要低调与谦虚；而美国人则相信"吱吱叫响的轮子被上油"，他们强调"自我"的外显，存在"重我"倾向。这样的差异会使人们的认知、情绪情感以及动机截然不同（李茂宁，2009）。国内学者以中华文化为背景对自我进行了研究（高立娜，侯静，2009）。杨国枢（2005）以个体的社会取向为主要基础构建了华人自我四元论，认为华人的社会取向包括四种次级取向：关系、权威、家族及他人。这四种次级取向代表了华人在四大社会生活场所中与他人的互动方式。陆洛（2003）用"折衷自我"来表示华人的自我取向，所谓"折衷自我"，即表示个人取向的自我与社会取向的自我可能并存于华人自我中，"折衷自我"是华人在现代化过程中组合传统的关系取向自我与现代的个人取向自我所形成的一套自我。陆洛（2003）和杨国枢（2005）将兼容传统性与现代性心理成分的折衷自我视为一种"双文化自我"。

四、自我参照效应的理论

我们在前文中已经了解了很多关于自我的知识，包括概念、范式和分类等，这些都告诉我们自我参照加工效应的存在，而且它在我们的生活中扮演着非常重要的角色，给我们的生活添加了很多色彩。那么，自我参照效应为什么会存在？它发生的原因和机制是什么？接下来，我们将对自我参照效应发生的原因进行解释与说明。

（一）精细加工说

精细加工说是由学者 Rogers 等（1977）提出的。在最早的时候，精细加工说给我们提供了了解自我参照效应的依据，帮助我们更好地理解自我参照效应。"精细加工"是指对单独一个词进行的项目特异性加工，这个方法不依赖于个体对其他词的加工，而是在这个词与记忆中已经存在的信息或结构之间建立多重联系。比如，我们看到"教师"，就会把它与我们记忆中相关的材料建立联系，进而从多个角度对其进行编码，如"教师正在教室讲课""教师的任务是教书育人"等。一旦激活结构是高度精细化的自我，就能在记忆材料和早已存储在自我结构中的其他信息建立联系。这些联系可以为接下来的回忆提供很多线索，这就简化了单词的提取，从而产生良好的记忆效果。此外，自我参照能提高个体在记忆精细加工任务上的成绩，并能缩小其在自我参照任务上的成绩的差距。根据这个观点，自我参照之所以能够促进记忆，是因为自我是一个高度精细化的结构，当前和自我相关的信息能够与这一结构中的其他信息发生联系并成为这一结构的一部分。在提取目标信息时，整个自我结构中的相关信息可以为其提供多种线索，这就促进了个体对目标信息的回忆。这个机制的提出让我们知道了关于记忆的更多知识，即个体对自我相关信息的加工有助于其对记忆内容的存储。

（二）组织加工说

组织加工说是由 Loftus（1986）提出的，其中组织是指根据一定的语义标准将许多单词"捆绑"在一起，将项目按照类别进行加工，即对语词与语词之间的联系进行加工。这就像我们在学习语义记忆时的网络联结方式，如果将词语和词语之间建立联系，那么个体对一个单词的记忆和回忆很容易会激发对与此相关的信息的记忆和回忆。比如，当谈论到"自己"时，我们头脑中很容易回忆起夸奖自己的语言以及那些对自我的修饰词。这个理论认为，因为人们对单词表上的单词进行了有效的归类组织，使词与词、同属于一个类别的词语与词语之间发生直接联系，如"音乐"和"唱歌"之间既有直接联系，也因为都属于"声音"这一范畴而产生了以"好声音"为中介的间接联系。对一系列单词进行的组织加工在以下两方面强化了我们的记忆：一方面是个体在进行这种编码时形成的词与词之间的相关联系；另一方面是类别或范畴本身为以后的回忆提供了线索。这两方面简化了记忆提取。这个理论也可以帮助我们了解自我参照效应发生的原因，为自我参照效应提供了一种解释。

（三）双过程说

Klein 和 Loftus（1988）通过在实验中同时验证两种假说，也就是把"精细加工"因素和"组织加工"因素同时融合在自我参照编码促进记忆的机制中，从而提出了自我参照编码的"双过程说"。换句话说，当单词之间没有明确联系的时候，组织加工就能促进记忆；相反，当单词之间有明确联系时，精细加工能很好地促进记忆。Klein 和 Loftus 进行了实验，他们把实验任务分为组织编码、精细编码和自我编码，同时又在这三种任务中把单词关联度设置为有和无。结果发现，当单词之间有关联时，自我编码和精细编码的记忆成绩相似，且两者都高于组织编码，这表明自我参照编码存在精细加工的成分；当单词之间无关联时，自我编码和组织编码的记忆成绩没有很大的不同，但都高于精细编码，这更加说明，自我参照编码中存在精细加工的成分。他们的实验结果证明了他们的实验假设，即当单词之间有关联时，组织编码则为自动编码，此时，个体若要提高单词记忆成绩，只能促进精细编码；当单词之间无关联时，精细编码则是自动编码，所以个体若要提高单词记忆成绩，只能促进组织编码。这些研究发现，不管是精细加工还是组织加工的存在，自我参照效应促进记忆效果都是来自精细编码和组织编码的作用。

（四）自我图式假设

自我图式假设来自一种以全新角度对自我参照效应的研究，且不同于前三种研究发现的结果。自我图式是指个体在过去的经验中所概括形成的对个体自身信息的一种表征方式，比如，"我是什么样的人"等。自我参照效应会受到自我图式的影响。只要符合自我图式的信息或与自我密切关联的刺激材料，都可以得到更有效的加工，这就导致了更好的回忆效果。Markus 和 Kitayama（1991）认为，在特定范围内对自己行为的组织、总结和解释，导致了有关自我的认知结构或自我图式的形成，它源于过去的经验，在个体的社会经验中组织并且引导了与自我有关信息的加工。因此，自我图式有助于自我信息的加工，符合自我图式的信息或者是与自我密切关联的刺激，都能够得到更有效的加工，并导致更好的回忆效果。自我图式影响记忆加工，与自我图式高度相关的信息加工成绩要远远好于与自我图式低度相关的信息。由个体加工的信息组成的图式会影响自我信息的输入和输出。信息能否被注意到、信息是否很重要、信息是如何被建构的以及信息怎么被处理等都是由自我图式决定的。这个观点认为，自我图式来自个体过去的经验，与自我联系密切的自我图式信息会得到更多的加工，因而容易被人们更好地记住，由此可以看出自我图式信息影响着自我参照效应。

（五）评价机制说

自我参照效应经典范式中的自我编码任务要求被试对人格特质词是否适合描述自己做出评价性判断，这样就导致自我参照和评价性判断相混淆。为将两者在对记忆的促进作用中分离出来，Ferguson等（1983）通过实验发现，若语义编码任务为评价性判断任务（比如，干练是你想拥有的吗），此时个体的记忆成绩与自我参照编码成绩没有显著差异。由此可以得出，自我参照编码对记忆的促进作用是评价性任务导致的。这也是一个比较新颖的观点，值得我们在以后的学习中多加思考和反思。

（六）自我的提取功能说

自我参照效应机制的上述观点强调了自我在信息编码过程中的作用，而对其在信息提取过程中的作用没有提及。提取是记忆过程中的关键，记忆水平相同并不等于编码加工也是一样的，还需要考虑信息的提取过程。研究表明，提取条件决定了不同编码过程促进记忆的有效性（Bellezza & Hoyt，1992）。但在以往研究中，考虑到信息编码和信息提取过程的交互作用的文章并不常见。Bellezza和Hoyt（1992）认为，自我参照编码比其他编码方式能够使个体更好地提取线索，因此自我参照编码的记忆成绩优于其他编码条件。

五、自我参照效应的研究范式

（一）经典范式

经典范式包括一项特质词评定任务和一项回忆任务，有时候还会在这两项任务之间插入一些干扰任务。研究者要求被试根据四项评定任务（字形、语音、语义、自我参照）之一来评定实验中给定的特质词，之后进行自由回忆。该研究结果表明，被试在自我参照任务中的记忆成绩显著优于其他三项任务的记忆成绩，这就出现了自我参照效应（Rogers et al.，1977）。这说明人们对与自己有密切相关的内容有着非同一般的记忆效果，我们总是喜欢与自己密切相关的事物。有时候，我们就会想这是为什么呢？也许是因为我们在意与我们密切相关的事物。

（二）经典范式的更新

在经典范式的基础上，有很多研究者对此进行了改进。因为随着时代的变化，很多内容是要与时俱进的，研究者结合不同的背景对经典范式进行了修订，不但在更大范围内证实了自我参照效应的存在，也丰富和发展了自我参照加工的经典范式。研究者对经典范式的更新体现在以下几个方面。

首先，在对自我参照进行研究时，除了语音、语义加工任务之外，研究者还将他人参照（other-reference，OR）任务加入自我参照任务的对照任务中。所谓他人参照任务，是指将记忆材料与他人（陌生人、密友、亲属等）相联系的编码方式。对照任务越丰富，有关自我参照效应的研究结果就越有说服力。他人参照任务可以改编，比如，将自我相关性纳入在内，与在他人参照条件相比，如果在自我相关条件下发现了自我参照效应，这就更有力地证明了自我参照效应的存在。

其次，自我参照任务和他人参照任务除了可以通过自由回忆方式实施之外，还可以通过把自我/他人与名词相联系等方式实施。若自我与名词的联系大于他人与名词的联系，则可充分说明自我参照效应的存在。

最后，测试任务除自由回忆之外，还增加了线索回忆和再认等多种形式。以往的研究中所使用的任务大多是自由回忆的方式，但是这样会有很多的弊端，使实验过程中出现很多不可操纵的变量，比如，在让人们进行自由回忆时，人们回忆的内容大多是不一样的，即内容无法操作，还有回忆的时间也是不确定的。针对这些问题，研究者提出了新的方法，比如，在测试任务中添加线索回忆和再认，这样的测试任务对于实验者来说相对比较好操作，实验者就可以控制很多无关变量的影响。

（三）自传体提取研究范式

还有很多研究者提出了其他研究范式。比如，有研究者认为自传体提取（autobiographical retrieval）任务同样能够使记忆材料与自我发生联系，产生如经典范式中的自我参照任务所能带来的记忆效果。自传体提取任务要求被试根据呈现的单词回忆一段个人经历。这一任务同自我描述的判断任务相似，也包括两部分（学习和测试），只是在偶然学习时采用的指导语不一样，这就会引起被试的不同学习方式。实验要求自传体任务组的被试努力寻求与所呈现单词有关的个人经历的回忆。如果被试努力回忆得来的单词与被试联系更加紧密，也大多呈现积极的单词，那么就说明自我参照效应在自传体提取研究范式中也发挥着作用。

六、自我参照效应与群体参照效应的区别

目前，研究者探讨更多的是自我参照效应。而在参照效应中还存在另一种效应，即群体参照效应。自我参照效应和群体参照效应有什么区别？它们之间又有什么联系呢？下文将对两者进行具体介绍。

个体自我和集体自我并不是绝对对立的，而是相对的，自我可以代表群体，群体也包含自我的概念（张鹏英，张海钟，2012）。个体将群体纳入自我概念的认知表征中，使人们对群体参照的信息与对自我参照的信息具有一样的记忆优势（Johnson et al.，2002）。Aron 等（1991）有关自我扩展模型的研究以及相关的自我分类理论都说明对个体重要的他人和内群体中包含自我概念。与自我参照加工的记忆优势优于他人参照加工的情况相似，参照自己认同的群体加工所得来的成绩也会远远地高于参照自己所不认同的群体，这就表明了认同群体参照加工的优势效应（杨红升，黄希庭，2007）。有研究者认为，群体参照效应是一种特殊的自我参照效应，是对自我参照效应的扩展，即将个人身份延伸到了社会身份（张鹏英，张海钟，2012）。

以往的很多研究者一直停留在自我在记忆中扮演着什么样的角色上。最近，一些研究自我的学者开始把集体的自我看成和个体的自我具有一样的原理，这就使自我的研究范围扩大了。对此也可以很好解释，在我们生活的国家，我们接受的是集体文化，强调个体在群体中进行活动，不像西方国家那样强调"个人主义"，我们更多地考虑"群体"，我们在做某件事之前都会想象一下是否会妨碍别人的利益或是国家的利益，所以将主题从个人的"自我"转移到群体的"自我"很有必要，这样也比较符合我们国家的文化与历史。人们对自我进行分类，更多的是从个人或是涵盖更多社会优势的不同水平进行的。有学者发现，个体自我和集体自我存在很明确的界限，它们分别位于不同的位置（Wagar & Cohen，2003）。一些学者将个体自我和集体自我看成不同的实体，二者在关系自我方面进行区分（群体身份）（Brewer & Gardner，1996）。他们发现在自我图式的表现形式上，从认知、动机和情感的不同水平可以区分出很多不一样的自我。

群体身份的概念引发了很多研究者探讨参照群体和参照个体两种条件下的记忆效果是否有明显不同。我国学者杨红升教授的研究发现，相比于美国人的记

忆加工，被试参照中国人的记忆进行加工时，其再认成绩更高（杨红升，朱滢，2004）。人们现在所拥有的社会身份是复杂和多样的，在不同的情境中，人们不同的社会身份就会凸显出来，从而影响他们的认知与行为。比如，在学校里，我们是学生，那么认真听讲和写作的行为就被凸显出来；在家里，我们是乖巧的孩子，那么做家务的一面就会被凸显出来。

社会认同理论认为，个体的自我图式不仅包括个体的个人身份，也包括个体的社会身份。对于我们是谁的社会定义，暗示着我们不是谁的定义。当我们属于某一个大团体中的某一个小团体时，我们就会意识到自己的社会身份；但当我们所属的团体是主流团体时，我们就不太考虑这个问题。比如，当在国外生活时，我们就会意识到自己的独特性。有研究发现，在自然情境中，我们的群体参照效应会受到社会身份凸显性的影响（李红霞，张海钟，2013）。目前，有关群体参照效应方面的研究不是特别多，对此的研究结果也不是特别具有代表性，未来可以对此多加研究，以得出更多有价值的结果，以更好地服务于我们的生活。

第二节 自我参照加工的程度效应

一、自我参照加工的程度效应的相关研究

前人的研究大多通过自我相关的刺激和非自我相关的刺激激活被试行为的差异来考察自我参照效应，并没有考虑到这些刺激与自我的相关程度如何。在现实生活中，刺激与自我的接近程度不同，其对于个体的意义往往也不一样。比如，对高自我相关刺激的加工比对低自我相关刺激的加工有更大的生理和社会意义。这就是为什么同样都是名字，都能比无关自我刺激吸引个体更多的注意力，但个体在听到自己的名字时会比听到朋友的名字时产生更强的警觉性。这样的差异不是我们躯体的自然反应，而是发生在我们的大脑中，人们会根据不同的刺激做出不同的反应，这可能反映了面对不同自我相关程度的刺激时，大脑的活动也存在差异。为了方便描述和理解，我们可以把与自我相关程度不同的刺激物所引起的自我参照加工的差异现象称为自我参照加工的程度效应。

我们的大脑对高低不同的自我相关刺激的加工是如何进行的呢？大脑在时间和空间上的特征是怎样的呢？这些问题是现在学术界有待证明的研究课题。在以往的研究中，有一些关于自我面孔加工的研究与此相关。这些研究告诉我们自

我参照加工的程度效应是无处不在的,它可以帮助我们学习更多的知识,了解更多关于自我的现象。

Keyes 等(2010)比较了被试自己的面孔、朋友的面孔以及陌生人的面孔,发现被试对于自己面孔的加工更为特别一些。Sui 等(2006)的研究和 Caharel 等(2005)的研究也表明,个体对自己面孔的认知加工是一种自动的加工,这是因为我们已经把很多人的面孔记忆在我们的头脑之中,并且这种加工是独立进行的,与任务无关,这就表明了我们对自己面孔的熟悉程度要远远大于其他面孔,由此可以很好地解释为什么我们在很模糊的图画中也能分辨出自己的轮廓。还有一些关于自己名字的研究也与不同自我相关程度的刺激加工有关。Tacikowski 等(2011)在一个关于名字和面孔的重复效应中发现,相比于自己的名字,被试对面孔的学习更容易,这可能是由于面孔携带了更多的语义信息,面孔的五官特征等有助于人们的记忆与识别。Tateuchi 等(2012)也发现,相比于其他名字,被试听到自己的名字时会进行早期注意加工,即发生在我们不用理解意思的时刻。总之,目前的研究者众说纷纭,还需要未来有更多的研究进一步完善相关理论。

基于这些发现和证据,不同的刺激与自我的相关程度是不同的,刺激与核心自我的接近程度不同,我们大脑对其加工的深度也不同。与低自我相关的刺激相比,高自我相关的刺激会得到大脑更快的加工。尤其是对于高低不同的自我相关刺激,大脑对其加工的时空特性可能是不一样的,这是一个值得考察的命题(范伟,钟毅平,2013)。

二、情绪对自我参照效应的程度效应的影响

(一)情绪性信息与自我参照效应

在日常生活中,我们有些情绪通常隐藏在各种信息里,从而影响我们对这些信息的加工。自我参照效应的自我相关信息也会融入情绪性的信息中。比如,在日常生活中,当别人夸奖我们时,我们就会很开心;而当听到某些贬义词与我们相联系时,我们就会对此质疑,甚至会讨厌对方。也就是说,更多时候我们只允许自己与积极的词有联系,这会使我们体验到愉快的情感。有研究发现,当参照自我进行加工时,人们可以回忆出更多的积极信息。我们生活在这个大千世界,总是与别人发生着各种各样的关系,那么我们就会产生不同的情绪。当面对一个不开心的朋友时,我们可能会猜想:他们的不开心是由自己造成的吗?一般我们

都会否认对方不开心是由自己造成的。然而，当遇到一个很开心的朋友时，我们往往会猜想：他们开心是不是因为自己的缘故呢？

（二）情绪状态与自我参照效应

依据现有研究，有关情绪状态和自我参照效应的研究绝大多数利用的是被试平常的情绪状态，也就是说，人们所具有的情绪状态以及对所有事物产生的反应体现了我们情绪的稳定性，而不是一个人因遇到某件急事而产生的激情状态。抑郁和焦虑个体有着和绝大多数人不一样的情绪状态，如低落、无精打采等。Denny 和 Hunt（1992）的研究发现，抑郁个体大多选择消极词，这可能比较符合他们的心境，他们总觉得世界是黑暗的、消沉的；相反，没有抑郁倾向的人们大多选择积极向上的词，因为在他们看来，世界是如此美好，给了他们很多的动机去努力奋斗，他们的人生态度也是积极正向的。但也有研究发现，抑郁个体和非抑郁个体都会在一定程度上表现出消极自我认知偏向（郑雪，2012）。另外我们发现，很多研究是以临床上的抑郁症或焦虑症患者，或是通过其他方法筛选出来的患者为研究对象的。这些个体的情绪状态并不具有普遍性，这样的研究不能代表普通个体的一般情况。

更有意思的是，在有关情绪的研究中也有类似的自我参照加工的程度效应存在。有研究发现，虽然相比于中性刺激，情绪刺激能吸引个体更多的注意力，但是极端情绪刺激总能比中等程度的情绪刺激诱发更多的大脑注意偏向（Yuan et al., 2007, 2008）。何媛媛等（2008）也发现，外倾被试组对极端正性刺激有更大的反应，即性格外向的人更喜欢有极端的刺激，这可以激起他们内心深处的情感。还有研究表明，相比于低负性情绪，高负性情绪对个体的生活影响更大（黄宇霞，罗跃嘉，2004）。高负性情绪会严重影响个体的记忆，阻碍其创造力的发挥，也很容易导致个体做出不明智的决策。这提示我们，在日常生活中，尽量不要让情绪做我们的主人，相反，我们要做情绪的主人。因为在正性情绪下，我们才能有更好的成绩，我们才能走得更远（Watkins et al., 1996；黄宇霞，罗跃嘉，2004；Coon & Mitterer, 2010）。还有研究表明，自我相关刺激和情绪刺激的加工相互影响（张琪等，2020）。

例如，Watson 等（2007）运用自我相关的例子，在被试对情绪性字词进行自我相关判断（像我 VS.不像我）时记录数据，发现两者不是独立加工的，也就是说，人们对情绪和自我相关的反应不是分开的，而是一起进行的，这使我们了解到与自己亲切相关的人或物更能影响我们的情绪。Watson等（2008）比较了正常人和有抑郁倾向的人，发现正常人身上存在自我正面偏差，即认为与自己有关的事物都是具有正向意义的，对自己持肯定与认可态度。相反，有抑郁倾向的人虽然可以准确识别字词的情绪意思，但是却不能把情绪意思与他自己联系起来，他们不能像正常人一样存在自我正面偏差，即认为自己的一切都是最好的。

情绪在我们生活中占据很高的比重，我们要正确对待情绪的作用。那么，怎样对待情绪在自我参照加工中的价值呢？关于情绪对自我参照加工程度效应的影响，研究者应该分为两个部分来考察，比如，探讨正性情绪和负性情绪对自我参照加工的影响，可以揭示不同情绪状态下内隐自我参照加工的程度效应的性质与特征，以期从内隐层面了解自我与情绪的复杂关系。钟毅平等（2014）借助心理学研究中比较热门的ERP技术，不但重复了自我参照加工的程度效应，而且拓展了前人的研究，揭示了正性情绪对自我参照加工程度效应的影响。他们的研究结果表明，正性情绪对自我参照加工程度效应的影响是有限的，二者可能有着独立的加工系统，且互不干扰。无论在正性情绪还是中性情绪的诱导下，高自我相关的刺激都得到了更为深入和精细的加工，自我参照加工的程度效应表现出了稳定的特征。负性情绪对自我参照加工程度效应的干扰主要表现在自我参照加工的早中期认知阶段，而在晚期认知阶段，这种干扰减弱，高自我相关的刺激会得到更为深入和精细的加工，表现出自我参照加工的程度效应（钟毅平等，2014）。

三、不同领域的自我参照加工

（一）言语区域的自我参照加工

一些学者研究了言语任务与自我的关系，发现言语方面可能也存在自我参照加工效应。比如，Kelley等（2002）把特质词的判断任务与自我、他人和客观参照形容词进行了比较。自我是个体心理世界的中心，会对很多心理过程与心理因素产生重要的影响，与此同时，自我也会受到很多心理过程与心理因素的影响。语言就是这些心理因素中的一种。人们通过外部语言来表达自我、展示自我、表现自我，让更多的人了解自己、认识自己；同时，人们也通过内部语言与自我沟通，反省自我，不断提升自我。语言与自我有着千丝万缕的联系。

Trafimow等（1997）研究了不同的语言条件对个体私我和集体公我启动的影响。他们的研究发现，相比于个体主义的语言，集体主义的语言可以提高集体自我的认知可得性。他们认为，个体私我与集体公我储存在不同的认知区域，而不同语言条件的操纵可以使不同区域的不同自我更好地得到提取。这也就表明，言语方面同样存在自我参照效应，且不仅存在自我参照效应，也存在群体参照效应。

语言类别对自我参照效应的影响在王彦莉（2012）的研究中得到了证实。不管是英语材料还是汉语材料，被试都表现出了自我参照效应。根据语言同化效应，在英语材料中，被试将更加认同西方文化，他们倾向于独立型的自我概念，所以英语材料中的自我参照效应要大于汉语材料中的自我存在效应。但是王彦莉（2012）的研究中并没有出现这样的结果，即英语材料的自我编码效果好于汉语材料的自我编码效果，这可能是由材料本身所导致的，而不是因为语言同化效应。该研究发现，英语材料和汉语材料中都出现了自我参照效应，这是因为该研究中被试的英语理解水平比较低，并且不论是英语材料还是汉语材料，被试都是在汉语语境中完成加工和提取任务的，所以无法启动语言同化效应，这是该研究的不足。未来的研究者可以多加考虑可能导致实验结果出现问题的因素并控制它们，以得到更多有价值的结论。

（二）代理和所有权的自我参照加工

在前文中，我们了解到自主感描述了一种动作参与的感觉。例如，是"我"造成了东西的移动，或者"我"产生了意识流（Farrer & Frith，2002；Gallagher & Frith，2003；Gallagher，2000）。所有权并不是自然界直接诞生的词汇，它不是物体的自然属性，而是由人类的意向所决定的。欧美学者站在心理学的角度提出了"心理所有权"的概念。有人认为这是一种意识状态，心理所有权是一种个体感觉事物或是其中一部分属于"他们的"一种状态。其中，心理学理论上的"占有心理学"就是这个概念的支撑。占有心理学表明，人们对所有权和无形的目标都会产生积极的情感。所有权是自我和客体之间形成的一种重要的心理联系。个体对强行分给自己的物品赋予更多的积极情感，并且认为它比那些没有分给自己的同样的物品更有价值。自我所拥有的物体享有一种特殊的加工状态，会在自我和客体之间形成一种很强的联系。这样的联系从幼儿期就开始发展，表明所有权会对认知产生影响，说明所有权可以产生很强的记忆痕迹。

自主感描述了个体正在经历的一种意识，例如，这是"我"的身体在移动，而不是别人的身体（Gallagher，2000）。Jeannerod（2003）所说的所有权"系统"使被试将行动归咎于动作的正确发出者或所有者。如何区分自主感和所有权？自主感描述的是一种"努力的感觉",对应预期或运动前的运动指令机制,即正向工作机制。相反,所有权可能更多指的是"效应感",取决于个体通过与自身相联系的运动或行动后的感官反馈机制(Gallagher & Frith, 2003; Gallagher, 2000)。

有研究发现,所有权效应是一种随意编码下的自我参照效应,物体的所有权关系能够对认知和记忆产生影响,个体对自我所具有的物体比他人所拥有的物体的记忆效果更好。周爱保等(2012)探讨了代词所确定的所有权关系对记忆的影响,结果发现,被试对自己物品的回忆成绩显著高于对他人物品的回忆成绩,表现出所有权效应,说明即使是由代词确定的虚拟所有权关系,也会对记忆产生影响。这样的研究可以很好地解释我们现实生活中的现象,我们总是对属于自己的东西十分敏感,如我们自己的名字,典型的如"鸡尾酒效应"。虚拟所有权关系下的自我参照效应也是一样的,若不同代词所决定的物品的所有权是属于自己的,自己就会对该物品的记忆更加深刻,对属于自己的物品会表现出所有权效应。所以,有些时候,我们总是可以在第一时间对与自己有关的事物进行反应,尤其是属于自己的东西。我们总是在期末考试前去图书馆看书,此时难免会出现"霸占座位"现象,当有人把我们身边其他人的东西拿走时,我们可能并不以为意,而当有人动了我们的东西时,我们很有可能会与其理论一番。我们总是对自己所拥有的东西感到满意,对它们有积极的评价,这也就是我们所说的"护短"现象,实际上,我们并不总是能一视同仁地对待所有事物,为了使我们自身能够更好地发展,我们应虚心学习,努力克服这样的缺点。许琼华等(2012)的研究发现,人们具有寻求自我扩张的动机,主要是通过与他人建立亲密的关系,把关系融入自我概念中,从而获得他人的资源、观念和认同,提高自己达成目标的潜力。以前的研究发现,记忆的自我参照效应表明,如果识记对象与自我有关联,那么个体对该识记对象的记忆成绩将优于与自我无关的对象(Rogers et al., 1977)。他们的研究表明,自我经由所有权的获得而扩张,即表明属于自己的所有权的事物会表现出自我参照效应(Cunningham et al., 2013)。这也证实了自我参照效应通过所有权而有所扩大。

(三)记忆区域的自我参照加工

自我与记忆之间存在千丝万缕的联系,所以,我们很难对自我在记忆中的作用进行简单描述(袁中星,秦金亮,2008)。自我参照效应是自我影响记忆的一种具体表现,也是现在人们研究最多的一种记忆现象。自我参照效应主要是探究自我在信息加工中是否具有独特性。这样的研究具有很深远的实践作用和理论意义。我们可以了解到，在实践层面上，自我参照效应在临床心理学、教育心理学、发展心理学和广告心理学等方面都有不同程度的应用价值。在理论方面，自我参照效应主要研究记忆和自我发展以及其他良好切入点，是自我、文化与记忆研究的重要纽带。有学者发现，对于7—12岁的儿童，他们在自我参照条件下对词汇的记忆效果要远远好于非语义条件下，这样的优势也会随着年龄的增长而不断增大（Pullyblank et al., 1985）。有人认为，自我参照加工本身就包含一定程度的语义加工，所以儿童的记忆自我参照效应可能是由语义编码和非语义编码之间的不同造成的。研究者对这一研究结果一直存在争议，还有待未来有更多的人进行研究，以得到一个准确的答案。

记忆的自我参照效应存在很多理论解释。Rudolph（1993）认为，自我具有特殊的记忆特性，这种独特的认知结构使得人具有超常的或额外的记忆能力。很多研究表明，各种编码任务能有效促进记忆依赖于信息提取的条件，但很少有研究者考虑到编码与提取加工之间的交互作用。Jeannerod（2003）认为，自我至少在一定程度上会对所存储信息的提取产生影响。李文娟等（2005）的研究结果显示，第一，在有意遗忘实验条件下，自我参照的个体和他人参照的个体进行自由回忆时，其正确率的差异不显著；第二，有意遗忘的现象只发生在自我参照个体身上，而并没有发生在他人参照个体身上，这说明有意遗忘的指导语激发的抑制过程对自我参照加工的材料有效，从而出现了有意遗忘现象。

（四）情感和情绪的自我参照加工

有学者以感觉阈限以下的情绪启动方法来研究情绪对自我参照效应的影响。这个范式以阈下知觉水平呈现启动刺激，本以为可以取得与经典范式不一样的结果，但是有的研究并没有获得情绪阈限以下启动效应。迄今为止，研究大多采用的是前向情绪启动形式，即考察先于目标刺激呈现的启动刺激对目标刺激加工的影响。然而，现在有研究者认为，现实生活中情绪刺激的出现是连续不断的，目标刺激呈现后仍会出现情绪刺激，这些刺激可能会对目标刺激的加工产生影响，形成后向情绪启动。这个范式和前向情绪启动范式不一样，后向情绪启动范式先呈现靶刺激，随后才呈现启动刺激。

张怡（2008）的研究发现，在中性情绪状态下，个体出现了记忆的自我参照效应。人们对于自我相关的带有积极情绪效价的褒义词可能进行了更深和更精细的加工，这样的加工刺激了个体对这些积极信息的记忆，所以在提取阶段，个体能最先回忆出这些信息。另外，消极情绪状态下，人们能回忆出更多的消极信息，然而，消极情绪状态只对自我参照加工条件下褒、贬词语回忆量之间的差别产生影响，相比于中性情绪状态，消极情绪状态下个体对自我参照加工的褒义词的回忆量下降，进而导致没有出现记忆的自我参照效应以及褒义词在自我参照加工任务中的记忆优势（张怡，2008）。这样的研究结果也告诉我们，消极情绪对记忆的自我参照加工效应具有重要的影响，并且是一种消极的、反作用的影响。

（五）面孔区域的自我参照加工

辨别他人的一个重要方法就是通过面孔来区分他人。近些年来，自我面孔识别逐渐成为自我研究领域的热点，它反映了人们通过自我与他人的区分而识别出自我面孔的认知过程（Northoff et al.，2006）。区分自我和他人能力的一个重要体现就是自我优势效应，即个体对自我相关信息的加工要好于或快于对自我无关信息的加工。很多研究表明，人们对自我面孔的识别要快于对他人面孔的识别，即出现了自我面孔识别优势效应（Devue & Brédart，2011；Zahavi & Roepstorff，2011）。该效应认为，对自我面孔的快速识别是由人们对自己的面孔过于熟悉引起的。例如，在早期的行为实验中，让被试在分心物中搜索被试自己的面孔和陌生人的面孔（外显自我面孔识别任务），结果发现，无论是在正立还是倒立、正视还是侧视条件下，被试对自己面孔的搜索速度均快于陌生人面孔（Tong & Nakayama，1999）。因此，有研究者就认为自我面孔识别优势效应是由熟悉度所引起的。然而，实际结果却与此相反，因为个体对自己面孔的识别速度要快于熟悉面孔。例如，有研究发现，当被试辨别自己面孔、熟悉工友面孔和不熟悉陌生人的面孔时，被试对自己面孔的识别速度不仅快于陌生人面孔，也快于熟悉工友面孔，这些说明用熟悉度解释自我面孔识别的速度优势存在不足（Keenan et al.，1999）。

还有一个理论——内隐积极联想（implicit positive association，IPA）理论可以来解释这种现象。该理论认为，自我面孔之所以得到快速识别，主要在于个体在识别自我面孔时对其进行了积极联想，更易将好的品质与自我面孔联系起来，从而激活自我概念，最终使得反应加快（Ma & Han，2011）。为了验证内隐积极联想理论，研究者采用破坏自我概念积极属性的方式进行反证。既然自我概念的积极属性被激发是产生自我面孔识别优势效应的原因，如果用某种方法破坏了自我概念的积极属性，那么自我面孔识别优势效应就应该被削弱甚至消失。例如，有研究者采用自我概念威胁（self-concept threat）启动范式探讨了内隐积极联想对内隐自我面孔识别任务（判断面孔朝向）的影响，结果发现，自我概念威胁组的被试对自我面孔和熟悉面孔的反应速度无显著差异，这表明自我面孔识别的速度优势消失了（Ma & Han，2012；关丽丽，2013）。然而，当自我面孔识别任务是外显的（识别面孔身份）时，自我面孔识别的优势效应也会出现，这就无法用内隐积极联想理论来解释了。

最后，参考框架理论（frame of reference theory）认为，自我面孔识别优势效应是否出现，取决于被试采用哪种参考框架（自我参照框架或他人参照框架）来进行面孔加工。自我参照框架就是让被试以自我为标准判断面孔图片的方向，而他人参照框架则是以面孔图片本身为标准判断个体所观察的面孔朝向。该理论认为，当个体以自我参照框架进行自我面孔识别时，自我面孔识别优势效应才会出现，而当采用他人参照框架时则不会出现这种优势。该理论也得到了一些实证研究的支撑，有研究发现，无论在外显自我面孔识别任务还是内隐自我面孔识别任务中，自我面孔识别优势效应均稳定出现（王凌云等，2011）。

（六）社会区域的自我参照加工

社会区域的自我参照效应更多地体现在民族上。现在有很多研究者把研究的视角转向更大的方面，开始开展从个体到群体的自我参照效应研究，结果同样发现了群体参照效应，即个体参照效应的特性转移到了群体中。日常生活中，我们总会觉得本民族的东西就是更佳的和更好的，不允许别人来低估我们的群体特点。我们总会把我们所属的民族作为一个整体，与其他民族进行比较研究。例如，研究者以 20 名居住在汉族地区的少数民族大学生为研究对象，探讨是否具有民族自我参照效应，结果表明，少数民族和汉族具有相同程度的参照效应（王锡爱等，2015）。

大多人拥有的社会身份是复杂且多样化的，而当处于不同的社会群体中时，个体不同的社会身份会被凸显，进而影响其认知与行为。比如，在一个男性团体中出现一个女性，或者在一群黑人中出现一个白人，又或者在一群中国人中出现一个外国人，那么他们都会注意到自己的独特性，并且敏感地意识到自己的种族身份而做出相应反应。在自然情境中，我们可以看到社会身份的凸显对群体效应的影响。我们在学习的过程中也发现，使用一些启动等实验操作时也可以得到同样的效果，这样就可以使这一结果更具有普遍性。李红霞和张海钟（2013）的研究发现，启动了那些社会身份不"凸显"的情境中的被试的社会身份以后得到的结果，与在社会身份"凸显"的自然情境中得到的结果是一样的。这也说明了这种社会身份是与我们的自我图式紧密联系在一起的。

（七）奖赏对自我参照效应的影响

我们在日常生活中离不开奖赏，不管是别人给自己的奖赏，还是自己给予自己的奖赏，都是对自己的肯定。奖赏价值是生命体在环境中构建和塑造行为的关键范畴。对刺激价值的评估是奖赏的核心成分，因此常称为"奖赏评估"（reward value）。个体的"奖赏评估"体系不仅能编码刺激暂时的关联性和对刺激的奖赏评估，还能编码生命体对刺激长期的评估。这种长期评估反映了刺激对生命体的重要性和意义，同时也反映了刺激与自我相关性的联系。而这种联系表明，与奖赏相比，自我相关性可能被作为一种更加稳定且持续的长期评估系统。

为了探讨自我与奖赏之间的关系，Northoff 和 Hayes（2011）提出了三种不同的关系模型：①整合模型，即认为自我相关的加工与奖赏相关的加工是相同的过程，自我特定的刺激实际上是对自我的一种高水平的赋值，自我特异性可以通过刺激的评估形成，并与非自我特异性相区分。②分离模型，即认为自我相关的加工与奖赏相关的加工是独立的过程，自我特定刺激是独立于自我相关的价值评估过程的。价值分配和自我特异性分配可以被认为是暂时分离的不同加工过程。③平行加工模型，即认为自我相关的加工与奖赏相关的加工在某些加工阶段是平行出现的，而在某些加工阶段又可能出现交互作用。这些模型假设都说明，奖赏相关的加工与自我相关的加工具有某些程度上的关联，但是它们之间的具体联系仍然是一个有待深入研究的领域，这对研究者提出了很大的挑战。

（八）生态自我参照效应

我国学者吴建平（2013）认为，生态自我是人对自然的态度，是自我对自然的认同，是自我向自然的延伸，现在的中国在习近平总书记等领导集体的带领下，正在走向"绿水青山"，所以在当下时代，我们进行生态自我的研究是非常有必要的。另外，吴建平（2013）还认为，生态自我是自我与自然的融合，建立起生态自我观念的人会表现出对自然的友好行为，会表现出生态实践活动。那么，从心理学的角度进行定义，生态自我是自我图式中关于个体在与大自然环境的互动中形成的对自然环境的认知、情感、行为，以及这种认知、情感与行为的意识体验的部分，是个体对自然环境的认识的结果，处于自我概念的最外层。

有学者将被试分为生态自我参照组和语义参照组，分别参加生态参照加工任务与语义参照加工任务，结果没有在生态自我参照中发现明显的自我参照效应，对此，研究者给出的理由是：生态自我处于整个自我结构中最外层的地方，对记忆的影响比较小（刘婷婷，马婧瑾，2016）。自我概念包括个体自我、社会自我以及生态自我，三者在自我概念中所处的地位不同，个体自我和社会自我处于自我概念的核心地位，与个体相关概念的联系更加紧密，对记忆的影响也更大。生态自我作为自我概念最外层的概念，是难以得到记忆的更多加工的，所以生态自我参照效应还未表现出来。不过，现在已有的关于生态自我参照效应的研究可以为今后的研究提供很多的思考点，可以帮助研究者得出更多有价值的结论，不仅可以使我们自己受益，而且可以大大造福于社会，这才是我们的最终目的。

参 考 文 献

范伟，钟毅平．（2013）．自我参照加工的程度效应及其研究展望．*湖南科技大学学报（社会科学版）*，16（6），131-135．

高立娜，侯静．（2009）．自我参照效应研究述评．*沙洋师范高等专科学校学报*，10（6），15-17．

关丽丽．（2013）．*威胁性信息影响自我面孔优势效应的认知神经机制探究*．硕士学位论文，西南大学．

管延华，迟毓凯．（2013）．自我参照与母亲参照对人格特质记忆的影响．*心理研究*，6（4），27-33．

何嫒嫒，袁加锦，伍泽莲，李红．（2008）．正性情绪刺激效价强度的变化对外倾个体注意的调制作用．*心理学报*，40（11），1158-1164．

黄宇霞，罗跃嘉．（2004）．情绪的 ERP 相关成分与心境障碍的 ERP 变化．*心理科学进展*，12（1），10-17．

姜永志，张海钟．（2014）．自我参照效应经典范式及其影响因素理论探析．*心理技术与应用*，（3），9-12．

李昊，王程，吴艳红．（2007）．*汉、维、藏族个人自我、集体自我、关系自我重要性的跨文化研究*．第十一届全国心理学学术会议论文摘要集，222．

李红霞，张海钟．（2013）．社会身份突显性：从自我参照效应到群体参照效应的研究述评．*西华大学学报（哲学社会科学版）*，32（2），52-59．

李茂宁．（2009）．自我参照效应的研究综述．*内江科技*，30（5），19，77．

李文娟，吴艳红，贾云鹰．（2005）．自我与有意遗忘现象．*心理学报*，37（4），476-481．

林超．（2009）．记忆的自我参照效应研究综述．*黑河学刊*，（4），38-39．

刘婷婷，马婧瑾．（2016）．生态自我参照效应初探．*心理进展*，6（3），205-208．

陆洛．（2003）．人我关系之界定："折衷自我"的现身．*本土心理学研究*,（20），139-207．

王凌云，张明，隋洁．（2011）．自我参照框架决定了自我面孔优势效应的出现．*心理学报*, *43*（5），494-499．

王锡爱，范伟，李琎，李惠娥，易文婷，陈智勇，钟毅平．（2015）．民族自我参照效应：行为和 ERPs 证据（英文）．*中国临床心理学杂志*,（4），608-614．

王彦莉．（2012）．*语言类别及词性对自我参照效应的影响*．硕士学位论文，郑州大学．

吴建平．（2013）．ˮ生态自我ˮ理论探析．*新疆师范大学学报（哲学社会科学版）*,（3），13-19．

许琼华，高湘萍，徐欣颖．（2012）．你的会是我的吗？自我经由所有权的扩张研究．*武汉市第五届科学年会心理学分会场：中国心理学会普通心理与实验心理分会代表大会暨 2012 年学术年会*，武汉．

杨国枢．（2005）．中国人的社会取向：社会互动的观点．*中国社会心理学评论*,（1），21-54．

杨红升，黄希庭．（2007）．中国人的群体参照记忆效应．*心理学报*, *39*（2），235-241．

杨红升，朱滢．（2004）．老年中国人自我记忆效应的研究．*心理科学*, *27*（1），43-45．

袁中星，秦金亮．（2008）．儿童记忆自我参照效应研究述评．*幼儿教育（教育科学版）*,（1），38-41．

张鹏英，张海钟．（2012）．社会认知视野的自我参照效应相对性哲学辨析．*甘肃高师学报*, *17*（3），139-142．

张琪，邓娜丽，姜秀敏，李卫君．（2020）．自我相关性影响情绪词汇加工的时间进程．*心理学报*,（8），946-957．

张怡．（2008）．*消极情绪启动、神经质对自我参照信息提取的影响*．硕士学位论文，东北师范大学．

郑雪．（2012）．*自我参照效应中情绪的作用*．硕士学位论文，首都师范大学．

钟毅平，陈芸，周路平，周海波．（2010）．自我正面偏见的 ERP 研究．*心理科学*,（3），560-563．

钟毅平，范伟，蔡荣华，谭千保，肖丽辉，占友龙．（2014）．诱导下的自我参照加工：来自 ERPs 的证据．*心理学报*, *46*（3），341-352．

周爱保，刘沛汝，史战，张鹏英，吴慧芬，李琼．（2010）．四岁儿童的自我参照效应研究．*心理发展与教育*,（3），239-244．

周爱保，刘沛汝，张鹏英，史战，吴慧芬，李琼．（2012）．虚拟所有权关系下的自我参照效应．*心理与行为研究*, *10*（2），81-87．

Argembeau, A. D., Comblain, C., & Van der Linden, M. (2005). Affective valence and the self-reference effect: Influence of retrieval conditions. *British Journal of Psychology, 96*(4), 457-466.

Aron, A., Aron, E. N., Tudor, M., & Nelson, G. (1991). Close relationships as including other in the self. *Journal of Personality and Social Psychology, 60*(2), 241-253.

Bellezza, F. S., & Hoyt, S. K. (1992). The self-reference effect and mental cueing. *Social Cognition, 10*(1), 51-78.

Breckler, S. J., & Greenwald, A. G. (1986). Motivational facets of the self//R. M. Sorrentino, & E. T. Higgins(Eds.), *Handbook of Motivation and Cognition: Foundations of Social Behavior*(pp. 145-164). New York: The Guilford Press.

Brewer, M. B., & Gardner, W. (1996). Who is this "We"? Levels of collective identity and self representations. *Journal of Personality and Social Psychology, 71*(1), 83-93.

Caharel, S., Courtay, N., Bernard, C., Lalonde, R., & Rebai, M. (2005). Familiarity and emotional expression influence an early stage of face processing: An electrophysiological study. *Brain and Cognition, 59*(1), 96-100.

Chalmers, D. J. (1996). *The Conscious Mind: In Search of a Fundamental Theory*. Oxford: Oxford University Press.

Clark, A. (1999). An embodied cognitive science? *Trends in Cognitive Sciences, 3*(9), 345-351.

Coon, D., & Mitterer, J. O. (2010). *Introduction to Psychology: Gateways to Mind and Behavior*(12th ed.). Wadsworth: Cengage Learning.

Cunningham, S. J., Vergunst, F., Macrae, C. N., & Turk, D. J. (2013). Exploring early self-referential memory effects through ownership. *British Journal of Developmental Psychology, 31*(3), 289-301.

Damasio, A. (1999). How the brain creates the mind. *Scientific American, 281*(6), 112-117.

Denny, E. B., & Hunt, R. R. (1992). Affective valence and memory in depression: Dissociation of recall and fragment completion. *Journal of Abnormal Psychology, 101*(3), 575-580.

Derry, P. A., & Kuiper, N. A. (1981). Schematic processing and self-reference in clinical depression. *Journal of Abnormal Psychology, 90*(4), 286-297.

Devue, C., & Brédart, S. (2011). The neural correlates of visual self-recognition. *Consciousness and Cognition, 20*(1), 40-51.

Ehrsson, H., Spence, C., & Passingham, R. (2004). That's my hand! Activity in premotor cortex reflects feeling of ownership of a limb. *Science, 305*(5685), 875-877.

Farrer, C., & Frith, C. D. (2002). Experiencing oneself vs another person as being the cause of an action: The neural correlates of the experience of agency. *NeuroImage, 15*(3), 596-603.

Feinberg, T. E. (1997). Some interesting perturbations of the self in neurology. *Seminars in Neurology, 17*(2), 129-135.

Ferguson, T. J., Rule, B. G., & Carlson, D. (1983). Memory for personally relevant information. *Journal of Personality & Social Psychology, 44*, 251-261.

Fink, G., Markowitsch, H., Reinkemeier, M., Bruckbauer, T., Kessler, J., & Heiss, W. (1996). Cerebral representation of one's own past: Neural networks involved in autobiographical memory. *Journal of Neuroscience, 16*(13), 4275-4282.

Fossati, P., Hevenor, S. J., Graham, S. J., Grady, C., Keightley, M. L., Craik, F., & Mayberg, H. (2003). In search of the emotional self: An fMRI study using positive and negative emotional words. *American Journal of Psychiatry, 160*(11), 1938-1945.

Frith, U., & Frith, C. D. (2003). Development and neurophysiology of mentalizing. *Philosophical Transactions of the Royal Society of London. Series B: Biological Sciences, 358*(1431), 459-473.

Gallagher, H. L., & Frith, C. D. (2003). Functional imaging of "theory of mind". *Trends in Cognitive Sciences, 7*(2), 77-83.

Gallagher, S. (2000). Philosophical conceptions of the self: Implications for cognitive science. *Trends in Cognitive Sciences, 4*(1), 14-21.

Gallese, V., & Metzinger, T. (2003). Motor ontology: The representational reality of goals, actions and selves. *Philosophical Psychology, 16*(3), 365-388.

Gillihan, S., & Farah, M. (2005). Is self special? A critical review of evidence from experimental psychology and cognitive neuroscience. *Psychological Bulletin, 131*(1), 76-97.

Gray, H., Ambady, N., Lowenthal, W., & Deldin, P. (2004). P300 as an index of attention to self-relevant stimuli. *Journal of Experimental Social Psychology, 40*(2), 216-224.

James, W. (1892). *Text-Book of Psychology*. New York: Macmillan.

Jeannerod, M. (2003). The mechanism of self-recognition in humans. *Behavioural Brain Research, 142*(1-2), 1-15.

Johnson, C., Gadon, O., Carlson, D., Southwick, S., Faith, M., & Chalfin, J. (2002). Self-reference and group membership: Evidence for a group-reference effect. *European Journal of Social Psychology, 32*(2), 261-274.

Josephs, R. A., Markus, H. R., & Tafarodi, R. W. (1992). Gender and self-esteem. *Journal of Personality and Social Psychology, 63*(3), 391-402.

Kashima, E. S., & Hardie, E. A. (2000). The development and validation of the relational, individual, and collective self-aspects(RIC) scale. *Asian Journal of Social Psychology, 3*(1), 19-48.

Kashima, Y., Yamaguchi, S., Kim, U., Choi, S. C., Gelfand, M. J., & Yuki, M. (1995). Culture, gender, and self: A perspective from individualism-collectivism research. *Journal of Personality and Social Psychology, 69*(5), 925-937.

Keenan, J. P., Wheeler, M., Platek, S. M., Lardi, G., & Lassonde, M. (2003). Self-face processing in a callosotomy patient. *European Journal of Neuroscience, 18*(8), 2391-2395.

Keenan, K., Loeber, R., & Green, S. (1999). Conduct disorder in girls: A review of the literature. *Clinical Child and Family Psychology Review, 2*(1), 3-19.

Kelley, W., Macrae, C., Wyland, C., Caglar, S., Inati, S., & Heatherton, T. (2002). Finding the self? An event-related fMRI study. *Journal of Cognitive Neuroscience, 14*(5), 785-794.

Keyes, H., Brady, N., Reilly, R. B., & Foxe, J. J. (2010). My face or yours? Event-related potential correlates of self-face processing. *Brain and Cognition, 72*(2), 244-254.

Kircher, T., & David, A. (2003). *The Self in Neuroscience and Psychiatry*. Cambridge: Cambridge University Press.

Klein, S. B., & Loftus, J. (1988). The nature of self-referent encoding: The contributions of elaborative and organizational processes. *Journal of Personality and Social Psychology, 55*(1), 5-11.

Kuiper, N. A., & Derry, P. A. (1982). Depressed and nondepressed content self-reference in mild depressives. *Journal of Personality, 50*(1), 67-80.

Legrand, D. (2003). How not to find the neural signature of self-consciousness. *Consciousness and Cognition, 12*(4), 544-546.

Legrand, D. (2005). Transparently oneself. *Psyche, 11*(5), 1-19.

Loftus, E. F. (1986). Ten years in the life of an expert witness. *Law and Human Behavior, 10*(3), 241-263.

Ma, Y., & Han, S. (2011). Neural representation of self-concept in sighted and congenitally blind adults. *Brain, 134*(1), 235-246.

Ma, Y., & Han, S. (2012). Is the self always better than a friend? Self-face recognition in Christians and Atheists. *PLoS One, 7*(5), e37824.

Mamat, Z., Yimit, H., Ji, R. Z., & Eziz, M. (2014). Source identification and hazardous risk delineation of heavy metal contamination in Yanqi basin, northwest China. *Science of the Total Environment, 493*, 1098-1111.

Markus, H. R., & Kitayama, S. (1991). Culture and the self: Implications for cognition, emotion, and motivation. *Psychological Review, 98*(2), 224-253.

Meador, K. J., Loring, D. W., Feinberg, T. E., Lee, G. P., & Nichols, M. E. (2000). Anosognosia and asomatognosia during intracarotid amobarbital inactivation. *Neurology, 55*(6), 816-820.

Northoff, G., & Bermpohl, F. (2004). Cortical midline structures and the self. *Trends in Cognitive Sciences, 8*(3), 102-107.

Northoff, G., & Hayes, D. J. (2011). Is our self nothing but reward? *Biological Psychiatry, 69*(11), 1019-1025.

Northoff, G., Heinzel, A., De Greck, M., Bermpohl, F., Dobrowolny, H., & Panksepp, J. (2006). Self-referential processing in our brain—A meta-analysis of imaging studies on the self. *NeuroImage, 31*(1), 440-457.

Panksepp, J. (2003). Feeling the pain of social loss. *Science, 302*(5643), 237-239.

Phan, K. L., Taylor, S. F., Welsh, R. C., Ho, S. H., Britton, J. C., & Liberzon, I. (2004). Neural correlates of individual ratings of emotional salience: A trial-related fMRI study. *NeuroImage, 21*(2), 768-780.

Platek, S. M., Loughead, J. W., Gur, R. C., Busch, S., Ruparel, K., Phend, N., ... Langleben, D. D. (2006). Neural substrates for functionally discriminating self-face from personally familiar faces. *Human Brain Mapping, 27*(2), 91-98.

Pullyblank, J., Bisanz, J., Scott, C., & Champion, M. A. (1985). Developmental invariance in the effects of functional self-knowledge on memory. *Child Development, 56*(6), 1447-1454.

Rogers, T. B., Kuiper, N. A., & Kirker, W. S. (1977). Self-reference and the encoding of personal information. *Journal of Personality and Social Psychology, 35*(9), 677-688.

Rudolph, U. (1993). The self-reference effect: Methodological issues and implications from a schema-theoretical perspective. *European Journal of Social Psychology, 23*(4), 331-354.

Su, Y., Chen, A., Yin, H., Qiu, J., Lv, J., Wei, D., ... & Wang, T. (2010). Spatiotemporal cortical activation underlying self-referencial processing evoked by self-hand. *Biological psychology, 85*(2), 219-225.

Sui, J., Zhu, Y., & Han, S. (2006). Self-face recognition in attended and unattended conditions: An event-related brain potential study. *NeuroReport, 17*(4), 423-427.

Summerfield, J., Hassabis, D., & Maguire, E. (2009). Cortical midline involvement in autobiographical memory. *NeuroImage, 44*(3), 1188-1200.

Symons, C. S., & Johnson, B. T. (1997). The self-reference effect in memory: a meta-analysis. *Psychological Bulletin, 121*(3), 371-394.

Tacikowski, P., Jednoróg, K., Marchewka, A., & Nowicka, A. (2011). How multiple repetitions influence the processing of self-, famous and unknown names and faces: An ERP study. *International Journal of Psychophysiology, 79*(2), 219-230.

Tajfel, R., & Turner, J. C. (1986). The social identity theory of intergroup behavior. *Political Psychology, 13*(3), 7-24.

Tateuchi, T., Itoh, K., & Nakada, T. (2012). Neural mechanisms underlying the orienting response to subject's own name: An event-related potential study. *Psychophysiology, 49*(6), 786-791.

Tong, F., & Nakayama, K. (1999). Robust representations faces: Evidence from visual search. *Journal of Experimental Psychology*: *Human Perception and Performance, 25*(4), 1016-1035.

Trafimow, D., Triandis, H. C., & Goto, S. G. (1991). Some tests of the distinction between the private self and the collective self. *Journal of Personality and Social Psychology, 60*(5), 649-655.

Trafimow, D., Silverman, E. S., Fan, M. T., & Law, J. S. F. (1997). The effects of language and priming on the relative accessibility of the private self and the collective self. *Journal of Cross-Cultural Psychology, 28*(28), 107-123.

Turk, D. C., Dworkin, R. H., Allen, R. R., Bellamy, N., Brandenburg, N., Carr, D. B., & Galer, B. S. (2003). Core outcome domains for chronic pain clinical trials: IMMPACT recommendations. *Pain, 106*(3), 337-345.

Turk, D. J., Heatherton, T. F., Kelley, W. M., Funnell, M. G., Gazzaniga, M. S., & Macrae, C. N. (2002). Mike or me? Self-recognition in a split-brain patient. *Nature Neuroscience, 5*(9), 841-842.

Turk, M. A., & Pentland, A. P. (1991). Face recognition using eigenfaces. *Proceedings of IEEE Computer Society Conference on Computer Vision and Pattern Recognition*, Hawaii.

Vogeley, K., & Fink, G. R. (2003). Neural correlates of the first-person-perspective. *Trends in Cognitive Sciences, 7*(1), 38-42.

Wagar, B. M., & Cohen, D. (2003). Culture, memory, and the self: An analysis of the personal and collective self in long-term memory. *Journal of Experimental Social Psychology, 39*(5), 468-475.

Watkins, P. C., Vache, K., Verney, S. P., & Mathews, A. (1996). Unconscious mood-congruent memory bias in depression. *Journal of Abnormal Psychology, 105*(1), 34-41.

Watson, L. A., Dritschel, B., Jentzsch, I., & Obonsawin, M. (2008). Changes in the relationship between self-reference and emotional valence as a function of dysphoria. *British Journal of Psychology, 99*(1), 143-152.

Watson, L. A., Dritschel, B., Obonsawin, M. C., & Jentzsch, I. (2007). Seeing yourself in a positive light: Brain correlates of the self-positivity bias. *Brain Research, 1152*, 106-110.

Yuan, J., Yang, J., Meng, X., Yu, F., & Li, H. (2008). The valence strength of negative stimuli modulates visual novelty processing: Electrophysiological evidence from an event-related potential study. *Neuroscience, 157*(3), 524-531.

Yuan, J., Zhang, Q., Chen, A., Li, H., Wang, Q., Zhuang, Z., & Jia, S. (2007). Are we sensitive to valence differences in emotionally negative stimuli? Electrophysiological evidence from an ERP study. *Neuropsychologia, 45*(12), 2764-2771.

Zahavi, D. (2003). *Husserl's Phenomenology*. Stanford: Stanford University Press.

Zahavi, D., & Parnas, J. (1998). Phenomenal consciousness and self-awareness: A phenomenological critique of representational theory. *Journal of Consciousness Studies, 5*(5-6), 687-705.

Zahavi, D., & Roepstorff, A. (2011). Faces and ascription: Mapping measures of the self. *Consciousness and Cognition, 20*(1), 141-148.

第八章 自我正面偏差

第一节 自我正面偏差概述

心理学家 Barry 曾说：无论年纪、性别、宗教信仰、经济发展或种族是多么的不同，有一样东西是我们所有人都具备的，那就是每个人的内心深处都坚信，自己要比别人强（Barry，1998）。Barry 的这段话表达了社会心理学研究中发现的一个普遍现象，即在大多数带有主观色彩的和令人向往的特质上，人们总是相信自己要比一般人强，即人们往往认为自己是杰出的、真诚的、有能力的，而很少有人认为自己是糟糕的、伪善的、无能的。大多数人会用更加积极的词汇来形容自己，认为自己有许多好的品质，拥有较少的缺点。社会心理学家把这种现象称为自我正面偏差（self-positivity bias）效应。该效应被发现后，一大波对其感兴趣的研究者涌现出来，自我正面偏差也逐渐受到人们的普遍重视。

一、自我正面偏差的含义

自我正面偏差这个概念来自"自我"这个大山，这个概念比较独特，但它又与人们的发展息息相关。它关系到人们的情绪、态度、行为处事等方方面面。当我们处于事情之中时，我们总是不能客观地评价事实，即"不识庐山真面目，只缘身在此山中"。我们总是很难对自己有准确、客观的认识，人们常常认为自己的知觉过程和知觉结论是具有极大客观性的，但是却无法对自己得出准确的评价。

自我正面偏差明确指出，人们往往将积极情绪与自我密切联系在一起，把积极的结果或好的特质归因于自己，并认为其是自己内部最稳定的人格特征，而认为消极的结果或不好的特质与自己的人格特征是没有关系的。在学术界，研究者一般认为自我正面偏差是指人们认为自己内部稳定的人格特征只包括积极的结果或好的特质，将其归因于自我内隐的稳定人格特征，而把消极的结果或不好的特质从自己的人格特征中剔除出去。

由于研究目的和角度不同，心理学研究者对自我正面偏差效应的表述存在差异。Mezulis等（2004）、Pahl和Eiser（2005）从自我与情绪相互作用的角度出发，指出人们在观察和称赞自己的时候，常常戴着玫瑰透镜（rose-tinted lenses）。人们总是认为自己比他人拥有更多积极的个性特征，并会表现出更多的正性行为；相反，人们还会认为自己比他人有着较少的消极的个性特征，并且展现出更少的负性行为。另有研究发现，在社会赞许性和大多数主观维度上，大多数人觉得自己要远超于平均值，认为自己是非常有教养的，并且拥有良好的为人处世的能力（Pahl & Eiser，2005）。另外，跟总体水平相比，绝大多数的人们认为自己比其他人更加友善、聪明、英俊、健康、道德、敏锐，能更好地完成自己的工作，并且在自我称赞时更加具有客观性。

这样的研究一经发现，立刻引发了很多学者的进一步探索，他们试图寻找其中的原因，探索内部的缘由。有研究者从归因的角度出发，明确提出归因理论（attribution theory），该理论指出人们常常寻求关于自身和所处环境的积极形象，这种积极形象会受到非主观情境的冲击、群体本质愿望、动机、倾向等的影响，人们通过采取一系列策略，以使其积极形象得以维持。还有学者认为，个体维持积极形象的原因之一就是自我服务偏向（self-serving bias）或称利己归因偏差（self-serving attributional bias），人们有时候把自己的成功归因于自己的才能与奋斗等内部因素，却把自己的失败归因于运气、任务难度、环境等外部因素，也就是说，人们将成功等好的一面与自我相关联，但是却避开失败，这样就可以维持良好的自我形象。例如，成绩公布后，那些得了很高分数的学生将考试的高分数看作对自己能力的有效检验，而没有考出好成绩的学生则更倾向于把失败归因于外部因素，如认为测试太难或运气太差，更多的是指责测试本身。人类认知的积极偏向是自我服务偏向，这是归因理论的重要构建。所以，在日常生活中，我们总觉得自己是最优秀和最出彩的，总是把做出好成绩的原因归于自己，认为自己是最棒的。从这一方面来说，我们以一种偏差的方式进行归因和思考，正体现出了自我正面偏差效应。

从自我知觉角度出发，自我知觉准确性也是哲学家以及社会心理学家长久以来研究的主题。关于自我知觉，当代心理学出现了两种主流观点：一种观点认为，自我知觉建立在社会共享的现实之上，与感知社会他人是同时发生的，并且认为个体对于自我的行为和经验的表述更加精确；另一种观点则认为，自我知觉实际上是一种扭曲的心理过程，因为个体总是认为自己比其他人更加正面。随着研究的不断推进,对自我知觉的讨论从未停止,并且有研究者质疑自我知觉的准确度,认为相关研究没有统一的科学标准来衡量自我知觉的准确度。因此研究者对于这一问题还没有形成统一的定论。

二、自我正面偏差的东西方文化之争

鉴于对自我正面偏差的各种研究逐渐增多,研究者开始从不同文化背景下对自我正面偏差进行研究,但却并未得到一个统一的结论。欧美主流心理学的一个根本思维就是人们享有自我认同的想法,需要维持一个正向的自我评价,以保持积极的自尊,建立一种整体的、积极的自我形象,以便很好地持续发展自我和适应十分复杂的社会,这一观点得到了大量相关学说和现代科学研究的支持(James,1892;Greenwald,1980;Tesser & Cornell,1991;Tesser & Smith,1980;杨国枢,陆洛,2009)。这是获得广泛认同的西方社会心理学对于自我研究的发现之一,指出西方文化下的群体具备极强的想要保持更进一步的自我称赞的需要。而一些跨文化研究发现,在东方集体主义文化下,一些群体(主要是日本人)并不特别具备或期望保持自我的高度评价,而是具有比较明显的自贬(self-effacement)或自谦(self-modesty)倾向。因此,有一部分研究者推断,自我增进和自我认同只是欧美个体主义文化下的独特情况,东方集体主义文化下更流行自我敬佩和自我批判,这属于典型的文化相对论(cultural relativism)的观点。相对而言,文化普遍论(cultural universalism)则指出,集体主义文化下的个体并不缺少自我促进或自我认同,只是由于不同文化的制约,东方个体的表达水平或方式与欧美个体存在差别(Sedikides et al.,2003,2005;Sedikides & Gregg,2008)。部分支持文化普遍论的相关研究发现,东方集体主义文化下的中国人有着显著的积极自我知觉偏差(Cai et al.,2009)。东方人和西方人都表现出显著的自我增强(self-enhancement)倾向,但所采用的策略不同,东方人的自我促进和表达更讲究策略,倾向于采用间接性的、倾向于内隐的方式,且更多地在集体性特质上进行自我增强;而欧美人更多地在个人特质上进行自我增强,即更加关注个人的自我增强(Sedikides et al.,2003)。

文化普遍论认为,尽管东西方人存在自我差异,但是在对维护自我的积极性方面却是十分相似的(Hetts et al.,1999;Sedikides et al.,2003)。文化相对论与文化普遍论的争论焦点在于集体主义文化下的个体是否具有维持积极自我的倾向(Brown,2004;Brown & Kobayashi,2002;Cai et al.,2011;Brown et al.,2009)。

集体主义文化下，自我正面偏差的表达方式可能更加内隐与间接。通过在中西方文化差异背景下对自我偏向本质的比较，有学者发现，中国人的自我增强动机确实具有含蓄性和隐蔽性（佐斌，张阳阳，2006），这是跟我们的社会大环境有关的。五千多年的历史文化告诉我们"谦虚使人进步""枪打出头鸟""锋芒不外漏"等，这指导着我们不断前进。久而久之，我们的民族特点就变得"含蓄""内敛"等，这是符合我们的社会文化的。

第二节　自我正面偏差的认知加工说

自我正面偏差效应是自我研究工作中不可忽视的重要环节。前人的研究发现，人们常常把正面的结果或人格特质归因于自我核心稳定的人格特性，而认为负面的结果或人格特质与自己的人格特征没有关系（Mezulis et al.，2004；Pahl & Eiser，2005）。社会心理学把这一现象称为自我正面偏差，由此，我们可以获知自我正面偏差最少包括两个层面的信息加工，即自我参照信息加工和情绪效价信息加工。个人信息的加工不可能完全脱离情绪效价（积极情绪和消极情绪）信息而独立开展，情绪性信息常常会被带入自我相关信息中，因此，自我和情绪加工之间的关系始终是心理学研究工作中最重要的课题。具有自我正面偏差的人们总是把积极的情绪与自己联系起来，而认为负面的结果或情绪与自己的人格特征不相关或很少相关。

一、自我知觉正面偏差

自我正面偏差的其中一个成分就是自我知觉正面偏差（self-perception positive bias）。自我知觉正面偏差是指个体对自我的正面觉知。大多数个体拥有正面自我概念，在自我知觉与自我评价过程中存在正向偏差，很多人对自己的感受比真实自我要好。针对100万高中生的调查结果显示，有85%的学生评价自己的社交能力处于中上水平，70%的学生认为自己的领导能力处于中上水平，60%的学生认为自己的运动能力处于中上水平，这是典型的自我积极评价的体现，也被认为是一种优于平均水平效应（better-than-average effect）。其假定大多数个体认为自己比别人更好，这种偏向是十分广泛的，贯穿人的整个生命历程。

自我知觉正面偏差具有年龄特点。自我从幼儿开始萌芽，在孩童早期发展十分迅速，5—6岁儿童对自我的评价最高，9—10岁儿童对自我的评价最低，而相比于他人对自我的高度评价，其自我称赞水平还是相当高的。在整个青春前期，人们的自我评价水平有所下降，直到15岁左右这种现象出现逆转（Butler, 1998）。但有意思的是，在成年早期，个体的自我评价都处于上升阶段，大致上还是比对他人的评价更加积极。研究发现，在成年期，人们对自我的评价慢慢达到稳定，在整个时期都具有积极的自我态度。到成年晚期，虽然年龄增长会带来一些改变，但是人们对自己的主观感觉也不会有所下降，仍然保持着积极的自我观念（Butler, 1998）。

基于自我正面偏差，个体对自己的很多方面都有正面评价，整体上，人们在客观性维度（如守时）、主观性维度（如主观幸福感）以及社会性维度中注重的品质（如真诚友好）的方面均表现出好于平均效应的现象。另外，相对于智力水平，人们对自己的道德水平的称赞会更高，但有意思的是，个体认为自己比他人更加不容易受到偏向的影响，相比于其他人，个体认为自己更不容易产生自我正面偏差。自我知觉正面偏差在高自尊个体身上表现得尤为明显，相较于低自尊个体，高自尊个体对自己的评价更加积极，而且这种观点会比较稳定，也就是说，不管是在积极心境还是消极心境下，这些人都能保持对自己的正面评价。

二、自我服务的归因偏差

人们在加工与自己相关的信息时，在解释消极事件和积极事件上，会带有一种潜在的偏向，人们常常比较容易为自己的失败或错误找借口，而更喜欢接受成功带来的快乐。在现实生活中，我们会发现在婚姻失败的时候，人们会将婚姻中的错误归咎于另一方，他们不会承认自己的错误；也有诺贝尔奖获得者认为自己在研究中做出了更大的贡献，他们不想将这个奖项平均，往往会否定合作者的贡献。自我服务偏差是指人们用一种只对自己有利的方式对自己或他人的行为进行有偏差的判断或解释。在自我服务偏差的作用中，人们总是把能体现自己很有价值的一面展示出来，把成功的原因归因于自己，有研究者将这种有偏的归因模式称作自我服务的归因偏差（self-serving attribution bias）。

社会心理学研究发现，人们在面对积极结果和消极结果，并对此进行解释时，往往会存在不平衡归因的倾向，这种倾向有时候可以帮助个体保持积极、正面的自我态度，并且会影响个体的注意、记忆等心理过程。人们在面对外界传输给他们的信息时，往往会按照这种不平衡的方式处理相关信息，他们会毫不犹豫地认可那些与自己相关的积极反馈信息,却非常严格检查那些与自己相关的消极反馈信息。另外,研究者在记忆方面也发现,与那些和自己有关的消极信息相比,人们更容易记下与自己有关的积极信息。这些研究都指出,人们深信自己只有积极的特质,没有消极的特质,并在此基础上回忆过去、反省自我以及展望未来。

三、内群体偏好

社会认同理论认为,当群体中的一些人们对他自己所在的群体持有非常强烈的认同感时,他们往往会对自己所在的群体产生非常高的评价,并表现出对群体更强的偏好,从而表现出一种利群偏差(group-serving bias)或群际偏好(intergroup bias)。与其他群体相比,个体对自己所在群体的评价更加积极且更喜爱自己所在群体,这被称为内群体偏好(in-group bias)。人们往往非常善良地理解自己群体成员的行为,比如,群体内有人进行捐赠,捐赠者会被认为具有好心肠,这是一种慷慨的表现;但是,人们却会不怀好意地对其他群体中人们的行为进行解释,比如,同样是捐赠,个体会认为群体外成员做出的捐赠行为是为了沽名钓誉,但若是该成员不捐赠,则会被认为是自私自利的一种表现。

有研究发现,这种利群偏差在影响人们的言语风格方面具有特殊的意义,往往会形成语言性群体间偏差(linguistic intergroup bias)。Maass等(1999)的研究发现,人们往往将内群体成员的积极行为(如帮人开了一下门)看成一种普遍的品质(如乐于助人),也就是认为大多数内群体成员具有这种品质;但即使外群体成员做出同样的行为,他们也会将其描述为一件孤立的、偶然的事件。有意思的是,人们对消极事件的描述正好相反,他们会将内群体成员的肢体冲突看成一种非故意的推搡或摩擦,而把外群体成员同样的行为看作逞强好斗的表现。Crocker等(1993)的研究发现,高自尊个体对内群体成员的评价是比较积极和正向的,这就会表现出一种内群体偏好,然而,低自尊个体则没有表现出这种偏好,他们对内群体成员具有消极的评价。Gramzow和Gaertnen(2005)的研究发现,相比于低自尊个体,高自尊个体表现出更强的内群体偏好,他们把这种现象解释为个体的自我积极概念产生的积极预期或个体的自我积极评价的自动延伸和扩展。这样的内群体偏好也会表现出自我正面偏差,即个体只认为自己所属的群体是最好的,不允许别人对其进行"贬损"。

第三节 自我正面偏差的性质

自我正面偏差确实有着积极光明的一面，可以让人们保持良好的自我形象，有利于个体更好地发展自我和适应社会，但是不能否认光环背后也同样潜藏着阴影。人们从别人对自己的评价中可以获取那些增强自我概念的信息，但来自他人的评价并不是遵循客观原则，通常是赞扬多于批评。所以，这可能导致个体对自我形象的认知变得膨胀或是夸大，这种自我膨胀（self-expansion）现象在个体主义文化中非常普遍。例如，北美人之间的相互称赞和恭维非常普遍，他们为自己的个人成就感到骄傲，并伴随着积极的情绪体验。自我膨胀使得大多数人是不太明智的，他们认为自己在主观评价和社会赞许性等方面比平均水平要高出很多，并对未来生活事件盲目乐观，比如，人们总是相信自己比同龄人能找到更好的工作，能领到更高的薪水，而失业、遭抢劫、患重病等消极事件发生在自己身上的概率要比其他人低得多。研究者注意到，这种虚幻的乐观主义会提升世人的脆弱感和敏感性，因为他们往往相信自己能够逃避灾难，因而未能采取有效的预防措施。有关承担责任的自我正面偏差也会导致很多问题，如婚姻破裂时将责任归咎于对方，业绩不理想时责备员工缺乏能力或不够努力，考试失败时批判考试本身等。虽然自我正面偏差可以帮助人们避免困难出现时伴随的沮丧和抑郁情绪，但同样会产生一些适应不良的问题，如当由于自身原因出现社交困难时，个体若是责备别人，这往往会使自己不开心，因为他们认为这是属于自己的问题。过度自信（over confidence）倾向使得部分学生在考试前不会进行充分的复习和准备，所以在考试中，他们获得好成绩的可能性就不是太高，这些对自己的学习能力具有较高看法的人在取得不太理想的成绩时，往往在体会自尊心和幸福感的时候有更大的痛苦。而那些能力相当但不那么自信的同学，因为担心考试失败而加倍努力学习，最终更可能获得更好的成绩。那些过度自信的乐观主义者在赌博时比悲观者坚持得更久，哪怕他们实际上一直在不停地输钱。对自己商业直觉深信不疑的商人，更有可能高估自己盈利的可能性，在竞争失败时会体验到更严重的失落感。集体主义文化中的人们虽然以谦逊为美德，但同样也表现出了自我正面偏差，均存在一定的自我美化心理。大多数人认为自己所属的群体比其他群体更加优秀且更加杰出，如大部分企业管理者会高估自己企业的产值和生产力，大多数成年人认为自己的伴侣比其他人要好得多，大部分家长对自己孩子所在学校的评价比对其他学校的评价要高。群体内成员的自我正面偏差对于该群体的发展存在一些不利影响，心理学家发现，当群体获得成功时，大多数成员认为自己比别人的贡献要大，几乎没有人认为自己没有贡献。在这种情况下，如果个体认定自己的贡献非同一般，但回报太低或没有得到赞赏，此时其就可能产生嫉妒心理，进而与其他成员不和，甚至会毁掉一个群体。正是因为自我正面偏差有着适应不良的一面，个体更加需要对自我有更加全面的认识，以减弱自我膨胀和过度自信倾向，从而帮助自己做出明智的决策。

一、稳定性

直至目前，人们仍在讨论自我是否具有稳定性。有研究发现，内隐自我具有稳定性特性，这种稳定性是在长期经验的积累下逐渐改变的。自我稳定性具有年龄特点，具体如下：人们从婴幼儿时期就开始形成和发展对自我的评价，儿童早期阶段对自己的评价达到最高，到青春前期，自我评价表现出降低的趋势，而从15岁到成年早期阶段，人们的自我评价会一直呈上升趋势。研究发现，自我评价在成年期趋于稳定，然后个体一直都保持着对自己的积极和正面评价（Butler, 1998）。这样的研究结果表明，内隐自我正面偏差是稳定的。但是有研究却发现了不同的结论，比如，张镇（2003）的研究发现，初中生、高中生和大学生三者的内隐自我不存在年级差异，这样的研究结果说明，内隐自我在青年期没有随年龄的增长而产生非常大的变化，也表明了自我具有稳定性。心理学的研究表明，自我正面偏差是一种自动化的和潜意识的内隐自我。人们只有积累了新经验，内隐自我才会逐渐发生改变。另外，自我的稳定性还具有区域上的特点，比如，Hetts等（1999）的研究发现，相对于后来搬来的美国亚洲移民，在美国出生和长大的亚裔美国人的内隐自尊水平更高，该研究还发现，亚洲移民的内隐自尊水平随其定居美国时间的增长而提高，且内隐自尊的改变非常缓慢。这样的研究结果表明，内隐自我是长期稳定的个人特质。正如我们的自我正面偏差一样，都是稳定不变的，持久存在于我们的日常生活之中，它有时候会发挥积极的作用与价值，我们要正确地看待自我正面偏差的稳定性。

二、可变性

有研究发现，在自我正面偏差中，其中有一个很重要的因素，即内隐态度发挥着重要的作用，从内隐角度阐述自我正面偏差的原因，表明自我正面偏差具有稳定性。也有研究发现，内隐自我态度与个体的情绪状态、认知资源等密切相关，人们在不同的情境中会产生不同的情绪状态，并且会使用不同的认知资源，这就表明自我正面偏差具有一定的可变性。Koole 等（2001）的研究结果表明，人们对与自己姓名有关的字母和与自己生日有关的数字具有偏好，这两种偏好之间具有正相关关系，且会在很长时间内保持相对稳定。而当被试在无意识中做出反应时，这两种偏好都会被抑制，说明内隐自我是可变的，这也表明自我正面偏差是会变化的。在现实生活中，人们的内隐自我会受到很多因素的干扰，比如，人们的人格特质、自尊水平、智力因素，特定情境下的情绪状态、认知资源、动机水平，以及社会文化特征等。其中，人们的人格特质，如抑郁，在对内隐自我的评价过程中起着非常重要的作用，抑郁个体在认知加工过程中不会表现出自我正面偏差，甚至会出现自我负面偏见，他们对负性信息的注意、反应及记忆都会有增强的趋势，而对正性信息往往会有减弱的趋势。此外，具有不同自尊水平的个体在成败归因上具有不同的偏好。研究表明，高自尊个体更倾向于把成功看作自己的能力和努力的结果，把失败归于自己运气不好或这个问题本身，认为这个问题是难以解决的，这就表现出一种很强的自我服务归因偏差。相反，低自尊个体会有较低的自我服务的归因偏差，甚至表现出消极的归因偏差（Blaine & Crocker，1993）。当两个人具有亲密的关系时，若是其中一个伙伴拥有消极心境，低自尊个体往往会认为这是由自己造成的，自己有更大的责任，从而表现出消极的归因偏差（Blaine & Crocker，1993）。

第四节　自我正面偏差的理论模型

自我正面偏差概念以及相关分类的提出，可以增进人们对自我正面偏差的了解。那么，关于自我正面偏差，其是否有理论的支撑？是否有学者对此进行了详细论述？接下来将对自我正面偏差的相关理论模型进行介绍。

一、自我增强理论

（一）自我增强理论概念

有学者提出，自我增强是一种动机，主要目的是提高自我价值感。它可以促使人们产生强烈的需求，主要是为了获得对于自己的积极反馈或评价，在自我增强这种动机的作用下，人们认为自己最好的意愿就是明显强过证实自己的信念的意愿或了解真实自己的意愿（邹琼，佐斌，2004）。自我增强理论证明了人们有自我正面偏差效应，认为自己拥有最好的状态，自己就是别人所羡慕的对象。自我增强理论往往也被称为一种自我提升的模型，从人格心理学角度出发，Adler P A 和 Adler P（1995）认为，个体有提高自身价值的内在需求，生活在这个社会上的人类，他们做出某些行为的根本目的就是维持和提高自我价值。Rogers 等（1977）指出，每一个个体都存在强烈的自我实现倾向，都想要塑造更好的自己。Jung 等（1958）则认为，自我增强是人类的基本需要，会影响生活的各个方面。自我增强理论指出，人们有一种内在动机，即提升自我的内在价值，这种动机使得人们在对某些刺激信息进行加工时，往往会优先加工并获取自我所拥有的许多积极的品质，而很少加工或是回忆起消极的品质。自我增强理论认为，拥有自我积极态度的人们更愿意寻求积极反馈，更多地使用积极词汇描述自己的状况，更愿意体验积极的情绪和最大限度地体验自尊。大部分人可以通过肯定自己的能力优于平均水平来增强自尊感，也有某些文化（如集体主义文化）中的个体是通过将自己归属于与他人一样的平常个体来获得自尊感的，这些自我提升方式往往并不是简单地使个体认为自己很有能力或在某些方面优于其他人，关键在于使个体的自尊感觉最大化。这些解释很好地阐述了人们在自我增强理论的支持下，在日常生活中所表现出的自我正面偏差的状态。

Shrauger 于 1975 年提出了两种不同类别的自我增强理论：简单的自我增强理论与补偿性的自我增强理论。简单的自我增强理论指出，任何个体的行为都是以提升自我价值为目的的。而补偿性的自我增强理论指出，那些具有消极自我观的人们，由于长期在别人的否定下进行自我评价，因而更加希望获得他人的积极评价和反馈，以提升自己的个人价值和作用。

自我的个人价值可以通过许多方式进行提升。例如，在社会比较策略中，人们通常会进行下行比较，以维护自尊；成败归因理论认为，人们认为自身获得成功的原因是自己具有很强的能力，这是一种内部的稳定因素；相反，人们将自身失败的原因归结于外部不稳定的因素（如运气）。总之，为了维护自尊，人们通过寻求和获得他人对自己的积极评价来达到目的。

（二）自我增强的功能

1. 自我认识的过滤器

客观世界、社会比较、反射性评价、内省、自我知觉和归因等，是人们在寻求关于自我信息时有可能会参考的信息来源。由此可以看出，这些过程都包含大量的信息线索。具有主观能动性的人们，可以标定自己的情绪，可以选择社会比较目标，可以决定何时用物理标准来评价自己，可以解释他人对自己的看法，可以推断自己的性格倾向等。人们能够选择不同来源的信息，以对自己进行评判。自我增强的动机是一个筛选信息的过滤器，它的特点主要表现在自我认识的过程中，它可以帮助人们用对自己最有利的方式来加工相关的信息。

2. 维持自尊的主要途径

实际上，自我增强是帮助人们维持自己的自尊，同时也是个体提升自我价值的主要途径。自尊既能够满足个体维护自我形象的需要，也能够促使个体的自我趋向完善（Branden，1994；Mecca et al.，1989）。

3. 积极错觉促进人们的身心健康

自我增强促使人们产生许多与自己有关的积极意象，并通过对自我认识与自尊的作用促进人们心理的健康发展。Taylor 与其同事的一系列研究发现，心理是否健康与过度（但不极端）积极的自我认识有密切的联系（Taylor & Parkes，1983；Taylor & Brown，1988），他们把这种积极的自我认识称为积极错觉。有研究者指出，大多数人没有用客观的自我观念来看待自己，人们往往会用积极的自我知觉去维护自尊，这种积极的错觉是有益于个体发展的（Ickes et al.，1973）。

4. 对社会交往和友谊模式做出预测说明

Tesser 和 Cornell（1991）指出，人们在进行社会比较时往往会产生更多的积极或消极效应。他们认为，人们会接近能让他们对自己产生感觉良好的情境，并避免让他们感觉不好的情境。Tesser 和 Cornell（1991）在这些假设的基础上，对友谊模式提出了一些有趣的预测，主要认为人们会通过不同情境的社会比较来提升自我。Rudich 和 Vallacher（1999）的研究结果也表明，自尊水平不同的人们具有选择不同的交往伙伴的动机。高自尊个体会选择可以为他的人格特征提供积极反馈的人进行交往，而并不在乎对方是否有与之建立友好关系的兴趣；而低自尊个体则不管他人对其人格如何评价，会选择那些愿意与之建立关系的人为伴。简言之，自我增强动机在高自尊个体选择交往同伴的过程中发挥着重要作用。

（三）实现自我增强的方式

1. 对有利反馈的选择性接触

人们寻找关于自己的有利信息，主要是为了形成和保留积极的自我观念。

Brown 和 Marshall（2013）的研究就证实，若人们得知他人对其能力的评价是正面的，他们会愿意寻求来自别人的反馈，若人们得知他人对其能力的评价是负面的，他们便不愿意寻求来自别人的反馈。许多调查也表明，关于个体健康状况的积极信息会最先被搜寻和接受。

2. 自我妨碍

Berglas 和 Jones（1978）最早提出了自我妨碍（self-handicapping）的概念，认为人们为了保护积极的自我，会设置一些障碍来达到某种程度上的自我保护。通常，低自尊个体会把自我妨碍当成自我保护的一种方法，而高自尊个体主要用自我妨碍来达到自我提升的目的。换句话说，自我妨碍策略很好地缓解了失败对低自尊者的打击，并提高了高自尊者获得成功后的兴奋度。有研究发现，当某个活动的结果能够展示出自我价值时，人们可能会主动冒风险，通过自我妨碍行为确保失败不会牵连自我中有价值的方面（许守琼，2012）。

3. 选择性交互作用

选择性联盟也可以使人们在群体中保持积极的自我观念。个体选择喜欢自己的朋友，或者是能力低于自己的朋友，这样能有效维护积极的自我。在交往过程中，个体会将从朋友那里获取的反馈纳入自我观念当中，从而积极地看待自我的整体形象。

4. 不平衡的信息处理方式

有研究者认为，大多数人会直接接受与自己有关的积极信息的反馈，却仔细地审查和反驳与自我有关的消极反馈（Ditto & Lopez, 1992；Kunda, 1990；Liberman & Chaiken, 1992；Pyszczynski & Greenberg, 1987）。或者说，相比于那些消极信息，人们更容易记得积极信息（Kuiper & Derry, 1982）。这样做的目的主要是表现人们具有很好的特质（Conway & Ross, 1984；Klein & Kunda, 1993；Sanitioso et al., 1990），并让人们坚信自己拥有积极特质而没有消极特质（Sedikides, 1993）。

二、自我评价维护模型

Tesser（1986）提出了自我评价维护模型（self-evaluation maintenance model, SEM），来解释人们在社会比较中如何形成和保持自我积极概念。该模型假设，个体会接近那些能让自己有良好感觉的情境，而避开那些让自己感觉不好的情境。该模型认为，人具有维护积极自我评价的根本需要，个体进行社会比较不是为了减少对自我能力的不确定性，而是为了维护积极的自我评价。这样的解释也正验证了人们的自我正面偏差，即努力维护积极自我评价，并努力保持自我积极概念。自我评价维护模型是自我正面偏差的一种理论支撑。该模型进一步提出，心理上的亲密性会导致两种不同类型的评价过程：对比过程（contrast process）和反射过程（reflection process）。在对比过程中，亲密他人被看作评价自我的标准，这会导致对比效应，即个体在进行下行比较（与比自己地位低的人）时的自我评价水平会得到提高，而在进行上行比较（与比自己地位高的人）时的自我评价水平会相应降低。因此，这时比较过程被激活，个体寻求与下行目标的亲密关系，作为创造自我和他人积极对比的一种方式。在反射过程中，亲密他人不是被看作评价自我的标准，而是被看作对自我的表征，这会导致同化效应，即个体进行上行比较时的自我评价水平得到提升，而在进行下行比较时的自我评价水平相应降低。因此，这时反射过程被激活，个体寻求与上行比较目标的亲密关系，作为创造自我和他人积极联系的一种方式。不管是比较过程还是反射过程，我们都可以看到人们以寻求自我评价提升为目的，努力证明自己的积极特质，这也正是人们所表现出的自我正面偏差。

为了探讨何时亲密性会导致对比效应和同化效应，Tesser 等（2000）将能力、相关性加入自我评价维护模型中，以解释自我评价效应。他们认为，当人们的自我评价是依据与自尊相关的能力时，对比过程就会发生，这是因为人们希望相信他们是能够胜任与自尊相关的任务的。由于能力常常是根据相关等级界定的，个体会寻求能力优于亲密他人的证据，当个体自我评价是依据与自尊无关的能力时，反射过程就会发生，个体不是关注他们自身的能力，而是关注与亲密他人有联系的社会赞许性。由于社会赞许性联系会提升自我形象，个体应当寻求能力高于自己的亲密他人。该模型主张个体有维持自我积极评价的需要，在社会比较的对比过程中，当他人被看成评价自我的标准时，个体的积极自我评价会受到威胁，此时个体会通过贬低他人来达到维持自我正面形象的目的；在社会比较的反射过程中，当亲密他人或群体内成员被看成对自我的表征时，个体会将他们视作其自我概念的重要组成部分，从而产生一种同化效应，以他们的优秀和成功为荣，从而维持积极的自我评价。

Brewer 和 Weber（1994）的研究发现，多数派群体成员与内群体成员比较会产生自我评价的对比效应，而少数派群体成员与内群体成员比较会产生自我评价的同化效应；不管是多数派成员还是少数派成员，与外群体比较都会产生自我评价的对比效应。我国学者付宗国和张承芬（2004）重复了这一研究，结果显示，多数派群体成员与内群体成员进行上行社会比较会提高其自我评价水平,产生同化效应;多数派群体成员与外群体进行上行社会比较会降低其自我评价水平,产生对比效应;对于少数派群体的成员来说,无论上行社会比较信息来自内群体成员还是外群体成员,都不会对其自我评价产生影响。他们认为,这一结果与 Brewer 和 Weber 的研究结果不一致的原因在于,中国大学生生活在集体主义文化背景下,更注重与他人之间的联系,因此,对于中国人来说,多数派群体成员的身份更有价值。这一系列的研究结果也告诉我们,不管是从哪个方面解释自我正面偏差,道理都是行得通的。人们热爱自己所属的群体,喜欢与自己群体内的他人进行比较,展示自己的能力与地位,使自己赢得在群体中的"话语权",对自己有积极的正面评价;而在与其他群体进行比较时,人们往往选择降低自我评价水平,因为在中国这个大环境中,人们以"谦虚"为美,这使得人们对自己的评价低于外人对自己的评价,这反过来也证明了人们对自己的重视,证实了人们的自我正面偏差的存在。

三、自我肯定理论

(一)自我肯定

自我肯定是指通过肯定与威胁信息无关领域的自我价值来维持自我的整体性,以降低防御反应,这里的整体性可以被定义为一种自我感觉,即认为自己在整体上是一个优秀的、适应良好的人。适应良好是指个体的思想、行为符合他所在的那个社会文化背景的要求,因此适应良好的标准也就不是一成不变的,在不同的文化背景、团体以及具体的情境中会有不同的标准。这也为人们的自我正面偏差找到了理论支撑,证实了人们的自我正面偏差是可以用理论解释的。自我肯定能够降低人们对威胁到其自我完整性的信息的防御反应,使得人们以更加开放的态度面对威胁信息。自我肯定理论经过多年的发展,国外已经取得了比较丰富的成果,在很多应用领域,如心理健康、社会冲突、认知偏向、刻板印象、学校教育等都有相关研究。自我肯定的相关研究大致可分为应用研究和基础研究。

首先,自我肯定的应用研究,这类研究主要涉及心理与生理健康、刻板印象与种族偏向、教育、社会冲突、态度转变等众多领域。例如,在健康领域,研究者让被试阅读咖啡摄入量过多或饮酒过量容易患乳腺癌的文章,然后让其进行自我肯定操作,结果发现,自我肯定操作减少了高摄入量者的防御加工偏向,他们知觉到了更高的患病风险,想要少喝咖啡、少饮酒。对吸烟者的研究也发现了类似的效果（Armitage et al., 2008）。在态度转变方面，Matz 和 Wood（2005）的研究发现，当个体所在团体的其他成员反对自己的观点时，个体会产生一种失调状态，出现心理不适感，使用自我肯定的方法能明显减轻这种失调与心理不适感。Rydell 等（2008）的研究也证明，自我肯定能够减轻这种不适感。关于刻板印象与种族偏向方面的研究开始得比较早，大量的研究集中在这一领域，相关研究证明了自我肯定能够降低刻板印象与种族偏向。在心理健康领域，研究者着重探讨了自我肯定是否可以作为一种压力缓冲器和压力应对资源（Rydell et al., 2008），然而，到目前为止，该方面研究还相对较少。

其次，自我肯定的基础研究，这类研究主要探讨自我肯定效应产生的条件与中介，以及对自我肯定的实验操作方法的改进研究。Urbinati 等（2009）的研究发现，自我肯定能够增强人们对健康威胁信息的内隐情绪。Huang 等（2009）的研究发现，对自我肯定操纵的觉察程度越高，自我肯定效应就越不明显。这些证据说明自我肯定可能通过潜意识（即内隐）的方式产生作用，然而，潜意识过程对自我肯定效应的作用过程仍然不清楚。总之，国外关于自我肯定的研究已经取得了比较丰硕的成果，然而仍然有很多问题有待进一步研究，例如，自我肯定效应的中介机制、产生条件，自我肯定效应产生的实质，自尊与情绪等变量在自我肯定效应中的作用等。这些关于自我肯定的研究都证实了自我正面偏差的存在，不管是应用研究还是基础研究都在告诉人们，自我肯定旨在维护自我价值，努力减少有损自我形象的因素。

（二）自我肯定理论简介

Steele（1988）最先提出自我肯定理论，该理论的基本观点是，每个人都有一种基本的维持自我完整性（self-integrity）的需要和动机。所谓自我完整性，是指个体在总体上觉得自己是一个优秀的、适应良好的人，这里的适应良好是指思想和行为符合具体的文化、群体和情境的规范，因此适应良好的标准往往是不断变化的。有理智的、有理性的、独立的、有控制感、保持良好的人际关系等重要的自我价值观是自我的重要组成部分，对于自我完整性的保持至关重要。能够损害自我完整性的威胁信息是多种多样的，然而这些信息有一个共同点，就是能使个体在重要的自我价值感领域体验到失败和负性反馈，从而激发个体修复自我完整性的动机。

具体来说，人们会使用三种策略来应对威胁：第一种是通过直接的心理适应

（防御）机制来保持自我完整性。Tesser等（1988）提出了自我概念的保持模型，该模型认为，自我完整性受到威胁的个体会刻意降低或者否认威胁信息的重要性，例如，远离比他优秀的人而去接近与他能力相当或者能力比他低的人（即进行下行比较），个体通过这种防御方法来重新解释威胁情境，改变自己对该事件的认知结构，使它不会对自我完整性造成威胁，以保持一个基本完整的、积极的自我概念。虽然这种方法在某种程度上可以去除、否认或者逃避威胁，但其在本质上是防御性的，在排除威胁信息的同时也减少了人们从一些潜在的重要信息中学习的机会。第二种就是人们直接接受现实，也就是说，他们可以接受失败或者威胁信息，然后以此为基础来改变自己的态度和行为，但是，当受威胁的是个体重要自我价值领域时，保持自我完整性的需要会使得这种方法在实际中变得很难实施。第三种是自我肯定，这是和前面两种方法不同的一种心理适应机制，在很多情况下能够使个体在修复自我完整性（完整的自我）的同时，又有适应性的行为改变。人们通过这种间接的心理适应（肯定其他自我资源，这些资源与威胁刺激无关）把注意集中到与威胁无关的自我领域，在肯定这些领域时，人们认识到他们的价值并没有被当下的威胁所羁绊，这使得他们不太需要歪曲或者重构威胁信息，而是以一种更加开放的形式来对待威胁信息，这就是自我肯定。

综上，在三种不同的策略中，人们都可以找到努力修复自我完整性的信息和尽量降低威胁性的信息，以维护自己的良好形象，不让自己有过多的有损行为。人们总是在尽力维护自己的良好形象，但这并不是说人们都是"道貌岸然"地装样子，只是因为人们都喜欢让自己展现出最完美的一面，以此维护自己的自尊。

（三）自我肯定理论的基本假设

1. 人们有保持自我完整性和自我价值的动机

这是自我肯定理论最基本的假设。Steele（1988）指出，自我系统的目的是保持自我是出众的这样一种体验，即适应感和道德感，也就是一种有能力的、好的、一致的、独特的、稳定的、有自由选择的能力以及有控制重要事件的能力，这些特征构成了人们理想中的自我概念和印象。自我包括不同的领域，例如，个体角色（如学生、父亲），价值观（如是否有宗教信仰，是否有幽默感），社会身份，信念系统（如宗教信仰，政治上的意识形态），个人的目标（如健康的重要性，学业的成功）等。人们保持自我系统完整性的动机在一个人体验到重要的自我领域受到威胁时就被激活，因为这种威胁使个体理想中的自我概念受到挑战，自我完整性受到威胁。例如，考试失败的反馈可以威胁学生的个人目标（学业成功），负性的健康信息能够威胁到个体希望是健康的个人目标，等等。这些事件之所以具有威胁性，原因在于它们通过威胁个体某一方面的重要自我价值观而使个体总体上的自我完整感受到挑战。这个假设表明，人们在日常生活中总是在认真地保护自我完整性和提高自我价值，也就是说，人们一直在为维持自己的良好形象而行事，这正是人们自我正面偏差的表现。

2. 保持自我完整性的动机会导致防御反应

当自我完整性受到威胁时，人们恢复积极的完整自我的动机会被激发，进而可能会导致防御反应。虽然这些防御反应或许看上去是合理的和站得住脚的，但是实际上它们只是一种合理化，而不是合理的（Kunda，1990），也就是个体把威胁信息合理化，而不是合理地应对威胁。个体做出这些防御反应的目的是减少自己觉察到的威胁，以此来恢复自我完整性。防御反应可以是自动的，甚至是无意识的，实际上，人们应对威胁反应的速度也从一个侧面说明了保持自我完整性的重要作用。

3. 自我的构成要素相互具有代偿功能

人们在某一领域的失败通常可以通过强调自己在另一个领域的成功来进行补偿。人格心理学家Allport（1961）很早就已经发展了这个观念，自我肯定理论也一直坚持和发展了这种观念，即人们为了保持总体上的自我完整性和自我价值，在面对威胁时可以通过强化自我领域的其他方面来应对，自我的各构成要素具有代偿性。例如，对吸烟者的研究发现，尽管很多可能的威胁信息指出他们正处在有害的、不合理的生活方式中，但是通过强化其他自我领域，这种代偿性和灵活性可以使吸烟者保持总体上的自我完整性和价值感（Steele，1988）。自我肯定可以满足个体保持自我完整性的需要，能够减少人们通常用来改善威胁的心理适应机制，也就是防御偏向。

4. 深思可以使自我得到肯定

那些影响人们如何看待自己的核心品质，如关于朋友和家人、事业成就和个人的宗教信仰等，是自我肯定的潜在领域。在困难情境下，深思这些核心品质能给人提供一种新的视角，使人们认识到自己到底是怎样的人，而不被暂时的不利信息所蒙蔽，进而使个体在面对威胁时能保持他们的自我完整性。自我肯定的方法可以使这些重要的个人核心品质或者特性凸显出来。

当自我完整性在总体感觉上得到肯定时，威胁事件或者信息便失去了它们的威胁性，因为在自我肯定后，个体能在一个更加广阔的自我下看待他们自己，使得其注意力不再集中到威胁或者压力事件对自我完整性的威胁上，而是集中到它们所具有的价值上来。在自我肯定后，个体感觉那些威胁他们价值感的事件好像被调停了，这样他们便可以超越传统的自我防御偏向而注意到当时情境下其他重要的信息。

这些理论都在说明，人们的自我正面偏差在维护自己不被伤害，不管是自我增强或自我验证，还是自我肯定或自我评价，都在帮助人们保护自己的形象不被破坏，努力提高自己的形象，使自己拥有较高的地位。

第五节 不同自我正面偏差的研究

一、外显的自我正面偏差

自我正面偏差的存在说明了自我相关信息加工与情绪效价信息加工之间确实有着密切的联系，以往行为学方面的研究无数次地证明了这一点。早在20世纪60年代，西方心理学家就开始了有关自我正面偏差的研究，如在伦理道德方面，有研究表明，大多数生意人认为自己比一般生意人更道德；在聪明才智方面，大部分人觉得自己比周围的普通人更聪明。Perloff和Fetzer（1986）的研究表明，个体相信相对于一般人来说，自己经历负性事件的可能性更小。Weinstein（1980）研究表明，个体认为自己经历积极事件的可能性比一般人要大。Pronin等（2002）通过系列研究证实了"人们在了解自己和他人的人际与内心状况时，都认为自己对他人的了解远甚于他人对自己的了解"。

在此基础上，Pronin等（2002）又测试了一种名为"偏向盲点"的偏向知觉。他们以斯坦福大学的学生为被试，要求他们填写一份问卷，以此来了解他们自己与他们眼中的普通美国人所表现出的一些具体偏向及其程度。这八种偏向具体如下：对成功的自利归因；自由选择后失调减少；积极晕轮效应；将新信息有偏向地同化到先前的信念；对谈判对手所提议案的贬值；对敌意媒体偏向于某群体或事件的知觉；由情境压力和情境限制导致的结果反而"责备受害者"的基本归因错误；受个人私利影响的对"更大利益"的判断。为了避免被试对每一种偏向的理解出现不一致，研究者把每一种偏向都用几个简短的句子并尽量以中性化的词语加以描述，避免出现"偏向"之类的词语，比如，关于"对成功的自利归因"

的归因偏向是这样描述的：心理学家认为，人们在看待自己的学术成绩或工作成绩时常常会表现出利己主义的倾向。在以大学生为被试的研究中，Pronin等（2002）首先采用九点量表，在三个积极和三个消极的人格维度上，对自己和其他大学生进行比较，接着让被试看一段关于"优于平均水平"效应的描述，然后要求他们对自我评价的精确度进行判断。实验结果显示，大多数被试认为自己在积极维度上的得分高于其他学生，而在消极维度上的得分低于其他学生，此外，有87%的被试认为自己的平均得分要高于其他学生。尽管主试事先提醒了被试可能会出现这种"优于平均水平"的偏差，并请他们重新考虑先前评估的结果，但仍有63%的人坚持认为他们的评价是客观的，还有13%的人甚至认为自己太过于谦虚了。一系列实验研究都证明了以下事实：被试对自己与他人知觉过程中的偏向都有所知觉，但知觉的敏感度不同，并且在有关自我的加工上会优先加工积极信息。这样的研究结果展示了自我正面偏差的存在，并且这种偏差是发生在人们与外在的比较之中的，即认为自己优于他人，自己所具有的积极品质显著多于他人。

Mezulis等（2004）以及Pahl和Eiser（2005）的研究发现，个体往往把正面的结果或特质归因于自我内部稳定的人格特征，而认为负面的结果或特质与自己的人格特征不相关。这些研究都从不同的侧面证明了自我正面偏差的存在，而且这种偏向的存在是非常普遍且顽固的，甚至教育也无法完全消除这种偏向。心理学研究表明，内隐自我态度具有情境性，与个体在特定情境下的认知资源、情绪情感的状态以及动机水平等都有密切的联系。Koole等（1999）发现，让被试接受智力测验的负性反馈会降低其自我正面偏差，之后在肯定被试的某一项重要的人格特质时，其自我正面偏差又增大了（Koole et al.，1999）。张镇（2003）发现，积极情绪启动可以显著提高被试的内隐自尊水平，而消极情绪启动则会显著降低被试的内隐自尊水平，内隐自我正面偏差被认为是内隐自尊的重要作用机制，同时证明了内隐自我正面偏差具有可变性。

陈芸（2010）发现，自我相关信息加工与情绪效价加工密切相关，自我正面偏差在外显层面和内隐层面上都是存在的。外显层面上，被试对情绪字词做自我相关判断时，自我正面偏差会易化在其范畴内的自我相关判断，表现为对自我正面字词和非自我负面字词的反应较快，占用的心理资源更少；内隐层面上，自我正面偏差的存在使得符合这个偏向的字词被自动激活并被自动加工，表现为相对于自我负面字词和非自我正面字词来说，自我正面字词和非自我负面字词占用的认知资源更多。已有研究表明，个体的抑郁状态会对自我正面偏差产生影响。研究发现，抑郁症患者通常表现出过度的自我关注，并倾向于把自我和消极情绪联系起来。例如，Lemogne等（2009）的一项研究考察了抑郁症患者的自我参照加工，实验要求抑郁症患者或正常被试（控制组）判断呈现的描述人格的积极词汇或消极词汇能否用来描述自己，结果发现，相对于控制组，抑郁症患者选择了更少的积极词汇和更多的消极词汇。魏曙光和张月娟（2010）对比了抑郁组（在抑郁量表上得分较高）和正常大学生对社交依赖人格形容词的自我参照加工，要求他们判断所呈现的词是否可以用来描述自己，结果发现，抑郁组（相比于正常组）对正性词的认可程度显著降低，而对负性词的认可程度显著升高，这表明处于抑郁状态的大学生对自我有相对负性的评价。上述研究表明，正常个体会表现出自我正面偏差，但这种偏向没有出现在抑郁个体身上，抑郁个体通常表现出了自我消极偏向。

胡治国等（2008）以健康大学生为被试，采用自我参照范式，通过两个实验分别设置自我评价和估计他人对自己的评价两种不同的情境，要求被试对积极人格词和消极人格词与自我的相关性进行判断，结果显示：其一，在自我评价情境下，随着抑郁分数的升高，被试将消极人格词判断为与自己相关的比例提高了，且更加确定消极人格词可以用来描述自己；其二，在估计他人对自己的评价情境下，随着抑郁分数的升高，被试将消极人格词判断为会被他人用来描述自己的比例提高了，且确定程度也随之升高，同时将积极人格词判断为会被他人用来描述自己的比例下降了。该研究论证了无论是自我评价还是自己认为的他人对自己的评价，抑郁程度的升高均会使自我评价变得更加消极，即影响了自我正面偏差。

提及自我正面偏差时，人们总是将其与高自尊相联系，所以对自尊的研究也可以从某些层面揭示自我正面偏差的本质。石伟（2004）重复验证了自尊的记忆效应模式，即对于正性特质词的回忆量，高自尊组显著高于低自尊组；对于负性特质词的回忆量，高自尊组与低自尊组没有显著差异。在高自尊组，被试对特质正性词的回忆量显著高于特质负性词的回忆量；在低自尊组，被试对特质正性词的回忆量与特质负性词的回忆量没有显著差异。杨福义（2006）对内隐自尊的特性进行了研究，发现内隐自尊的特性是将自己与积极的评价和情感关联起来，将他人与消极的评价和情感关联起来，即内隐自尊是以对自我的积极态度和对他人的消极态度为基础的。蔡华俭（2002）在其博士论文中提到，内隐自尊效应总是表现为一种积极的、肯定的评价，其本质在于个体在无意识中拥有一种对自我的积极肯定的态度，这种态度可以被无意识地激活，并影响到个体后续的相关认知和行为，而这里的对自我的积极肯定的态度就是自我正面偏差效应。

二、内隐的自我正面偏差

目前,对于自我正面偏差的行为学研究大多集中在自尊、决策、网络成瘾等方面。自我正面偏差在人类风险感知中是极其重要的,因为它能有效抑制人们的风险降低行为。人们总是相信别人在做决策时具有更高的风险。有研究指出,降低自我感知的偏向加工能够促进人们产生预防行为,并且使用不同的信息表述方式与表达框架,会对自我正面偏差产生不同的影响,比如,在一种信息密度较低的信息接收场景中,正面的信息框架比负面的信息框架更能降低自我正面偏差,而且能够鼓励人们更加有防备心理和预防行为。

在陈芸和钟毅平(2013)的研究中,他们采用经典的内隐社会认知研究方法——阈上态度启动范式,探索了内隐自我正面偏差的特性,结果发现,人们在对偏见一致的词,即自我积极和他人消极(相对于自我消极和他人积极)能快速做出反应,说明被试无意识中拥有对自我的积极态度和对他人的消极态度,符合内隐自尊使个体将积极评价或情感与自我相联系且将消极评价或情感与他人相联系的特性,证实了自我正面偏差在内隐层面也是存在的。他们还认为,内隐态度是通过过去大量经验的累积和沉淀形成的,具有高度自动化和习惯化的特性,是相对稳定和不容易改变的,只有新经验的长期积累才能使之逐渐发生改变。但态度建构理论认为,知觉者态度会根据当时的情境线索、情绪情感或心境等做出调整,近来也有研究发现,内隐态度具有情境性,通过实验操作可以对其加以改变,这个结果也支持了上述观点。

Bosson 等(2000)比较了内隐自我相关信息加工研究的各种方法,结果发现,被试几乎都表现出对自我积极肯定的态度,并把这种积极的自我态度看作内隐自尊的作用机制。尽管反应时可以很好地体现内隐自我相关信息加工中存在的正向偏差,但其通常反映的是整个认知过程的结果,没有区分认知过程的各个阶段,并不能确定这种正向偏差发生的准确时间和阶段。而内隐自我正面偏差用于人们的日常生活中,给人们带来了很多不同的意义,使人们可以更加积极地看待这个社会,使自己为这个社会奉献出更多、更高的价值。

钟毅平等(2012)使用情绪效价信息研究内隐层面的自我相关信息加工,这就为内隐自我正面偏差的存在提供了证据。有关自我正面偏差的研究大部分采用的是自我相关范式,都属于外显研究,至于自我相关信息加工与情绪效价信息加工之间在内隐层面上是否密切相关,这关系到是否符合自我正面偏差效应,值得研究者进行更深入的探讨。钟毅平等（2012）的研究结果表明，消极情绪会调动更多的神经结构参与信息的加工，会占用更多的认知资源，使任务难度增大，而积极情绪则会促进认知加工。相比于负性字词，人们对正性字词的反应有变快的趋势，这个结果符合以往情绪研究的结果，说明积极情绪可以促进个体对字词刺激的信息加工。在自我启动条件下，正性字词诱发的负值更大；在非自我启动条件下，负性字词诱发的负值更大，这种交互作用的存在表明自我相关信息加工与情绪效价信息加工之间在内隐层面上是密切相关的，从而有力地证明了两者的加工并不是独立的。自我正性字词和非自我负性字词诱发了更大的负值，表明自我与情绪之间的交互作用是符合自我正面偏差的，证实了内隐层面上自我正面偏差效应的存在。

自我正面偏差和高自尊二者均有着积极、正向的一面，可以让人们保持良好的自我形象，这有利于个体更好地发展自我和适应社会。但与此同时，这一积极作用的背后还存在着"阴影"，即个体可能高估他人对自我的积极评价从而表现出自我膨胀现象。在自我正面偏差中，还存在一种过度自信倾向，正如本章上述所提及的，这种过度自信倾向可能会使得学生体会到自尊感的受挫。过度自信倾向使得学生自信地低估自己完成各项任务所需要的时间，使得投资者高估自己有可能获得的回报等。个体的自我膨胀和过度自信还会扩散到自己所属的群体上，从而夸大人们对该群体的评价。

正是因为自我正面偏差有着适应不良的一面，陈芸和钟毅平（2013）做了相关的研究，试图通过与之相反的自我-消极和他人-积极型实验，减少个体的自我膨胀和过度自信倾向，以帮助个体做出明智的决策以及更全面地认识自我、了解自我。该研究通过自我-消极和他人-积极型评价性条件反射，探索了内隐自我正面偏差的可变性。结果发现，实验组被试在接受该条件反射后，不再表现出内隐自我正面偏差，证实了内隐自我正面偏差对实验条件敏感，具有可变性。通过使被试接受与自我正面偏差不一致的操作（自我-消极和他人-积极），就可以观察到其内隐自我正面偏差的削弱，具体表现为相对于没有接受不一致的操作（自我-消极和他人-积极）的被试，实验组被试对不一致性信息的反应速度变快。同时，这种不一致操作往往会对自我概念造成威胁，从而导致随后的自我相关信息加工对额叶的激活程度整体提高。

现在，我们不仅知道存在自我正面偏差，还知道存在内隐自我正面偏差。我们知道自我正面偏差不仅具有积极的作用，同时也存在消极的作用。所以，我们要正确地对待自我正面偏差。偏见的产生源于经验、传闻、个人偏好、价值判断和偶发因素。对于个体而言，很多根深蒂固的东西是很难去除的，如果没有对生活产生太大影响，不用刻意改变，我们总是在不停地完善自我，只要有一颗开放、平和的心，学会换位思考，了解存在即有它的合理性，随着时间的推移，事物就会还原其本来面貌，偏见就会消除。对事物或人的偏见影响的是我们的判断，有可能因为偏见，我们会在关键时刻做出错误的选择。不过也不用担心，虽然不能保证总是正确，然而失败受挫会让人更全面地认识自己，从而修正错误的认识。对人有了偏见后再想去改变不是件容易的事，需要双方都给彼此相应的机会，偏见去除之后，两个人的关系有可能更为融洽。我们不仅要发挥自我正面偏差的积极作用，还要认真贯彻自己的宗旨和思想，努力造福于他人。

参 考 文 献

蔡华俭.（2002）.*内隐自尊的作用机制及特性研究*. 博士学位论文，华东师范大学.

陈芸.（2010）.*自我与情绪的交互作用：自我正面偏见的ERP研究*. 硕士学位论文，湖南师范大学.

陈芸，钟毅平.（2013）. 大学生的内隐自我正面偏见及其增强. *中国临床心理学杂志, 21*（3），368-371.

陈芸，钟毅平，周海波，周路平，王小艳.（2012）. 内隐自我正面偏差效应的ERP研究. *中国临床心理学杂志, 20*（3），297-300.

付宗国，张承芬.（2004）. 群际情境下向上社会比较信息对自我评价的影响. *心理科学, 27*（1），84-87.

管延华，迟毓凯.（2006）. 自我参照与朋友参照对人格特质记忆的影响. *心理科学, 29*（2），448-450.

胡治国，刘宏艳，彭聃龄，孙雅峰，张学新.（2008）. 注意资源对正常人消极情绪偏向的影响. *心理科学, 31*（6），1377-1380.

石伟.（2004）.*自尊的记忆效应的实验研究*. 博士学位论文，西南师范大学.

魏曙光，张月娟.（2010）. 抑郁大学生在自我参照编码任务中的认知加工偏向. *中国临床心理学杂志, 18*（1），50-52，55.

许守琼.（2012）.*农村留守儿童自我提升与其人际适应的关系研究*. 博士学位论文，西南大学.

杨福义.（2006）.*内隐自尊的理论与实验研究*. 博士学位论文，华东师范大学.

杨国枢，陆洛.（2009）.*中国人的自我：心理学的分析*. 重庆：重庆大学出版社.

张镇.（2003）. 国外有关内隐自尊的研究. *心理科学进展, 11*（5），551-554.

钟毅平.（2012）.*社会认知心理学*. 北京：教育科学出版社.

钟毅平，陈芸，张珊明，杨青松.（2012）. 内隐自我正面偏见的机制及可变性. *心理科学进展,*

20（12），1908-1919.

钟毅平，陈芸，周路平，周海波.（2010）. 自我正面偏见的ERP研究. *心理科学, 33*（3），560-563.

朱滢，张力.（2001）. 自我记忆效应的实验研究. *中国科学（C辑：生命科学），31*（6），538-543.

邹琼，佐斌.（2004）. 人格、文化与主观幸福感的关系及整合模型述评. *心理科学进展, 12*（6），900-907.

佐斌，张阳阳.（2006）. 自我增强偏向的文化差异. *心理科学, 29*（1），239-242

Adler, P. A., & Adler, P. (1995). Dynamics of inclusion and exclusion in preadolescent cliques. *Social Psychology Quarterly, 58*(3), 145-162.

Alicke, M. D., Klotz, M. L., Breitenbecher, D. L., Yurak, T. J., & Vredenburg, D. S. (1995). Personal contact, individuation, and the better-than-average effect. *Journal of Personality and Social Psychology, 68*(5), 804-825.

Allison, S. T., Messick, D. M., & Goethals, G. R. (1989). On being better but not smarter than others: The Muhammad Ali effect. *Social Cognition, 7*(3), 275-295.

Allport, G. W. (1961). *Pattern and Growth in Personality.* New York: Holt, Rinehart and Winston.

Allport, G. W., Clark, K., & Pettigrew, T. (1954). *The Nature of Prejudice.* Reading: Addison-Wesley.

Armitage, C. J., Harris, P. R., Hepton, G., & Napper, L. (2008). Self-affirmation increases acceptance of health-risk information among UK adult smokers with low socioeconomic status. *Psychology of Addictive Behaviors, 22*(1), 88-95.

Barry, D. (1998). *Dave Barry is from Mars and Venus.* New York: Ballantine Books.

Baumhart, R. (1968). *An Honest Profit: What Businessmen Say About Ethics in Business.* New York: Holt, Rinehart and Winston.

Berglas, S., & Jones, E. E. (1978). Drug choice as a self-handicapping strategy in response to noncontingent success. *Journal of Personality & Social Psychology, 36*(4), 405-417.

Blaine, B., & Crocker, J. (1993). Self-esteem and self-serving biases in reactions to positive and negative events: An integrative review//R. F. Baumeister(Ed.), *Self-Esteem: The Puzzle of Low Self-Regard*(pp. 55-85). New York: Plenum.

Bosson, J. K., Swann, W. B., & Pennebaker, J. W. (2000). Stalking the perfect measure of implicit self-esteem: The blind men and the elephant revisited? *Journal of Personality and Social Psychology, 79*(4), 631-643.

Branden, N. (1994). *The Six Pillars of Self-Esteem.* New York: Macmillan.

Brewer, M. B., & Weber, J. G. (1994). Self-evaluation effects of interpersonal versus intergroup social comparison. *Journal of Personality and Social Psychology, 66*(2), 268-275.

Brown, J. D., & Kobayashi, C. (2002). Self-enhancement in Japan and America. *Asian Journal of Social Psychology, 5*(3), 145-168.

Brown, J. D., & Marshall, M. A. (2013). The three faces of self-esteem//M. H. Kernis(Ed.), *Self-Esteem Issues and Answers*(pp. 4-9). New York: Psychology Press.

Brown, J. D., Cai, H. J., Oakes, M. A., & Deng, C. P. (2009). Cultural similarities in self-esteem functioning: East is east and west is west, but sometimes the twain do meet. *Journal of Cross-Cultural Psychology, 40*(1), 140-157.

Brown, R. P. (2004). Vengeance is mine: Narcissism, vengeance, and the tendency to forgive. *Journal of Research in Personality, 38*(6), 576-584.

Butler, R. (1998). Age trends in the use of social and temporal comparison for self-evaluation: Examination of a novel developmental hypothesis. *Child Development, 69*(4), 1054-1073.

Cai, H., Wu, Q., & Brown, J. D. (2009). Is self-esteem a universal need? Evidence from The People's Republic of China. *Asian Journal of Social Psychology, 12*(2), 104-120.

Cai, H., Sedikides, C., Gaertner, L., Wang, C., Carvallo, M., Xu, Y., ... & Jackson, L. E. (2011). Tactical self-enhancement in China: Is modesty at the service of self-enhancement in East Asian culture? *Social Psychological and Personality Science, 2*(1), 59-64.

Conway, M., & Ross, M. (1984). Getting what you want by revising what you had. *Journal of Personality and Social Psychology, 47*(4), 738-748.

Craik, F. I. M., Moroz, T. M., Moscovitch, M., Stuss, D. T., Winocur, G., Tulving, E., & Kapur, S. (1999). In search of the self: A positron emission tomography study. *Psychological Science, 10*(1), 26-34.

Crocker, J., Blaine, B., & Luhtanen, R. (1993). Prejudice, intergroup behaviour and self-esteem: Enhancement and protection motives//M. A. Hogg, & D. Abrams(Eds.), *Group Motivation: Social Psychological Perspectives*(pp. 52-67). NewYork: Harvester Wheatsheaf.

Croyle, R. T., Sun, Y. C., & Louie, D. H. (1993). Psychological minimization of cholesterol test results: Moderators of appraisal in college students and community residents. *Health Psychology, 12*(6), 503-507.

Deutsch, M., & Krauss, R. M. (1965). *Theories in Social Psychology*. New York: Basic Books.

Ditto, P. H., & Lopez, D. F. (1992). Motivated skepticism: Use of differential decision criteria for preferred and nonpreferred conclusions. *Journal of Personality and Social Psychology, 63*(4), 568-584.

Gramzow, R. H., & Gaertner, L. (2005). Self-esteem and favoritism toward novel in-groups: The self as an evaluative base. *Journal of Personality and Social Psychology, 88*(5), 801-815.

Greenwald, A. G. (1980). The totalitarian ego fabrication and revision of personal history. *American Psychologist, 35*(7), 603-618.

Hetts, J. J., Sakuma, M., & Pelham, B. W. (1999). Two roads to positive regard: Implicit and explicit self-evaluation and culture. *Journal of Experimental Social Psychology, 35*(6), 512-559.

Huang, D. W., Sherman, B. T., & Lempicki, R. A. (2009). Systematic and integrative analysis of large gene lists using DAVID bioinformatics resources. *Nature Protocols, 4*(1), 44-57.

Ickes, W. J., Wicklund, R. A., & Ferris, C. B. (1973). Objective self awareness and self esteem. *Journal of Experimental Social Psychology, 9*(3), 202-219.

James, W. (1892). A plea for psychology as a "natural science". *The Philosophical Review, 1*(2), 146-153.

Jung, C. G., Horney, K. D., & Allport, G. W. (1958). Self (definitions). *Collected Works, 6*, 460-461.

Kelley, W. M., Macrae, C. N., Wyland, C. L., Caglar, S., Inati, S., & Heatherton, T. F. (2002). Finding the self? An event-related fMRI study. *Journal of Cognitive Neuroscience, 14*(5), 785-794.

Klein, W. M., & Kunda, Z. (1993). Maintaining self-serving social comparisons: Biased reconstruction of one's past behaviors. *Personality and Social Psychology Bulletin, 19*(6), 732-739.

Koole, S. L., Dijksterhuis, A., & Van Knippenberg, A. (2001). What's in a name: Implicit self-esteem and the automatic self. *Journal of Personality and Social Psychology, 80*(4), 669-685.

Koole, S. L., Smeets, K., Van Knippenberg, A., & Dijksterhuis, A. (1999). The cessation of rumination through self-affirmation. *Journal of Personality and Social Psychology, 77*(1), 111-125.

Kuiper, N. A., & Derry, P. A. (1982). Depressed and nondepressed content self-reference in mild depressives. *Journal of Personality, 50*(1), 67-80.

Kunda, Z. (1990). The case for motivated reasoning. *Psychological Bulletin, 108*(3), 480-495.

Lemogne, C., Le Bastard, G., Mayberg, H., Volle, E., Bergouignan, L., Lehéricy, S., ... Fossati, P. (2009). In search of the depressive self: Extended medial prefrontal network during self-referential processing in major depression. *Social Cognitive and Affective Neuroscience, 4*(3), 305-312.

Liberman, A., & Chaiken, S. (1992). Defensive processing of personally relevant health messages. *Personality and Social Psychology Bulletin, 18*(6), 669-679.

Maass, A. (1999). Linguistic intergroup bias: Stereotype perpetuation through language. *Advances in Experimental Social Psychology, 31*, 79-121.

Matz, D. C., & Wood, W. (2005). Cognitive dissonance in groups: The consequences of disagreement. *Journal of Personality and Social Psychology, 88*(1), 22-37.

Mecca, A., Smelser, N. J., & Vasconcellos, J. (1989). *The Social Importance of Self-Esteem*. Berkeley: University of California Press.

Mezulis, A. H., Abramson, L. Y., Hyde, J. S., & Hankin, B. L. (2004). Is there a universal positivity bias in attributions? A meta-analytic review of individual, developmental, and cultural differences in the self-serving attributional bias. *Psychological Bulletin, 130*(5), 711-747.

Moran, J. M., Macrae, C. N., Heatherton, T. F., Wyland, C. L., & Kelley, W. M. (2006). Neuroanatomical evidence for distinct cognitive and affective components of self. *Journal of Cognitive Neuroscience, 18*(9), 1586-1594.

Pahl, S., & Eiser, J. R. (2005). Valence, comparison focus and self-positivity biases: Does it matter whether people judge positive or negative traits? *Experimental Psychology, 52*(4), 303-310.

Perloff, L. S., & Fetzer, B. K. (1986). Self-other judgments and perceived vulnerability to victimization. *Journal of Personality and Social Psychology, 50*(3), 502-510.

Pronin, E., Lin, D. Y., & Ross, L. (2002). The bias blind spot: Perceptions of bias in self versus others. *Personality and Social Psychology Bulletin, 28*(3), 369-381.

Pyszczynski, T., & Greenberg, J. (1987). Toward an integration of cognitive and motivational perspectives on social inference: A biased hypothesis-testing model. *Advances in Experimental Social Psychology, 20*, 297-340.

Rogers, T. B., Kuiper, N. A., & Kirker, W. S. (1977). Self-reference and the encoding of personal information. *Journal of Personality and Social Psychology, 35*(9), 677-688.

Rudich, E. A., & Vallacher, R. R. (1999). To belong or to self-enhance? Motivational bases for choosing interaction partners. *Personality and Social Psychology Bulletin, 25*(11), 1387-1404.

Rydell, R. J., McConnell, A. R., & Mackie, D. M. (2008). Consequences of discrepant explicit and implicit attitudes: Cognitive dissonance and increased information processing. *Journal of Experimental Social Psychology, 44*(6), 1526-1532.

Sanitioso, R., Kunda, Z., & Fong, G. T. (1990). Motivated recruitment of autobiographical memories. *Journal of Personality and Social Psychology, 59*(2), 229-241.

Sedikides, C. (1993). Assessment, enhancement, and verification determinants of the self-evaluation process. *Journal of Personality and Social Psychology, 65*(2), 317-338.

Sedikides, C., & Gregg, A. P. (2008). Self-enhancement: Food for thought. *Perspectives on Psychological Science, 3*(2), 102-116.

Sedikides, C., Gaertner, L., & Toguchi, Y. (2003). Pancultural self-enhancement. *Journal of Personality and Social Psychology, 84*(1), 60-79.

Sedikides, C., Gaertner, L., & Vevea, J. L. (2005). Pancultural self-enhancement reloaded: A meta-analytic reply to Heine. *Journal of Personality and Social Psychology, 89*(4), 539-551.

Shrauger, J. S. (1975). Responses to evaluation as a function of initial self-perceptions. *Psychological Bulletin, 82*(4), 581-596.

Steele, C. M. (1988). The psychology of self-affirmation: Sustaining the integrity of the self. *Advances in Experimental Social Psychology, 21*, 261-302.

Swann, W. B., & Pelham, B. (2002). Who wants out when the going gets good? Psychological investment and preference for self-verifying college roommates. *Self and Identity, 1*(3), 219-233.

Swann, W. B., Steinseroussi, A., & Giesler, R. B. (1992). Why people self-verify. *Journal of Personality and Social Psychology, 62*(3), 392-401.

Taylor, J., & Parkes, R. J. (1983). The cellular fatty acids of the sulphate-reducing bacteria, Desulfobacter sp., Desulfobulbus sp. and Desulfovibrio desulfuricans. *Microbiology, 129*(11), 3303-3309.

Taylor, S. E., & Brown, J. D. (1988). Illusion and well-being: A social psychological perspective on mental health. *Psychological Bulletin, 103*(2), 193-210.

Tesser, A. (1986). Some effects of self-evaluation maintenance on cognition and action//R. M. Sorrentino, & E. T. Higgins(Eds.), *Handbook of Motivation and Cognition*: *Foundations of Social Behavior*(pp. 435-464). New York: Guilford Press.

Tesser, A., & Cornell, D. P. (1991). On the confluence of self-processes. *Journal of Experimental Social Psychology, 27*(6), 501-526.

Tesser, A., & Smith, J. (1980). Some effects of task relevance and friendship on helping: You don't always help the one you like. *Journal of Experimental Social Psychology, 16*(6), 582-590.

Tesser, A., Millar, M., & Moore, J. (1988). Some affective consequences of social comparison and reflection processes: The pain and pleasure of being close. *Journal of Personality and Social Psychology, 54*(1), 49-61.

Tesser, A., Crepaz, N., Collins, J. C., Cornell, D., & Beach, S. R. (2000). Confluence of self-esteem regulation mechanisms: On integrating the self-zoo. *Personality and Social Psychology Bulletin, 26*(12), 1476-1489.

Themstrom, S., Orlov, A., & Handlin, O. (1980). *Harvard Encyclopedia of American Ethnic Groups*. Cambridge: Harvard University Press.

Urbinati, C., Nicoli, S., Giacca, M., David, G., Fiorentini, S., Caruso, A., … Rusnati, M. (2009). HIV-1 Tat and heparan sulfate proteoglycan interaction: A novel mechanism of lymphocyte adhesion and migration across the endothelium. *Blood, 114*(15), 3335-3342.

Weinstein, N. D. (1980). Unrealistic optimism about future life events. *Journal of Personality and Social Psychology, 39*(5), 806-820.

White, K. R., Jr Crites, S. L., Taylor, J. H., & Corral, G. (2009). Wait, what? Assessing stereotype incongruities using the N400 ERP component. *Social Cognitive and Affective Neuroscience, 4*(2), 191-198.

第九章　自我-他人重叠

第一节　自我-他人重叠概述

Ogilvie 和 Ashmore（1991）首先提出了"自我-他人表征"一词。他们认为，自我-他人表征是个体在人际交往过程中对自我和他人相关信息的表征，即个体在与他人交往时所形成的对自我的概念。这一概念既包含对他人表征的认知，也包括自我的认知；既包括当前的认知，也包括过去的或者未来的认知；既包括内在的认知，也包括外在的认知；等等。自我-他人表征中的"他人"是指除自我以外的人，如亲人、朋友和陌生人等。

在 Ogilvie 和 Ashmore 研究的基础上，Aron 等于 1991 年在其关于亲密关系的研究中提出了"自我-他人重叠"这一概念。Aron 等认为，个体可以通过与他人之间关系的建立和维护来削弱自我与他人之间在认知水平上的区别，并且这还会影响个体如何处理建立、保持和解散关于他人关系的信息。他们还发现，当他们要求被试对一些人格特质"我/非我"进行判断时，被试对那些和其配偶相一致的特质的反应时较长，尤其对那些能够回忆起他们事迹或者是有过密切接触的个体的名字的反应较慢。因此，Aron 等将自我-他人重叠（或者说将他人纳入自我）定义为：在一段关系中，个体会以不同的形式接受和理解他人的观念、资源等，从而出现自我和他人不同程度的信息表征重叠现象（Aron et al.，1991）。

相比之下，Davis 等（1996）对自我-他人重叠的定义存在局限，他们认为自我-他人重叠是指在心理表征上逐渐重叠，是自己与他人融合的一种认知现象。观点采择被认为是一种对他人和自我的观点进行区分与整合的能力，是个体在给定特定信息的情况下，对情境中角色特性的意义猜测的过程，这一过程与个体习得的经验密切相关。在没有深思熟虑的观点采择的情况下，自我和他人通常会有一定程度的自然重叠，由于观点采择的作用，重叠的程度将会增大。

Cialdini 等（1997）认为，自我-他人重叠是一种身份的统一感，这种重叠并非指真实身份与情境或环境的融合,而是指概念身份的融合。Baston 将自我-他人重叠解释为一种心理上的无法辨识性,即一种混淆了自我和他人的过程。在自我-他人重叠的过程中,个体逐渐将自我和他人视为一体,并很难将自己和他人区分开来(Batson,1997)。

国内学者杨中芳(1991)通过系统地回顾与总结中国人的自我概念研究,提出了本土化模型,认为在中国人的词语中,"自己"不仅包括以身体实体为界限的"我",还包括具有特殊意义的他人,如亲人、恋人等。一个人并不一定要将自己与别人的界限划在个人的身体实体的边缘,而是可以将自己扩大到包括某一些特别的"别人"。最明显的例子就是许多人将自己的妻子及孩子看作和自己一样,是自己的延伸,他们的事就是自己的事,他们的荣辱就是自己的荣辱。他可以代他们发言、承诺,甚至表达思想。这样的一个人的"自己"中的"自身"很可能并不是以个人身体实体为界限的,而包括许多其他人在内。其在"自我"的范畴内区分"个己"与"自己"。前者代表将自己与别人的界限以个人身体为标志的自我,后者则代表一种不但包括个体的身体实体,而且包括一些具有特别意义的他人(即自己人)的自我。她认为中国人的"我"属于后者,同时指出自己发展的本质在于超越"个己"的边界,将自己与他人、社会融为一体。因此,个体不仅具有自我的独特性,还与他人甚至社会产生了重叠。

杨国枢和陆洛(2009)对自我-他人之间的关系与边界进行了详细阐述。第一,与西方人相同,中国人的"自我"有以身体为边界的那一部分,并且处于自我的核心位置,但这部分自我与某些他人的区分不是坚实的和明晰的。正如杨中芳(1991)的分类框架所表现的,中国人的我-他边界是在包括"个人自己"和"自己人"的"自我"与被视作"外人"的他人之间。因此,中国人自我的边界不是用来区分自我与他人及社会的,也就不可能成为"个体我"(无论是公我还是私我)和"群体我"或"社会我"之间的边界,它是一条信任边界。第二,中国人的自我边界伸缩有很强的情境性和自我中心性,是一种以自我为圆心的扩大包容或缩小排斥,不是两个人的相互包容,因而与 Aron 等(1991)在两性亲近关系中看到的独立个体相互吸引而形成的包容有所不同。第三,Markus 和 Kitayama(1991)的"互赖自我"概念里无法反映出中国人的自我所具有的"选择性"(在什么情境下使用什么原则包容谁或去除谁),以及自我与那些具有重要意义的他人之间存在的层递关系。

杨宜音(1999)在探讨"自己人"在各种关系中的边界和转化过程,以及个案研究的基础上指出，在中国社会中，首先是在农村中，"自己人"就是自家人，包括具有亲属身份的族人和拟亲属身份的乡亲（如干亲、拜把子兄弟等）等，以亲密情感、信任和责任为标志；其次是在城市中，"自己人"指的是在心理上认同、情感上亲密、相互自愿负有义务而相互信任的人，主要包括自己的朋友圈子和合作伙伴等。之后，孔繁昌等（2014）提出自我-他人重叠是指个体与他人进行交往时，将与他人相关的知识表征融入自我中，这为中国本土化研究自我-他人关系提供了新视角。

虽然自我-他人重叠是一个复杂的概念，但是我们可以通过身边发生的一些事情来了解这个概念。比如，刚入学的时候，我们和室友还不熟悉，而随着时间慢慢推移，我们会发现有时候使用室友的东西或者跟他们说话时，我们不再区分你我，而是说"我们"，这个过程就代表了自我-他人重叠的过程。自我-他人重叠是指当处于一段关系之中时，人们会逐渐地将他人的资源、观念等纳入自我当中，而且关系更亲密，将他人纳入自我的程度越大，就有越高的自我-他人重叠。这就是我们日常生活中时常听到的"她是我生命中的一部分"或者"你中有我，我中有你"等。当我们与另一个人处于一段亲密关系中的时候，我们的生活不仅与他们的生活重叠，而且我们的自我认知边界也会部分地与我们对他们的看法重合，以至于我们在区分彼此时会产生一定的困惑（罗骏章，2014）。

第二节 自我-他人重叠的理论

个体从婴儿时期就已经能够区分自我与他人，环境的变化使得婴儿的自我-他人重叠得以发生与发展。关于自我-他人重叠是如何发展的，前人从不同的角度进行了说明。

一、产生理论

发展心理学研究指出，人的自我表征最早建立在婴儿开始协调自我行为，发展对自身面孔识别能力的基础上。婴儿一出生就了解一些面孔结构信息。发展理论主要是用来解释自我-他人重叠的发生发展过程。Morton 和 Johnson（1991）的研究指出，2个月大的婴儿已经能够从不同面孔中识别出自己的母亲。De Han 和 Nelson（1999）的研究发现，6个月大的婴儿在观察母亲面孔和陌生人面孔时的脑电活动会有不同的表现。婴儿期的自我-他人表征表现为自我-客体表征，客体往往是婴儿的主要抚养者，如父母等，而婴儿心理和社会行为的发展，以及经验的积累，使得婴幼儿的自我表征和他人表征之间出现相似性，促进他们更好地适应生存环境。学龄前的儿童发展了同时能用来表征自我和他人心理状态的能力。这就是自我-他人重叠的发生。

在日常生活中，我们也会发现，婴儿在看到爸爸妈妈的情况下会笑得比较开心，而看到陌生人则更可能会哭泣，这说明婴儿已经将爸爸妈妈理解为亲密的人，能带来安全感，而将陌生人看作威胁。同样，正在哭泣的婴儿如果听到其他哭声，他们也会继续哭泣，但是如果听到的是自己哭声的录音，他们很快就会停止哭泣，好像认出了这个熟悉的声音。通常父母的安慰远比陌生人的安慰更为有效，父母几句话就能将嚎啕大哭的婴儿哄好，而通常陌生人越哄婴儿哭得越厉害。

二、扩展理论

扩展理论最早是从 Aron 等（1998）的自我扩张模型中发展而来的。自我扩张模型认为，个体在进行人际交往时，会不断地将交往中的他人纳入自我中，这个他人可能包括亲密他人，如父母、配偶等，也可能包括一般关系的朋友甚至是陌生人，从而导致自我和他人表征出现不同程度的重叠。Aron 等强调，在不同的关系类型中，自我-他人重叠程度是不同的。自我-他人重叠的程度以多方式、多维度的交流为基础，与亲密感的主观体验有关。当个体将他人纳入自我之后，个体就会觉得自己拥有了和他人一样的观念、资源等。"他人"包括父母、密友、社会性集体社区、群体等，个体将这些人纳入自我中，整合群体中的价值观念和行为规范，提高个体的群体归属感、认同感。在自我扩张模型下，个体同样可以将这些人纳入自我的概念之中，整合群体的价值观念和行为规范，增强群体归属认同感。而当个体遭到群体的排斥，或是当亲密关系终结时，个体的自我概念会发生性质不同、程度不一的变化（Slotter et al., 2010）。有研究发现，重要他人对自我的影响力更大，对其情感投入更多，导致个体对其关注度也就更大，进一步促进个体纳入重要他人的资源、观念等的部分也就更多，即在自我-他人表征的扩展中，重要他人比一般熟人的自我-他人重叠程度更高（罗西，2014）。

三、模仿理论

模仿理论是由 Gallagher 提出的，目的是更好地解释自我-他人重叠（Gallagher, 2001）。模仿指的是在没有外界控制的条件下，个体效仿他人的行为举止而出现与之相类似的行为活动，其目的是使自己的行为与模仿对象的相同或相似。模仿理论有两个基本假设：一是当我们看到个体 X 或者与个体 X 交往时，我们会模仿他人的行为以及模拟自己面对该情境时的感受和情感；二是我们会利用模仿获得的结果将此种心理状态视为个体 X 做的，或者预测个体 X 将来的行为（孔繁昌等，2010）。

模仿理论的生理学证据来自镜像神经元（mirror-neuran）的发现（Gallese et al.，1996）。该神经元首先在恒河猴身上发现，其功能是形成一个皮层系统，将对目标定向的动作行为的观察和执行协调起来。而 Gallese 和 Goldman（1998）的后续研究进一步发现，镜像神经元的活动性和观察者经历相同肌肉组织的运动的事实比较符合模仿理论而不是心理理论的预测。另外，Uddin 等的（2007）研究发现，额顶叶的镜像神经元通过动作模仿机制提供了连接生理自我和他人的基础，而皮层的中线结构则以更具抽象性、评价性的方式对自我和他人的信息进行加工。中线结构和镜像神经元就像是同一枚硬币的两面，即镜像神经元能够映射生理的自我-他人模仿，而中线结构则强调心理状态和评价性的模仿。另有 Decety 和 Chaminade（2003）的研究发现，在共享的神经网络中，右脑的顶区下部和前额区在区分自我和他人时发挥着重要的作用。模仿理论虽然能够很好地解释一个主体与另一个主体行为的相似性，但无法解释主体行为的神经过程是怎样实现抑制的，以及一个主体是如何利用不同于自己的心理和情绪状态去推断另一个主体的（Gallagher，2007）。

研究者发现，早在婴儿时期个体就能有目的地、灵活地模仿他人的行为，并用与其自身相同的方式来表达他人的行为（Meltzoff & Moore，1983）。个体对交往中其他个体的行为、观念和情感等进行表征，通过模仿作用，最终融入自我表征中，这就形成了自我-他人重叠。

第三节　自我-他人重叠的测量

在前人的研究中，为了探究个体将他人纳入自我的程度，研究者提出了多种测量方法。下面介绍其中的主要方法。

一、欧几里得距离

欧几里得距离（Euclidean distance）以两种表征的不一致程度为反向指标，以计算自我和他人的重叠程度。欧几里得距离也称欧氏距离，它是距离的一种常用的定义，是 m 维空间中两点之间的真实距离，即两项间的差是每个变量值差的平方和再开平方根，目的是计算其间的整体距离，即不相似性。

二、自我包含他人量表

自我包含他人（Inclusion of Other in the Self, IOS）量表可用来测量或评估不同他人与自我之间的心理距离，是测量自我-他人重叠程度最常用、最直接的方法。该量表的主要假设是在亲密关系交往中，自我倾向于将亲密他人的资源、观点和认同视为自己的，并将其融入自我概念之中。IOS 量表中，一共有 7 幅图片，每幅图片中有两个重叠程度不同的圆圈，从图片 1（几乎完全不重叠）到图片 7（几乎完全重叠），重叠程度越高，代表两者的心理距离越近。该量表具有良好的信效度，且和其他间接测量结果具有较高的一致性。IOS 量表可以大规模地考察自我和他人关系表征，且易于操作，但也无法摆脱问卷测量本身的弊端。

Medvene 等（2000）将 IOS 量表视为亲密关系的集合体，作为"我们感"（weness）的测量指标。有研究以 IOS 量表为研究工具，考察了"我们感"在公正和满足关系中的调节作用，结果发现，在高水平的"我们感"或认知相互依靠上，公正和满足存在较弱的相关关系。在特定关系中，IOS 与自我表露、关系满意度和关系承诺之间存在显著的正相关关系，而 IOS 与自我表露之间则无显著差异。进一步分析发现，自我表露是 IOS 与关系承诺间的中介变量。有研究对 483 名大学生进行了有关亲密关系的调查，结果发现，有 62%的大学生有浪漫关系，23%的大学生有一个密友，15%的大学生有一个配偶，这也验证了 IOS 量表具有良好的预测效度（Weidler & Clark, 2011）。而国内学者张洪等（2006）对中国大学生亲密关系的研究发现，由于文化差异，IOS 量表并不能有效地区分中国大学生与恋人的亲密程度。

三、人格特质量表

人格是源于个体自身的稳定的行为方式和内部过程。特质理论（trait theory）重点说明的是统我（proprium）或自我包含怎样的特质，以及它们是怎样随自我的发展而形成的。该理论对特质与自我概念联系的说明不明确，但清楚的是 Albert 对自我的定义是广泛的，具有包容性。自我不仅包含人格，还包含习惯、需要、兴趣和技能等方面。特质是理解人的思想与行为的关键，能促使并指导人以独特的方式行动。有关特质的知识能使我们更为深入地认识个体。自我是一种统合力量，可以将人的多种特点与能力合为一体（里赫曼，2005）。

关于人格特质的测量，首先要求被试先后对自己和他人的16种人格特质进行1—9的等级评分，然后将每个特征词在自己和他人两个目标上的评分相减，并将所有差值求绝对值，再将这些绝对值相加求和再求平均值，该绝对差异的平均值即为自我-他人重叠程度（Myers & Hodgesb, 2012）。

有研究发现，自我-他人重叠可能存在不同的维度。Myers和Hodgesb（2012）对这些研究中自我-他人重叠的测量指标进行了因素分析，结果发现，自我-他人重叠包括两个不同的维度，即感知亲密性和重叠表征。IOS量表的结果负载在感知亲密性因子上，而Batson等（1997）的特质测量结果则是在重叠表征因子维度上，他们在实验中让被试先后对自己和他人的16种人格特质进行等级评分，结果发现，被试对自己和他人的人格特质评分差异随人际距离的缩短而减小。研究进一步发现，无论目标人物是密友还是熟人，IOS和特质的绝对差异均稳健地负载在前面两个维度上，而其他测量指标，如"我们感"、感知相似性、亲密关系指数、形容词清单重叠则因目标人物不同，负载的因子也有所不同（Myers et al., 2013; Myers & Hodgesb, 2012）。不同研究方法的综合运用有助于对自我-他人重叠进行更加深入和精细的研究（孔繁昌等，2014）。

第四节 自我-他人重叠的影响因素

自我-他人重叠的表现形式多种多样，比如，在某种情境下对陌生人表示同情，与亲密个体之间表现出相似性，对团队成员表示认同，等等。总之，自我-他人重叠受到生理、心理及社会文化等相关因素的综合影响。

一、生理方面

（一）镜像神经元

在20世纪90年代中期，意大利神经科学家Gallese等（1996）在研究恒河猴运动前区中的单个神经元放电活动时，发现实验人员的动作呈现在恒河猴视野中也可以引发其特定神经元放电活动。他们将这些像镜子一样可以映射他人动作的神经元命名为镜像神经元。镜像神经元是一种感觉-运动神经元，在动作观察和动作执行两个阶段皆被激活（叶浩生，2016）。多年来，由于研究伦理的限制，研究恒河猴时使用的单细胞电极植入方式无法应用于人类，因而不能确定人类的大脑皮层是否也存在具有同样功能的神经细胞。不过通过脑成像技术，神经科学家确定人类的大脑皮层存在着具有相同或类似功能的脑区，称为"镜像神经系统"。由于镜像机制对动作知觉和动作执行进行匹配，观察者仅仅通过对他人行为的知觉就激活了执行这一动作的神经环路，产生了一种对他人动作的具身模拟，因而可以直接把握他人的行为意图。镜像神经元所表现出来的那种动作知觉与动作执行的双重激活功能支持了身心一体说，从方法论上证明了身心二元论的缺陷，为身心的整体观提供了神经生物学的证据。镜像神经机制把他人的动作与自己的运动系统匹配起来，以自身动作的神经环路对他人的动作做出回应，促进了人际理解和沟通，成为社会沟通的"神经桥梁"。

（二）镜像神经元与默认网络

当人们处于休息状态时，与任务相关的脑区的激活水平会下降，与此同时，另外一些脑区的活动会增强并维持在一个很高的水平上（Shulman et al., 1997），这些脑区组成的网络被称作默认网络（Raichle et al., 2001）。默认网络的发现为理解自我带来了新的突破，研究者发现，人们在进行自我反思的时候也激活了同样的脑区（Gusnard & Raichle, 2001；Kelley et al., 2002）。

自我和他人的内部心理状态的加工依赖于默认网络，而自我和他人的可见特征与行为的加工却依赖于外侧额顶叶网络（lateral frontalparietal network）（Qin & Northoff, 2011；Rizzolatti & Sinigaglia, 2010）。大量研究表明，外侧额顶叶网络涉及表征身体自我和理解他人，与抽象自我表征联系在一起，这种抽象的自我表征能力使个体能够进行自我参照加工和理解别人的心理状态（Molnar-Szakacs & Uddin, 2013；Uddin et al., 2005, 2006, 2007）。镜像神经元系统使得人们可以很好地理解自我和他人的物理属性，包括理解其他动物和有意图的行为者（intentional agent）的物理行为。默认网络使得理解他人复杂的心理状况成为可能，比如，通过自己所持有的态度来推测别人的态度。

默认网络和镜像神经元系统是功能连接的，并在社会认知过程中动态地进行互动。基于模拟的表征支持概念性表征，允许人们在不同的社会背景下理解自己和其他人。通过这两个系统不同的连接模式，默认网络的一些区域与镜像神经元系统的一些区域相连，共同服务于自我相关和社会认知的需求（吴金峰等，2015）。

Georgieff 和 Jeannerod（1998）使用 PET 技术发现，分析与观察自我和他人的行为所激活的脑区存在重叠。Buccino 等（2001）的研究发现，个体在观察他人动作时，与自我有关的脑区会被激活，这就使得个体更容易模仿他人行为。这一神经活动的激活也促进了个体的共情感知系统，从而使得亲社会行为产生。镜像神经元为自我和他人之间的联系提供了重要的生理基础。Kang 等（2010）的研究发现，亲密度会调节自我-他人的重叠程度，相比于观察陌生人犯错误，当观察亲密的人犯错误时，个体的前扣带皮层的激活程度更大。

二、心理方面

（一）儿童的认知发展

婴儿的自我发展经历了一个过程，随着年龄的增长而不断发生变化。很小的婴儿并没有感觉到他们自己是独立的个体，他们不会认出照片或镜中的自己。在18—24 个月大的时候，婴儿至少已经发展出对他们自己身体特征和能力的觉知，而且了解到他们的外表是稳定的。学龄前儿童对自我的本质很好奇，学龄前儿童对自己的看法也受其所处社会文化的影响。例如，东方文化中的儿童大多具有集体主义取向，强调互依性。这类儿童倾向于把自己看作大的社会网络中的一部分，他们处在社会网络的中间，与他人相互联系并对他人负有责任。相反，西方文化中的儿童大多具有个体主义取向，这种取向强调个人认同以及个体的独立性。他们更倾向于把自己看作独立和自主的个体，与他人竞争稀缺资源。结果，西方文化中的儿童更多关注把自己同他人区分开来，使得他们拥有与众不同的方面。

随着年龄的增长，儿童中期的个体不仅要努力掌握学校要求学习的大量知识，还要找到自己在社会中所处的位置。儿童中期的个体一直在努力地理解自己。他们不再从外部的身体特征来看待自己，而是开始更多地从心理特质来看待自己。根据 Erikson（1963）的观点，儿童中期的个体努力寻找自己能够成功地实现"勤奋"的领域。而当他们长大一些，儿童开始发现自己可能擅长某些事情而不擅长另一些事情。

青少年新近发展出来的元认知能力使得他们很容易想象别人正在思考着自己，并且他们还能够想象到别人思维的细节。这同样也是占据青少年思维主导地位的自我中心主义的来源。青少年自我中心主义是一种自我热衷的状态，他们认为全世界都在注意着自己。具有自我中心主义的青少年对权威，如父母、教师等充满了批判精神，不愿接受批评，并且很容易指出别人行为中的错误。

（二）心理理论

婴儿在很小的时候就开始理解某些关于他们自己和他人心理过程的事情，其心理理论随年龄的增长而不断发展。研究表明，儿童的心理理论能力在3—5岁发生了巨大的变化。Flavell（1986）认为，3岁儿童仅仅能够明白事物的一种解释或者表征，他们不能同时理解同一事物相互矛盾的两种表征。4岁之后，儿童才开始明白一个事物可以同时用外表和本质来表征。此时的儿童获得了区分外表和本质的能力。对于错误信念的理解与此类似，4岁之后的儿童才认识到他人可能拥有和事实不一样的错误信念。因此，研究者普遍认为，4岁是心理理论发展的转折点及关键期。4—5岁儿童能够逐渐成功完成错误信念任务，这意味着他们心理理论能力的形成。到了5岁，儿童的心理理论能力已处于较为成熟的水平。

除了对3—5岁儿童心理理论的研究外，该领域的研究也逐渐扩大了年龄范围，对3岁以前儿童心理理论的发生问题及5岁以后直至成年甚至老年阶段个体心理理论的发展规律等都进行了大量研究。Wellman等（1990）在儿童的早期对话中找到了关于错误信念认识的前兆，并将心理理论的发展划分为三个阶段：愿望心理学（2岁）、信念-愿望心理学（3岁）和信念心理学阶段（4岁）。他们认为，2岁左右的儿童知道自己所想要的未必总能得到满足，他们已经能够将愿望和事实区分开来，并且了解到特定愿望并不为每个人所共有，即愿望是主观的。也有相当多的研究聚焦于婴儿和他人共同注意的能力、早期生活经验以及假装游戏对儿童心理理论的发生发展的基础和促进作用。例如，桑标等（2004）的研究深入探讨了心理理论的发生发展机制问题，以领域一般性和领域特殊性相统一的观点为指导，考察了假装游戏包括假装中的想象成分对心理理论发展的影响。

在心理理论发展的关键期问题上，研究者一直存在争议。最初很多研究表明，4岁之后的儿童才普遍具有了错误信念理解的能力。但越来越多的研究表明，儿童在3岁甚至3岁以前就已经具备了一定的心理理论能力，只是因为任务情境及测量方法等原因而没有能够表现出来。比如，如果以眼睛注视方向作为指标，2岁11个月的儿童也能做出正确反应（Clements & Perner，1994）。儿童在错误信念任务上的行为表现是否能够代表儿童内在的认知，这一问题一直备受瞩目。另外，心理理论研究中所表现出的任务特殊性及巨大的个体差异也支持了心理理论不仅以一般认知为基础，同样具有领域特殊性的特点。心理理论在发展的同时，儿童的自我认知也会不断发展，其对于自我-他人重叠的认识也会发生变化。

自我与他人的关系在个体发展的不同阶段表现出不同的形式。婴儿时期的自我-他人重叠表现为自我-客体表征，这时的他们需要一定时间来区分自我与母体，对他人概念还比较模糊。进入儿童时期，个体的认知能力不断提升，具备了一定的模仿能力，能同时表征自我和他人的心理状态，这对其融入群体和加速个体社会化具有重要作用。当经历过青年时期的自我认同后，成年早期的个体会面临建立亲密关系的成长任务，关系由疏转亲，即自我与他人开始由分转合。

三、社会文化方面

人类最重要的共同点就是有学习和适应的能力，演化使人类有能力在变幻莫测的世界里创造性地生存下来，并能适应各种环境。与昆虫、鸟类或兽类相比，自然对人类基因的控制并没有那么严格。然而，正是人类共有的生理基础使得我们具有文化上的多样性。进化心理学也承认社会环境的影响，认识到先天属性和后天养育共同塑造了人类。基因并不能决定一切，它们的表达还依赖于环境的影响。人类能在自然选择中胜出，不仅在于发达的大脑和强壮的肌肉，而且文化也在起作用。我们来到这个世界上就已做好了准备，要学习语言、与人交往、与人合作以获取食物、照料小孩和保护自己。因此，不论我们出生在何种文化背景下，自然都使得我们更易习得此种文化。

人们普遍认可，文化是用来解决协调问题的集体建构物。为确保面临协调问题的个体能够做出为相关各方带来最优结果的共同决定，人类社会发展出几种主要的社会控制机制类型。最基本的类型是相互监督。通过非正式的面对面沟通，相关各方就某些共同观念和惯例达成一致，对那些持有违背性观念或行为模式的各方来说，不同形式的排斥会对他们加以制止。个体还可能会内化并认同这些观念和惯例。在这种情况下，共享的观念和惯例是解决复杂协调问题的文化机制（Fiske，2000）。根据 Heylighen 和 Campbell（1995）的观点，在人类社会中，通过遵守者的传播和内化而散播的观念的确常常是社会控制的主要机制。当社会控制的文化模式失效，这一体系可能会依赖其他社会控制机制，如市场机制等。在解决复杂协调问题的过程中，文化起到社会控制功能，但若想成功地解决复杂协调问题，还需协调计划和行动。文化除去被用作社会控制机制外，还可以提供共享的、标准的操作程序（Triandis，1996）。就这个意义而言，通过文化，个体得以建构他们经历的共享表征，并协调他们的计划和行动。

文化还能够适应制度上和历史事件中的变化。当支撑一个文化的制度和历史条件发生变化时，文化也会随之改变。若制度环境发生改变，原有的认知和行为倾向可能不再适用，并最终被其他适应新的制度环境的倾向所取代。

在社会认同理论中，群体的一些核心特征决定了群体的属性。文化群体的一个决定性特征是这个文化群体中成员共享的知识传统。这一观点具有几个重要的理论内涵。首先，当归属某一群体的需要被激活时，那些强烈认同自己的内群体的人愿意坚持该群体共享的文化传统，并认为自己具有与文化传统有关的特质。当人们意识到他们与其他内群体成员不同或与某个外群体的成员没有什么区别时，他们归属内群体的需要会更加强烈（Brewer，1991；Pickett & Brewer，2001）。其次，当被提醒到自己的文化传统时，人们往往将自己视为群体中的一员而不是独立的个体。最后，认同自己文化的人往往认可那些定义其文化传统的主要价值观，而不认同自己文化的人可能不认可这些价值观。例如，有研究认为，奥巴马在总统竞选中以希望、社会包容和变革为承诺，其竞选成功对非裔美国人产生了很大的影响。在奥巴马竞选总统期间及以后，大众媒体对美国国内的种族间态度和种族进步进行了广泛讨论，普通白人民众对黑人的偏见随之逐渐减少。奥巴马当政时期，美国选民及美国以外的民众，对奥巴马的人格魅力和"劫富济贫"的政策主张产生了前所未有的信赖，即产生了"奥巴马效应"。在奥巴马当政期间，接受种族自豪感社会化信息的非裔美国人不仅在学业上获得了更大的成就，还获得了更高的自尊水平，而且更会利用策略来应对歧视。接受种族自豪感社会化信息的非裔美国人产生了更多的自我-他人重叠。奥巴马及其采取的一系列政策增加了自我和他人的心理表征之间的重叠，非洲裔美国人更可能把自己和其他人看作一个更大整体的一部分。奥巴马的竞选成功促进了种族自豪感的提升，奥巴马作为一个积极的榜样激发了非裔美国人的积极情绪，引导人们扩大自我意识，将自我的范围扩大到他人（Ong et al.，2016）。

第五节　自我-他人重叠的相关研究

前人关于自我-他人重叠的研究，主要涉及观点采择、人际交往、亲密关系、助人行为及社会偏见等变量。

一、自我-他人重叠与观点采择

Mead 和 Schubert（1934）提出了"角色采择"（role-taking）概念，认为角色采择是自我发展的社会互动过程，个体进行角色采择后，会站在对方立场想象他们对待周围人或事的想法，从而形成自我概念。儿童对他人的概念形成通常经过玩耍、游戏和泛化三个阶段，随着认知能力的发展，儿童在与他人交往中不断形成自我意识和评价。到 20 世纪 70 年代，研究者逐渐用"观点采择"来替代"角色采择"。

Miller 等（1970）认为，观点采择是一种人际互动的过程，在这个过程中，人们可以了解或确定其他人的某种特性。Rubin（1978）认为，观点采择是一种将他人的观点和自己的区分开来的社会认知过程，包括三个方面的基本特性：一是独立于刺激输入之外；二是需要把两种以上的心理成分联系在一起；三是需要对自我进行控制。丁芳（2002）强调观点采择是个体能理解他人的思想、愿望、情感等的能力。程利国和林彬（2003）认为，观点采择最重要的因素是思维视角的转换，并在此基础上与人沟通，然后将自我和他人的思想、特征、观点进行比较并做出准确的推论，最后采纳别人的观点。余宏波和刘桂珍（2006）把能站在他人角度推论他人心理活动，以及理解他人思想或情感的认知能力称为观点采择能力。

Wang 等（2014）的研究发现，观点采择能增强群际交流的意愿，并通过与外群体成员的交流来促进社会关系融洽发展。Gaesser 和 Schacter（2014）认为，人们会出现助人行为的部分原因是个体能体会到对方的想法或感受，其研究发现，与控制组相比，不论是想象帮助情境（情节模拟组）还是回忆助人经历（情节记忆组），都能诱发个体的帮助意愿，这说明情节模拟和情节记忆增强了被试的助人意愿。孙炳海等（2010）的研究发现，进行情感观点采择后教师的共情水平显著高于进行认知观点采择后和技术观点采择后的教师。Oswald（1996，2002）的研究发现，与认知观点采择相比，情感观点采择能引发被试更强的助人意愿。

有研究发现，自我与他人的重叠程度越高，个体越容易对他人进行观点采择。观点采择会激活个体的自我概念，使个体从他人的角度来分析和思考问题，从而促进个体对他人的感知，发现自我与他人之间的相似性，使两者间的关系更加巩固（钟毅平等，2015）。有研究发现，进行观点采择后，个体会知觉到自我与目标对象有更多的相似之处（Myers et al., 2014）。同时，观点采择能有效地引起个体的共情，并促使个体倾向于自我牺牲，表现出助人行为（Hoffman，2001）。因此，观点采择是影响自我-他人重叠对助人行为作用的重要因素，而不同类型的观点采择在其中所起的作用是不同的。

观点采择通过自我-他人重叠作用，使群际关系得到改善，个体将积极的自我投射到对他人的评价中，并且这种积极的投射存在于内外群体中。Myers 和 Hodges（2012）的研究发现，自我-他人重叠得分能显著预测个体对他人情绪状态的理解程度，重叠程度越高，理解得越精确。这表明，自我-他人重叠程度越高的个体，越能准确地理解他人的情绪状态和心理活动。

二、自我-他人重叠对人际交往的影响

人与人在交往过程中会建立直接的心理上的联系，通常称为人际交往，包括亲属关系、朋友关系、同学关系、同事关系、师生关系等。人是社会性动物，每个人均有其独特的认知、情绪情感、行为模式和价值观，人际交往对个体的情绪、生活、工作会产生较大的影响，甚至会对组织氛围、组织沟通、组织运作、组织效率产生极大的影响。

在西方社会，关系是最稀缺的商业资源。而在东方哲学里，关系就是生产力。关系是一个很庞杂的概念，也是一个很复杂的社会现象。作为社会性的个体，生活处处离不开人际交往，人际交往与个体的生活和工作都是密切相关的，因而关系显得尤为重要。研究者曾以各种不同的理论建构来表述这种基本关系。在心理学研究中，何友晖和彭泗清将其称为关系取向（relational orientation）。关系取向反映了儒家传统文化中社会行为的基本特征，且对人们的社会行为有着重要的作用，反映了人们非常重视社会关系。他们将这种从关系出发的思想方法称为方法论的关系论（何友晖，彭泗清，1998）。

Goffman（1961）提出了社会和经济交易的概念，认为人群中的人际关系分为社会（social）关系和经济交易（economic exchange）关系。例如，家庭成员间的关系、热恋情侣间的关系即为典型的公共共享关系，这种关系间的成员互不计较得失，付出并非为了期待回报，而是为彼此着想。然而，对于经济交易关系间的个体来说，他们的付出是为了得到回报或者期待着回报，典型的如商业合作伙伴关系。

Clark 和 Mills（1979）在前人的基础上提出了共享和交易关系（communal and exchange relationship）的概念。他们认为，人们之间交换的利益并非都涉及金钱或者经济交易，任何交换的对接收方有用的都可称为收益、利益。因此，用交易关

系代替经济交易更为合适。在这样的关系中，一方的付出是为了回报或者期待对方回报。而对于共享关系中的成员，他们需要考虑大家的福利，因此，用共享关系来代替前人所说的社会关系更为恰当。处于共享关系中的个体，他们付出的动机纯粹是出于关心、爱护，如父母对孩子的付出。Clark（2011）认为，这种共享关系对于种族延续具有重大意义。

随着人际关系取向研究的进一步开展，学者发现个体之间也存在关系取向的差异，并将其作为一种人格特质进行测量与研究（Mills et al., 2004）。Erber 与 Gilmour 在 2013 年出版的论文集《人际关系的理论框架》（*Theoretical Frameworks for Personal Relationships*）中发表了测量这两种关系取向的量表。他们认为，个体间存在关系取向的差异，有些人倾向于共享关系取向，付出并不期待回报，有些人则倾向于交易关系取向，总是为获得某些利益而付出，这两者之间的差异可以通过量表测量出来。

根据前文对自我-他人重叠概念的界定，不同研究者对自我-他人重叠概念界定的侧重点存在差异，具有多样性，同时其存在一个共同点，那就是都认为自我-他人重叠是在个体与他人的人际交往中随着时间的推移和关系的亲密化而不断发展起来的，在一定条件下，自我-他人重叠的程度会越来越高。

那么反过来，我们会思考：当自我-他人重叠发展到一定程度，或者说达到高自我-他人重叠，能不能促进个体的人际交往，维护并巩固个体的社会关系呢？前人从自我-他人重叠这一概念的视角来研究人际关系，发现当个体感知到自我与目标他人的关系越亲密且两人越相似，即出现高程度的自我-他人重叠时，个体越能及时、准确地理解交往中他人的心理意图和情绪状态。研究还发现，对于高重叠组而言，由于与高重叠对象的亲密程度非常高，无论个体属于哪种人际关系取向类型，当对方身处困境时，其都会非常真心地帮助对方度过当前的困难处境。然而，对于低重叠组而言，个体之间的亲密程度不够高，因而其并不会像高重叠对象那样全心全意地帮助对方。如果受助者是与我们关系亲密且有高度重叠（相似）的人，我们会尽力给予帮助；如果对方只跟我们有一面之缘，或者有过简单的接触，我们在给予帮助时或许不会全力以赴（刘琴，2016）。

三、自我-他人重叠对亲密关系的影响

人与人之间终生的相互依赖，使得人际关系成为我们生存的核心。开天辟地以来世界就存在着吸引，如男人与女人之间的相互吸引，我们应该为每个人与生

俱来就拥有它而心存感激。亚里士多德将人称为"社会性动物"（亚里士多德，2012）。确实，我们有一种强烈的归属需要——与他人建立持续而亲密的关系的需要。爱情不仅仅是一种选择的体验，其实更是一种生物性的驱使。从根本上说，人是社会性动物，注定要和他人联系在一起。

亲密关系概念的提出和完善经历了一个漫长的过程。早期的研究者 Kelley 等（1983）认为，亲密关系是指双方彼此相互影响，互相依赖。如今，影响最大的是 Kirchler 等（2001）提出的亲密关系概念：建立在两个独立个体（通常是异性）之间信任基础上的社会合作，或是通过妥协使得具有不同目标的个体为实现他们共同目标而建立起来的关系即为亲密关系。亲密关系的概念从人物构建上有广义和狭义之分：广义的亲密关系强调关系双方的相互依赖程度，可以是情侣关系、夫妻关系等；狭义的亲密关系仅指情侣关系和夫妻关系。亲密关系的成分很复杂，Kirchler 等（2001）认为，默契、高依赖性、高承诺、高亲密感、不可替代感是亲密关系的区分性特点。但最为研究者认可的六个方面是关怀、信任、理解、互动、信任和承诺（Brehm，1992）。

心理学家 Sternberg（1988）认为，爱情是一个三角形，这个三角形的三边（不等长）分别是激情、亲密和承诺。根据古代哲学和古代文学的有关观点，社会学家 Lee（1988）、心理学家 Hendrick S 和 Hendrick C（1993）确认了爱情的三种基本形式——情欲之爱（充满自我展露的、浪漫激情的爱）、游戏之爱（视爱情为无须负责的游戏），以及友谊之爱（如友谊般的感情）——它们就像三原色一样，组成不同种类的次级爱情形式。有的爱情，如情欲之爱和友谊之爱相结合，能够预测较高的关系满意度；而有的爱情，如游戏之爱，则能够预测较低的关系满意度。

激情之爱是动人的、兴奋的、强烈的爱。Hatfield（1988）把激情之爱界定为"强烈渴望和对方在一起的一种状态"。对满怀激情之爱的一方而言，如果对方对自己的热情做出了回应，那么他就会感到满足而快乐；如果对方对自己的热情没有做出回应，那么他就会觉得空虚而绝望。就像其他激动的情绪一样，激情之爱也包含着情绪的急转突变，忽而兴高采烈，忽而愁容满面；忽而心花怒放，忽而伤心绝望。当个体不但是在爱恋着某人，而且深陷其中难以自拔时，那种感受就是激情之爱。

尽管激情之爱可以热火朝天，但最终还是会平静下来。一段关系维持的时间越长，它所引发的情绪波动就会越少。浪漫爱情的高峰期可能会持续几个月甚至一两年，但从来没有一种高峰期可以永久地维持下去。那种新奇感，对对方的强烈迷恋，激动人心的浪漫，那种令人眩晕的"浮在云端"的快感，总会逐渐消逝。结婚两年的夫妻所报告的情感体验比他们新婚时报告的情感体验少了一半以上。在世界范围内，结婚四年之后夫妻的离婚率是最高的（Hatfield，1988）。如果一段亲密的感情能够经受住时间的考验，那么它就会最终成为一种稳固而温馨的爱情，Hatfield称之为"伴侣之爱"（Hatfield，1988）。与激情之爱中狂热的情感不同，伴侣之爱相对平和。它是一种深沉的情感依恋，就如同真实生活一样。

个体可能比别人更了解自己男/女朋友的缺点，有些人会为其男/女朋友的缺点辩解，有些人则不会，那么这是为什么呢？Thai和Lockwood（2015）认为，是否保护伴侣不受其他人比较的负面影响取决于他们将自己和伴侣看作一个单位的程度，即自我-他人重叠程度。高自我-他人重叠的人试图保护他们的伴侣，并通过将其伴侣受比较的特质最小化来降低其影响。在不利的比较中，人们依然对其伴侣保持积极的看法，这对关系的维持有积极的作用。将伴侣和他人进行比较会对亲密关系产生较大的影响。低自我-他人重叠的人很难在其伴侣遇到威胁时保持积极的知觉，所以这可能是亲密关系产生冲突的重要原因之一。例如，恋爱中，男性可能会遇到女朋友的各种考验，如"我和你前女友比，谁更漂亮？"如果根据问题表面意思回答，很可能会对亲密关系产生不利影响，女朋友更关注的是对方和自己是否站在同一个立场，而不是比较的结果。

四、自我-他人重叠对助人行为的影响

助人行为是最重要的亲社会行为之一，是个体社会化过程中的结果，能够有效地反映个体与他人的交往关系。一般来说，助人行为指的是个体愿意付出努力来改善他人困难处境的行为。

不同的理论流派对助人行为产生的因素进行了不同的解释。

进化心理学认为，人们不仅可以通过他们自己的孩子，还可以通过他们血亲的孩子来增加基因遗传的机会，因为一个人的亲属的基因中有部分他的基因，那个人越能确保亲属的生存，那么他的基因在未来世代兴旺的可能性就越大。此外，进化心理学家还提出互惠规范的概念，即我们期望帮助他人能够提高对方将来帮助我们的可能性。在人类进化的过程中，一群完全自私、各自住在自己洞穴中的个体，比那些学会合作的群体难以生存得多。当然，如果人们太易于合作，他们可能会被那些从不回报的对手剥削。据此推论，最有可能生存的是那些和他们邻居发展出互利默契的人，也就是说，个体现在会帮助某个人，而当他自己也需要

帮助时，对方也要以帮助自己作为回报。因为其生存价值，这一互惠规范可能成为遗传的基础。

与进化心理学不同的是，社会交换理论不把这一动机追溯到人类的进化根源，也不假设这一动机源于基因。社会交换理论假设，就像人们在经济市场上试图使金钱的获利最大化或使损失最小化一样，人们在和他人的关系中试图使社交付出/回报的比例最大化。助人行为可以通过多种方式获取回报。像我们在互惠规范中看到的，助人可以提高某人将来帮助我们的可能性。帮助某人是对未来的一种投资，社会交换就是某天某人会在我们需要的时候帮助自己。助人还可以减轻旁观者的压力。相当可观的证据表明，当人们看见他人受难的时候，其也会被唤醒和困扰，而当他们助人的时候，至少部分原因是为了减轻自己的痛苦（Hein et al., 2010; Wang et al., 2020）。

移情与利他主义则认为，人们常常纯粹出于善心而助人，人们有时出于自私的理由帮助他人，如减轻他们看见另一个人受难时的痛苦。但人们的动机有时是纯粹的利他主义，他们的唯一目的就是帮助其他人，即使做这些事会使他们自己付出某些代价。纯粹的利他主义是可能发生的，当人们对需要帮助的人产生移情的时候，会将自己置于他人的位置，并以那个人的方式体验事件和情绪。

对大学生的研究发现，自我-他人重叠程度对大学生的助人行为有显著影响。自我-他人重叠程度越高，大学生的助人行为越明显，主要表现为助人时间更长，助人意愿更大（钟毅平等，2015）。Myers等（2013）的研究指出，自我与目标他人的重叠程度越高，个体会产生更高的情感认同和更多的帮助。

国内学者考察了自我-他人重叠对助人行为和观点采择的作用，结果表明，自我-他人重叠程度越高，助人行为越明显，且观点采择起到了重要的调节作用。个体观点采择能力的增强能促进同理心的产生，有效提高社会交往能力的发展，从而使个体更倾向于表现出助人行为（钟毅平等，2015）。自我-他人重叠有助于一系列亲社会行为的产生。关于自我-他人重叠与认知共情的研究还发现，若观察到亲人、密友或恋人处于负性情绪状态，人们能更精确地理解他们的感受，并有效地给予他们更高的情感认同和更多的帮助；但当共情对象为陌生人时，人们的情感认同和帮助意愿可能显著降低。大量的研究表明，自我-他人重叠会导致一系列亲社会行为，尤其是助人行为的产生（占友龙等，2014）。

五、自我-他人重叠对社会偏见的影响

偏见不同于刻板印象和歧视，偏见是对一个群体及其成员负面的预先判断。负面评价是偏见的标志，通常源自刻板印象的负性信念。社会偏见是指普遍存在于人际社会交往过程中的、人们基于非客观或非真实的认识而对他人或其他群体产生的消极态度和情绪指向。

目前无法确定偏见是不是由我们的生物性决定的？偏见可能是天生的，我们的一种基本生物求生机制导致我们偏袒自己的家人、部落或种族，而对外人更多地表现出敌意。相反，身为人类的我们也可能不同于那些较低等的动物，或许我们的天性是友善的、开放的、乐于合作的。如果事实真如此般，偏见就不可能是天生的，而可能是文化（如父母、社区、媒体）有意无意地引导我们把负面特质归因于和我们不同的人身上。

尽管社会心理学家不同意人类生来就是带有偏见的，但是他们大多数会同意以下观点，即一些具体的偏见一定是习得的。但即使是那些在幼年时期从父母身上学习一些偏见的个体，他们在成年后也未必会继续持有这些偏见。实际上，研究者在探讨父母及其成年子女在态度和价值观上的相似程度时，发现了一种非常有趣的模式。他们发现，持有平等态度和价值观的父母所养育的子女也是如此，而持有偏见态度和价值观的父母所养育的成年子女与他们持有相同观点的人数较少。为什么会如此？我们的猜测是，这种差异的发生是因为整体文化比有偏见的父母更讲求平等。因此，这些父母的子女在离家（如上大学）后会比较容易接触到不同的观念，同时，他们显然受到了教育的影响。

以往研究对偏见起因的首要解释是，它是我们处理和整合信息的时候不可避免会产生的副产品，换句话说，它是人类社会认知的黑暗面。我们倾向于将信息进行分类与组合，形成一些架构，并用它们来解释新的或不寻常的信息，依赖潜在的不准确的判断法则（心理推论的捷径），以及依赖往往有误的记忆过程等，社会认知的所有这些层面都能导致我们形成消极的刻板印象。

已有研究证实：自我-他人重叠对个体心理与行为具有积极的意义，如有利于减少内群体成员间的社会偏见。自我-他人重叠意味着个体在人际交往中对他人产生了认同，并且将表征他人的内容纳入对自我的表征中，结果就是个体将与自己相似的他人，即产生重叠的他人视为"内群体"的成员，而将其他不产生重叠或者说重叠程度极低的个体视为"外群体"，这种对内、外群体的区分使得个体总

是自然而然地倾向于内群体，如此，由于个体自身与重叠的他人产生了共同点，或者说处于同一个群体中，出于个体维护自尊的需要，个体对其所在群体以及群体中成员的社会偏见自然就减少了。

不得不指出的是，自我-他人重叠在一定程度上可以减少内群体成员间的社会偏见，而对于外群体而言，这种社会偏见是有可能增强的。个体会在肯定内群体成员的同时对外群体成员做出负面的评价，以维护内群体的自尊和自我的自尊。

参 考 文 献

程利国，林彬.（2003）. 皮亚杰建构主义动力学模型及其对素质教育的启示. *福建师范大学学报（哲学社会科学版）*,（3），122-127.

丁芳.（2002）. 论观点采择与皮亚杰的去自我中心化. *山东师范大学学报（人文社会科学版）*,（6），111-113.

何友晖，彭泗清.（1998）. 方法论的关系论及其在中西文化中的应用. *社会学研究*,（5），36-45.

孔繁昌，张妍，陈红.（2010）. 自我-他人表征：共享表征还是特异表征？*心理科学进展*,（8），1263-1268.

孔繁昌，张妍，周宗奎.（2014）. 自我-他人表征的发展特征与研究范式. *苏州大学学报（教育科学版）*, 2（3），48-54.

里赫曼.（2005）. *人格理论*（8版）. 高峰强，陈英敏，王美萍，等译. 西安：陕西师范大学出版社.

刘琴.（2016）. *不同人际关系取向下自我-他人重叠对助人行为的影响*. 博士学位论文，南京师范大学.

罗西.（2014）. *重要他人对自我-他人重叠的影响：因为重要还是因为亲密*. 硕士学位论文，湖南师范大学.

罗骏章.（2014）. *信任违背对自我-他人重叠的影响*. 硕士学位论文，湖南师范大学.

桑标，马丽雳，邓赐平.（2004）. 幼儿心理状态术语的运用与心理理论的发展. *心理科学*,（3），584-589.

孙炳海，黄小忠，李伟健，叶玲珠，陈海德.（2010）. 观点采择对高中教师共情反应的影响：共情倾向的中介作用. *心理发展与教育*,（3），251-257.

吴金峰，汪宇，陈红，黄俊锋.（2015）. 从自我到社会认知：默认网络和镜像神经元系统. *心理科学进展*, 23（10），1808-1817.

亚里士多德.（2012）. *西方经典阅读系列：政治学*. 姚仁权译. 北京：北京出版社.

杨国枢，陆洛.（2009）. *中国人的自我：心理学的分析*. 重庆：重庆大学出版社.

杨宜音.（1999）. 自我与他人：四种关于自我边界的社会心理学研究述要. *心理科学进展*,（3），58-62.

杨中芳. (1991). 由中国"社会心理学"迈向"中国社会心理学"——试图澄清有关"本土化"的几个误解. 社会学研究, (1), 32-38.

叶浩生. (2016). 镜像神经元的意义. 心理学报, (4), 444-456.

余宏波, 刘桂珍. (2006). 移情、道德推理、观点采择与亲社会行为关系的研究进展. 心理发展与教育, (1), 113-116.

占友龙, 谭千保, 钟毅平. (2014). 自我-他人重叠对认知共情的影响: 认知策略的调节作用. 心理研究, (6), 43-47.

张洪, 王登峰, 杨烨. (2006). 亲密关系的外显与内隐测量及其相互关系. 心理学报, 38(6), 910-915.

钟毅平, 杨子鹿, 范伟. (2015). 自我-他人重叠对助人行为的影响: 观点采择的调节作用. 心理学报, (8), 1050-1057.

Aron, A., Norman, C. C., & Aron, E. N. (1998). The self-expansion model and motivation. *Representative Research in Social Psychology, 22*, 1-13.

Aron, A., Aron, E. N., Tudor, M., & Nelson, G. (1991). Close relationships as including other in the self. *Journal of Personality and Social Psychology, 60*(2), 241-253.

Batson, C. D. (1997). Self-other merging and the empathy-altruism hypothesis: Reply to Neuberg et al. (1997). *Journal of Personality and Social Psychology, 73*(3), 517-522.

Brehm, S. S. (1992). *Intimate Relationships.* New York: McGraw-Hill.

Brewer, M. B. (1991). The social self: On being the same and different at the same time. *Personality and Social Psychology Bulletin, 17*(5), 475-482.

Buccino, G., Binkofski, F., Fink, G. R., Fadiga, L., Fogassi, L., Gallese, V., ... Freund, H. J. (2001). Action observation activates premotor and parietal areas in a somatotopic manner: An fMRI study. *European Journal of Neuroscience, 13*(2), 400-404.

Cialdini, R. B., Brown, S. L., Lewis, B. P., Luce, C., & Neuberg, S. L. (1997). Reinterpreting the empathy-altruism relationship: When one into one equals oneness. *Journal of Personality and Social Psychology, 73*(3), 481-494.

Clark, M. S. (2011). Communal relationships can be selfish and give rise to exploitation//R. M. Arkin(Ed.), *Most Underappreciated: 50 Prominent Social Psychologists Describe Their Most Unloved Work*(pp. 77-81). New York: Oxford University Press.

Clark, M. S., & Mills, J. (1979). Interpersonal attraction in exchange and communal relationships. *Journal of Personality and Social Psychology, 37*(1), 12-24.

Clements, W. A., & Perner, J. (1994). Implicit understanding of belief. *Cognitive Development, 9*(4), 377-395.

Davis, M. H., Conklin, L., Smith, A., & Luce, C. (1996). Effect of perspective taking on the cognitive representation of persons: A merging of self and other. *Journal of Personality and Social Psychology, 70*(4), 713-726.

De Haan, M., & Nelson, C. A. (1999). Brain activity differentiates face and object processing in 6-month-old infants. *Developmental psychology, 35*(4), 1113-1121.

Decety, J., & Chaminade, T. (2003). When the self represents the other: A new cognitive neuroscience view on psychological identification. *Consciousness and Cognition, 12*(4), 577-596.

Erber, R., & Gilmour, R. (2013). *Theoretical Frameworks for Personal Relationships.* New York: Psychology Press.

Erikson, E. H. (1963). Eight ages of man//E. H. Erikson(Ed.), *Childhood and Society*(pp. 247-274). New York: Nortonand Company.

Fiske, A. P. (2000). Complementarity theory: Why human social capacities evolved to require cultural complements. *Personality and Social Psychology Review, 4*(1), 76-94.

Flavell, J. H. (1986). The development of children's knowledge about the appearance-reality distinction. *American Psychologist, 41*(4), 418-425.

Gaesser, B., & Schacter, D. L. (2014). Episodic simulation and episodic memory can increase intentions to help others. *Proceedings of the National Academy of Sciences, 111*(12), 4415-4420.

Gallagher, S. (2001). The practice of mind: Theory, simulation or primary interaction? *Journal of Consciousness Studies, 8*(5-6), 83-108.

Gallagher, S. (2007). Simulation trouble. *Social Neuroscience, 2*(3-4), 353-365.

Gallese, V., & Goldman, A. (1998). Mirror neurons and the simulation theory of mind-reading. *Trends in Cognitive Sciences, 2*(12), 493-501.

Gallese, V., Fadiga, L., Fogassi, L., & Rizzolatti, G. (1996). Action recognition in the premotor cortex. *Brain, 119*(2), 593-609.

Georgieff, N., & Jeannerod, M. (1998). Beyond consciousness of external reality: A "who" system for consciousness of action and self-consciousness. *Consciousness and Cognition, 7*(3), 465-477.

Goffman, E. (1961). *Asylums: Essays on the Social Situation of Mental Patients and Other Inmates.* New York: Doubleday Anchor.

Goldstein, N. J., & Cialdini, R. B. (2007). The spyglass self: A model of vicarious self-perception. *Journal of Personality and Social Psychology, 92*(3), 402-417.

Gusnard, D. A., & Raichle, M. E. (2001). Searching for a baseline: Functional imaging and the resting human brain. *Nature Reviews Neuroscience, 2*(10), 685-694.

Hatfield, E. (1988). Passionate and companionate love//R. J. Stenberg, & M. L. Barnes(Eds.), *The Psychology of Love*(pp. 191-217). New Haven: Yale University Press.

Hendrick, S. S., & Hendrick, C. (1993). Lovers as friends. *Journal of Social and Personal Relationships, 10*(3), 459-466.

Hein, G., Silani, G., Preuschoff, K., Batson, C. D., & Singer, T. (2010). Neural responses to ingroup and outgroup members' suffering predict individual differences in costly helping. *Neuron, 68*(1), 149-160.

Heylighen, F., & Campbell, D. T. (1995). Selection of organization at the social level: Obstacles and facilitators of metasystem transitions. *World Futures: Journal of General Evolution, 45*(1-4), 181-212.

Hoffman, M. L. (2001). *Empathy and Moral Development: Implications for Caring and Justice.* Cambridge: Cambridge University Press.

Kang, S. K., Hirsh, J. B., & Chasteen, A. L. (2010). Your mistakes are mine: Self-other overlap predicts neural response to observed errors. *Journal of Experimental Social Psychology, 46*(1), 229-232.

Kelley, H. H., Berscheid, E., Christensen, A., Harvey, J. H., Huston, T. L., Levinger, G., ... Peterson, D. R. (1983). *Close Relationships.* New York: W. H. Freeman and Company.

Kelley, W. M., Macrae, C. N., Wyland, C. L., Caglar, S., Inati, S., & Heatherton, T. F. (2002). Finding the self? An event-related fMRI study. *Journal of Cognitive Neuroscience, 14*(5), 785-794.

Kirchler, E., Rodler, C., Holzl, E., & Meier, K. (2001). *Conflict and Decision Making in Close Relationships: Love, Money and Daily Routines.* New York: Psychology Press.

Lee, J. A. (1988). Love-styles//R. J. Sternberg, & M. L. Barnes(Eds.), *The Psychology of Love*(pp. 38-67). New Haven: Yale University Press.

Markus, H. R., & Kitayama, S. (1991). Cultural variation in the self-concept//J. Strauss, G. R. Goethals(Eds.), *The Self: Interdisciplinary Approaches*(pp. 18-48). New York: Springer.

Mead, G. H., & Schubert, C. (1934). *Mind, Self and Society.* Chicago: University of Chicago Press.

Medvene, L. J., Teal, C. R., & Slavich, S. (2000). Including the other in self: Implications for judgments of equity and satisfaction in close relationships. *Journal of Social and Clinical Psychology, 19*(3), 396-419.

Meltzoff, A. N., & Moore, M. K. (1983). Newborn infants imitate adult facial gestures. *Child Development, 54*(3), 702-709.

Miller, P. H., Kessel, F. S., & Flavell, J. H. (1970). Thinking about people thinking about people thinking about...: A study of social cognitive development. *Child Development, 41*(3), 613-623.

Mills, J., Clark, M. S., Ford, T. E., & Johnson, M. (2004). Measurement of communal strength. *Personal Relationships, 11*(2), 213-230.

Molnar-Szakacs, I., & Uddin, L. Q. (2013). Self-processing and the default mode network: Interactions with the mirror neuron system. *Frontiers in Human Neuroscience, 7*, 571.

Morton, J., & Johnson, M. H. (1991). CONSPEC and CONLERN: A two-process theory of infant face recognition. *Psychological Review, 98*(2), 164-181.

Myers, M. W., & Hodges, S. D. (2012). The structure of self-other overlap and its relationship to perspective taking. *Personal Relationships, 19*(4), 663-679.

Myers, M. W., Laurent, S. M., & Hodges, S. D. (2013). Perspective taking instructions and self-other overlap: Different motives for helping. *Motivation and Emotion, 38*(2), 224-234.

Ogilvie, D. M., & Ashmore, R. D. (1991). Self-with-other representation as a unit of analysis in self-concept research//R. C. Curtis(Ed.), *The Relational Self: Theoretical Convergences in Psychoanalysis and Social Psychology*(pp. 282-314). New York: The Guilford Press.

Ong, A. D., Burrow, A. L., & Cerrada, C. (2016). Seeing the other in the self: The impact of Barack Obama and cultural socialization on perceptions of self-other overlap among African Americans. *Social Cognition, 34*(6), 589-603.

Oswald, P. A. (1996). The effects of cognitive and affective perspective taking on empathic concern and altruistic helping. *The Journal of Social Psychology, 136*(5), 613-623.

Oswald, P. A. (2002). The interactive effects of affective demeanor, cognitive processes, and perspective-taking focus on helping behavior. *The Journal of Social Psychology, 142*(1), 120-132.

Pickett, C. L., & Brewer, M. B. (2001). Assimilation and differentiation needs as motivational determinants of perceived in-group and out-group homogeneity. *Journal of Experimental Social Psychology, 37*(4), 341-348.

Qin, P., & Northoff, G. (2011). How is our self related to midline regions and the default-mode network? *NeuroImage, 57*(3), 1221-1233.

Raichle, M. E., MacLeod, A. M., Snyder, A. Z., Powers, W. J., & Gusnard, D. A. (2001). A default mode of brain function. *Proceedings of the National Academy of Sciences, 98*(2), 676-682.

Rizzolatti, G., & Sinigaglia, C. (2010). The functional role of the parieto-frontal mirror circuit: Interpretations and misinterpretations. *Nature Reviews Neuroscience, 11*(4), 264-274.

Rizzolatti, G., Fogassi, L., & Gallese, V. (1997). Parietal cortex: From sight to action. *Current Opinion in Neurobiology, 7*(4), 562-567.

Rubin, K. H. (1978). Role taking in childhood: Some methodological considerations. *Child Development, 49*, 428-433.

Shulman, G. L., Fiez, J. A., Corbetta, M., Buckner, R. L., Miezin, F. M., Raichle, M. E., & Petersen, S. E. (1997). Common blood flow changes across visual tasks: II. *Decreases in Cerebral Cortex, 9*(5), 648-663.

Slotter, E. B., Gardner, W. L., & Finkel, E. J. (2010). Who am I without you? The influence of romantic breakup on the self-concept. *Personality and Social Psychology Bulletin, 36*(2), 147-160.

Sternberg, R. J. (1988). Triangulating love//R. J. Stenberg, & M. L. Barnes(Eds.), *The Psychology of Love*(pp. 119-138). New Haven: Yale University Press.

Thai, S., & Lockwood, P. (2015). Comparing you = comparing me: Social comparisons of the expanded self. *Personality and Social Psychology Bulletin, 41*(7), 989-1004.

Triandis, H. C. (1996). The psychological measurement of cultural syndromes. *American Psychologist, 51*(4), 407-415.

Uddin, L. Q., Iacoboni, M., Lange, C., & Keenan, J. P. (2007). The self and social cognition: The role of cortical midline structures and mirror neurons. *Trends in Cognitive Sciences, 11*(4), 153-157.

Uddin, L. Q., Molnar-Szakacs, I., Zaidel, E., & Iacoboni, M. (2006). rTMS to the right inferior parietal lobule disrupts self-other discrimination. *Social Cognitive and Affective Neuroscience, 1*(1), 65-71.

Uddin, L. Q., Kaplan, J. T., Molnar-Szakacs, I., Zaidel, E., & Iacoboni, M. (2005). Self-face recognition activates a frontoparietal "mirror" network in the right hemisphere: An event-related fMRI study. *NeuroImage, 25*(3), 926-935.

Wang, C. S., Kenneth, T., Ku, G., & Galinsky, A. D. (2014). Perspective-taking increases willingness to engage in intergroup contact. *PLoS One, 9*(1), e85681.

Wang, Y., Ge, J., Zhang, H., Wang, H., & Xie, X. (2020). Altruistic behaviors relieve physical pain. *Proceedings of the National Academy of Sciences, 117*(2), 950-958.

Weidler, D. J., & Clark, E. M. (2011). A distinct association: Inclusion of other in the self and self-disclosure. *The New School Psychology Bulletin, 9*(1), 36-46.

Wellman, H. M., Carey, S., Gleitman, L., Newport, E. L., & Spelke, E. S. (1990). *The Child's Theory of Mind*. Cambridge: MIT Press.

Woolley, J. D., & Wellman, H. M. (1990). Young children's understanding of realities, nonrealities, and appearances. *Child Development, 61*(4), 946-961.

第十章 自我欺骗

第一节 自我欺骗概述

前人将自我欺骗定义为一种简单的动机性错误信念，它是由满足自身的直接需要而发出的（Mele，1997）。有研究者将其定义为一种有动机的且与事实相悖的错误信念（Mitchell，2000）。还有研究者将自我欺骗阐述为一种有意识的动机性虚假信念，它与一个相互矛盾的无意识的真实信念同时存在。在上述概念中，自我欺骗被界定为从动机出发，在自我与外界事物中寻找有利于自我的方向。个体在持有两个同时存在且相互矛盾的信念时，若对应地为其设定两个不同的未来动机，分别决定了哪个信念能被意识到，哪个信念会被忽略，那么个体会产生自欺或不自欺两种情况。比如，在金钱奖赏面前，个体会不会因为倾向于金钱奖赏而进行自我欺骗；在考试面前，个体是否会利用条件作弊而获得好成绩（范伟等，2017）。

Von Hippel 和 Trivers（2011）在更宽泛的意义上认为，自我欺骗是指个体拥有多个关于自我的非真实信念。因此，在自我欺骗的过程中，自我欺骗者并不关心哪一个信念被意识到，而是关注欺骗的对象，也就是说，自我欺骗的必要内容是哪一个关于"自我"的信念被提取或被压抑。Trivers（2014）将自我定义为有意识的思维，当意识被蒙在鼓里时，自我欺骗就发生了。人们会从他人的行为中了解其行为意图等信息，如果不让他人了解这些信息，就无法获知其行为意图，那么最好的方式就是自己也不了解其行为意图，这样就能更好地欺骗他人，获得收益。

一些哲学家最开始认为，自我欺骗作为一个术语本身是矛盾的，从一开始就不可能实现。自我怎么能欺骗自我呢？难道这不是说我自己知道自己不知道的东西吗？要解决这种矛盾，其实很简单，那就是将自我定位为意识，所以自我欺骗发生在意识被大脑蒙在鼓里的情况下，此时真实信息和错误信息被同时存储起来，真实信息存储在无意识中，错误信息存储在意识中。真实信息被优先从意识中排除，如果大脑行动得足够快，任何真实信息都不需要存储。如果同时存储了真实信息和错误信息，我们的大脑将会有意识地存储真实信息，更好地享受意识带来的收益，而错误信息则会被排除在意识之外。我们从意识层面隐藏事实是为了更好地从外表隐藏事实，以期获益。

第二节 自我欺骗的理论背景

一、精神分析

自我欺骗很明显是矛盾的。有意识的欺骗者怎么可能同时又是无意识的被欺骗对象呢？一个人怎么可能既是故意的又是无意的，既是有意识的又是无意识的呢？这一过程明显需要对自我进行选择性监控，选择性通常被认为知道什么是需要知道的和不需要知道的。精神分析提出了一个较为容易的解决方法，认为需要一个独立的无意识成分——自我，能够有意识地欺骗有意识的个体，从而解决欺骗者和被欺骗者的区分问题（Buller & Burgoon，1998）。自我欺骗意味着某种自我监控过程，这个监控过程必须是智能的、有意识的，监控行动不一定需要理解，监控意图也不应要有知识，在自我欺骗的过程中，没有必要知道我们不应该知道什么。

Sackeim 和 Gur（1979）从精神分析角度出发，将自我欺骗看作一种防御机制，认为具有自我欺骗倾向的个体易于否认心理上有威胁的想法和感受，通过分析人们受威胁时的想法和感受的心理状况来评定其自我欺骗的程度。

二、生物进化

自我欺骗会带来什么样的生物学优势？这些优势在什么时候被认为有利于生存和繁衍？自我如何帮助人类生存和繁衍？从另一角度说，自然选择如何促进自我欺骗的机制？我们可以发现，此类机制非常复杂，且会造成巨大的代价。那么，这些机制的优势在哪儿？它们如何提高个体繁衍和遗传的成功率？

个体欺骗自己，使得自己接触不到真实信息，似乎不利于个体适应性的提高，因为真实信息对个体来说往往是有利的。那么，自我欺骗这种看似不适宜的行为，是如何发展出来并被自然选择保留至今的呢？进化生物学家 Trivers 在 Richard

Dawkins 的《自私的基因》(*The Selfish Gene*)一书的序言中提出，自我欺骗的出现是由于个体为了更好地欺骗其他个体，只要骗人的收益大于自我欺骗的损失，自我欺骗就可以不被自然选择淘汰掉。这是从个体间的角度来诠释自我欺骗的，把自我欺骗看作一种个体之间互动的策略。例如，两只猛兽相遇，尽管实际上两者的战斗力可能不相上下，但自认为强悍（即自我欺骗）的一方竖起毛发虚张声势，就容易吓跑对方（成功欺骗）。

第三节　生活中的自我欺骗

一、婚姻中的自我欺骗

自我欺骗在婚姻中的作用取决于自我欺骗的类型。积极的自我欺骗对于增强夫妻关系似乎是有益的，自我欺骗与传统上自我服务方式中的认知失调的解决方法有相反的效果。有研究发现，结婚后发生的自我欺骗行为要多于结婚前所出现的自我欺骗行为（向雅琪，2018）。

相比于他人的评价，恋人更倾向于估计彼此在一起的时间更长久，越进行高估，他们待在一起的时间会越长久。假设在一起生活长久是有益的，那么过高估计也是有益的。人们对于关系的提升存在一种偏见，即将过去的好的记忆进行增强以抑制不好的回忆。一旦对过去的事情发生了错误记忆，记忆的过程就会发生改变，关系变好的记忆会持续得更久，自我欺骗能够提升关系满意度和延长满意的持续时间。

二、偏差记忆与自我欺骗

我们可以通过扭曲记忆步骤来达到某种目的，更容易记住关于自己的积极信息，忘记消极信息，并且会随着时间的推移将消极信息转化为中性或积极信息。在上课的时候，人们认为自己的表现很糟糕，但在课后对自己的评价会更好一些，或许是产生了进步的错觉。课后人们错误地回忆其真实表现，大概是因为同样的错觉。我们这样做是为了产生一致的偏见，以支持这一系列的偏差记忆。

记忆总是以"自私自利"的方式发生扭曲。在投票中，人们会记得支持获胜的候选人，而不是真正投票选举他的人。父母通常会夸大孩子的天分和聪明程度。记忆既可以被重新塑造，也可以被人为操控，人们能不断地修改自身的记忆，也可能会影响他人的记忆。日常生活中，人们能够轻松地记得自己做过的好事，忘掉自己做过的坏事，而在回忆他人的行为时，却能描述更多的坏事。

三、性别差异中的过度自信

过度自信只有在竞争的条件下才会产生优势，但只要产生了风险和最终无利可图的行为，就会产生成本。自信是一个影响和预测个体行为的重要因素。如果其他人能够精确测量我们的自信度，那么他也能和我们做得一样好。总体来说，在许多种族中，包括人类，男性比女性更可能在过度自信中获得收益，男性的生殖潜能成功性通常会更高，男性通常对每一个后代的投资更少，因此过度自信的成功回报更高。根据 2006 年的一项相关研究，中国股票市场存在大量的过度交易，交易中男性更加频繁，且相比于女性，男性的年回报率会更大。这种性别差异反映男性更可能在经济上取得成功（谭松涛，王亚平，2006）。最近的一项研究发现，男性投资者比女性投资者更易过度自信，有着更高的换手率，但男性投资者的收益率却比女性投资者低。在控制了产品选择和其他人口特征变量后，男女投资者收益率的差异依旧显著，男性投资者的投资收益率平均比女性投资者低 24 个基点。这和人们一般认为男性更加善于投资的想法是相反的。这也就表明男性比女性更易过度自信，这导致过度交易，产生了更多的交易成本，并且降低了他们的投资收益率（高铭等，2017）。

四、药物滥用与自我欺骗

娱乐性毒品和自我欺骗显然是密切相关的。毒品具有伤害性和成瘾性。这种伤害成本必须通过合理化的思想传递给其他人。自我欺骗是使用毒品的一个前提要求，在使用之前，个体可能会存在这样一种思维，如"这种毒品物超所值"，"我头脑很清醒"，"我能一口气做完所有的事情"，然而，现实中，毒品是十分昂贵的，而且只会降低工作效率。

药物滥用会将人们的日常生活切割为药物滥用阶段和恢复阶段。这往往会将人们的人格分成两部分并陷入冲突。宿醉的自我可能与前一晚醉酒的自我相似，但醉酒的自我通常会随着时间忘记一切。很容易想象，宿醉的自我比醉酒的自我或许更有意识，因为个体在醉酒的情况下可能是享受的，希望压抑其他自我的信息，减少其他乐趣。

吸毒或药物滥用的代价不仅体现为生理上的疼痛，还体现为社会关系上的挫败，这类个体会把这种失败投射到周围人的身上，把责任推给他人、社会，从而导致身心痛苦的进一步加剧。

五、航空航天灾难中的自我欺骗

灾难的发生，小到个人，大到全球，都受到灾难的影响，而这与自我欺骗密切相关。航空航天灾难一旦发生，相关人员会立刻对其进行深入的调查分析，以寻找到原因避免悲剧重演，这也能帮助我们了解在高度控制环境下自我欺骗的成本。航空事故可能是由多方面因素导致的，自我欺骗只是其中之一。当影响因素不止一个时，我们仍然可以研究群体内的自我欺骗过程。比如，1982年的佛罗里达航空90号班机空难中，机长和副驾驶似乎无意间制造了灾难。

1982年1月13日下午，佛罗里达航空90号班机在暴风雪天气中从华盛顿国家机场起飞，准备飞往劳德代尔堡-好莱坞国际机场。它还没有飞出华盛顿特区就撞上了一座桥，降落在波托马克河，最后74人死亡，只有5人获救（Stoklosa,1983）。

当时，副驾驶员在驾驶这架飞机，从事后的录音中可以听出他的紧张。离开跑道10秒后，飞机上的仪表显示飞机的速度要比实际更快，"天呐，快看！"4秒后，"这似乎不正确，是不是？" 3秒后，"嗯，这是不对的。" 2秒后，"好吧……"然后，机长自信地说道"是的，速度有80"，这并没有使副驾驶员感到满足，"不，我认为这是不对的"。9秒后，他动摇了，"也许就是这样"。这是最后一次听到副驾驶员的声音，直到坠机前，他说，"拉里，我们在下降"，机长回应说，"我知道"。

机长拉里一直在做什么呢？除了上述提到的合理化内容外，他只讨论了一次故障问题，当失速的警告声开始响起时，飞机已经到了无法挽回的地步了。在这场事故中，机长和副驾驶员的角色完全反了，为什么当机长看到矛盾的仪表读数时仅仅只提出了一个合理化的理由？为什么当副驾驶员认为要出问题时，机长只有到了很晚的时候，才开始说话？当副驾驶员注意到系统没有正常工作时，机长却没有正面回应这个问题而是把讨论转向了系统应该会工作。之后，副驾驶员又进行了尝试，"你想让我做什么特别的吗，或只是继续？"飞行员说："除非你能做些特别的事情。"这种回答并没有一点帮助。

副驾驶员在起飞前间接地表达了对严酷天气的担忧，但机长并没有领会到，而是把注意力都放在了异常的发动机仪表读数上，机长没有拒绝起飞。起飞前的种种迹象都表明不适合起飞,但机长和副驾驶员都在无意间回避问题。在这场事故中,机长对起飞前的种种异常现象是完全无意识的,但副驾驶员需要挑战自己,将自己的观点告诉机长,并力求得到机长的采纳,但却没能得到机长的认可,所以事故就发生了。

第四节　自我欺骗与战争

自我欺骗是战争的一个重要起因,特别是在发动侵略性战争的时候。战争这种关键性的人类行为往往规模巨大、损失惊人,但在很大程度上会受到自我欺骗的影响。军事研究中有一个专门的部门研究军事中可能存在与发生的偏差,即军事指挥官指挥战争时发生的偏差和自我欺骗的心理过程。比如,小巨角河战役中,卡斯特第七骑兵团的指挥官无视敌方的军力,不理会上级"先按兵不动、等待会合"的命令,立刻发动攻击,最终因指挥官独断的擅自行动而全军覆灭。

错误军事决策主要有四类原因:过度自信、低估对手、忽略己方的情报报告、浪费人力。这四点都和自我欺骗相关。实际上,过度自信和低估对手这两个因素通常是一起出现的,而一旦发生自我欺骗,大脑就不想听任何反面的证据,就算这些证据来自己方的权威部门。同样,自我欺骗还可能会导致低估人力损耗或将人力用到匪夷所思的地方。军事上有这么句话:"兵马未动,粮草先行。"错误的补给策略很容易助长过度自信。

关于补给错误决策这一点,拿破仑攻打俄国是最典型的例子。拿破仑出于极端的自信发动了这一场战争,但他却严重低估了自己的对手和俄罗斯冬天的严酷,并且还忽略了最关键的补给问题。在拿破仑大军抵达莫斯科时,他的人马距离故乡已有 1000 公里之远,光是士兵和马匹每天就需要大量的物资,更别说还要运输武器、药品和伤员了。要维持这样浩浩荡荡的排场根本是不可能的,法国人被迫在缺衣少粮的情况下进军,当然俄国也想方设法给他们制造困难。一来在缺乏己方补给的情况下苦守,二来冬天又近了,拿破仑只能被迫撤退,他带着 60 多万人出发,归来时十不存一,更糟糕的是,他还损失了 17.5 万匹马,士兵可以再补充,但马死了就没有了。在又一次进攻俄国惨遭失败的一年后,俄国的军队就杀到了巴黎城外[1]。在攻打俄国却遭惨败之前，拿破仑可谓战无不胜，但压垮这位战争狂徒的正是补给问题。这就是自我欺骗的一个本质特点：成功带来自信，却也导致过度自信。想想已经有多少人顺着成功的道路铤而走险？

战争的发生往往是在不同的群体之间，从进化的逻辑看，自我欺骗更容易在群体成员互动时发生（造成的损失也更大）。就群体内成员互动而言，自我欺骗会受到两个因素的制约：一是由于大家的利益有所重叠，所以个体会对他人观点赋予更多权重；二是群体间反馈能在一定程度上纠正个体的自我欺骗。而对于群体间互动来说，他人的负面反馈也好，对他人的福祉利益造成影响也罢，都不会对自我欺骗的形成起到制约作用；而就算诋毁群体外成员的道德、身体素质和胆量，群体外成员也不会对个体造成什么负面影响，即自身利益也不会因此蒙受损失。这些因素造成个人的评估机制出现系统性故障，进而导致更强的攻击性，并带来更严重的竞争成本。而群体层面自我欺骗的出现更是让情况雪上加霜，因为在同一个群体内，大家都被往同一个方向误导，就会坚定彼此的错误观念，在缺乏反面证据时，更是认定己方的真理战无不胜（甚至沉默也被解读为赞成）。

在和水平相当的对手僵持不下时，双方都得掂量到底要不要坚持到底——如果认为自己肯定会输，不如早点放弃及时止损。而在这种平分秋色的对抗中，如果能让自己显得更胜一筹、志在必得，那么我们打输的概率（包括我们因此受到损失的概率）就会下降。为什么呢？原因有好几方面，首先这种积极错觉能增强自信，进而增强表面竞争力和表面决心，减少恐惧胆怯等情绪的表露，让我们的威胁看起来更像回事，因此，对方更容易认定我们很强大，进而放弃抗争（或者被我们的自信威吓，认定自己很弱）。而积极错觉同时也能使我们的思维更为高效，帮助我们集中在能赢这件事上，而不是瞻前顾后、游移不定，这样就降低了认知负载（当然，完全不考虑自己会输的话，也是有风险的）。总之，在两两对抗时，积极错觉能让我们集中力气、孤注一掷。但同时，我们也会因此低估对手或被打个措手不及。

在这方面，体育竞技是一个极佳的参照，可惜的是，在研究体育竞技自我欺骗方面，至今得到的有用结论相对较少，如果能得到这方面更多的数据，那肯定很有趣。是不是那些怕输的人就搞不好体育呢？因为不会老想着输掉的事情，所以那些胆大、敢比的人更容易赢呢？这方面只有来自游泳竞技的数据，在面临选

---

[1] 拿破仑靠什么撑起几十万法军横行欧陆的后勤补给？（2019-01-23）. https://zhuanlan.zhihu.com/p/55555625.

择时，比起集中于中性选项，专注于消极选项的人确实游得更差，而那些专注于积极选项的人也并没有游得更好。

一般来说，越觉得自己高人一等的人，就越容易去发动战争，这些人会觉得自己在力量、耐性、战斗能力等方面占据优势，而且不论男女都会展现出这种偏见。然而轻视敌手其实是非常危险的，因为在情绪高涨时发动侵略，会低估对手在抵抗时的能耐。高估自己的道德地位也是一种致命偏见，因为人们会不自觉地强调自己的道德立场，同时诋毁对手的品德。

以上几点都会助长过度自信，而过度自信是人类更深层，也是更为致命的错觉之一，并且会带来伤亡惨重的战争。似乎男性特别容易陷入过度自信，例如，在股市交易中，男性的交易次数比女性多，损失也更大。而回顾自然历史，在雄性-雌性互动关系和求偶过程中，的确也是雄性在自信程度上更胜一筹，进而引发过度自信，其中又有着更深层次的自我欺骗作为支撑。

另一种性别差异与自我欺骗引发的战争高度相关。有一些证据表明，男性对他人怀有的同情心要少于女性，他们不太能从面部表情中正确解读他人的情绪（在每个表情持续时间只有 0.2 秒时，这种性别差异就显现出来了），也不太能记住和情绪相关的信息，并且将之联系到他人的反应上（Christov-Moore et al., 2014）。还有证据表明，在面对曾不公对待自己的人时，女性更容易比男性表现出同情（Singer, 2006）。比如，在一场人为设计的经济游戏中，不管对方是否曾公平对待自己，女性在对方遭到电击时都会表现出同情。神经生理学证据显示，男性并不会表现出同情，实际上，他们在看到对方痛苦时感到非常愉悦。这意味着在感受到不公正对待时，男性更容易出现自我欺骗，也更容易表现出战争趋向。

第五节　我们常常骗自己的原因

一、对自己说谎，让内心平衡

美国著名心理学家 Festinge 认为，人的行为是两种或更多的观念、信仰、价值观、态度等在内心激烈斗争、对立统一的结果，他将自我的认知和行为之间的不一致称为"认知失调"（Festinge, 1962）。相互失调的认知因素会引起人们的心理上的紧张，并使人们产生不愉快体验，他将这个体验定义为"失调感"。例如，一个喜欢吸烟的人读了一篇解说吸烟可能导致肺癌的文章后，心理会产生不愉快，因为"我平时吸很多烟"和"研究表明吸烟很可能引起肺癌"这两个认知因素产生了冲撞，失去了协调。

认知因素的矛盾程度以及对个人的重要性，决定了失调感的程度。想要减轻或消除失调感，也主要应该从矛盾的两个认知因素着手：改变其中一个认知因素，使其与另一个认知因素协调；采取新的行动；收集新的认知因素，重新调整认知系统；改变认知因素的重要性。

说得直白一点，消除认知失调，就是通过对自己"说谎"，使两个矛盾的认知因素相互妥协。例如，一个被迫下岗的人对老朋友说自己很享受这样悠闲的生活；一个受尽压榨和侮辱的员工说自己很喜欢那份工作，而且老板人还不错；一个按部就班、不敢创新的人说自己追求的是平淡和简单；一个讨厌工作的女人婚后辞职，她说因为自己要照顾家庭和丈夫。

按照 Festinge 的观点，在这个过程中，我们一般对自己的心理活动状态缺乏明确的意识，自然也无法察觉到自我欺骗的存在。如果对此仍有疑虑，我们不妨来看一个更加具体的经典实验。

被试先做一个小时的枯燥乏味的绕线工作，在离开工作室时，实验者请他们告诉等在外面准备参加实验的人（其实是实验的助手）"绕线工作很有趣"，其会得到 1 美元或 20 美元的酬金。然后，实验者请被试填写一张问卷，以了解被试对绕线工作的真实感受。结果，得到 20 美元酬劳的人觉得"很无聊"，而酬劳不高的人则觉得"很有意思"，甚至变得喜欢这个工作。

Festinge（1962）对此进行了解释，当被试对别人说"绕线工作很有趣"时，其实是心口不一的。他们的大脑中有两个认知因素，即"我不喜欢这个工作"和"我对别人说这很有趣"，这两者产生了矛盾。为了消除心理上的失调感，他们就要想办法使自己的行为合理化。得钱多（20美元）的人看在高额酬金的份上，认为说这样的小谎能得到切实的利益，是值得的，以此来为自己的行为辩护，从而削弱了心口不一带来的失调感。而对于得钱少（1美元）的人来说，同样的理由显然很难为自己的行为开脱，为了这么点钱就说谎，他们会觉得自己傻到家了。因此，失调感带来的心理压力让他们重新审视两个认知因素。其中，已经做过的事是很难收回的，而对自己的态度的认识，相对来说比较容易改变。所以，这些人宁愿相信"绕线工作很有趣"，不知不觉中就提高了对绕线工作的评价，新的认知因素"我比较喜欢绕线工作"和"我对别人说这很有趣"就协调了。

消除心理上的失调感的需求就像饥饿一样，是一种十分强劲的动力，尽管非常隐秘，但能为我们找到心灵上的平衡点，让我们享受幸福快乐的人生。

二、自我欺骗的作用

采用自我欺骗问卷的研究通常探讨自我欺骗对个体情绪、认知、决策、行为等的积极或消极作用。从好的方面说，自我欺骗有助于提升主观幸福感，压抑负性情绪，抑制反社会思维和行为。自我欺骗有利于个体提升自信水平、自我感觉、个人魅力，使个体倾向于注意正面的信息，并且从积极的角度看待自己及亲朋好友。自我欺骗可以帮助个体抵御负面信息，让个体在完成任务时不受威胁性信息的干扰，或者在看到负面反馈时把注意力转向其他方面。自我欺骗还可以增强个体的控制感，并使个体维持较高的道德标准，促使利他行为的出现。

从坏的方面说，自我欺骗会妨碍个体正确地认识自己及改正错误。由于看到考卷答案而获得高分的被试，自我欺骗地认为分数高的原因是自己能力高，他们总是高估自己在下一次考试中的成绩。自我欺骗者的焦虑敏感水平较低，他们较少选择任务取向的方式来解决问题，较多采用否认的策略，因此无助于问题解决。自我欺骗使个体减少努力，从而影响其在学习和工作任务中的表现。例如，被试在进行了一个无法解决的拼图任务后，再完成一个把字母组合成单词的任务，结果发现，自我欺骗者受到挫败后就不愿意付出努力完成随后的任务，他们在组词任务上的表现比低自我欺骗的人更差，而且他们把表现差归咎于努力不够而非能力不足。高自我欺骗者比低自我欺骗者需要更长时间才能发现错误，而且会忽略那些错误，坚持用过时的策略。例如，在博弈中，当输的次数越来越多时，低自我欺骗者发现势头不对就会退出，而高自我欺骗者还会继续玩，结果输得更多（陆慧菁，2013）。

三、自我欺骗的目的

（一）为了更好地欺骗其他个体

自我欺骗在人类进化过程中被自然选择保留下来，必定有其适应功能。在上述绝大部分的自我欺骗相关研究中，自我欺骗的主要功能是维持正面的自我形象，让个体保持愉快、积极的心境。自我欺骗阻挡或屏蔽了对自己有威胁性的信息，而这些信息往往反映了个体的真实能力或事件的真相。真实信息对个体生存很重要，例如，知道食物的确切位置可以让个体免于挨饿，知道自己的真实水平可以促使个体不断改进和完善自己。自我欺骗的个体把真实信息阻挡在意识之外，他们在维持正面情绪方面有获益，在获取真实信息方面有损失，其获益能否高于损失，以致自我欺骗没有被自然选择所淘汰掉，这还是一个有待深入探究的问题。更关键的是，维持正面的自我形象不只有自我欺骗一种方式，个体还可以通过努力改善自己的方式来保持自尊和自信。阻挡威胁性的信息对目前来说可能有好处，但长远来说却不利于个体正确认识自己（Robins & Beer，2001）。因此，无论是保持正面情绪还是否认负面信息，都很难成为自我欺骗被自然选择保留下来的主要原因。

在人类进化过程中，复杂的社群生活是人类大脑和认知能力迅猛发展的主要原因（Bailey & Geary，2009；Dunbar，1998）。合作和欺骗是群体生活的两大主题。欺骗是个体向对方传递错误信息，结果往往是对方利益受损而个体自己有所获益。欺骗如果被发现，就会招致报复和惩罚。为了避免欺骗被识穿，欺骗者就发展出更完美的欺骗手段，比如，在骗人之前，先让自己把将要传递的错误信息当作真实信息，也就是自我欺骗。此时，自我欺骗的代价是失去真实信息，而其收益是成功骗过对方，获取骗人后的利益。如果这部分利益可以超过自我欺骗的代价，自我欺骗就会被自然选择保留下来，成为人类社会生活中具有适应意义的一种心理机制。

（二）为了调节个体心理状态

为了更好地利用自我欺骗，以防它给个体带来过多的负面影响，学者基于自我欺骗的定义背景和研究方法，从不同的视角探究了自我欺骗产生的原因，个体之所以产生自我欺骗或拒绝自我欺骗，极大程度上取决于采取自我欺骗手段是否有利于自己，即自我欺骗能否给自己带来积极作用（Von Hippel & Trivers，2011）；从个体的信息认知加工层面来说，选择性注意、有偏差的信息加工、记忆遗忘等认知加工因素会导致自我欺骗（陆慧菁，2013）。

自我欺骗能够压抑个体当时的负性情绪，是一种自我防御的体现，具有自我欺骗倾向的个体易于否认心理上有威胁的想法和感受，个体在自我欺骗中倾向于注意积极正面的信息，抵御和抑制不利己的负面信息，防止在完成任务的过程中受到来自威胁自己的信息的干扰；个体通过自我欺骗可以提高自信水平、自我感觉等，同时也能提升自己的主观幸福感（Erez et al.，1995）。根据自我服务倾向理论，个体出于自我提升和自我表现的动机，倾向于维持或提升个体的自我价值感，试图向他人传递有关自己的良好正面信息，而忽略了自己的不足（Fernbach et al., 2014）。因此，用自我欺骗来提升自我也具有为自我服务的作用。综合前人的研究，自我欺骗对个体的积极效用主要表现在三个不同的方面：为更好地欺骗他人，获得更多的社会效益，最重要的是调节良好的心理状态。

四、自我欺骗的成本与收益

自我欺骗需要一种维持谎言的心理结构，而自我欺骗的发生又往往伴随一定的成本。虽然我们更多关注自我欺骗的收益，但也应该关注其成本。自我欺骗最显然的成本就是失去了信息的完整性，造成了潜在的不恰当反应。我们在自我欺骗的一开始就知道自己在欺骗，从最初传递错误信息开始，我们就不知不觉地说服自己相信谎言的真实性。这种自我诱导的错误记忆过程可以通过其他因素得以增强，这通常伴随着他人的故意欺骗。个体经受错误记忆的更大成本，在远见上表现得更差，更易被他人影响，个体更容易识别他人的自我欺骗，但会更难区分不同来源的错误信息。这样资源监控能力差的成本与更容易识别他人欺骗的优势就抵消了。这会逐渐演变为自我欺骗的思维，即容忍意识和无意识中信息的不一致，使得自我更善于使用自我欺骗。

这与 Jost 及其同事提出的系统公正理论是一致的（Jost et al., 2004；Jost & Hunyady, 2005），该理论解释了人们为什么支持现状的一些动机性理由，即使他们在当下的系统中显然是失败者，且几乎不太可能改变现状。这种社会底层人士的系统公正信念是为顶层人士服务的，目的是防止出现社会变革。这种观点表明，社会公正也被认为是高社会地位群体强加给低社会地位群体的一种自我欺骗方式，使低社会地位群体接受他们的低地位是合法的，以使他们不会反抗。这一观点表明，自我欺骗的后果是广泛的，其影响能够从日常人际交往层面延伸至社会层面（Von Hippel & Trivers, 2011）。

参 考 文 献

范伟, 杨博, 刘娟, 傅小兰. (2017). 自我欺骗：为了调节个体心理状态. *心理科学进展, 25*(8), 1349-1359.

高铭, 江嘉骏, 陈佳, 刘玉珍. (2017). 谁说女子不如儿郎?——P2P 投资行为与过度自信. *金融研究,* (11), 96-111.

陆慧菁. (2013). 自我欺骗：通过欺骗自己更好地欺骗他人. *心理学报, 44* (9), 1265-1278.

谭松涛, 王亚平. (2006). 股民过度交易了吗?——基于中国某证券营业厅数据的研究. *经济研究, 41* (10), 83-95.

向雅琪. (2018). *私企员工生活事件、内外控与主观幸福感的关系：自我欺骗的中介作用*. 硕士学位论文, 济南大学.

Bailey, D. H., & Geary, D. C. (2009). Hominid brain evolution. *Human Nature, 20*(1), 67-79.

Buller, D. B., & Burgoon, J. K. (1998). Emotional expression in the deception process//P. A. Andersen, & L. K. Guerrero(Eds.), *Handbook of Communication and Emotion*: *Research Theory, Applications, and Contexts*(pp. 381-402). San Diego: Academic Press.

Christov-Moore, L., Simpson, E. A., Coudé, G., Grigaityte, K., Iacoboni, M., & Ferrari, P. F. (2014). Empathy: Gender effects in brain and behavior. *Neuroscience & Biobehavioral Reviews, 46*, 604-627.

Dunbar, R. I. (1998). The social brain hypothesis. *Evolutionary Anthropology*: *Issues, News, and Reviews, 6*(5), 178-190.

Erez, A., Johnson, D. E., & Judge, T. A. (1995). Self-deception as a mediator of the relationship between dispositions and subjective well-being. *Personality and Individual Differences, 19*(5), 597-612.

Festinger, L. (1962). *A Theory of Cognitive Dissonance*(Vol. 2). Stanford: Stanford University Press.

Fernbach, P. M., Hagmayer, Y., & Sloman, S. A. (2014). Effort denial in self-deception. *Organizational Behavior and Human Decision Processes, 123*(1), 1-8.

Jost, J. T., & Hunyady, O. (2005). Antecedents and consequences of system-justifying ideologies. *Current Directions in Psychological Science, 14*(5), 260-265.

Jost, J. T., Banaji, M. R., & Nosek, B. A. (2004). A decade of system justification theory: Accumulated evidence of conscious and unconscious bolstering of the status quo. *Political Psychology, 25*(6), 881-919.

Mele, A. R. (1997). Understanding and explaining real self-deception. *Behavioral and Brain Sciences, 20*(1), 127-134.

Mitchell, J. (2000). Living a lie: Self-deception, habit, and social roles. *Human Studies, 23*(2), 145-156.

Robins, R. W., & Beer, J. S. (2001). Positive illusions about the self: Short-term benefits and long-term costs. *Journal of Personality and Social Psychology, 80*(2), 340-352.

Sackeim, H. A., & Gur, R. C. (1979). Self-deception, other-deception, and self-reported psychopathology. *Journal of Consulting and Clinical Psychology, 47*(1), 213-215.

Singer, T. (2006). The neuronal basis of empathy and fairness. *Novartis Foundation Symposium, 278*, 20-30.

Stoklosa, J. H. (1983). *The Air Florida and Pan American Accidents-A Further Look* (No. 831413). SAE Technical Paper.

Trivers, R. (2014). *The Folly of Fools*: *The Logic of Deceit and Self-Deception in Human Life*. New York: Basic Books.

Von Hippel, W., & Trivers, R. (2011). The evolution and psychology of self-deception. *Behavioral and Brain Sciences, 34*(1), 1-16.